城市轨道交通系列教材

城市轨道交通安全

张开冉　编著

科学出版社

北京

内 容 简 介

本书为城市轨道交通系列教材之一，主要介绍了以下四个方面：一是城市轨道交通安全基础理论与方法，包括城市轨道交通安全基本理论和城市轨道交通安全分析与评价方法；二是城市轨道交通运营安全，包括城市轨道交通危险源识别与控制、城市轨道交通运营安全管理、城市轨道交通运营安全保障系统；三是城市轨道交通公共安全，包括城市轨道交通公共安全防范、城市轨道交通反恐安全；四是城市轨道交通事故处理及应急管理。

本书为交通运输大类专业本科教材，尤其适于城市轨道交通方向本科生、研究生教学使用，也可供相关工程技术人员、管理人员参考使用。

图书在版编目(CIP)数据

城市轨道交通安全 / 张开冉编著.—北京：科学出版社，2013.9

城市轨道交通系列教材

ISBN 978-7-03-038558-1

Ⅰ.①城… Ⅱ.①张… Ⅲ.①城市铁路–交通运输安全–教材

Ⅳ.①U239.5

中国版本图书馆 CIP 数据核字 (2013) 第 213279 号

责任编辑：杨　岭　于　楠 / 封面设计：墨创文化
责任校对：杨悦蕾 / 责任印制：邝志强

科 学 出 版 社 出版

北京东黄城根北街16号
邮政编码：100717
http://www.sciencep.com

成都创新包装印刷厂印刷

科学出版社发行　各地新华书店经销

*

2013 年 9 月第 一 版　　开本：787×1092　1/16
2016 年 3 月第三次印刷　　印张：21 1/2
字数：480 千字

定价：42.00 元

"城市轨道交通系列教材"编委会

前　言

　　城市轨道交通具有运量大、速度快、安全、准点、环保、节能的特点。城市轨道交通的迅速发展，对改善群众出行条件、解决城市交通拥堵、节约土地资源、促进节能减排、引导城市布局调整和推动城市经济发展都发挥着重要作用。与此同时，城市轨道交通本身的特点决定了城市轨道交通运营必须把安全放在首要位置。

　　本书总结和吸收了国内外近年来城市轨道交通安全领域内的最新研究成果和实践经验，在多年教学和研究工作的基础上编写完成。本书的内容共分为四篇：一是城市轨道交通安全的基础理论与方法，包括城市轨道交通安全基本理论和城市轨道交通安全分析与评价方法；二是城市轨道交通运营安全，包括城市轨道交通危险源识别与控制、城市轨道交通运营安全管理、城市轨道交通运营安全保障系统和城市轨道交通运营安全评价；三是城市轨道交通公共安全，包括城市轨道交通公共安全防范和城市轨道交通反恐安全；四是城市轨道交通事故处理及应急管理，包括城市轨道交通火灾事故处理和城市轨道交通应急管理。

　　本书在编写过程中，得到了西南交通大学交通运输与物流学院教学指导委员会以及安全工程系各位教授的帮助和大力支持，同时，我的研究生罗佳、姚磊、余丰昊月、汪宴宾、张谦等全程参与并做了大量工作，在此一并表示感谢。本书参考了国内外大量书籍、文献，在此谨向这些书籍及文献作者表示崇高的敬意和衷心的感谢。

　　限于水平，书中难免有不足之处，敬请广大读者批评指正。

编者

2013 年 1 月于成都

目　　录

第一篇　城市轨道交通安全基础理论与方法

第1章　城市轨道交通安全基本理论

1.1　安全科学基础知识

1.1.1　安全科学概述

1.1.1.1　安全科学的形成与发展

1. 安全科学形成过程

安全问题存在于生产活动的各个方面。随着生产力的发展，生产活动中的安全问题也变得越发突出。为保证生产活动中的安全，形成了安全工程学科。

安全工程学科具有明显的对象性，与具体的生产活动内容密切相关，随生产力的发展而发展。

到 20 世纪初，许多西方国家建立了与安全科学有关的组织和科研机构。据 1977 年统计数据，德国共建立 36 个，英国 44 个，美国 31 个，法国 46 个，荷兰 13 个。

从内容上看，安全科学包括安全工程、卫生工程、人机工程、灾害预防处理、预防事故的经济学、职业病理论分析、科学防范等内容。

世界各国安全学科发展并不均衡，美国是发展较快的国家，20 世纪 70 年代末，美国的一部分大学就设立了卫生工程、安全工程、安全管理、毒物学和安全教育方面的硕士和博士学位。

最早通过的有关安全的法律保障有 1833 年英国的《蒸汽船舶检验法》、1848 年英国的《公共卫生法》等；最早成立有关安全的研究机构有 1879 年法国成立的安全保卫中心、1882 年比利时成立的劳动卫生中心等。

2. 安全科学理论发展

安全科学的发展从理论上讲大体分为三个阶段：

(1)经验型阶段(事后反馈决策型)。长期以来，人们认为安全仅仅以技术形式依附于生产，从属于生产，仅仅在事故发生后进行调查研究、统计分析和整改措施，以经验作为科学，安全处于被动局面，人们对安全的理解与追求是自发的、模糊的。

(2)事后预测型阶段(预期控制型)。人们对安全有了新的认识，运用事件链分析、系统过程化、动态分析与控制等方法，达到防治事故的目的。安全技术建立在事故统计基础上，这基本属于一种纯反应式的安全处理模式。安全科学缺乏理性，人们仅仅在各种产业的局部领域发展和应用不同的安全技术,以致对安全规律的认识停留在相互隔离、重复、分散和彼此缺乏内在联系的状态。

(3)综合系统论阶段(综合对策型)。认为事故是人、技术与环境的综合功能残缺所致,安全问题的研究应放在开放系统中,建立安全的科学性、系统性、动态性。从事故的本质中去防治事故,揭示各种安全机理并将其系统化、理论化,变成指导解决各种具体安全问题的科学依据。在这一阶段中,安全科学不仅涉及人体科学和思维科学,而且涉及行为科学、自然科学、社会科学等所有大的科学门类。

20世纪80年代初期,我国安全研究和管理人员深感必须采用系统工程的方法,才能真正改变企业安全工作的被动局面。也就是说,必须首先发现问题,采用系统工程方法找出系统中存在的所有危险,加以辨识、分析和评价,从而找出解决问题的措施,防患于未然。我国的安全研究和应用也大致经历了4个发展阶段:

(1)安全技术工作和系统安全分工合作时期。初期安全工作者和产品系统安全工作者的分工是明确的,前者负责工人的安全,后者负责产品安全,两者分工协作、密切配合,共同完成生产任务。

(2)安全技术工作引进系统安全分析方法阶段。由于系统安全分析是针对系统各个环节本身的特点和环境条件进行定性和定量的安全性分析,作出科学的评价,并据此采取针对性的安全措施,所以这种方法对安全工作十分有用。

(3)安全管理引用安全系统工程方法阶段。由于安全系统工程不仅可以评价各个环节的可靠性和安全性问题,而且对系统开发的各个阶段也可以进行评价。因此,企业的安全管理等阶段(检查、操作、维修、培训)都可以使用这种方法提高系统性和准确性。

(4)以安全系统工程方法改革传统安全工作阶段。在安全工作中广泛使用安全系统工程方法,对传统安全工作进行改革,并不断地在实践中总结经验。目前,贯穿系统科学思想的安全管理方法不断涌现,并延伸出很多新学科。

1.1.1.2　安全科学基本概念

1. 安全

安全与否是一种认识,因人而异。安全观可归纳为两种:绝对安全观和相对安全观。

绝对安全观指没有危险、不受威胁、不出事故,即消除能导致人员伤害,发生疾病、死亡,造成设备财产破坏、损失以及危害环境的条件。包括以下几项:

(1)不存在危险和风险;

(2)免于能引起人员伤亡或财产损失的条件;

(3)系统没有引起事故的能力;

(4)是无事故,没有遭受或引起创伤、损失或损伤。

绝对安全观认为发生死亡、工伤等的概率为零,这在现实生产系统中是不存在的,它是安全的一种极端理想的状态。由于绝对安全观过分强调安全的绝对性,使其应用范围受到了很大的限制,特别是在分析社会-技术系统的安全问题时更是如此。

相对安全观:安全是相对的,绝对安全是不存在的。

相对安全观认为安全就是被判断为不超过允许极限的危险性，也就是指没有受到损害的危险或损害概率低的通用术语。所谓安全是指判明的危险性不超过允许限度。

由相对安全的定义，可获得三个结论：

(1)安全是在具有一定危险性条件下的状态，安全并非绝对无事故。

(2)事故与安全是对立的，但事故并不是不安全的全部内容，而只是在安全与不安全这一对矛盾斗争过程中某些瞬间突变结果的外在表现。

(3)安全不是瞬间的结果，而是对系统在某一时期、某一阶段过程状态的描述。

需要说明以下 5 个方面：

(1)这里所讨论的安全是指生产领域中的安全问题，既不涉及军事或社会意义的安全与保安，也不涉及与疾病有关的安全。

(2)安全不是瞬间的结果，而是对某种过程状态的描述。

(3)安全是相对的，绝对安全是不存在的。

(4)构成安全问题的矛盾双方是安全与危险，而非安全与事故。因此，衡量一个生产系统是否安全，不应仅仅依靠事故指标。

(5)不同的时代及生产领域，可接受的损失水平是不同的，因而衡量系统是否安全的标准也是不同的。

综上，安全是指在生产活动过程中，能将人或物的损失控制在可接受水平的状态，亦即，安全意味着人或物遭受损失的可能性是可以接受的，若这种可能性超过了可接受的水平，即为不安全。

2. 危险

作为安全的对立面，危险定义为：在生产活动过程中，人或物遭受损失的可能性超出了可接受范围的一种状态。危险与安全一样，是与生产过程共存的过程，是一种连续型的过程状态。危险包含了尚未为人所认识的，以及虽为人们所认识但尚未为人所控制的各种隐患。危险还包含了安全与不安全一对矛盾斗争过程中某些瞬间突变发生外在表现出来的事故结果。

3. 风险

风险是描述系统危险程度的客观量，也称危险性。这主要有两种考虑：一是把风险看成是一个系统内有害事件或非正常事件出现可能性的量度；二是把风险定义为发生一次事故的后果大小与该事故出现概率的乘积。

一般意义上的风险具有概率和后果的二重性：$R = f(p, c)$。简单起见，大多数文献中将风险表达为概率与后果的乘积：$R = p \times c$。

4. 事故

在牛津词典里，事故被定义为意外的、特别有害的事件；海因里希认为，事故是非计划的、失去控制的事件；伯克霍夫定义事故为人(个人或集体)在为实现某种意图而进行的活动过程中，突然发生的、违反人的意志的、迫使活动暂时或永久停止的事件；甘拉塔勒等人从更为一般的意义上提出，事故是与系统设计条件具有不可容忍的偏差的事件；吉雷进一步补充说明，事故是指任何计划之外的事件，可能引起或不会引起损失或伤害；还有的学者从能量观点出发解释事故，认为事故是能量逸散的结果，事故是管理不善的反映。

（1）事故的定义。事故是指在生产活动过程中，由于人们受到科学知识和技术力量的限制，或者由于认识上的局限，当前还不能防止，或能防止而未有效控制所发生的违背人们意愿的事件序列。它的发生可能迫使系统暂时或较长期地中断运行，也可能造成人员伤亡、财产损失、环境破坏或者其中二者或三者同时出现。

（2）事故的主要特点。①事故是违背人们意愿的一种现象。②事故的随机性：从表象上看，事故的发生是不确定事件，但其发生形式受必然性的支配，也不可避免地受到偶然性的影响。③事故的因果性：目前尚未认识到的原因；已经认识，但目前尚不可控制的原因；已经认识，目前可以控制而未能有效控制的原因。④事故的潜伏性：危险触发→以一定的逻辑顺序出现的一系列事件→产生不良后果。

（3）事故发生的后果。事故一旦发生，可以造成以下几种后果：①人受到伤害，物受到损失；②人受到伤害，物未受损失；③人未受伤害，物受到损失；④人、物均未受到伤害或损失。但是，事故≠事故后果，事故和事故后果是互为因果的两件事情：由于事故发生产生了某种事故后果。关于事故后果有如下理论。

海因里希法则（图1.1）：

$$严重伤害：轻微伤害：无伤害 = 1：29：300$$

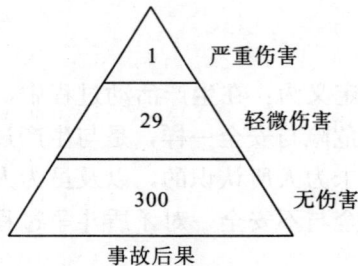

图1.1　海因里希法则示意图

博德比例：

$$严重伤害：轻微伤害：财产损失：无伤害财产损失 = 1：10：30：600$$

（4）事故的划分。根据《生产安全事故报告和调查处理条例》，事故划分为特别重大事故、重大事故、较大事故和一般事故4个等级：①特别重大事故是指造成30人以上死亡，或者100人以上重伤，或者1亿元以上直接经济损失的事故；②重大事故是指造成10人以上30人以下死亡，或者50人以上100人以下重伤，或者5000万元以上1亿元以下直接经济损失的事故；③较大事故是指造成3人以上10人以下死亡，或者10人以上50人以下重伤，或者1000万元以上5000万元以下直接经济损失的事故；④一般事故是指造成3人以下死亡，或者10人以下重伤，或者1000万元以下直接经济损失的事故。

5. 隐患

隐患是指在生产活动过程中，由于人们受到科学知识和技术力量的限制，或者由于认识上的局限，而未能有效控制的有可能引起事故的一种行为(一些行为)或一种状态(一些状态)或二者的结合。

隐患是事故发生的必要条件，隐患一旦被识别，就要予以消除。对于受客观条件所限不能立即消除的隐患，要采取措施降低其危险性或延缓危险性增长的速度，减少其被触发的几率。

6. 危险源

危险源是可能导致人员伤害或财物损失事故的潜在的不安全因素。根据危险源在事故发生、发展中的作用，可将其分为两大类：第一类危险源是指系统中存在的、可能发生意外释放的能量或危险物质，实际工作中往往把产生能量的能量源或拥有能量的能量载体作为第一类危险源处理；第二类危险源是指导致约束、限制能量措施失效或破坏的各种不安全因素，包括人、物、环境。

7. 安全性、危险性、可靠性

安全性：从系统的安全性能讲，安全性为衡量系统安全程度的客观量。

危险性：也叫风险，是与安全性对立的概念，是描述系统危险程度的指标。

可靠性：系统或元件在规定条件下、规定时间内完成规定功能的能力。

安全性与危险性的关系：假定系统的安全性为 S，危险性为 R，则 $S=1-R$。

安全性与可靠性的关系：既区别又联系。

1.1.2　概念间的相互关系

1. 安全与危险

安全与危险是一对此消彼长、动态发展变化的矛盾双方。一方面双方互相反对、互相排斥、互相否定；另一方面两者互相依存，共同处于一个统一体中，存在着向对方转化的趋势。安全与危险这对矛盾的运动、变化和发展推动着安全科学的发展和人类安全意识的提高。

2. 安全与事故

事故与安全是对立的，但事故并不是不安全的全部内容，而只是在安全与不安全一对矛盾斗争过程中某些瞬间突变结果的外在表现。

系统处于安全状态并不一定不发生事故，系统处于不安全状态，也未必完全是由事故引起。

3. 危险与事故

危险不仅包含了作为潜在事故条件的各种隐患，同时还包含了安全与不安全的矛盾激化后表现出来的事故结果。

事故发生，系统不一定处于危险状态，事故不发生，也不能否认系统不处于危险状态，事故不能作为判别系统危险与安全状态的唯一标准。

4. 事故与隐患

事故总是发生在操作的现场，总是伴随隐患的发展而发生在生产过程之中。事故是隐患发展的结果，而隐患则是事故发生的必要条件。

5. 危险源与事故

一起事故的发生是两类危险源共同作用的结果。第一类危险源的存在是事故发生的前提，没有第一类危险源就谈不上能量或危险物质的意外释放，也就无所谓事故。如果没有第二类危险源破坏对第一类危险源的控制，也不会发生能量或危险物质的意外释放。第二类危险源的出现是第一类危险源导致事故的必要条件。在事故的发生、发展过程中，两类危险源相互依存、相辅相成。

第一类危险源在事故时释放出的能量是导致人员伤害或财物损坏的能量主体，决定事故后果的严重程度；第二类危险源出现的难易程度决定事故发生的可能性的大小。两类危险源共同决定危险源的危险性。

1.1.3　安全的基本特性

1. 安全的系统性

安全问题涉及技术系统的各个方面，包括人员、设备、环境等因素，而这些因素又涉及经济、政治、科技、教育、管理等许多方面。

对于交通运输这样的开放系统，安全既受系统内部因素的制约，也受到系统外部环境的干扰。

事故不仅可能造成系统内部的损害，而且可能造成系统外部环境的损害。研究和解决安全问题应从系统观点出发，运用系统工程的方法进行综合治理。

2. 安全的相对性

凡是人类从事的生产活动，都有安全问题，所不同的只是发生事故的可能性有大有小，危害程度有轻有重而已。

安全的相对性表现在三个方面：

（1）绝对安全的状态是不存在的，系统的安全是相对于危险而言的。

（2）安全标准是相对于人的认识和社会经济的承受能力而言，抛开社会环境讨论安全是不现实的。

（3）人的认识是无限发展的，对安全机理和运行机制的认识也在不断深化，即人对安全的认识具有相对性。

由安全的相对性可知：

(1)各种生产和生活活动过程中，事故或危害事件是可以避免的，但难以完全避免。

(2)各种事故或危害事件的不良作用、后果及影响可能避免，但难以完全避免。

(3)事故是可以预防的，可以利用安全系统工程的原理和技术，预先发现、鉴别、判明各种隐患，并采取安全对策，从而防患于未然。

3. 安全的依附性

安全是依附于生产而存在的，它不可能脱离具体的生产过程而独立存在，只要存在生产活动，就会出现安全问题。

安全是生产的前提和保障，安全工作搞得不好，生产便无法顺利进行。因此，需要经常、持久地抓好安全工作。

4. 安全的间接效益性

要保证生产安全，必须在人员、设备、环境和管理方面有相应、适时的安全投入。安全投入所产生的经济和社会效益却是间接的、无形的，难以定量计算。安全投入往往被忽视，只有发生事故造成了损失之后，才会意识到安全投入的必要性和重要性。

安全的效益除了减少事故的直接和间接经济损失外，更重要的是在提高人员素质、改进设备性能、改善环境质量、加强生产管理等方面所创造的积极的经济和社会效益。

5. 安全的长期性和艰巨性

人对安全的认识在时间上往往是滞后的，很难预先完全认识到系统存在和面临的各种危险。而且即使认识到了，有时也会由于受到当时技术条件的限制而无法予以控制。

随着技术进步和社会发展，旧的安全问题解决了，新的安全问题又会产生。高技术总是伴随着高风险，随着现代科学技术的发展，各种技术系统的复杂化程度增加了，危险性也随之增加。

事故是一种小概率的随机事件，仅仅利用已有的事故资料不足以及时、深入地对系统的危险性进行分析。以现代交通运输系统为例，无论从规模、速度、设备和管理上都发生了极大的飞跃，一旦发生事故，其影响之大、伤亡之多、损失之重、补救之难，都是传统运输方式不可比拟的。认识事故机理，不断揭示系统安全的各种隐患，确实是艰巨的任务。安全工作是一个长期的过程，必须坚持不懈、始终如一地努力才行。

1.2　可靠性理论

可靠性理论及应用是以产品的寿命特征作为主要研究对象的一门新兴的边缘性学科，它涉及基础科学、技术科学和管理科学的许多领域，其推广和应用已给企业和社会带来了巨大的经济效益。

在我国的四个现代化建设中，各行各业对产品可靠性问题的日益重视，极大地推动了可靠性这一新兴学科的迅猛发展，并使其进入了一个崭新的历程。可靠性理论与技术已遍及电子、机械、化工、自动化、航空、航天等领域。然而由于历史原因，在我国，可靠性理论与应用和发达国家相比还很落后，其主要原因在于对可靠性理论和工程应用的研究比较薄弱，致使许多从事可靠性工作的工程技术人员与管理人员对系统的可靠性理论及可靠性应用技术掌握甚少。广大青年学生由于缺乏系统的可靠性专门知识，走上工作岗位后不能完全适应从事可靠性工作的需要。

对于产品来说，可靠性问题和人身安全、经济效益密切相关。因此，研究产品的可靠性问题显得十分重要。例如，导弹武器系统是由导弹和地面设备的若干个分系统组成，每个分系统又由数台整机组成，每台整机又由几百或几千个元器件组成。如果一个元件失效，一根导线断掉，一个接头接点接触不良，都可能造成事故，引起严重后果。又如，飞机某一系统或某一元器件如果发生故障，就有可能造成机毁人亡的恶性灾难。1971年，苏联 3 名宇航员在"礼炮号"飞船中由于 1 个部件失灵而丧生。由此可见提高产品可靠性的重要意义。提高产品的可靠性有以下几方面的重要意义。

(1)可以防止故障和事故的发生，尤其是避免灾难性的事故发生，从而保证人民生命财产安全。1986 年 1 月 28 日，美国航天飞机"挑战者号"由于 1 个密封圈失效，起飞 76 s 后爆炸，其中 7 名宇航员丧生，造成 12 亿美元的经济损失；1992 年，我国发射"澳星"时，由于一个小小零件的故障，使"澳星"发射失败，造成了巨大的经济损失和政治影响。

(2)能使产品总的费用降低。要提高产品的可靠性，首先要增加费用，以选用较好的零部件，研制包括部分冗余功能部件的容错结构以及进行可靠性设计、分析、实验，这些都需要经费。然而，产品可靠性的提高使得维修费及停机检查损失费大大减小，使总费用降低。例如美国共和国公司在发展 F-105 战斗轰炸机的过程中，花了 2500 万美元，使该机的任务可靠度从 0.7263 提高到 0.8986，这样每年可节省维修费 5400 万美元。

(3)可以减少停机时间，提高产品可用率，一台设备可以顶几台设备的工作效率。这样，在投资、成本相近的情况下，可以发挥几倍的效益。美国 GE 公司经过分析认为，对于发电、冶金、矿山、运输等连续作业的设备，即使可靠性提高 1%，成本提高 10% 也是合算的。

(4)对于企业来讲，可以改善企业信誉，增强竞争力，扩大产品销路，从而提高经济效益。

(5)可以减少产品责任赔偿案件的发生，以及其他处理产品事故费用的支出，避免不必要的经济损失。

为了提高产品的可靠性，必须在生产的各个环节上努力，但最重要的是设计阶段。如果设计不合理，想通过事后的修理来达到期望的可靠性，这几乎是不可能的。因此，从事仪器研制和系统设计的科研人员，应该熟悉和掌握保证可靠性的各种方法与手段。

1.2.1　可靠性基本概念

概率论和数理统计是研究可靠性问题的主要工具。概率论能确定可靠性数量特性之间的相互关系。因此，可靠性理论的许多概念是与概率论中的概念密切相关的。而可靠性的测定则主要用的是数理统计方法。

一般所说的可靠性指的是可信赖的或可信任的。我们说一个人是可靠的，就是说这个人言出必行，说到做到。同样，一台仪器设备，当人们要求它工作时，它就能工作，则说它是可靠的；而当人们要求它工作时，它有时工作，有时不工作（或不一定能按计划进行工作），则称它是不可靠的。因此，在非技术范围内，可靠性指的是确实能完成某项工作，不可靠性是指不一定能完成某项工作。但就其实质来说，可用一句话来定义可靠性，即一台仪器设备在给定时间内和预期应用中能正常工作的能力。

国家标准规定，产品可靠性是指产品在规定的时期内、在规定条件下、在规定的时间内完成规定功能的能力。这里的产品，是指作为单独研究和分别试验的对象的任何元器件、设备和系统。从定义不难看出，产品的可靠性的高低，必须是在规定的时间内，在规定的条件下，按完成规定功能的大小来衡量。如果离开了这三个"规定"，就失去了衡量可靠性高低的前提。

规定的条件是指产品所处的使用环境与维护条件，包括机械条件、气候条件、生物条件、物理条件、使用维护条件等。这是对可靠性附加的第一种约束条件。由于这些条件对产品失效都有影响，条件变化了，产品可靠性也会随着变化，因此，只能在指定的条件下谈产品可靠性。

规定的时期是指产品储存期，规定的时间是指产品执行任务的时间，这是对可靠性附加的第二种约束条件，也是最重要的约束条件。由于产品交付使用后会受到各种环境应力的影响，可靠性随着时间的延长而逐步下降。不同的时期和不同的时间，对产品失效的影响也不相同。产品在规定的储存期内，一般都应是可靠的，但超出储存期使用，问题就较多。如导弹（产品）在规定的发射准备时间内完成检测，并使系统处于良好的可发射状态，称导弹（产品）有效；在规定的时间内不能完成发射准备，称导弹（产品）无效。因此，只能在规定的时期和规定的时间之内谈可靠性。

规定的功能是指产品设计文件上对产品规定的技术性能，这是对可靠性附加的第三种约束条件。各个产品在系统中承担着不同的任务，有着不同的功能。产品完成了规定的功能要求，就算是可靠的，否则，就是不可靠的。完成功能的能力，通常表示可靠性的定性要求；完成功能的概率，通常表示可靠性的定量要求，是可靠性大小的度量。

以上对可靠性的定义只是定性的，为了使可靠性的定义有一个确定的定量量度，下面我们给出便于应用数理统计方法，并能广泛使用的可靠性的定量定义。

可靠性就是一个系统在时间 t 内不失效的概率 $P(t)$。无故障工作概率的含义是：在规定的条件及规定的时间内不发生故障的概率。设 t 为需要确定的无故障工作概率的时间，T 为系统从开始工作到首次发生故障的概率，那么有下式：

$$P(t) = P(T > t)$$

即无故障工作的概率是指系统从开始工作到首次发生故障的时间 T 大于待确定无故障工作概率的时间 t 这一事件发生的概率。

由无故障工作概率的定义，显然，$P(t)$ 具有下面三条性质：

（1）$P(t)$ 为时间的递减函数；

(2)$0 < P(t) < 1$；

(3)$P(0) = 1$，$P(\infty) = 0$。

定量研究可靠性，首先要认识到可靠性所具有的时间特性。产品的可靠性是一个与时间有密切关系的属性，使用时间越长，就越不可靠。所以，在评价一种产品的可靠性时，必须指明是多长时间内的可靠性，离开了时间谈可靠性是毫无意义的。其次，要认识到可靠性所具有的统计特性，建立概率统计的观点。最后，要认识到可靠性具有综合性的特点。

产品的可靠性不是从某一个侧面来衡量产品的优劣的，而是从整体上看产品能否完成预期的功能。因此综合性表现了产品的耐久性、无故障性、维修性、可用性、经济性等。

总而言之，可靠性有其可定量的概率统计特性，在设计中可以预计，在试验中可以测定，在生产中可以保证，在使用中可以保持，在整个寿命周期内可以控制。在研究产品可靠性问题时，必须注意可靠性的三大要素，即条件、时间和功能，建立一个基本的观点，即概率统计的观点，并充分认识可靠性具有的时间性、统计性和综合性的特点。

1.2.2　可靠性特征量

概率论和数理统计是可靠性工程重要的数学基础。在可靠性工程中，产品寿命、可靠度、失效率等许多基本概念以及各种寿命试验、可靠性设计等解决可靠性问题的重要方法都与概率统计紧密相关。因此，理解和掌握概率统计中最基本的概念、方法是学习和掌握可靠性技术的重要前提。本章首先介绍可靠性特征量、维修性特征量、有效性特征量及其含义，然后讨论可靠性工程中常用的概率论与数理统计基础知识。

如前所述，可靠性的确切含义是产品在规定的条件下和规定的时间内完成规定功能的能力。产品的可靠性具有定性和定量两层含义。由于可靠性所研究的产品是相当广泛的，因此用来度量产品可靠性的"能力"也是多种多样的。那么在定量研究产品的可靠性时，就需要各种数量指标，以便说明产品的可靠性程度。我们把表示和衡量产品可靠性的各种数量指标统称为可靠性特征量。产品的可靠性特征量主要有可靠度、失效概率密度、累积失效概率、失效率、平均寿命、可靠寿命、中位寿命等，下面将分别予以介绍。

1. 可靠度与不可靠度

可靠度是产品在规定条件下和规定时间内完成规定功能的概率，即

$$R = R(t) = P(E) = P(T > t), \quad t \geqslant 0$$

式中，E——产品在规定条件下和规定时间内完成规定功能这一事件；

　　　T——产品寿命这一随机变量；

　　　t——规定的时间。

不可靠度也称累积失效概率。可靠度与不可靠度的估计值为

$$F(t) = 1 - R(t) = P(T \leqslant t)$$

假设在 $t=0$ 时有 N 件产品开始工作，到 t 时刻有 $n(t)$ 个失效，仍有 $N-n(t)$ 个产品能正常工作，则

$$R(t) = \frac{N-n(t)}{N}, \quad F(t) = \frac{n(t)}{N}, \quad R(0) = 1, \quad R(\infty) = 0, \quad F(0) = 0, \quad F(\infty) = 1$$

失效率变化规律如图 1.2 所示：

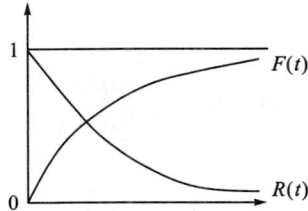

图 1.2　失效率变化规律

2. 失效概率密度 $f(t)$

由上式可知，$F(t)$ 是随机变量 T 的分布函数，其密度函数为

$$f(t) = \frac{\mathrm{d}F(t)}{\mathrm{d}t} = -\frac{\mathrm{d}R(t)}{\mathrm{d}t}$$

$$F(t) = \int_0^t f(x)\mathrm{d}x$$

失效概率密度的估计值：

$$f(t) = \frac{\mathrm{d}F(t)}{\mathrm{d}t} = \frac{F(t+\Delta t) - F(t)}{\Delta t} = \frac{n(t+\Delta t) - n(t)}{N\Delta t} = \frac{\Delta n(t)}{N\Delta t}$$

式中，$\Delta n(t)$ 表示在时间间隔 $(t, t+\Delta t)$ 内失效的产品数。

3. 失效率

失效率（瞬时失效率）是工作到 t 时刻尚未失效的产品，在 t 时刻以后的单位时间内发生失效的概率，也称为失效率函数，记为 $\lambda(t)$。平均失效率图如图 1.3 所示。

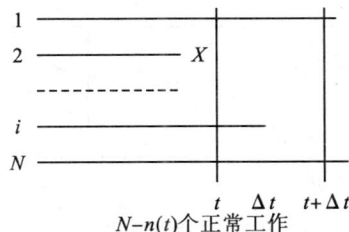

图 1.3　平均失效率图

根据定义，t 时刻完好的产品，在 $(t, t+\Delta t)$ 时间内失效的概率为

$$P(t < T \leqslant t + \Delta t \,|\, T > t)$$

在 Δt 时间内的平均失效率为

$$\lambda(t, \Delta t) = \frac{P(t < T \leqslant t + \Delta t \,|\, T > t)}{\Delta t}$$

$$\lambda(t) = \lim_{\Delta t \to 0} \lambda(t, \Delta t) = \lim_{\Delta t \to 0} \frac{P(t < T \leqslant t + \Delta t \mid T > t)}{\Delta t}$$

$$= \lambda(t) = \lim_{\Delta t \to 0} \lambda(t, \Delta t) = \lim_{\Delta t \to 0} \frac{P(t < T \leqslant t + \Delta t \mid T > t)}{\Delta t}$$

$$= \lim_{\Delta t \to 0} \frac{F(t + \Delta t) - F(t)}{\Delta t R(t)} = \frac{F'(t)}{R(t)} = \frac{f(t)}{R(t)} = -\frac{R'(t)}{R(t)}$$

由 $\lambda(t) = -\dfrac{R'(t)}{R(t)}$ 得

$$\lambda(t)\mathrm{d}t = -\frac{\mathrm{d}R(t)}{R(t)}$$

积分：

$$\int_0^t \lambda(t)\mathrm{d}t = -\ln R(t)$$

即

$$R(t) = \exp\left[-\int_0^t \lambda(t)\mathrm{d}t\right]$$

产品的失效率越小，其可靠性越高；产品的失效率越大，其可靠性越低。

$\lambda(t)$ 的估计值：

$$\hat{\lambda}(t) = \frac{\text{在时间}(t, t + \Delta t)\text{内每单位时间失效的产品数}}{\text{在时刻 } t \text{ 仍正常工作的产品数}}$$

$$= \frac{\Delta n(t)}{[N - n(t)]\Delta t}$$

失效率的单位：失效率的单位通常用时间的倒数表示。失效率的基本单位为 Fit，1 Fit$=10^{-9}/\mathrm{h}=10^{-6}/10^3$ h，它的意义是每 1000 个产品工作 10^6 h 只有一个失效。有时不用时间的倒数而用与其相当的动作次数、转数、距离等的倒数更适宜些。失效率曲线如图 1.4 所示。

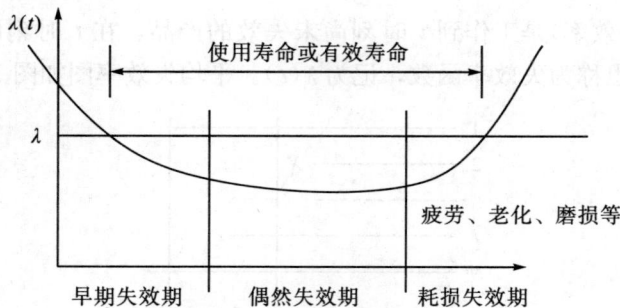

图 1.4 失效率曲线

4. 平均寿命

平均寿命是寿命的数学期望，它是一个标志产品平均能工作多长时间的特征量。

不可修复（指失效后无法修复或不修复而进行替换）产品的平均寿命是指产品失效前的平均工作时间（mean time to failures，$MTTF$）；可修复产品的平均寿命是指相邻两次故障间的平均工作时间，称为平均无故障工作时间或平均故障间隔时间（mean time between failures，$MTBF$）。

$MTTF$ 与 $MTBF$ 本质上是一样的，因此统称为平均寿命，用 θ 表示。若已知产品总体的失效密度函数 $f(t)$，由概率论中数学期望的定义，有

$$\theta = E(t) = \int_0^\infty tf(t)\mathrm{d}t = \int_0^{+\infty} t\left[-\frac{\mathrm{d}R(t)}{\mathrm{d}t}\right]\mathrm{d}t = -\int_0^{+\infty} t\mathrm{d}R(t)$$

$$= -\left[tR(t)\right]_0^{+\infty} + \int_0^{+\infty} R(t)\mathrm{d}t = \int_0^{+\infty} R(t)\mathrm{d}t，\quad t > 0$$

由此可见，将可靠度函数在 $[0，+\infty]$ 区间上进行积分，便可得到产品总体的平均寿命。

$MTTF$ 的估计值为

$$M\hat{T}TF = \frac{1}{n}\sum_{i=1}^n t_i$$

式中：n——测试的产品总数；

t_i——第 i 个产品失效前的工作时间，单位为 h。

$MTBF$ 的估计值为

$$M\hat{T}BF = \frac{1}{N}\sum_{i=1}^n\sum_{j=1}^{n_i} t_{ij}$$

式中，n——测试的产品总数；

$N = \sum\limits_{i=1}^n n_i$——测试产品的所有故障数；

n_i——第 i 个产品的测试故障数；

t_{ij}——第 i 个产品的第 $j-1$ 次到第 j 次故障的时间。

$MTTF$ 和 $MTBF$ 的估计值可表示为

$$\hat{\theta} = \frac{1}{N}\sum_{i=1}^N t_i = \frac{\text{所有产品总的工作时间}}{\text{总的故障数}}$$

5. 寿命方差和寿命标准差

平均寿命能够说明一批产品寿命的平均水平，而寿命方差和寿命标准差则能够反映产品寿命的离散程度。

产品的寿命方差定义为

$$\sigma^2 = \int_0^{+\infty} (t-\theta)^2 f(t)\mathrm{d}t = \int_0^{+\infty} t^2 f(t)\mathrm{d}t - \theta^2$$

寿命方差的估计值为

$$\hat{\sigma}^2 = \frac{1}{n}\sum_{i=1}^n (t_i-\theta)^2$$

寿命均方差估计值为

$$\hat{\sigma} = \sqrt{\frac{1}{n}\sum_{i=1}^n (t_i-\theta)^2}$$

当 n 不大时，或对于小子样来说，其寿命方差和标准差分别为

$$\hat{\sigma}^2 = \frac{1}{n-1}\sum_{i=1}^n (t_i-\theta)^2，\quad \hat{\sigma} = \sqrt{\frac{1}{n-1}\sum_{i=1}^n (t_i-\theta)^2}$$

6. 可靠寿命、中位寿命和特征寿命

$R(t)$已知，可求出任意时间 t 的可靠度；反之可靠度已知，可求出相应的工作寿命。可靠寿命就是指可靠度等于给定值 r 时产品的寿命，记作 $t(r)$，即 $R[t(r)]=r$。

可靠寿命的表达式为（反函数）

$$t(r) = R^{-1}(r)$$

$R=0.5$ 时→中位寿命：$t(0.5)=R^{-1}(0.5)$。

$R=1/e \approx 0.368$ →特征寿命：$t(0.368)=R^{-1}(0.368)$。

对于失效规律服从指数分布的产品而言，

$$R(T) = e^{-\lambda t}, \quad t = -\frac{\ln R(t)}{\lambda}$$

特征寿命：

$$t(e^{-1}) = -\frac{\ln(e^{-1})}{\lambda} = \frac{1}{\lambda}$$

平均寿命：

$$\theta = \int_0^{+\infty} R(t)\mathrm{d}t = \int_0^{+\infty} e^{-\lambda t}\mathrm{d}t = \frac{1}{\lambda}$$

特征寿命等于平均寿命，因此约有 63.2% 的产品将在达到平均寿命前失效。

从定义可看出，产品工作到可靠寿命 $t(r)$，大约有 $100(1-r)\%$ 失效；产品工作到中位寿命 $t(0.5)$，大约有一半失效；产品工作到特征寿命，大约有 63.2% 失效。对于失效规律服从指数分布的一批产品而言，其特征寿命就是平均寿命，因此约有 63.2% 的产品将在达到平均寿命前失效，也就是说，能够工作到平均寿命的产品仅占 36.8% 左右。

7. 维修度与修复率

维修性：在规定条件下使用的产品，在规定的时间内，按规定的程序和方法进行维修时，保持或恢复到能完成规定功能的能力。

维修度 $M(t)$：对可修产品在发生故障或失效后，在规定的条件下和规定的时间 $(0, t)$ 内完成修复的概率。如 Y 表示维修时间（实际修复），Y 为一随机变量。$M(t)=P(Y \leqslant t)$，t 为规定的维修时间。维修度随时间变化的曲线如图 1.5 所示。

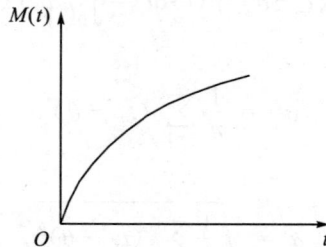

图 1.5 维修度随时间变化曲线

修复率：指修理时间已达到某一时刻，但尚未修复的产品在该时刻后的单位时间内完成修理的概率。

$$\text{修复率 } \mu(t) = \frac{1}{1-M(t)} \cdot \frac{\mathrm{d}M(t)}{\mathrm{d}t} = \frac{m(t)}{1-M(t)}$$

由上式可进一步推得

$$M(t) = 1 - \exp\left[-\int_0^t \mu(t)\mathrm{d}t\right]$$

当维修度服从指数分布，即

$$M(t) = 1 - \mathrm{e}^{-\mu t}$$

则修复率为常数 μ。

对离型：

$$MTTR = \frac{1}{n}\sum_{i=0}^{n} t_i$$

连续型：

$$MTTR = E(T) = \int_0^{+\infty} tm(t)\mathrm{d}\tau = \int_0^{+\infty} t\frac{\mathrm{d}M(t)}{\mathrm{d}t}\mathrm{d}t = \int_0^{+\infty} t\mathrm{d}M(t)$$

$$= \int_0^{+\infty} t\mathrm{d}(1-G(t)) = -\int_0^{+\infty} t\mathrm{d}G(t) = -t \cdot G(t)\big|_0^{+\infty} + \int_0^{+\infty} G(t)\mathrm{d}\tau$$

$$= \int_0^{+\infty} G(t)\mathrm{d}\tau$$

对指数分布，代入上式可得

$$MTTR = \frac{1}{\mu}, \quad M(t) = 1 - \mathrm{e}^{-\mu t}$$

8. 有效度

有效性是可靠性与维修性的一个综合特征，用有效度度量。

有效度：可维修产品在某时刻 t 具有或维持其功能的概率，用 $A(t)$ 表示。有效度又称为利用率、可用度等（对不可修产品，有效度等于可靠度）。

瞬时有效度 $A(t)$：在某一特定瞬时，可能维修的产品保持正常使用状态或功能的概率。它只反映 t 时刻产品的有效度，而与 t 时刻以前是否失效无关。

平均有效度 $\overline{A}(t)$：

$$\overline{A}(t) = A(t_1, t_3) = \frac{1}{t_2 - t_1}\int_{t_1}^{t_2} A(t)\mathrm{d}t$$

（0，T)内，

$$\overline{A}(t) = \frac{1}{T}\int_0^T A(t)\mathrm{d}t$$

稳态有效度（时间有效度）A：

$$A = \lim_{t\to\infty} A(t), \quad t \to \infty$$

可表示为

$$A = \frac{MTBF}{MTBF + MTTR}$$

不同有效度的表示如图 1.6 所示：

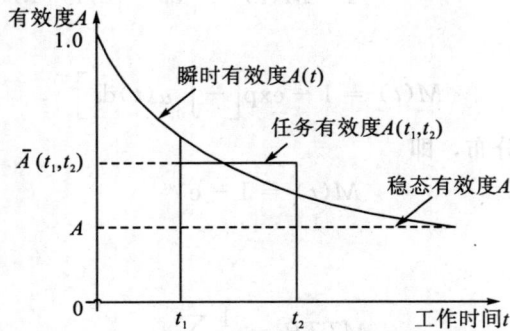

图 1.6 不同有效度的表示

1.2.3 可靠性系统分析

1.2.3.1 不可修复系统的可靠性

可靠性逻辑图即系统与单元功能间的逻辑关系图（图 1.7）。建立可靠性功能逻辑框图不能从结构上而应从功能上研究系统类型。

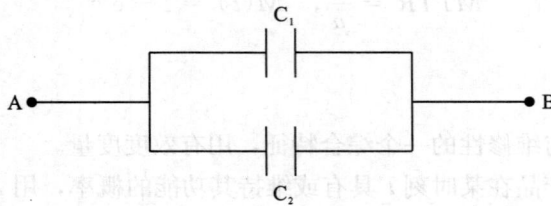

图 1.7 系统与单元功能间的逻辑关系图

如果分析的是短路失效，只要一个短路，系统即短路。其系统逻辑框图如图 1.8 所示。

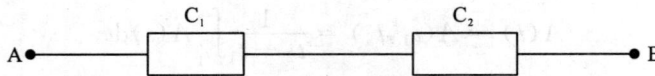

图 1.8 串联型逻辑关系图

如果分析的是开路失效，当两个电容同时失效，才会引起系统失效。其逻辑框图如图 1.9 所示。

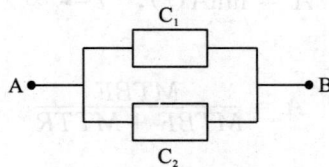

图 1.9 并联型逻辑框图

1. 串联系统

图 1.10 所示为串联系统逻辑框图，其特征为：n 个单元全部正常工作时，系统正常工作，只要有一个单元失效，系统即失效。

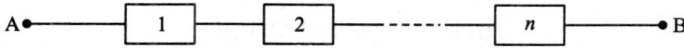

图 1.10　串联系统逻辑框图

设：A——系统正常工作状态；

$\overline{A}$——系统故障状态；

A_i——单元 i 处于正常工作状态（$i=1,2,\cdots,n$）；

$\overline{A}_i$——单元 i 处于故障状态（$i=1,2,\cdots,n$）。

则

$$A = A_1 \cap A_2 \cap \cdots \cap A_n = \bigcap_{i=1}^{n} A_i, \quad \overline{A} = \overline{A}_1 \cup \overline{A}_2 \cup \cdots \overline{A}_n = \bigcup_{i=1}^{n} \overline{A}_i$$

由上式（A_i 之间相互独立）：

$$P(A) = P(\bigcap_{i=1}^{n} A_i) = \prod_{i=1}^{n} P(A_i) \Rightarrow R_s(t) = \prod_{i=1}^{n} R_i(t)$$

上式表明，在串联系统中，系统的可靠度 $R_s(t)$ 是元件（单元）可靠度的乘积。

因为 $R_i(t) < 1$，所以 $R_s(t) < 1$，而且 $R_s(t) < R_i(t)$。即串联子系统的可靠度比任一单元要小。因此，提高最低可靠度单元（薄弱环节）的可靠度效果会更好。

若各单元服从指数分布

$$R_s(t) = \prod_{i=1}^{n} e^{-\lambda_i t} = e^{-\sum_{i=1}^{n} \lambda_i t} = e^{-\lambda_s t}$$

由此可知，串联后仍服从指数分布

$$\lambda_s = \sum_{i=1}^{n} \lambda_i, \quad \theta_s = \frac{1}{\lambda_s}$$

串联系统特性总结如下：

（1）串联系统总可靠度低于该系统的每个单元的可靠度，且随着串联单元数量的增大迅速降低。

（2）串联系统的失效率大于该系统的各单元的失效率。

（3）串联系统的各单元寿命服从指数分布，该系统寿命也服从指数分布。

如由 10 个可靠度为 99% 的单元组成一个串联系统，那么该系统的可靠度仅为 90%。串联的单元数越多，系统的可靠度越低。因此，要提高系统的可靠度，必须减少系统中的单元数或提高系统中最低的单元可靠度，即提高系统中薄弱单元的可靠度。

2. 并联系统

图 1.11 所示为并联系统逻辑框图，其特征为：任一单元正常工作，子系统即正常工作，只有所有单元均失效，系统才失效。

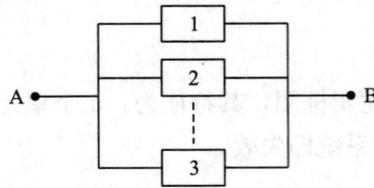

图 1.11　并联系统逻辑框图

设：A——系统正常工作状态；

　　$\overline{A}$——系统故障状态；

　　A_i——单元 i 处于正常工作状态（$i=1$，2，$\cdots$，n）；

　　$\overline{A}_i$——单元 i 处于故障状态（$i=1$，2，$\cdots$，n）。

则

$$\overline{A} = \overline{A}_1 \cap \overline{A}_2 \cap \cdots \cap \overline{A}_n = \bigcap_{i=1}^{m} \overline{A}_i$$

由上述分析可知并联系统特性：

(1)并联系统的失效概率低于各单元的失效概率。

(2)并联系统的可靠度高于各单元的可靠度。

(3)并联系统的平均寿命高于各单元的平均寿命。这说明，通过并联可以提高系统的可靠度。

(4)并联系统的各单元服从指数寿命分布，则该系统不再服从指数寿命分布。

3. 表决系统（r/n）

表决系统逻辑框图如图 1.12 所示，其特征为：n 个单元中只要有 r 个单元正常工作，系统就能正常工作。

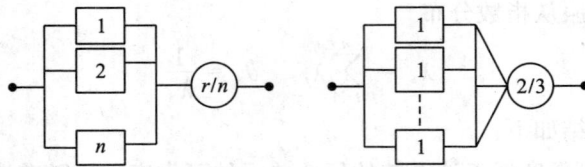

图 1.12　表决系统逻辑框图

设：A_i——单元 i 处于正常工作状态（$i=1$，2，3）；

　　A——系统处于正常工作状态。

则

$$A = (A_1 \cap A_2) \cup (A_1 \cap A_3) \cup (A_2 \cap A_3)$$

事实上，在工程实践中，对许多要求较高工作可靠度的系统来说，平均寿命并不是十分重要的可靠性指标，用户更感兴趣的，或者说至关重要的可靠性指标，应是达到一定要求的可靠水平 r（如 $r=0.95$、$r=0.99$、$r=0.999$ 等）的可靠寿命。

由计算可靠寿命的公式，可以算出可靠水平 r 分别为 0.99、0.90、0.70、0.50、0.20 时一个单元系统与 2/3(G) 系统的可靠寿命 $t(r)$，如表 1.1 所示。

表 1.1　不同可靠水平下一个单元系统与 2/3(G)系统的可靠寿命对比

r	0.99	0.90	0.70	0.50	0.20
$t(r)$(一个单元系统)	10	105	357	693	1609
$t(r)$(2/3(G)系统)	61	218	452	693	1248

可以看出：

(1)两系统的中位寿命相同。

(2)当可靠水平小于 0.5 时，一个单元系统的可靠寿命高于 2/3(G)系统的可靠寿命。

(3)当可靠水平大于 0.5 时，2/3(G)系统的可靠寿命高于一个单元系统的可靠寿命，且 r 越接近 1，采用 2/3(G)系统结构对提高可靠寿命的效果越显著。

因此，在对系统可靠水平要求很高的情况下，采用 2/3(G)系统结构可大大提高系统的可靠寿命。

4. 混联系统

一般混联系统为由串联、并联混合组成的系统，其简化图如图 1.13 所示。

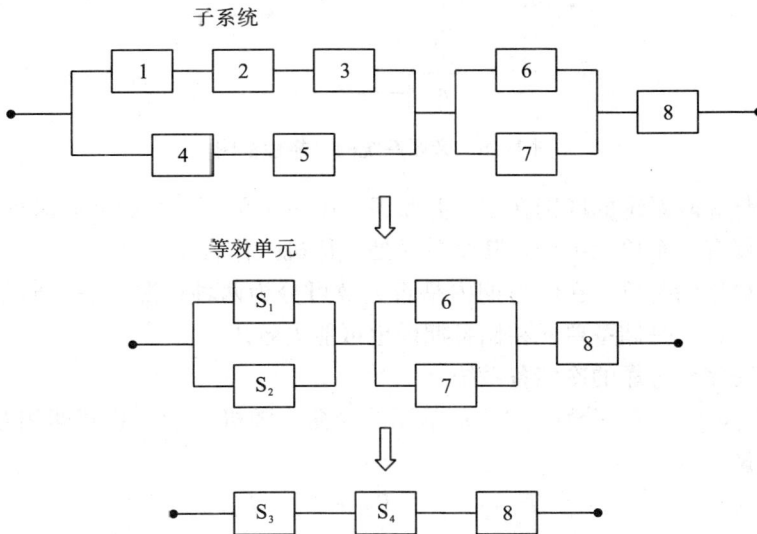

图 1.13　复杂系统简化图

串-并联系统及并-串联系统的逻辑框图如图 1.14 和图 1.15 所示。图中，$i=1$，2，$\cdots$，m_j，$j=1$，2，$\cdots$，n_c

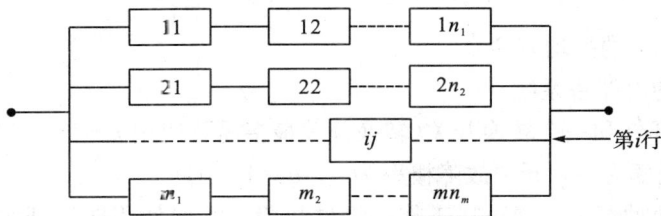

图 1.14　串-并联系统逻辑框图

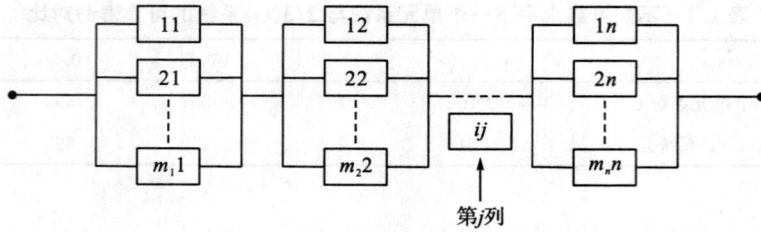

图 1.15 并－串联系统逻辑框图

5. 旁联系统

为了提高系统的可靠度，除了多安装一些单元外，还可以储备一些单元，以便当工作单元失效时，能立即通过转换开关使储备单元逐个地去替换，直到所有单元都发生故障为止，系统才失效，这种系统称为旁联系统。旁联系统的可靠性框图如图 1.16 所示。

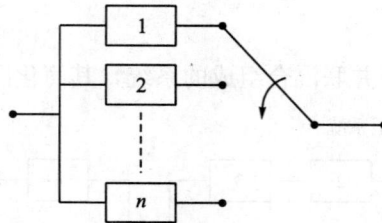

图 1.16 旁联系统的可靠性框图

旁联系统与并联系统的区别在于：并联系统中每个单元一开始就同时处于工作状态，而旁联系统中仅有一个单元工作，其余单元处于待机工作状态。

旁联系统根据储备单元在储备期内是否失效可分为两种情况，一是储备单元在储备期内失效率为零，二是储备单元在储备期内也可能失效。

1)转换开关完全可靠的冷储备系统

设 T_1，T_2，…，T_n 分别为 1~n 单元的寿命，随机变量，且两两相互独立，则系统寿命随机变量：

$$T_s = T_1 + T_2 + \cdots + T_n$$

系统可靠度：

$$R_s(t) = P(T_s > t) = P(T_1 + T_2 + \cdots + T_n > t)$$

系统平均寿命：

$$\theta_s = \theta_1 + \theta_2 + \cdots + \theta_n = \sum_{i=1}^{n} \theta_i$$

式中，θ_i——单元 i 的平均寿命。

2)完全可靠的冷储备系统

系统由 n 个部件和一个转换开关(转换开关最多需要使用 $n-1$ 次)组成，开关寿命 0-1 型，开关正常概率为 p，开关故障概率为 q，$q = 1-p$。

系统故障的两种情况：当正在工作的部件故障，需要使用转换开关时，转换开关故障；转换开关使用正常，所有 n 个部件都故障(这时转换开关一共使用了 $n-1$ 次)。设 n

个部件寿命 x_1，x_2，…，x_n 是独立的，且服从同指数分布 $1-e^{-\lambda t}$，开关的好坏也是独立的。

引入一变量 γ，$\gamma=j$，第 j 次使用开关时，开关首次故障，$j=1$，2，…，$n-1$；$\gamma=n$，$n-1$ 次使用开关，开关都正常（即开关在系统使用到第 n 个部件时也不坏），由 γ 的定义，易见：

$$P\{\gamma = j\} = p_{j-1}q, \quad j = 1,2,\cdots,n-1$$

$$P\{\gamma = n\} = p_{n-1}, \quad \sum_{j=1}^{n} p\{\gamma = j\} = 1$$

此时系统的寿命可表示为

$$x = x_1 + x_2 + x_3 + \cdots + x_\gamma$$

系统的可靠度为

$$R(t) = \sum_{i=1}^{n} \left\{ P(r = i) \cdot P\left(\sum_{j=1}^{\gamma} x_j > t\right) \right\}$$

当 $p=1$，即转换开关完全可靠时，这里的所有结果同转换开关完全可靠的冷储备系统。

3）储备单元不完全可靠的旁联系统（热储备系统）

两个工作单元寿命为 X_1 和 X_2 且相互独立，均服从指数分布，第二个单元的存储寿命为 Y，服从参数为 μ 的指数分布。

可靠性可以分为两部分：当工作单元 1 失效时，储备单元 2 已经失效；当工作单元 1 失效时，储备单元 2 尚未失效。

$$R(t) = P(X_1 + X_2 > t, X_1 < Y) + P(X_1 > t, X_1 > Y)$$

6. 复杂系统

在可靠性工程中经常遇到的系统并非串、并联或混联结构系统，而是一个具有复杂结构的网络系统，例如一台大型自动机床上，综合了机械、液压、气动、电子路线等，构成了一个复杂的网络系统。网络系统的可靠度计算是很复杂的，一般网络可靠度的求法，主要有状态枚举法、全概率分解法、最小路集法、最小割集法和 Monte-Carlo 模拟法。前两种仅适用于小型网络，最小路集法和最小割集法对大型复杂网络十分有效，故目前应用最广。

1）布尔真值法（枚举法）

N 个单元组成的网络系统，各单元均有正常和失效两种状态，则系统就有 $2n$ 和（微观）状态，对这 $2n$ 个状态逐一分析，判断系统的状态是正常还是故障，由于各状态互斥，因此所有正常工作状态的概率之和就是系统的可靠度。如图 1.17 所示为桥式网络系统。

2）全概率分解法

全概率公式：

$$p(H) = \sum_{i=0}^{n} p\frac{H}{B_i} \times p(B_i)$$

全概率分解法的关键是选择合适的单元进行展开，对于更为复杂的网络系统，可按此原理逐级分解，将其转化为一般的串、并联，从而求出全系统的可靠性。图 1.18 为桥式网络系统分解图。

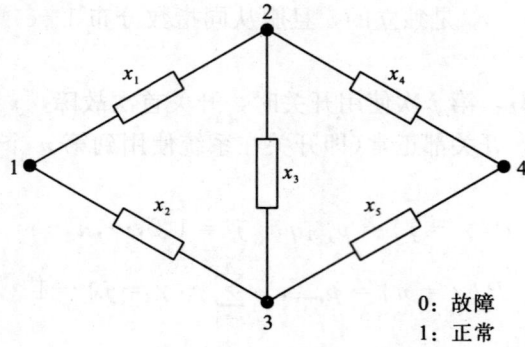

图 1.17　桥式网络系统

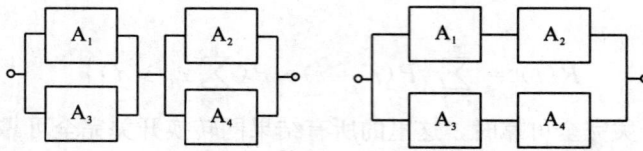

图 1.18　桥式网络系统分解图

最小路集法和最小割集法将在运筹学等课程中学习，此处不加描述。

1.2.3.2　可修复系统的可靠性

可修复系统的可靠性是指修复系统的组成单元或部件发生故障后，经过修理使系统恢复至正常工作状态的能力，如图 1.19 所示为系统故障修复示意图，图中 e_1、e_2 分别表示正常和故障状态（下同）。

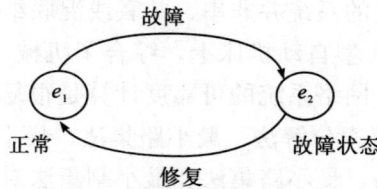

图 1.19　系统故障修复示意图

如果工作时间和修复时间都服从指数分布，就可以借助马尔可夫过程来描述。

1. 马尔可夫过程

马尔可夫过程是一类后效性的随机过程。简单地说，在这种过程中，系统将来的状态只与现在的状态有关，而与过去的状态无关。或者说，若已知系统在 t_0 时刻所处的状态，那么 $t > t_0$ 时的状态仅与时刻 t_0 的状态有关，用数字公式可描述为：设 $\{x(t)，t \geqslant 0\}$ 是取值在 $E = \{0，1，2，\cdots\}$ 或 $E = \{0，1，2，\cdots，N\}$ 上的一个随机过程，对任意 n 个时刻点 $0 \leqslant t_1 < t_2 < \cdots < t_n$，均有

$$P\{x(t_n) = i_n \mid x(t_1) = i_1, x(t_2) = i_2, \cdots, x(t_{n-1}) = i_{n-1}\}$$
$$= P\{x(t_n) = i_n \mid x(t_{n-1}) = i_{n-1}\}，\quad i_1, i_2, \cdots，\ i_n \in E$$

则称 $\{x(t)，t \geqslant 0\}$ 为离散状态空间 E 上的连续时间马尔可夫过程。

特别的，如果对任意 $t，u \geqslant 0$，均有

$$P\{x(t+u) = j \mid x(u) = i\} = P_{ij}(t) \quad i,j \in E$$

与始点 u 无关，则称该马尔可夫过程是齐次的。$P_{ij}(t)$ 称为从状态 i 到状态 j 的转移矩阵函数，内转移矩阵的全本组成的矩阵称为转移矩阵。如 n 个状态系统的转移矩阵为 $n \times n$ 阶方阵，可写为

$$\boldsymbol{P} = \begin{bmatrix} P_{11} & \cdots & P_{1n} \\ P_{21} & \cdots & P_{2n} \\ \vdots & & \vdots \\ P_{n1} & \cdots & P_{nn} \end{bmatrix}$$

对于齐次的马尔可夫过程，有下述关系（性质）：

$$0 \leqslant P_{ij} \leqslant 1, \quad \sum_{j=1}^{n} P_{ij} = 1, \quad (n \times n \text{ 阶方阵})$$

可以证明，系统寿命及故障后的修复时间均服从指数分布时，则系统状态变化的随机过程 $\{x(t)，t \geqslant 0\}$ 是一个齐次马尔可夫过程。本章研究的就是这种马尔可夫过程。

为简化起见，假设：

（1）λ、μ 为常数（即寿命和维修时间服从指数分布。注意：若系统的寿命或维修时间不是指数分布，而是正态、威布尔或其他分布，它仍不是"无记忆性"，因此不能用马氏过程来描述，同时这个假设也包含了修复如新的含义。）

（2）部件和系统取正常和故障两种状态。

（3）在相当小的 Δt 内，发生两个或两个以上部件同时进行状态转移的概率是 Δt 的高阶无穷小，此概率可以忽略不计。

对可行系统，我们要研究的特征量主要有瞬态可用度 $A(t)$、不可用度 $Q(t)$、稳态可用度 A、不可用度 Q、$MTBF$、系统首次故障前的平均时间 $MTTF$、平均修复时间 $MTTR$ 等。

2. 状态转移图

可修系统可靠性研究的关键是画出系统的状态转移图。如一台机器运行到某一时刻 t 时，可能的状态如图 1.20 所示。

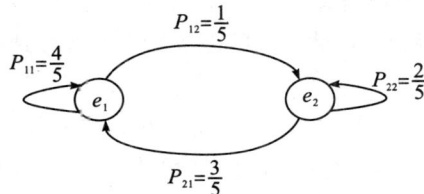

图 1.20　某系统状态转移图

如机器处于 e_1 状态的概率 $P_{11} = 4/5$，则 e_1 向 e_2 转移的概率 $P_{12} = 1 - P_{11} = 1/5$；反过程，如机器处于 e_2 状态，经过一定时间的修复返回 e_1 状态的概率是 $3/5$，$P_{21} = 3/5$（维修

度 $M(\tau)$）；则修不好仍处于 e_2 状态的概率是 $P_{22}=1-P_{21}=2/5$（不维修度）。由此可写出系统的转移矩阵为

$$\boldsymbol{P} = \begin{array}{c} \\ e_1 \\ e_2 \end{array}\!\!\downarrow \begin{array}{c} \overset{e_1 \qquad e_2}{\longrightarrow} \\ \begin{bmatrix} P_{11} & P_{12} \\ P_{21} & P_{22} \end{bmatrix} \end{array} = \begin{bmatrix} \dfrac{4}{5} & \dfrac{1}{5} \\ \dfrac{3}{5} & \dfrac{2}{5} \end{bmatrix}$$

转移矩阵 P_{ij} 也表示时间 e_i 发生的条件下，时间 e_j 发生的条件概率，$P_{ij}=p(e_j\mid e_i)$；$\boldsymbol{P}$ 的列是起始状态，行是到达状态，均由小到大排列，建立 $\boldsymbol{P}$ 时应与转移图联系起来。

又例如，对于一可修系统，失效率和修复率 λ、μ 为常数，可先画出如图 1.21 所示的状态转移图。

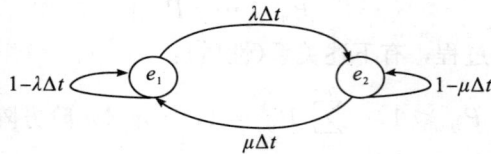

图 1.21   某系统状态转移图

由此可写出

$$\boldsymbol{P}(\Delta t) = \begin{array}{c} e_1 \\ e_2 \end{array}\begin{bmatrix} \overset{e_1}{1-\lambda\Delta t} & \overset{e_2}{\lambda\Delta t} \\ \mu\Delta t & 1-\mu\Delta t \end{bmatrix}$$

此时转移矩阵 $\boldsymbol{P}$ 也成为微系数矩阵。通常令 $\Delta t=1$，则有

$$\boldsymbol{P} = \begin{bmatrix} 1-\lambda & \lambda \\ \mu & 1-\mu \end{bmatrix}$$

由此可知，状态转移图是求解转移矩阵的基础。

3. n 次（步）转移后，系统各状态的概率

设系统初始状态是

$$i \xrightarrow{\;n\,步转移\;} j \text{ 的概率} P_{ij}^{(n)}$$

由切普曼-柯尔莫哥洛夫方程，$P_{ij}^{(n)}$ 可表示为

$$P_{ij}^{(n)} = P_{ij}^{k+l} = \sum_v P_{iv}^{(k)} \cdot P_{vj}^{(l)}$$

式中，$n=k+1$，$v \in E$（状态空间）；$P_{ij}^{(n)}$ 为由状态 i 经 n 步转移到状态 j 的概率；$P_{iv}^{(k)} \cdot P_{vj}^{(l)}$ 为由状态 i 先经 k 步转移到状态 v，然后由状态 v 经 l 步转移到状态 j 的概率（此处 v 也可理解为从 i 到 j 的通道）。

上式中，若令 $k=1$，$l=1$，由 $P_{ij}(i,j \in E)$ 可决定 $P_{ij}^{(2)}$，即由全部一步转移概率可确定全部两步转移概率。若重复上述方法，就可由全部一步转移概率决定所有的转移概率。

若用矩阵表示 n 步转移概率，即 $\boldsymbol{P}^{(n)} = \left[P_{ij}^{(n)}\right]$，则有

$$\boldsymbol{P}^{(n)} = \boldsymbol{P}^k \boldsymbol{P}^l$$

式中，$\boldsymbol{P}$——转移矩阵（也称一步转移矩阵）。可用此式方便地求出任意 $P_{ij}^{(n)}$。

　　一般的，可利用转移概率和系统的初始状态，求出任意转移后系统各状态的概率。公式如下：

$$\boldsymbol{P}(n) = \boldsymbol{P}(0) \cdot \boldsymbol{P}^n$$

式中，$\boldsymbol{P}$——一步转移概率；

　　　　$\boldsymbol{P}^n$——n 步转移概率；

　　　　n——转移步数（次数）；

　　　　$\boldsymbol{P}(0)$——系统的初始状态向量，$\boldsymbol{P}(0) = [P_1(0)\ P_2(0)\ \cdots]$，其中，$P_1(0)$ 为初始 $t=0$ 时刻系统处于 1 状态的概率，以此类推；

　　　　$\boldsymbol{P}(n)$——n 步转移后系统所处状态向量，$\boldsymbol{P}(n) = [P_j(n)] = [P_1(n)\ P_2(n)\ \cdots]$，其中，$P_1(n)$ 为 n 步转移后系统处于 1 状态的概率，以此类推。

　　例：如图 1.22 所示，已知 $\boldsymbol{P}(0) = [P_1(0)\ P_2(0)] = [1, 0]$，求 $n=1$，2，$\cdots$ 等各步（次）转移后系统各状态的概率。

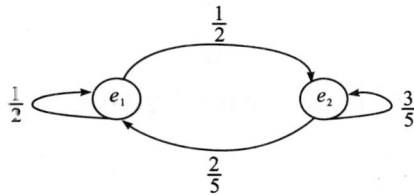

图 1.22　某系统状态转移图

　　解：利用式 $\boldsymbol{P}(n) = \boldsymbol{P}(0) \cdot \boldsymbol{P}^n$，

$$n = 1,\quad \boldsymbol{P}(1) = \boldsymbol{P}(0) \cdot \boldsymbol{P} = [1\ \ 0] \cdot \begin{bmatrix} \dfrac{1}{2} & \dfrac{1}{2} \\ \dfrac{2}{5} & \dfrac{3}{5} \end{bmatrix} = [0.5\ \ 0.5]$$

$$n = 2,\quad \boldsymbol{P}(2) = \boldsymbol{P}(0) \cdot \boldsymbol{P}^2 = \boldsymbol{P}(0) \cdot \boldsymbol{P} \cdot \boldsymbol{P} = \boldsymbol{P}(1) \cdot \boldsymbol{P}$$

$$= \begin{bmatrix} \dfrac{1}{2} & \dfrac{1}{2} \end{bmatrix} \cdot \begin{bmatrix} \dfrac{1}{2} & \dfrac{1}{2} \\ \dfrac{2}{5} & \dfrac{3}{5} \end{bmatrix} = [0.45\ \ 0.45]$$

同理：

$$n = 3,\quad \boldsymbol{P}(3) = [0.445\ \ 0.555]$$
$$\vdots$$
$$n = 5,\quad \boldsymbol{P}(5) = [0.44445\ \ 0.55555]$$

　　由此可知，随着 n 的递增，$P_1(n)$、$P_2(n)$ 逐渐趋于稳定。稳定状态概率称为极限概率，本例中，$n \to \infty$ 时的极限概率为 $P_1(\infty) = 4/9$，$P_2(\infty) = 5/9$，即 $n \to \infty$ 时，$\boldsymbol{P}^n$ 将收敛于一个定概率矩阵，即

$$\boldsymbol{P}^n = \begin{bmatrix} \dfrac{4}{9} & \dfrac{5}{9} \\ \dfrac{4}{9} & \dfrac{5}{9} \end{bmatrix}$$

　　在实践中常会遇到这样的情况，不管系统的初始状态如何，在经历了一段工作时间后，便会处于相对稳定状态，数学上称之为各态历经或遍历性。所谓遍历过程，就是系统处于稳定状态的概率与初始状态无关的随机过程。具有这种性质的状态转移矩阵称为遍历矩阵。

　　如果转移矩阵 P 经过 n 次相乘后，所得矩阵的全部元素都大于 0，即 $P_{ij}^{(n)} > 0, i, j \in E$（注：常以此为判断来检查马尔可夫链是否为各态历经的或是否存在极限概率），则这样的转移矩阵都是遍历矩阵。遍历矩阵一定存在极限概率或稳定状态。

　　经过 n 步转移后的极限状态就是过程的平稳状态，既然如此，即使再多转移一步，状态概率也不会有变化，这样就可以求出平稳状态。

　　例：求如图 1.23 所示系统的平稳状态概率。

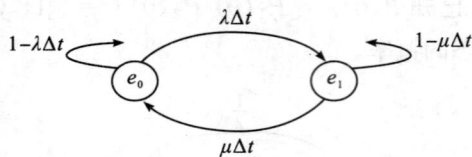

图 1.23　某系统状态转移图

　　解：一步转移矩阵为

$$P = \begin{matrix} 0 \\ 1 \end{matrix} \begin{bmatrix} \overset{0}{1-\lambda \Delta t} & \overset{1}{\lambda \Delta t} \\ \mu \Delta t & 1-\mu \Delta t \end{bmatrix}$$

设 $P(n) = \begin{bmatrix} P_0 & P_1 \end{bmatrix}$，则

$$\begin{bmatrix} P_0 & P_1 \end{bmatrix} \cdot \begin{bmatrix} 1-\lambda \Delta t & \lambda \Delta t \\ \mu \Delta t & 1-\mu \Delta t \end{bmatrix} = \begin{bmatrix} P_0 & P_1 \end{bmatrix}, \quad \Delta t \neq 0$$

$$\Rightarrow \begin{cases} -P_0 \lambda + P_1 \mu = 0 \\ P_0 \lambda - P_1 \mu = 0 \end{cases}$$

$$\Rightarrow \begin{cases} P_0 \lambda - P_1 \mu = 0 \\ P_0 + P_1 = 1 \end{cases}$$

$$\Rightarrow P_0 = \frac{\mu}{\lambda + \mu}, \quad P_1 = \frac{\lambda}{\lambda + \mu}$$

4. 单部件可修系统

　　单部件系统是指由一个单元组成的系统（或把整个系统当作一个单元来研究），部件故障系统故障，部件正常系统正常。

$$\underset{\text{（系统状态）}}{x(t)} = \begin{cases} 0, & \text{时间到 } t \text{ 系统正常} \\ 1, & \text{时间到 } t \text{ 系统故障} \end{cases}$$

　　部件的故障率、修复率分别为常数 λ、μ，则 t 时刻系统处于正常工作状态，在 $t \rightarrow t+\Delta t$ 之间发生故障的条件概率为 λ（即为 P_{01}）。t 时刻系统处于故障状态，在 $t \rightarrow t+\Delta t$ 之间即 Δt 时间内修复好的条件概率为 μ（即为 P_{21}）。

　　图 1.24 所示为单部件可修系统状态转移图，图中，条件概率

$$P_{01} = P_{01}(\Delta t) = P\{x(t + \Delta t = 1) \mid x(t) = 0\} = \lambda \Delta t$$
$$P_{00} = P_{00}(\Delta t) = P\{x(t + \Delta t = 0) \mid x(t) = 0\} = 1 - \lambda \Delta t$$

同理：

$$P_{10} = P_{10}(\Delta t) = P\{x(t + \Delta t = 0) \mid x(t) = 1\} = \mu \Delta t$$
$$P_{11} = P_{11}(\Delta t) = P\{x(t + \Delta t = 1) \mid x(t) = 1\} = 1 - \mu \Delta t$$

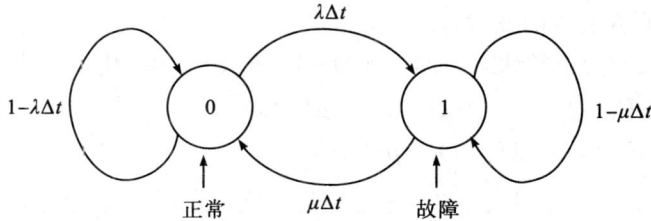

图 1.24　单部件可修系统状态转移图

图 1.24 的转移概率矩阵为

$$\boldsymbol{P} = \begin{matrix} 0 \\ 1 \end{matrix} \begin{bmatrix} \overset{0}{1 - \lambda \Delta t} & \overset{1}{\lambda \Delta t} \\ \mu \Delta t & 1 - \mu \Delta t \end{bmatrix} (= P(\Delta t))$$

令 $P_0(t) = P\{x(t) = 0\}, P_1(t) = P\{x(t) = 1\}$。下面研究如何求解 $P_0(t)$ 和 $P_1(t)$。

首先，利用全概率公式可求出 $P_0(t + \Delta t)$ 和 $P_1(t + \Delta t)$ 的表达式：

$$P_0(t + \Delta t) = P\{x(t + \Delta t) = 0\}$$
$$= P\{x(t + \Delta t) = 0 \mid x(t) = 0\}P\{x(t) = 0\}$$
$$+ P\{x(t + \Delta t) = 0 \mid x(t) = 1\}P\{x(t) = 1\}$$
$$= P_{00}(\Delta t) \cdot P_0(t) + P_{10}(\Delta t) \cdot P_1(t)$$
$$= (1 - \lambda \Delta t)P_0(t) + \mu \Delta t P_1(t)$$
$$= P\{x(t + \Delta t) = 0 \mid x(t) = 0\}P\{x(t) = 0\}$$
$$+ P\{x(t + \Delta t) = 0 \mid x(t) = 1\}P\{x(t) = 1\}$$
$$= P_{00}(\Delta t) \cdot P_0(t) + P_{10}(\Delta t) \cdot P_1(t)$$
$$= (1 - \lambda \Delta t)P_0(t) + \mu \Delta t P_1(t)$$

此即为 $P_0(t + \Delta t)$ 的计算公式。

将上式展开、移项，两边除以 Δt，若令 $\Delta t \to 0$，取极限有

$$\lim_{\Delta t \to 0} \frac{P_0(t + \Delta t) - P_0(t)}{\Delta t} = -\lambda P_0(t) + \mu P_1(t) \Rightarrow P_0'(t) = -\lambda P_0(t) + \mu P_1(t)$$

(1.1)

同理可得

$$P_1(t + \Delta t) = \lambda \Delta t P_0(t) + (1 - \mu \Delta t)P_1(t)$$
$$P_1'(t) = \lambda P_0(t) - \mu P_1(t)$$

(1.2)

将式 (1.1) 和式 (1.2) 联立即可求出 $P_0(t)$ 和 $P_1(t)$。两式的联立方程称为状态方程。下面求解状态方程。

对式 (1.1) 和式 (1.2) 两边取拉氏变换：

$$\begin{cases} L[P_0'(t)] = -\lambda L[P_0(t)] + \mu L[P_1(t)] \\ L[P_1'(t)] = \lambda L[P_0(t)] - \mu L[P_1(t)] \end{cases} \Rightarrow \begin{cases} sP_0(s) - P_0(0) = -\lambda P_0(s) + \mu P_1(s) \\ sP_1(s) - P_1(0) = \lambda P_0(s) - \mu P_1(s) \end{cases}$$

引用

$$\begin{cases} L[P'(t)] = sP(s) - P(0) \\ L[P(t)] = P(s) \end{cases}$$

式中，s——拉氏变换引入的变量。

假设 $t=0$ 时系统为正常状态，即 $P_0(0)=1$，$P_1(0)=0$。代入上式得

$$\begin{cases} sP_0(s) - 1 = -\lambda P_0(s) + \mu P_1(s) \\ sP_1(s) = \lambda P_0(s) - \mu P_1(s) \end{cases}$$

$$\Rightarrow \begin{cases} P_0(s) = \dfrac{1}{s} \cdot \dfrac{\mu}{\mu + \lambda} + \dfrac{1}{s + \lambda + \mu} \cdot \dfrac{\lambda}{\lambda + \mu} = \dfrac{s + \mu}{s(s + \lambda + \mu)} \\ P_1(s) = \dfrac{\lambda}{s(s + \lambda + \mu)} \end{cases}$$

$$\Rightarrow 拉氏反变换 \begin{cases} P_0(t) = \dfrac{\mu}{\lambda + \mu} + \dfrac{\lambda}{\lambda + \mu} e^{-(\lambda + \mu)t} \\ P_1(t) = \dfrac{\lambda}{\lambda + \mu} - \dfrac{\lambda}{\lambda + \mu} e^{-(\lambda + \mu)t} \end{cases}$$

由此瞬态有效度（可用度）：

$$A(t) = P_0(t)$$

稳态有效度：

$$A(\infty) = \lim_{t \to \infty} A(t) = \frac{\mu}{\lambda + \mu}$$

平均有效度：

$$\overline{A}(t) = \frac{1}{t} \int_0^t A(t)\mathrm{d}t = \frac{\mu}{\mu + \lambda} + \frac{\lambda}{(\lambda + \mu)^2 t} - \frac{\lambda e^{-(\lambda + \mu)t}}{(\lambda + \mu)^2 t}$$

综上可归纳出解可修系统有效度的方法步骤：

(1)画出系统的状态转移图；

(2)写出转移矩阵 $\boldsymbol{P}(\Delta t)$；

(3)令 $\Delta t = 1$，求出 $\boldsymbol{P}$；

(4)求状态方程系数矩阵 $\boldsymbol{A}$，$\boldsymbol{A} = \boldsymbol{P} - \boldsymbol{I}$，$\boldsymbol{I}$ 为与 $\boldsymbol{P}$ 同阶的单位矩阵，$\boldsymbol{A}$ 又称为转移率矩阵；

(5)写出状态方程式

$$\boldsymbol{P}'(t) = \boldsymbol{P}(t)\boldsymbol{A}$$

式中，$\boldsymbol{P}(t)$——各状态概率向量，$\boldsymbol{P}(t) = [P_0(t)\ P_1(t)\ \cdots\ P_n(t)]$；

$\boldsymbol{P}'(t)$——各状态概率导数向量，$\boldsymbol{P}'(t) = [P_0'(t)\ P_1'(t)\ \cdots\ P_n'(t)]$。

(6)求解状态方程，通常要给定初始状态 $\boldsymbol{P}(0) = [P_0(0)\ P_1(0)\ \cdots\ P_n(0)]$，且常用拉氏变化及反变换求解法。如上例：

$$\boldsymbol{P}(\Delta t) = \begin{bmatrix} 1 - \lambda \Delta t & \lambda \Delta t \\ \mu \Delta t & 1 - \mu \Delta t \end{bmatrix}, \quad \boldsymbol{P} = \begin{bmatrix} 1 - \lambda & \lambda \\ \mu & 1 - \mu \end{bmatrix}$$

$$A = P - I = \begin{bmatrix} -\lambda & \lambda \\ \mu & -\mu \end{bmatrix}, \quad P'(t) = P(t)A$$

$$[P'_0(t)\ P'_1(t)] = [P_0(t)\ P_1(t)] \begin{bmatrix} -\lambda & \lambda \\ \mu & -\mu \end{bmatrix}$$

得状态方程

$$\begin{cases} P'_0(t) = -\lambda P_0(t) + \mu P_1(t) \\ P'_1(t) = \lambda P_0(t) - \mu P_1(t) \end{cases}$$

与前述一致，以下即可用拉氏变换法等求解方程。

5. 串联可修系统

1）n 个相同单元组成的串联系统

n 个相同单元组成的串联系统状态转移图如图 1.25 所示。每个单元中的 λ、μ 为常数。系统有两种状态：

状态 0——n 个单元全正常，系统正常状态；

状态 1——任一单元故障，系统故障状态。

因为任一单元故障，系统即停止工作（不会出现两个及以上单元同时故障的情况），用前述方法可得

$$P(\Delta t) = \begin{bmatrix} 1-n\lambda\Delta t & n\lambda\Delta t \\ \mu\Delta t & 1-\mu\Delta t \end{bmatrix}, \quad P = \begin{bmatrix} 1-n\lambda & n\lambda \\ \mu & 1-\mu \end{bmatrix}, \quad A = P - I = \begin{bmatrix} -n\lambda & n\lambda \\ \mu & -\mu \end{bmatrix}$$

状态方程为

$$P'(t) = P(t)A, \quad [P'_0(t)\ P'_1(t)] = [P_0(t)\ P_1(t)] \begin{bmatrix} -n\lambda & n\lambda \\ \mu & -\mu \end{bmatrix}$$

初始条件为

$$P_0(0) = 1, \quad P_1(0) = 0$$

用拉氏变换与反变换，可解出

$$A(t) = P_0(t) = \frac{\mu}{n\lambda + \mu} + \frac{n\lambda}{n\lambda + \mu} e^{-(n\lambda+\mu)t}, \quad A(\infty) = \frac{\mu}{n\lambda + \mu}$$

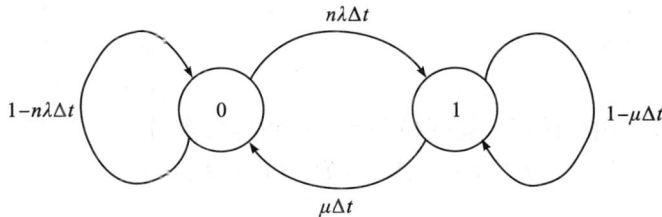

图 1.25　n 个相同单元组成的串联系统状态转移图

2）n 个不同单元组成的串联系统

n 个不同单元组成的串联系统状态转移图如图 1.26 所示。n 个单元中第 i 个单元的系数为 λ_i、μ_i（$i=1, 2, \cdots, n$）。系统有 $n+1$ 种状态：

状态 0——n 个单元均正常，系统正常状态；

状态 1——单元 1 故障，其余正常，系统故障；

状态 2——单元 2 故障，其余正常，系统故障；

$\vdots$

状态 n——单元 n 故障，其余正常，系统故障。

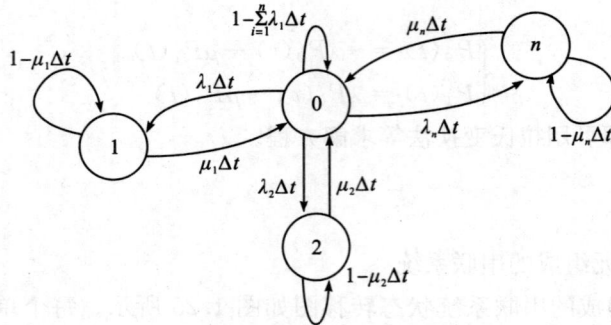

图 1.26　n 个不同单元组成的串联系统状态转移图

令 $\Delta t = 1$，推出

$$\boldsymbol{P} = \begin{matrix} & \begin{matrix} 0 & \quad 1 & \quad 2 & \cdots & n \end{matrix} \\ \begin{matrix} 1 \\ 2 \\ \vdots \\ n \end{matrix} & \begin{bmatrix} 1 - \sum_{i=1}^{n} \lambda i & \lambda_1 & \lambda_2 & \cdots & \lambda_n \\ \mu_1 & 1 - \mu_1 & 0 & \cdots & 0 \\ \vdots & \vdots & \vdots & & \vdots \\ \mu_n & 0 & 0 & \cdots & 1 - \mu_n \end{bmatrix} \end{matrix}$$

$$\boldsymbol{A} = \boldsymbol{P} - \boldsymbol{I}, \quad \boldsymbol{P}'(t) = \boldsymbol{P}(t)\boldsymbol{A}$$

$$[P_0'(t) \ P_1'(t) \cdots P_n'(t)] = [P_0(t) \ P_1(t) \cdots P_n(t)] \begin{bmatrix} -\sum_{i=1}^{n} \lambda_i & \lambda_1 & \lambda_2 & \cdots & \lambda_n \\ \mu_1 & -\mu_1 & 0 & \cdots & 0 \\ \mu_2 & 0 & 0 & \cdots & 0 \\ \vdots & \vdots & \vdots & & \vdots \\ \mu_{n-1} & 0 & 0 & \cdots & 0 \\ \mu_n & 0 & 0 & \cdots & -\mu_n \end{bmatrix}$$

给定初始条件，用拉氏正、反变换解此方程组即可求得

$$P(t) = [P_0(t) \ P_1(t) \cdots P_n(t)]$$

瞬态有效度：

$$A(t) = P_0(t)$$

稳态有效度：

$$A(\infty) = \lim_{t \to \infty} A(t) = \frac{1}{1 + \dfrac{\lambda_1}{\mu_1} + \cdots + \dfrac{\lambda_n}{\mu_n}}$$

6. 并联可修系统

1)两个相同单元的并联系统(一组维修人员)

两个相同单元的并联系统状态转移图如图 1.27 所示。λ、μ 为常数。系统有 3 种状态:

0 状态——两个单元都正常,系统正常;

1 状态——任意一个单元故障,系统正常;

2 状态——两个单元都故障,系统故障。

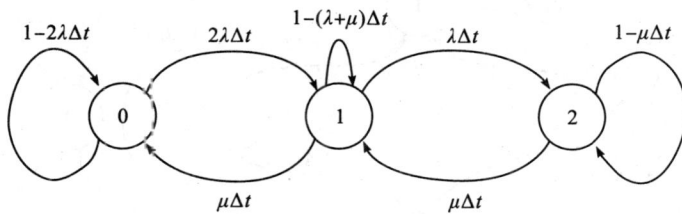

图 1.27 两个相同单元的并联系统状态转移图

令 $\Delta t = 1$,推出

$$\boldsymbol{P} = \begin{bmatrix} 1-2\lambda & 2\lambda & 0 \\ \mu & 1-(\lambda+\mu) & \lambda \\ 0 & \mu & 1-\mu \end{bmatrix}, \quad \boldsymbol{A} = \boldsymbol{P} - \boldsymbol{I} = \begin{bmatrix} -2\lambda & 2\lambda & 0 \\ \mu & -(\lambda+\mu) & \lambda \\ 0 & \mu & -\mu \end{bmatrix}$$

所以状态方程为

$$\boldsymbol{P}'(t) = \boldsymbol{P}(t)\boldsymbol{A}$$

$$[P_0'(t) \ P_1'(t) \ P_2'(t)] = [P_0(t) \ P_1(t) \ P_2(t)] \begin{bmatrix} -2\lambda & 2\lambda & 0 \\ \mu & -(\lambda+\mu) & \lambda \\ 0 & \mu & -\mu \end{bmatrix}$$

给定初始条件,解此方程组可得

$$\boldsymbol{P}(t) = [P_0(t) \ P_1(t) \ P_2(t)]$$

$$A(t) = P_0(t) + P_1(t)$$

$$A(\infty) = \frac{\mu^2 + 2\lambda\mu}{\mu^2 + 2\lambda\mu + 2\lambda^2}$$

2)两个不同单元并联系统(一组维修人员)

两个不同单元的并联系统状态转移图如图 1.28 所示。λ_1、λ_2、μ_1、μ_2 为常数。系统共 5 个状态:

状态 0——单元 1、2 都正常,系统正常;

状态 1——单元 1 正常,单元 2 故障,系统正常;

状态 2——单元 2 正常,单元 1 故障,系统正常;

状态 3——单元 1 修理,单元 2 待修,系统故障;

状态 4——单元 2 修理,单元 1 待修,系统故障。

$$\boldsymbol{P}(\Delta t) \rightarrow \boldsymbol{P} \rightarrow \boldsymbol{A} = \boldsymbol{P} - \boldsymbol{I}$$

状态方程为

$$\boldsymbol{P}'(t) = \boldsymbol{P}(t)\boldsymbol{A}$$

$$\Rightarrow \boldsymbol{P}(t) = \begin{bmatrix} P_0(t) & P_1(t) & P_2(t) & P_3(t) & P_4(t) \end{bmatrix}$$

$$A(t) = P_0(t) + P_1(t) + P_2(t), \quad A(\infty) = \lim_{t \to \infty} A(t)$$

对于表决可修系统，旁联可修系统的方法、步骤完全一样。

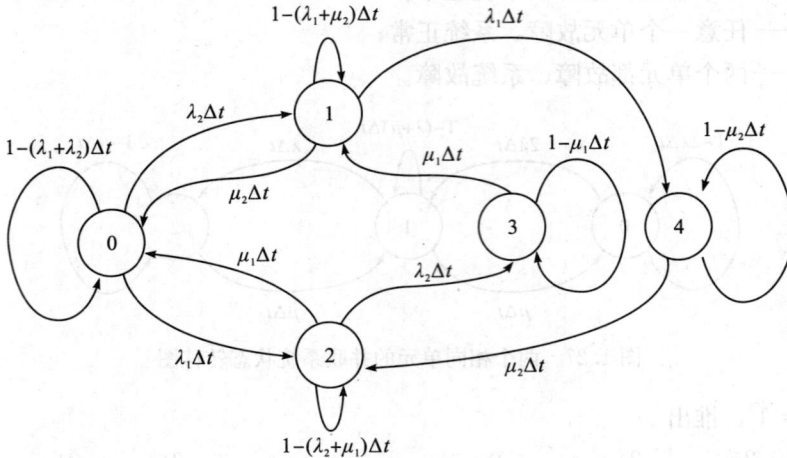

图 1.28　两个不同单元的并联系统状态转移图

1.3　事故致因理论

事故给人类带来很多灾难，严重地制约了经济发展和社会进步，甚至对人类生存构成巨大威胁。但是安全科学的发展是以事故研究为前提的，因此事故展现出二重性的特点。

第一，事故具有反面教育的作用，它向人们展示了破坏的严重程度，警示人们必须按照规则制度生产和生活。

第二，事故可看做特殊的科学实验。一个系统发生事故，说明该系统存在着不安全、不可靠的问题，从而以事故的形式弥补了设计时应做而没做，或想做而没敢做（没法做）的实验。人们通过对事故的调查、分析，找出事故原因，研究并采取了有效控制事故的措施，通过改变系统工艺、设备提高了系统的性能。

第三，事故是新的科学技术诞生的催化剂。事故的强大负面效应对人类产生了巨大的冲击作用，与此同时，激发人类以更大的决心和力量研究事故。通过对事故信息资料的收集、整理、分析、研究，也就是充分开发利用事故资源，一个崭新的自然科学学科就在人们这种不懈努力与坚苦卓绝的斗争中诞生了，这就是作用力与反作用力的作用机制。

在科学技术发展的历史长河中，几乎每一个学科的诞生都离不开事故这种反作用力的作用。

事故致因理论正是在生产过程中不断斗争的结果，是在不断总结生产过程中的经验教训的基础上，经过科学的分析研究而形成的一门研究事故发展规律的科学。

事故致因理论研究是探索事故发生、发展规律，揭示事故本质的一门学问，其基本目的和任务是指导事故调查和事故预防，为事故研究开拓新的前景。事故致因理论研究已有 80 多年历史，形成了许多事故致因理论派别，较具代表性的理论有数十种之多，按历史的发展，可分为单因素事故理论、事故因果链理论、瑟利人因系统理论和轨迹交叉理论 4 类。

1.3.1　单因素事故致因理论

因素是指人或环境(物)的某种特性，单因素理论认为，事故是由一、两个因素引起的，其代表性理论主要有事故倾向性理论、心里动力理论、社会环境理论等。

1.3.1.1　事故倾向性理论

1. 事故频发倾向

1939 年，法默和查姆勃明确提出了事故频发倾向的概念，认为事故频发倾向者的存在是工业事故发生的主要原因。根据事故发生次数是否符合非均等分布，可以判断企业中是否存在事故频发倾向者。

对于发生事故次数较多、可能具有事故频发倾向的人，可以通过一系列的心理学测试来判别。例如，日本曾采用内田-克雷贝林(Uchida Krapelin)测验测试工人大脑工作状态曲线，采用 YG(Yatabe Guilford)测验测试工人的性格来判别事故频发倾向者。

另外，也可以通过对工人日常行为的观察来发现事故频发倾向者。一般来说，具有事故频发倾向的人在进行生产操作时往往精神动摇，注意力不能经常集中在操作上，因而不能适应迅速变化的外界条件。因此定义事故频发倾向为个别人容易发生事故的、稳定的、个人的内在倾向。

事故频发倾向者往往有如下的性格特征：感情冲动，容易兴奋；脾气暴躁；厌倦工作、没有耐心；慌慌张张、不沉着；动作生硬，工作效率低；喜怒无常，感情多变；理解、判断和思考能力差；极度喜悦或悲伤；缺乏自制力；处理问题轻率、冒失；运动神经迟钝，动作不灵活。

2. 事故遭遇倾向

第二次世界大战后，人们认为大多数工业事故是由事故频发倾向者引起的观念是错误的，有些人较另一些人容易发生事故是与他们从事的作业有较高的危险性有关。因此，不能把事故的责任简单地归结戒工人的不注意，应该强调机械的、物质的危险性质在事故致因中的重要地位。于是出现了事故遭遇倾向理论。

事故遭遇倾向是指某些人员在某些生产作业条件下容易发生事故的倾向。当从事规则的、重复性作业时，事故频发倾向较为明显。

研究表明，前后不同时期里，事故发生次数的相关系数与作业条件有关。例如，罗奇发现，工厂规模不同，生产作业条件也不同，大工厂的场合相关系数大约在 0.6 左右，小工厂则或高或低，表现出劳动条件的影响。

高勃考察了 6 年和 12 年间两个时期事故频发倾向稳定性，结果发现，前后两段时间事故发生次数的相关系数与职业有关，在 −0.08～0.72 的范围内变化。当从事规则的、重复性作业时，事故频发倾向较为明显。

明兹和布卢姆建议用事故遭遇倾向取代事故频发倾向的概念，认为事故的发生不仅与个人因素有关，而且与生产条件有关。根据这一见解，克尔调查了 53 个电子工厂中 40 项个人因素及生产作业条件因素与事故发生频度和伤害严重程度之间的关系，发现影响事故发生频度的主要因素有搬运距离短、噪声严重、临时工多、工人自觉性差等；与事故后果严重程度有关的主要因素是工人的"男子汉"作风，其次是缺乏自觉性、缺乏指导、老年职工多、不连续出勤等，这证明事故发生与生产作业条件有密切关系。

自事故频发倾向论提出以来，已有无数的研究者对事故频发倾向理论的科学性问题进行了专门的研究探讨，关于事故频发倾向者存在与否的问题一直有争议。实际上，事故遭遇倾向理论就是对事故频发倾向理论的修正。

其实，工业生产中的许多操作对操作者的素质都有一定的要求，或者说人员需要有一定的职业适合性。当人员的素质不符合生产操作要求时，人在生产操作中就会发生失误或不安全行为，从而导致事故发生。危险性较高的、重要的操作，特别要求人要具有较高素质。

因此，尽管事故频发倾向论把工业事故的原因归因于少数事故频发倾向者的观点是错误的，然而从职业适合性的角度来看，关于事故频发倾向的认识也有一定可取之处。

1.3.1.2　心理动力理论

西格蒙德·弗洛伊德(1856～1939)是有史以来最具盛名的精神病学家和心理学家，也是精神分析学派的创始人，其影响远远超出了专业学术领域。有人将弗洛伊德与爱因斯坦并列为 20 世纪最有影响力的人物，有人以弗洛伊德的出现为标志，将人类的认识历史划分为前后两个时期，还有人称弗洛伊德是人类伟大的人物和领路人之一。弗洛伊德的各种著作都成为 20 世纪世界上经久不衰的畅销书。弗洛伊德被称为有史以来第一位正视人类心灵问题的人。

弗洛伊德一生中对心理学的最重大贡献就是提出了人格结构理论和人类的性本能理论。弗洛伊德认为，人的精神活动的能量来源于本能，本能是推动个体行为的内在动力。本能一旦被激发就会以各种方式表达出来。

他提出人格结构包括三方面，即本我(id)、自我(ego)和超我(super ego)。他认为"本我"处于无意识的最深层，是行动的源泉；"自我"的作用在于指导行为采取社会容许的方式满足"本我"的需要；"超我"是一个根据社会行为标准和要求，在人的内部世界中起作用的，由父母和师长的指示所形成的结构。

弗洛伊德认为，人类本能行为是心理活动积极性的源泉。他指出，人类本能行为是随着生物的进化，由祖先遗传下来的。在人类社会里，人自诞生以来，凡是原始的冲动都不可能像动物界那样随便地显示出来。它总是受社会的压抑，被迫抑制自己的本能，把它排斥在意识之外。但它并未完全消失，只是不能正常地表现在意识活动中。这些本能欲望仍保存在潜意识中，它仍然是最大的动力源泉，继续在控制个体的行为。

弗洛伊德理论诞生后的几十年中，在西方很流行，一直影响着有关人格问题的研究。古典的弗洛伊德学派把人的心理发生看成是非理性的，由黑暗本能统治的，甚至认为人类各种文化形式和复杂的行为都是由本能欲望推动的。这是极端错误的。但是他提到的无意识问题却为心理学的研究，特别是病理心理的研究打开了一个新的领域。

心理动力理论引用了此观点解释事故的成因。该理论认为，事故是一种无意识的希望或愿望的结果，这种希望或愿望通过事故象征性地得到满足。也就是说，肇事者是由于受到某种精神上的刺激或较大的心理压力才下意识地产生不安全行为而导致事故的。同时该理论还指出：通过更改人的愿望满足的方式或通过心理咨询分析完全消除那种破坏性的愿望，就可以避免事故的发生。

该理论在安全领域的研究刚刚开始，尚没有研究结果证实。只是从逻辑推理上认为心理动力与安全存在一定关系。这里之所以提到这一理论，是因为它与事故倾向性论者相反，不认为个别人的个性特征缺陷是固有而稳定的，而认为无意识的动机是可以改变的。由此可得到推论：一个人可能具有事故倾向性，但通过教育培训可以降低其事故率，而不必从工作中将他们排除出去。

1.3.1.3　社会环境理论

社会环境理论起源于人类行为与社会环境的关系研究。1957 年，科尔提出了这一理论。他认为，工人受到的来自社会和环境的压力会分散其注意力而导致事故，这种压力包括工作变更、换领班、婚姻、死亡、生育、分离、疾病、噪声、照明不良、高温、过冷、时间紧迫、上下催促等。但科尔既没有说明每个因素与事故的发生有什么关系，也没有给"机警"下一个定义，这种理论只不过是一种经验性描述，能对事故原因增进理解而已。

该理论又称目标—灵活性—机警理论，即一个人在其工作环境内可以设置一个可达到的合理目标，并可具有选择、判断、决定等灵活性，而工作中的机警会避免事故，其基本观点是：一个有益的工作环境能增进安全。

1.3.2　事故因果链理论

事故因果链理论的基本观点是：事故是由一串因素以因果关系依次发生，就如链式反应的结果。该理论可用多米诺骨牌形象地描述事故及导致伤害的过程。

1.3.2.1　海因里希因果连锁论

1931 年，美国的海因里希在《工业事故预防》一书中，阐述了根据当时的工业安全实践总结出来的工业安全理论，这一理论的主要内容是：

(1)过程中人员伤亡的发生往往是由于一系列因果连锁之末端事故的结果，而事故常常起因于人的不安全行为和机械、物质(统称物)的不安全状态。

(2)不安全行为是大多数工业事故的原因。

(3)因为不安全行为而受到了伤害的人，几乎重复了 300 次以上没有造成伤害的同样行为。换言之，人员在受到伤害之前，已经数百次面临来自物方面的危险。

（4）在工业事故中，人员受到伤害的严重程度具有随机性。大多数情况下，人员在事故发生时可以免遭伤害。

（5）防止事故的方法与企业生产管理、成本管理及质量管理的方法类似。

海因里希的工业安全理论主要阐述了工业事故发生的因果连锁论、人与物的关系、事故发生频率与伤害严重度之间的关系、不安全行为的原因等工业安全中最基本的问题，该理论曾被称作工业安全公理，受到世界上许多国家安全工作学者的赞同。

海因里希曾经调查了美国的 75000 起工业伤害事故，发现 98% 的事故是可以预防的，只有 2% 的事故超出人的能力能够达到的范围，是不可预防的。在可预防的工业事故中，以人的不安全行为为主要原因的事故占 88%，以物的不安全状态为主要原因的事故占 10%。

但是，海因里希工业安全理论也与事故频发倾向理论一样，把大多数工业事故的责任都归因于人的不安全行为，表现出时代的局限性。

在工业安全理论基础上，海因里希首次提出因果连锁理论，用以阐述导致伤亡事故各种原因因素间及各因素与伤害间的关系，该理论认为伤亡事故的发生不是一个孤立的事件，尽管伤害可能在某瞬间突然发生，却是一系列相互作用的原因事件相继发生的结果。

海因里希将事故因果连锁过程概括为以下 5 个因素：

（1）遗传及社会环境 $M(A_1)$。遗传因素及社会环境是造成人的性格缺点的原因。遗传因素可能形成鲁莽、固执等不良性格；社会环境可能妨碍教育，助长性格的先天缺点发展。

（2）人的缺点 $P(A_2)$。人的缺点是使人产生不安全行为或造成机械、物质不安全状态的原因，它包括鲁莽、固执、过激、神经质、轻率等性格上的先天缺点，以及缺乏安全生产知识和技术等后天的缺点。

（3）人的不安全行为或物的不安全状态 $H(A_3)$：所谓人的不安全行为或物的不安全状态，是指那些曾经引起过事故，可能再次引起事故的人的行为或机械、物质的状态，它们是造成事故的直接原因。例如在铁路货运站装卸过程中，人在起重机吊装转移范围内停留、不发信号就启动机器、不戴安全帽进入施工现场、没有防护的齿轮等行为或状态。

（4）事故 $D(A_4)$：事故是由于物体、物质、人或环境的作用或反作用，使人员受到伤害或可能受到伤害的，出乎意料的、失去控制的事件。

（5）伤害 $A(A_5)$：指直接由于事故而产生的人员伤亡和经济损失。

在事故因果连锁论中，以事故为中心，事故的结果是伤害（伤亡事故的场合），事故的原因包括三个层次：直接原因，间接原因，基本原因。

由于对事故的各层次的原因的认识不同，形成了不同的事故致因理论。因此，人们也经常用事故因果连锁的形成来表达某种事故致因理论。

海因里希把工业伤害事故的发生、发展过程描述为具有一定因果关系的事件的连锁，即：

（1）人员伤亡的发生是事故的结果；

（2）事故的发生是由于人的不安全行为或物的不安全状态；

（3）人的不安全行为或物的不安全状态是由人的缺点造成的；

（4）人的缺点是由不良环境诱发的，或者是由先天的遗传因素造成的。

设伤害事故为 A，随机事件为 $A_i(i=1, 2, 3, 4, 5)$，其概率为 $P_i(i=1, 2, 3, 4, 5)$，这时，

$$0 \leqslant P_i \leqslant 1, \quad i=1,2,3,4,5$$

由于 $A=A_1A_2A_3A_4A_5$，事件 A_i 与 $A_j(i \neq j; i, j=1, 2, 3, 4, 5)$ 相互独立，则事故 A 发生的概率为

$$P(A) = P(A_1)P(A_2)P(A_3)P(A_4)P(A_5)$$

海因里希因果连锁论的积极意义在于，如果移去因果连锁中的任一块骨牌，则连锁被破坏，事故过程即被中止，达到控制事故的目的。该理论摒弃了不可知论的错误，认为人的不安全行为是产生事故的根本原因。这些理论从个别人、人的本质以及管理人员（非直接生产人员）角度逐渐深化了对人的不安全行为在事故发生和发展过程中起关键作用的认识。然而，这些理论又都在不同程度上忽视或轻视了劳动工具（包括生产设备）、劳动对象、工作环境所固有的危险性对事故的影响。

当然，海因里希理论也有明显的不足，它对事故致因连锁关系描述过于简单化、绝对化，也过多地考虑了人的因素。

博德、亚当斯等人都在此基础上进行了进一步的修改和完善，使因果连锁的思想得以进一步发扬光大，收到了较好的效果。

1.3.2.2　博德的因果连锁理论

博德在海因里希事故因果连锁理论的基础上，提出了现代事故因果连锁理论，其事故连锁过程影响因素为：

管理失误→个人因素及工作条件→不安全行为→不安全状态→事故伤亡

其主要论点有以下 5 点：

1）控制不足——管理失误

事故因果连锁中一个最重要的因素是安全管理。安全管理人员应该充分认识到，他们的工作要以得到广泛承认的企业管理原则为基础，即安全管理者应该懂得管理的基本理论和原则，控制是管理机能（计划、组织、指导、协调及控制）中的一种。

安全管理中的控制是指损失控制，包括对人的不安全行为和物的不安全状态的控制，这是安全管理工作的核心。

由于各种原因，完全依靠工程技术上的改进来预防事故既不经济，也不现实。只有通过提高安全管理工作水平，经过较长时间的努力，才能防止事故的发生。管理者必须认识到，只要生产没有实现高度安全化，就有发生事故及伤害的可能性，因而他们的安全活动必须包含有针对事故因果连锁中所有要因的控制对策。

2）基本原因——起源论

为了从根本上预防事故，必须查明事故的基本原因，并针对查明的基本原因采取对策。

基本原因包括个人原因及与工作有关的原因。个人原因包括：缺乏知识或技能、动机不正确、身体上或精神上的问题等；工作方面的原因包括：操作规程不合适，设备、材料不合格，通常的磨损，异常的使用方法以及温度、压力、湿度、粉尘、有毒有害气

体、蒸汽、通风、噪声、照明、周围的状况(容易滑倒的地面、障碍物、不可靠的支持物、有危险的物体等)等环境因素。

只有找出这些基本原因,才能有效地预防事故的发生。所谓起源论,在于找出问题的基本的、背后的原因,而不仅仅停留在表面的现象上。

3)直接原因——征兆

不安全行为和不安全状态是事故的直接原因,这一直是最重要的、必须加以追究的原因。但是,直接原因不过是基本原因的征兆,是一种表面现象。在实际工作中,如果只抓住作为表面现象的直接原因而不追究其背后隐藏的深层原因,就永远不能从根本上杜绝事故的发生。另一方面,安全管理人员应该能够预测及发现这些作为管理欠缺的征兆的直接原因,采取恰当的改善措施;同时,为了在经济上及实际可能的情况下采取长期的控制对策,必须努力找出其基本原因。

4)事故——接触

从实用的目的出发,往往把事故定义为最终导致人员肉体损伤、死亡、财产损失的不希望的事件。但是,越来越多的学者从能量的观点把事故看做是人的身体或构筑物、设备与超过其阈值的能量的接触或人体与妨碍正常生活活动的物质的接触。于是,防止事故就是防止接触。为了防止接触,可以改进装置、材料及设施,防止能量释放,也可以通过训练、提高工人识别危险的能力、佩戴个人保护用品等来实现。

5)受伤、损坏——损失

博德模型中的伤害包括了工伤、职业病以及对人员精神方面、神经方面或全身性的不利影响。人员伤害及财物损坏统称为损失。

1.3.2.3　亚当斯因果连锁理论

亚当斯提出了与博德因果连锁理论类似的理论,他把事故的直接原因、人的不安全行为及物的不安全状态称作现场失误。本来,不安全行为和不安全状态是操作者在生产过程中的错误行为及生产条件方面的问题。采用现场失误这一术语,其主要目的在于提醒人们注意不安全行为及不安全状态的性质。图1.29为亚当斯连锁论示意图。

管理体制	管理失误		现场失误		
目标	领导者在下述方面决策错误或没做决策	安技人员在下述方面管理失误或疏忽	不安全行为	事故	伤害或损坏
组织	政策 目标 权威 责任 职责	行为 责任 权威 规则 指导	不安全状态	事故	损坏
机能	注意范围 权限授予	主动性 积极性 业务活动			

图 1.29　亚当斯连锁论示意图

该理论的核心在于对现场失误的背后原因进行了深入的研究。主要包括：

(1)操作者的不安全行为及生产作业中的不安全状态等现场失误是由于企业领导者及安全工作人员的管理失误造成的。

(2)管理人员在管理工作中的差错或疏忽、企业领导人决策错误或没有作出决策等失误对企业经营管理及安全工作具有决定性的影响。

(3)管理失误反映企业管理系统中的问题，它涉及管理体制，即如何有组织地进行管理工作，确定怎样的管理目标，如何计划、实现确定的目标等方面的问题。

1.3.2.4　北川彻三事故因果连锁

日本人北川彻三正是基于这种考虑，对海因里希的理论进行了一定的修正，提出了另一种事故因果连锁理论。

日本广泛以北川彻三的事故因果连锁论作为指导事故预防工作的基本理论。图 1.30 为北川彻三连锁理论示意图。北川彻三从 4 个方面探讨了事故发生的间接原因。

(1)技术原因。机械、装置、建筑物等的设计、建造、维护等技术方面的缺陷。

(2)教育原因。由于缺乏安全知识及操作经验，不知道、轻视操作过程中的危险性和安全操作方法，或操作不熟练、习惯操作等。

(3)身体原因。身体状态不佳，如头痛、头晕、癫痫等疾病，或近视、耳聋等生理缺陷，或疲劳、睡眠不足等。

(4)精神原因。消极、抵触、不满等不良态度，焦躁、紧张、恐怖、偏激等不安情绪，狭隘、顽固等不良性格，白痴等智力缺陷。

基本原因	间接原因	直接原因		
学校教育的原因 社会的原因 历史的原因	技术的原因 教育的原因 身体的原因 精神的原因 管理的原因	不安全行为 不安全状态	事故	伤害

图 1.30　北川彻三连锁理论示意图

在工业伤害事故的上述 4 个方面原因中，前两种原因经常出现，后两种原因相对地较少出现。北川彻三认为，事故的基本原因包括下述三个方面：

(1)管理原因。企业领导者不够重视安全，作业标准不明确，维修保养制度方面有缺陷，还存在人员安排不当、职工积极性不高等管理上的缺陷。

(2)学校教育原因。小学、中学、大学等教育机构的安全教育不充分。

(3)社会或历史原因。社会安全观念落后，在工业发展的一定历史阶段，安全法规或安全管理、监督机构不完备等。

在上述原因中，管理原因可以由企业内部解决，而后两种原因需要全社会的努力才能解决。

1.3.3 瑟利人因系统理论

系统理论是把人、机和环境作为一个系统(整体),研究人、机、环境之间的相互作用、反馈和调整,从中发现事故的致因,揭示出预防事故的途径。

系统理论着眼于下列问题的研究,即机械的运行情况和环境的状况如何,是否正常;人的特性(生理、心理、知识技能)如何,是否正常;人对系统中危险信号的感知、认识理解和行为响应如何;机械的特征与人的特征是否相匹配;人的行为响应时间与系统允许的响应时间是否相容等。在这些问题中,系统理论特别关注对人的特性的研究,这包括:人对机械和环境状态变化信息的感觉和察觉怎样;对这些信息的认识怎样;对其理解怎样;采取适当响应行动的知识怎样;面临危险时的决策怎样;响应行动的速度和准确性怎样等。

系统理论认为事故的发生是来自人的行为与机械特性间的不协调,是多种因素互相作用的结果。系统理论有多种事故致因模型,它们的形式虽然不同,然而涉及的内容大体相同。其中瑟利模型比较具有代表性。

瑟利模型是在 1969 年由美国人瑟利提出的,是一个典型的根据人的认知过程分析事故致因的理论。该模型把事故的发生过程分为危险出现和危险释放两个阶段,这两个阶段各自包括一组类似的人的信息处理过程,即感觉、认识和行为响应。这个阶段有时候也被称为 SOR 模型:①对事件的感觉(刺激 S);②对事件的认识(内部响应、认识活动 O);③生理行为响应(输出 R)。

在危险出现阶段,如果人的信息处理的每个环节都正确,危险就能被消除或得到控制;反之,就会使操作者直接面临危险。在危险释放阶段,如果人的信息处理过程的各个环节都是正确的,则虽然面临着已经显现出来的危险,但仍然可以避免危险释放出来,不会带来伤害或损害;反之,危险就会转化成伤害或损害。

这两个阶段各自包括一组类似的人的信息处理过程(三个部分),即感觉(对事故的感知)、认识(对事件的理解)和行为响应。每一过程中包含相同的 6 个问题。

(1)危险的出现(或释放)有警告吗? 这里,警告是指工作环境中对安全状态与危险状态之间的差异的指示。任何危险的出现或释放都伴随着某种变化,只是有些变化易于察觉,有些则不然。而只有使人感觉到这种变化或差异,才有避免或控制事故的可能。

(2)感觉到了这个警告吗? 这包括两个方面:一是人的感觉能力问题,包括操作者本身的感觉能力,如视力、听力等,或对工作或其他方面的注意力集中程度;二是工作环境对人的感觉能力的影响问题。

(3)认识到了这个警告吗? 这主要是指操作者在感觉到警告信息之后,是否正确理解了该警告所包含的意义,进而较为准确地判断出危险的可能后果及其发生的可能性。

(4)知道如何避免危险吗? 主要指操作者是否具备为避免危险或控制危险做出正确的行为响应所需要的知识和技能。

(5)决定要采取行动吗? 无论是危险的出现或释放,其是否会对人或系统造成伤害或破坏是不确定的。而且在有些情况下,采取行动固然可以消除危险,却要付出相当大的代价。特别是对于运输、冶金、化工等企业中连续运转的系统。究竟是否采取立即的行动，应主要考虑两个方面的问题：一是该危险立即造成损失的可能性；二是现有的措施和条件控制该危险的可能性，包括操作者本人避免和控制危险的技能。当然，这种决策也与经济效益、工作效率紧密相关。

（6）能够避免危险吗？在操作者决定采取行动的情况下，能否避免危险则取决于人采取行动的迅速、正确、敏捷与否和是否有足够的时间等其他条件使人能做出行为响应。

这 6 个问题中，前两个问题都是与人对信息的感觉有关的，第 3~5 个问题是与人的认识有关的，最后一个问题与人的行为响应有关。这 6 个问题涵盖了人的信息处理全过程，并且反映出在此过程中有很多发生失误进而导致事故的机会。

瑟利模型分析了危险出现、释放直至导致事故的原因，提供了事故预防的一个良好思路：应采用技术的手段使危险状态充分地显现出来，使操作者能够有更好的机会感觉到危险的出现或释放，这样才有预防或控制事故的条件和可能；应通过培训和教育的手段，提高人感觉危险信号的敏感性，包括抗干扰能力等，同时也应采用相应的技术手段，帮助操作者正确地感觉危险状态信息，如采用能避开干扰的警告方式或加大警告信号的强度等；应通过教育和培训的手段使操作者在感觉到警告之后，准确地理解其含义，并知道应采取何种措施避免危险发生或控制其后果，结合各方面的因素作出正确的决策；应通过系统及其辅助设施的设计使人在作出正确的决策后，有足够的时间和条件作出行为响应，并通过培训的手段使人能够迅速、敏捷、正确地作出行为响应。这样，事故就会在相当大的程度上得到控制，取得良好的预防效果。本书下一节会介绍事故预防的知识。

1.3.4　轨迹交叉理论

海因里希只强调人的不安全行为，这具有片面性。这种观点受到了许多研究者的批判。根据日本的统计资料，1969 年，机械制造业的休工 8 天以上的伤害事故中，96％的事故与人的不安全行为有关，91％的事故与物的不安全状态有关；1977 年，机械制造业的休工 4 天以上的 104638 件伤害事故中，与人的不安全行为无关的只占 5.5％，与物的不安全状态无关的只占 16.5％。这些统计数字表明，大多数工业伤害事故的发生，既由于人的不安全行为，也由于物的不安全状态。

斯奇巴指出：生产操作人员与机械设备两种因素都对事故的发生有影响，并且机械设备的危险状态对事故的发生作用更大些。他认为，只有当两种因素同时出现时，才能发生事故。

实践证明，消除生产作业中物的不安全状态，可以大幅度地减少伤害事故的发生。例如，美国铁路车辆安装自动连接器之前，每年都有数百名铁路工人死于车辆联结作业事故。铁路部门的负责人把事故的责任归因于工人的错误或不注意。后来，根据政府法令的要求，把所有铁路车辆都装上了自动连接器，结果车辆联结作业中的死亡事故大大地减少了。

轨迹交叉理论认为，在事故发展进程中，人的因素和物的因素在事故归因中占有同样重要的地位。人的因素运动轨迹与物的因素运动轨迹的交点就是事故发生的时空，即人的不安全行为和物的不安全状态发生于同一时空，或者说人的不安全行为与物的不安全状态相遇时，将在此时空点发生事故。按照该理论，可以通过避免人与物两种运动轨迹交叉，即避免人的不安全行为和物的不安全状态同时空出现，来预防事故发生。图 1.31 所示为轨迹交叉理论示意图。

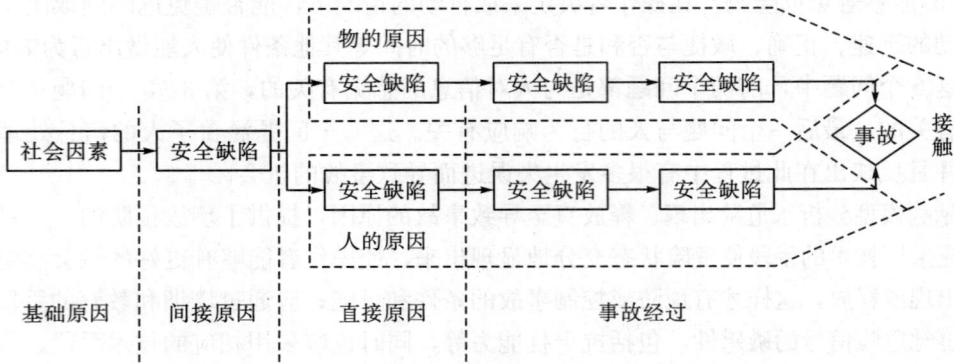

图 1.31　轨迹交叉理论示意图

轨迹交叉理论将事故的发生发展过程描述为

$$基本原因 \rightarrow 间接原因 \rightarrow 直接原因 \rightarrow 事故 \rightarrow 伤害$$

从事故发展运动的角度来看，这样的过程被形容为事故归因因素导致事故的运动轨迹，具体包括人的因素运动轨迹和物的因素运动轨迹。

（1）人的因素运动轨迹。人的不安全行为基于生理、心理、环境、行为等几个方面：①生理遗传、先天身心缺陷；②社会环境、企业管理上的缺陷；③后天的心理缺陷；④视、听、嗅、味、触等感官能量分配上的差异；⑤人的不安全行为。

（2）物的因素运动轨迹。在物的因素运动轨迹中，在生产过程各阶段都可能产生不安全状态：①设计、制造缺陷，如利用有缺陷的或不合要求的材料，设计计算错误或结构不合理，错误的加工方法和操作失误等；②工艺流程上的缺陷；③使用、维修保养过程中潜在的或显现的故障、毛病，机械设备等随着使用时间的延长，由于磨损、老化、腐蚀等原因容易发生故障，超负荷运转、维修保养不良等都会导致物的不安全状态；④使用上的缺陷；⑤作业场所环境上的缺陷。

轨迹交叉理论突出强调的是砍断物的事件链，提倡采用可靠性高、结构完整性强的系统和设备，大力推广保险系统、防护系统和信号系统及高度自动化和遥控装置。这样，即使人为失误，构成人的因素 a→e 系列，也会因安全闭锁等可靠性高的安全系统的作用，控制住物的因素 a→e 系列的发展，可完全避免伤亡事故的发生。

许多情况下，人的因素与物的因素又互为因果。例如，有时物的不安全状态诱发了人的不安全行为，而人的不安全行为又促进了物的不安全状态的发展，或导致新的不安全状态出现。因而，实际的事故并非简单地按照上述的人、物两条轨迹进行，而是呈现出非常复杂的因果关系。

轨迹交叉论作为一种事故致因理论，强调人的因素和物的因素在事故致因中占有同样重要的地位。按照该理论，可以通过避免人与物两种因素运动轨迹交叉，即避免人的不安全行为和物的不安全状态同时、同地出现，以预防事故的发生。

　　为了有效地防止事故发生，必须同时采取措施消除人的不安全行为和物的不安全状态。

1.4　事故预防理论

1.4.1　事故预防目标及原则

1.4.1.1　事故预防目标。

　　事故预防的目标包括道德、法律和经济三个方面：

　　(1)道德的目标。道德方面的目标，是从任何一个人都要关心他人的观念出发的。随着人们物质文化生活水平的逐步提高，人们对安全与健康的要求越来越强烈。环境问题、人口问题、产品安全问题和其他一些事物引起了人们广泛的讨论。越来越多的人认为，为了赢利或者其他的目的而引起工作场所之内或者之外的人的安全与健康的风险问题，从道德上讲是无法接受的。由于死亡和伤残而造成的痛苦和艰难，是无法用金钱来衡量的，与过去相比，现在雇主的道德义务观念更强。有关道德目标的一个衡量尺度就是士气，它与法律和经济两个目标相关。工人的士气可以用积极参加事故预防的演习而得到加强，也可因为事故而被削弱。不良的公共形象，会影响企业内部和外部的无形资产，导致公共信心的减弱，会削弱企业与社区的联系、企业的市场位置、市场占有额乃至其自身的名气。

　　(2)法律的目标。法律的目标是由国家法律所规定的，当违背及未能遵守法律时，就会受到起诉及一系列强制性行为的处理。根据法律，工人和其他人受到伤害是由于企业破坏了其法律义务所规定的标准，因而应得到依法规定的赔偿。

　　(3)经济的目标。经济方面的目标主要是确保企业的财政状况，持续保证职业安全健康，避免造成与事故相关的损失，包括雇主的现金损失、社区及社会因工人伤亡而受到的损失、财产的损失及工作受到影响而造成的损失。其中的一些项目可以列入保险之中，被称为直接损失。因为索赔，保险金也要增加，因此，一旦发生事故，可以预测总的开支也会增加。间接损失包括没有保险的财产损失、计划的延期、加班的支出、为事故而引起的管理支出及因维修、重建而造成的产量下降等费用。

　　如同一切事物一样，事故也有其发生、发展过程，因而是可以预防的。事故的发展可归纳为三个阶段：孕育阶段、生产阶段和损失阶段。孕育阶段是事故发生的最初阶段，此时事故处于无形阶段，人们可以感觉到它的存在，而不能指出它的具体形式；生产阶段是由于基础原因的存在，出现管理缺陷，不安全状态和不安全行为得以发生，构成生产中事故隐患的阶段，此时事故处于萌芽状态，人们可以具体指出它的存在；损失阶段是生产中的危险因素被某些偶然事件触发而发生事故，造成人员伤亡和经济损失的阶段。安全工作的目的是要避免因发生事故而造成损失，因此要将事故消灭在孕育阶段和生产阶段。

1.4.1.2 事故预防原则

事故有其固有规律，除了人类无法左右的自然因素造成的事故（如地震、洪水、泥石流等）以外，在人类生产和生活中所发生的各种事故都可以预防的。事故的预防工作应该从技术和组织管理两个方面考虑，应当遵循的基本原则有以下几点。

1. 技术原则

在生产过程中，客观上存在的隐患是事故发生的前提。因此，要预防事故的发生，就需要针对隐患采取有效的技术措施进行治理。在采取有效技术措施进行治理的过程中，应当遵循的基本原则是：

（1）消除潜在危险原则。即从本质上消除事故隐患。其基本做法是，以新的系统、新的技术和工艺代替旧的不安全的系统和工艺，从根本上消除发生事故的可能性。例如用不可燃材料代替可燃材料、改进机器设备、消除人体操作对象和作业环境的危险因素、消除噪声和尘毒对工人的影响等，从而最大可能地保证生产过程的安全。

（2）降低潜在危险严重度原则。即在无法彻底消除危险的情况下，最大限度地限制和减少危险程度。例如手电钻工具采用双层绝缘措施、利用变压器降低回路电压、在高压容器中安装安全阀等。

（3）闭锁原则。在系统中通过一些元器件的机器连锁或机电、电气互锁，作为保证安全的条件。例如冲压机械的安全互锁器、电路中的自动保护器等。

（4）能量屏蔽原则。在人、物与危险源之间设置屏障，防止意外能量作用到人体和物体上，以保证人和设备的安全。例如建筑高空作业的安全网、核反应堆的安全壳等都能起到保护作用。

（5）距离保护原则。当危险和有害因素的伤害作用随着距离的增加而减弱时，应尽量使人与危害源距离远一些。例如化工厂建立在远离居民区的地方、爆破师的危险距离控制等。

（6）个体保护原则。根据不同的作业性质和条件，配备相应的保护用品及用具，以保护作业人员的安全与健康。例如采取安全带、护目镜、绝缘手套等保护用品及用具。

（7）警告、禁止信息原则。用光、声、色等其他标志作为传递组织和技术信息的目的，以保证安全。例如警灯、警报器、安全标志、宣传画等。

此外，还有时间保护原则、薄弱环节原则、坚固性原则、代替作业人员原则等，可以根据需要，确定采取相关的预防事故的技术原则。

2. 组织管理原则

预防事故的发生，不仅要遵循上述的技术原则，而且还要在组织管理上采取相关的措施，才能最大限度地减少事故发生的可能性。

（1）系统整体性原则。安全工作是一项系统性、整体性的工作，它涉及企业生产过程中的各个方面。安全工作的整体性主要体现在：有明确的工作目标，综合地考虑问题的原因，动态地认识安全状况，落实措施有主次，有效地抓住各个环节，能够适应变化的要求。

　　(2)计划性原则安全工作要有计划和规划，近期的目标和长远的目标要协调进行。工作方案、人财物的使用要按照规划进行，并且有最终的评价，形成闭环的管理模式。

　　(3)效果性原则。安全工作的好坏，要通过最终成果的指标来衡量。但是，由于安全问题的特殊性，安全工作的成果既要考虑经济效益，又要考虑社会效益。正确认识和理解安全的效果性，是落实安全生产措施的重要前提。

　　(4)党政工团协调安全工作原则。党制定正确的安全生产方针和政策，教育干部和群众遵章守法，了解和解决工人的思想负担，把不安全行为变成安全行为。政府实行安全监察管理职责，不断改善劳动条件，提高企业生产的安全性。工会代表工人的利益，监督政府和企业把安全工作搞好。青年是劳动力中的新生力量，青年工人中往往事故发生率高，因此，动员青年开展事故预防活动是安全生产的重要保证。

　　(5)责任制原则。各级政府及相关的职能部门和企事业单位应当实行安全生产责任制，对违反劳动安全法规和不负责任的人员造成的伤亡事故应当给予行政处罚，造成重大伤亡事故的应当追究其刑事责任。只有将安全责任落到实处，安全生产才能得以保证，安全管理才能有效。

　　综上所述，事故的预防要从技术、组织管理和教育多方面采取措施，从总体上提高预防事故的能力，才能有效地控制事故，保证生产和生活的安全。

1.4.2　海因里希工业安全公理及事故预防模型

1.4.2.1　海因里希工业安全公理

　　美国安全工程师海因里希在《工业事故预防》一书中，对事故预防工作进行了深入研究，提出了工业事故预防的十项原则，称为海因里希工业安全公理。具体内容如下。

　　(1)工业生产过程中人员伤亡的发生，往往是处于一系列因果连锁之末端的事故的结果，而事故常常起因于人的不安全行为或(和)机械、物质(统称为物)的不安全状态。

　　(2)人的不安全行为是大多数工业事故的原因。

　　(3)由于不安全行为而受到了伤害的人几乎重复了 300 次以上没有造成伤害的同样行为。换言之，人员在受到伤害之前，已经数百次面临来自物方面的危险。

　　(4)在工业事故中，人员受到伤害的严重程度具有随机性质。大多数情况下，人员在事故发生时可以免遭伤害。

　　(5)人员产生不安全行为的主要原因有：①不正确的态度，个别职工忽视安全，甚至故意采取不安全行为；②技术、知识不足，缺乏安全生产知识、缺乏经验或技术不熟；③身体不适，生理状态或健康状况不佳，如听力不佳、视力不良、反应迟钝、疾病、醉酒或其他生理机能障碍；④物的不安全状态及不良的物理环境，照明、温度、湿度不适宜，通风不良，强烈的噪声、振动，物料堆放杂乱，作业空间狭小，设备、工具缺陷等不良的物理环境，以及操作规程不适合、没有安全规程和其他妨碍贯彻安全规程的事物。这些因素是采取预防不安全行为产生措施的依据。

　　(6)防止工业事故的 4 种有效方法是：①工程技术方面的改进；②对人员进行说服

教育；③人员调整；④惩戒。

（7）防止事故的方法与企业生产管理、成本管理及质量管理的方法类似。

（8）企业领导者有进行事故预防工作的能力，并且能把握进行事故预防工作的时机，因而应该承担预防事故工作的责任。

（9）专业安全人员、车间干部及班、组长是预防事故的关键，他们工作的好坏对能否做好事故预防工作有很大影响。

（10）除了人道主义动机之外，下面两种强有力的经济因素也是促进企业事故预防工作的动力：①安全的企业生产效率高，不安全的企业生产效率低；②事故后用于赔偿及医疗费用的直接经济损失，只占事故总经济损失的1/5。

尽管随着时代的前进和人们认识的深化，该"公理"中的一些观点已经不再是"自明之理"了，许多新观点、新理论相继问世。但是该理论中的许多内容仍然具有强大的生命力，在现今的事故预防工作中仍能产生重大影响。

1.4.2.2 事故预防的 3E 准则

海因里希把造成人的不安全行为和物的不安全状态的主要原因归结为 4 个方面：不正确的态度；技术、知识不足；身体不适；不良的工作环境。针对这 4 个方面的原因，海因里希提出工程技术改进、说服教育、人事调整和惩戒 4 种对策，这 4 种安全对策后来被归纳为著名的 3E 原则，即：

（1）工程技术（engineering），即利用工程技术手段消除不安全因素，实现生产工艺、机械设备等生产条件的安全。

（2）教育（education），即利用各种形式的教育和训练，使职工树立安全第一的思想，掌握安全生产所必需的知识和技能。

（3）强制（enforcement），即借助规章制度、法规等必要的行政乃至法律手段约束人们的行为。

这里，安全技术对策着重解决物的不安全状态问题，安全教育对策和安全管理对策则主要着眼于人的不安全行为的问题。安全教育对策主要使人知道应该怎么做，而安全管理对策则要求人必须怎么做。

一般地讲，在选择安全对策时应该首先考虑工程技术措施，然后是教育、训练。实际工作中，应该针对不安全行为和不安全状态的产生原因，灵活地采取对策。例如，针对职工的不正确态度问题，应该考虑工作安排上的心理学和医学方面的要求，对关键岗位上的人员要认真挑选，并且加强教育和训练。如能从工程技术上采取措施，则应该优先考虑。对于技术、知识不足的问题，应该加强教育和训练，提高其知识水平和操作技能，尽可能地根据人机学原理进行工程技术方面的改进，降低操作的复杂程度。为了解决身体不适的问题，在分配工作任务时要考虑心理学和医学方面的要求，并尽可能从工程技术上改进，降低对人员素质的要求。对于不良的物理环境，则应采取恰当的工程技术措施来改进。

即使在采取了工程技术措施减少、控制了不安全因素的情况下，仍然要通过教育、训练和强制手段来规范人的行为，避免不安全行为的发生。

为了防止事故发生，不仅要在上述三个方面实施事故预防与控制的对策，而且还应始终保持三者间的均衡，合理地采取相应措施，综合使用上述措施，这样才有可能搞好事故预防工作。

1.4.2.3 事故预防工作 5 阶段模型

海因里希定义事故预防是为了控制人的不安全行为、物的不安全状态而开展的以某些知识、态度和能力为基础的综合性工作及一系列相互协调的活动。

掌握事故发生及预防的基本原理，拥有对人类、国家、劳动者负责的基本态度，以及从事事故预防工作的知识和能力，是开展事故预防工作的基础。在此基础上，事故预防工作包括以下 5 个阶段的努力：

(1)建立健全事故预防工作组织，形成由企业领导牵头的，包括安全管理人员和安全技术人员在内的事故预防工作体系，并切实发挥其效能。

(2)通过实地调查、检查、观察及对有关人员的询问，认真判断、研究，对事故原始记录进行反复研究，收集第一手资料，找出事故预防工作中存在的问题。

(3)分析事故及不安全问题产生的原因。包括弄清伤亡事故发生的频率、严重程度、场所、工种、生产工序、有关的工具、设备、事故类型等，找出其直接原因和间接原因，主要原因和次要原因。

(4)针对分析事故和不安全问题得到的原因，选择恰当的改进措施。改进措施包括工程技术方面的改进、对人员进行说服教育、人员调整、制定及执行规章制度等。

(5)实施改进措施。通过工程技术措施实现机械设备、生产作业条件的安全，消除物的不安全状态。通过人员调整、教育、训练，消除人的不安全行为，在实施过程中要进行监督。

以上对事故预防工作的认识被称为事故预防工作 5 阶段模型。该模型包括了企业事故预防工作的基本内容。但是，它以实施改进措施作为事故预防的最后阶段，不符合认识—实践—再认识—再实践的认识规律以及事故预防工作永无止境的客观规律。因此，对事故预防工作 5 阶段模型进行改进，得到如图 1.32 所示的模型。

事故预防工作是一个不断循环进行和提高的过程，不可能一劳永逸。在这里，预防事故的基本方法是安全管理，它包括资料收集、对资料进行分析来查找原因、选择改进措施、实施改进措施、对实施过程及结果进行监测和评价、在监测和评价的基础上再收集资料、发现问题等。

事故预防工作的成败，取决于有计划、有组织地采取改进措施的情况，特别是执行者工作的情况至关重要，因此，为了获得预防事故工作的成功，必须建立健全事故预防工作组织，采用系统的安全管理方法，唤起和维持广大干部、职工对事故预防工作的关心，长期不断地做好日常安全管理工作。

海因里希认为，建立与维持职工对事故预防工作的兴趣是事故预防工作的第一原则，其次是要不断地分析问题和解决问题。

改进措施可分为直接控制人员操作及生产条件的即时措施，以及通过指导、教育和训练逐渐养成安全操作习惯的长期的改进措施。前者用于对现存的不安全状态及不安全行为立即采取措施解决；后者用于克服隐藏在不安全状态及不安全行为背后的深层原因。

如果有可能运用技术手段消除危险状态、实现本质安全时，则不管是否存在人的不安全行为，都应该首先考虑采取工程技术上的对策。当某种人的不安全行为引起了或可能引起事故，而又没有恰当的工程技术手段防止事故发生时，则应立即采取措施防止不安全行为重复发生。这些即时的改进对策是十分有效的。然而，绝不能忽略所有造成工人不安全行为的背后原因，这些原因更重要。否则，改进措施仅仅解决了表面的问题，而事故的根源没有被铲除掉，以后还会发生事故。

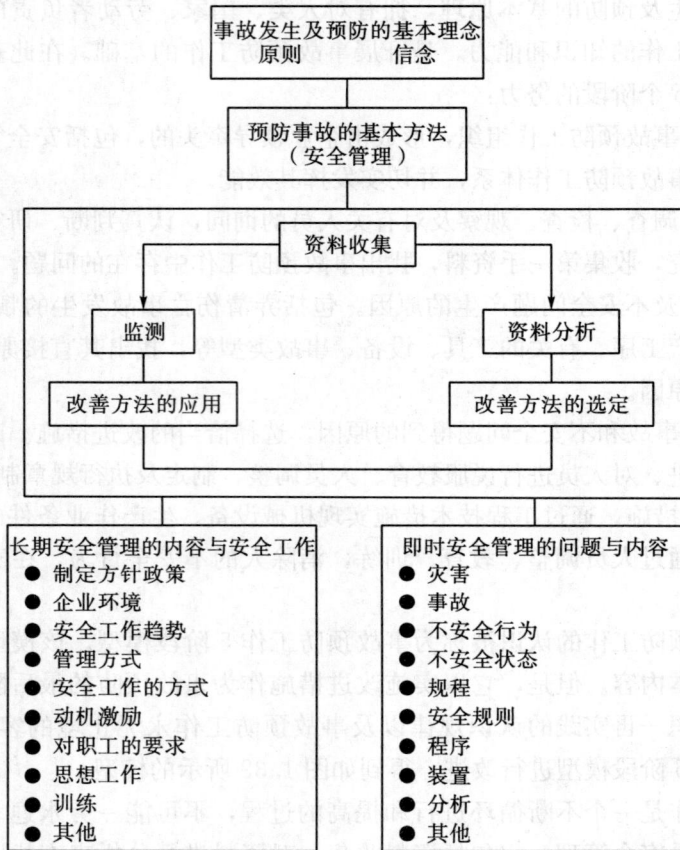

图 1.32　改进的事故预防模型

1.4.3　本质安全化

1.4.3.1　本质安全化方法

预防事故应当采取的本质安全化方法，主要从物的方面考虑，包括降低事故发生概率和降低事故严重程度。

1. 降低事故发生概率的措施

影响事故发生概率的因素很多，如系统的可靠性、系统的抗灾能力、人的失误和违章等。在生产作业过程中，既存在自然的危险因素，也存在人为的生产技术方面的危险因素。这些因素能否导致事故发生，不仅取决于组成系统各要素的可靠性，而且还受到企业管理水平和物质条件的限制。因此，降低系统事故的发生概率，最根本的措施是设法使系统达到本质安全化，使系统中的人、物、环境和管理安全化。一旦设备或系统发生故障，能自动排除、切换或安全地停止运行；当人发生操作失误时，设备、系统能自动保证人机安全。

要做到系统的本质安全化，应采取以下综合措施：

1）提高设备的可靠性

要控制事故的发生概率，提高设备的可靠性是基础。为此，应采取以下措施：

(1)提高原件的可靠性。设备的可靠性取决于组成元件的可靠性，要提高设备的可靠性，必须加强对元件的质量控制和维修检查，一般可采取：①使原件的结构和性能符合设计要求及技术条件，选用可靠性高的元件代替可靠性低的元件；②合理规定元件的使用周期，严格检查维修，定期更换或重建。

(2)增加备用系统。在规定时间内，多台设备同时全部发生故障的概率等于每台设备单独发生故障的概率的乘积。因此，在一定条件下，增加备用系统(设备)，使每台单独设备或系统都能完成同样的功能。一旦其中一台或几台设备发生故障，系统仍能正常运转，不致中断正常运行，从而提高系统运行的可靠性，也有利于系统的抗灾救灾。例如，对企业中的一些关键性设备，如供电线路、电动机、水泵等均配置一定量的备用设备，以提高其抗灾救灾能力。

(3)对在恶劣环境下运行的设备采取安全保护措施。为了提高设备运行的可靠性，防止事故发生，对在恶劣环境下运行的设备应当采取安全保护措施。如对处于有摩擦、腐蚀、侵蚀等条件下运行的设备，应采取相应的防护措施。对震动大的设备应加强防震、减震、隔震等措施。

(4)加强预防性维修。预防性维修可以有效排除事故隐患，排除设备的潜在危险，为此，应制定相应的维修制度并认真贯彻执行。

2）选用可靠的工艺技术，降低危险因素的感度

危险因素的存在是事故发生的必要条件。危险因素的感度是指危险因素转化成事故的难易程度。降低危险因素感度的关键是选用可靠的工艺技术。

3）提高系统的抗灾能力

系统的抗灾能力是指当系统受到自然灾害和外界事物干扰时，自动抵抗而不发生事故的能力，或者指系统中出现某危险事件时，系统自动将事态控制在一定范围的能力。例如采用漏电保护装置、安全监制、监控装置等安全防护装置。

4）减少人的失误

由于人在生产过程中的可靠性远比机电设备差，很多事故大多因人的失误造成。降低系统事故发生概率，必须首先减少人的失误，主要方法有：①对工人进行充分的安全

知识、安全技能、安全态度等方面的教育和训练；②以人为中心，改善工作环境，为工人提供安全性较高的劳动生产条件；③提高机械化程度，尽可能用机器操作代替人工操作，减少现场工作人员；④注意用人机工程学原理进行系统设计，合理分配人机功能并改善人机接口的安全状况。

　　5)加强监督检查

　　建立健全各种自动制约机制，加强专职与兼职、专管与群管相结合的安全检查工作。对系统中的人、事、物进行严格的监督检查，在各种劳动生产过程中是必不可少的。实践表明，只有加强安全检查工作，才能有效地保证企业的安全生产。

2. 降低事故严重度的措施

　　事故严重度是指因事故造成的财产损失和人员伤亡的严重程度。事故的发生是由于系统中的能量失控造成的，事故的严重度与系统中危险因素转化为事故时释放的能量有关，能量越高，事故的严重度越大。因此，降低事故严重度具有十分重要的作用。目前一般可采取的措施有：

　　(1)限制能量或分散风险。为了减少事故损失，必须对危险因素的能量进行限制。如各种油库、火药库的储存量的限制，各种限流、限压、限速等设备就是对危险因素的能量进行的限制。此外，通过大把的事故损失化为小的事故损失可达到分散风险的效果。

　　(2)防止能量逸散的措施。防止能量逸散就是设法把有毒、有害、有危险的能量源储存在允许范围内，而不影响其他区域的安全。如防暴设备的外壳、密闭墙、密闭火区、放射性物质的密封装置等。

　　(3)加装缓冲能量的装置。在生产中，设法使危险源能量释放的速度减慢，可大大降低事故的严重度。使能量释放速度减慢的装置称为缓冲能量装置。在工业企业和生活中使用的缓冲能量装置较多，如汽车、轮船上装备的缓冲装置、缓冲阻车器以及各种安全带、安全阀等。

　　(4)避免人身伤亡的措施。避免人身伤亡的措施包括两个方面的内容：一是防止发生人身伤害，二是一旦发生人身伤害时，采取相应的急救措施。采用遥控操作，提高机械化程度，使用整体或局部的人身个体防护都是避免人身伤害的措施。在生产过程中及时注意观察各种灾害的预兆，以便采取有效措施，防止事故发生。即使不能防止事故发生，也可及时撤离人员，避免人员伤亡。做好救护和工人自救准备工作，对降低事故的严重度有着十分重要的意义。

1.4.4　人机匹配

1.4.4.1　人机匹配法

　　事故的发生往往因人的不安全行为和物的不安全状态造成。因此，为了防止事故的发生，主要应当防止出现人的不安全行为和物的不安全状态，在此基础上充分考虑人和机的特点，使之在工作中相互匹配，对防止事故的发生十分有益。

1. 防止人的不安全行为

为了防止出现人的不安全行为，首先，要对人员的结构和素质情况进行分析，找出容易发生事故的人员层次和个人以及最常见的人的不安全行为。然后，在对人的身体、生理、心理进行检查测验的基础上，合理选配人员。从研究行为科学出发，加强对人的教育、训练和管理，提高生理、心理素质，增强安全意识，提高安全操作技能，从而最大限度地减少、消除不安全行为。可采取的具体措施包括：①职业适应性检查；②人员的合理选拔和调配；③安全知识教育；④安全态度教育；⑤安全技能培训；⑥制定作业标准和异常情况处理标准；⑦作业前的培训；⑧制定和贯彻实施安全生产规章制度；⑨开好班前会；⑩实行确认制；⑪作业中的巡视检查、监督指导；⑫竞赛评比，奖励惩罚；⑬经常性的安全教育和活动。

2. 防止物的不安全状态

为了消除物的不安全状态，应把重点放在提高技术装备(机械设备、仪器仪表、建筑设备等)的安全化水平上。技术设备安全化水平的提高也有助于改善安全管理和防止人的不安全行为。可以说，技术设备的安全化水平，在一定程度上决定了工伤事故和职业病的发生频率。

为了提高技术设备的安全化水平，必须大力推行本质安全技术。具体地说，它包括两个方面的内容：①失误安全功能，指操作者即使操纵失误也不会发生事故和伤害，或者说设备、设施或工艺技术具有自动防止人的不安全行为的功能；②故障安全功能，指设备、设施发生故障或损失时还能暂时维持正常工作或自动转变为安全状态。

上述安全功能应该潜藏于设备、设施或工艺技术内部，即在它们的规划设计阶段就被纳入，而不应在事后再行补偿。

2. 人机相互匹配

随着科学技术的进步，人类的生产劳动越来越多地为各种机器所代替。机器取代了人的手脚，检测仪器代替了人的感官，计算机部分地代替了人的大脑，既减轻了人的劳动强度，有利于安全健康，又提高了工作效率。

1)人与机器功能特征的比较

人与机器各有各的特点，在人机环境系统中，如何使人机分工合理，从而达到整个系统的最佳效率的发挥，这是需要人们进一步研究的问题，人与机器的功能特征可以从9个方面进行比较，如表1.2所示。

表 1.2　人与机器功能特征对比

对比内容	人的特征	机器的特征
创造力	具有创造能力，能够对各种问题具有全新的、完全不同的见解，具有发现特殊原理或关键措施的能力	完全没有创造性

对比内容	人的特征	机器的特征
信息处理	人有智慧、思维、创造、辨别、归纳、演绎、综合、分析、记忆、联想、决断、抽象思维等能力	对信息有存储和迅速提取能力，能长期存储，也能一次废除，有数据处理、快速运算和部分逻辑思维能力
可靠性	就人脑而言，可靠性远远超过机器，但工作过程中，人的技术的高低、生理和心理状况等对可靠性都有影响	经可靠性设计后，可靠性高且质量保持不变，但本身的检查和维修能力差，不能处理意外的紧急事态
控制能力	可进行各种控制，且在自由度调节、联想能力等方面优于机器，同时，其动力设备和效应运动完全合为一体	操纵力、速度、精密度操作等方面都超过人的能力，但必须外加动源
工作效能	可依次完成多种功能作业，但不能进行高阶运算，不能同时完成多种操作和在恶劣环境条件下工作	能在恶劣环境条件下工作，可进行高阶运算和同时完成多种操作，单调、重复的工作也不降低效率
感受能力	人能识别的物体的大小、形状、位置、颜色等特征，并对不同音色和某些化学物质也有一定的分辨能力	在识别超声、辐射、微波、电磁波、磁场等信号方面，超过人的感受能力
学习能力	具有很强的学习能力，能阅读和接受口头指令，灵活性强	无学习能力
归纳性	能够从特定的情况推出一般的结论，具有归纳思维能力	只能理解特定的事物
耐久性	容易产生疲劳，不能长时间地连续工作	耐久性高，能长期连续工作并超过人的能力

从表 1.2 中可以看出，机器优于人的方面有：操作速度快，精度高，能高倍放大和进行高阶运算。人的操作活动适宜的放大率在 1∶1~1∶4 之间，机器的放大倍数则可达 10 个数量级。人一般只能完成两阶内的运算，而计算机的运数阶数可达几百阶，甚至更高。机器能量大，能同时完成各种操作，且能保持较高的效率和准确度，不存在单调和疲劳，感受和反应能力较高，抗不利环境能力强，信息传递能力强，记忆速度和保持能力强，可进行短暂的储存记忆等。人优于机器的方面有：人的可靠度高，能进行归纳、推理和判断，并能形成概念和创造方法，人的某些感官目前优于机器，人的学习、适应和应付突发事件的能力强。情感、意识与个性是人的最大特点，人具有无限的创造性和能动性，这是机器所无法比拟的。

2）人和机器的功能分配

将人和机器特性有机结合起来，可以组成高效、安全的人机系统。例如，将人在紧急情况下处理意外事态和进行维护修理的能力与机器在正常情况下持久工作的能力结合起来，可以较好地保证系统的可靠性和安全性。载人航天实践中，绕月亮飞行中全自动飞行的成功率为 22%，人参与飞行的成功率为 70%，人承担维修任务的飞行成功率可达到 93%，具有高智能的人和最先进的机器相结合的人机环境系统最有发展前途。在实际应用中，并不是简单地把人和机器联系在一起就算解决了人机功能分配问题。哪些功能由人来完成，哪些功能由机器来完成，必须进行具体的分析和研究。

为了充分发挥人与机器各自的优点，让人和机器合理地分配工作任务，实现安全高效的生产，应根据人与机器功能特征的不同，进行人和机器的功能分配。其具体的分配原则如下。

　　(1)利用人的有利条件：①能判断被干扰阻碍的信息；②在图形变化的情况下，能识别图形；③对多种输入信息能辨别；④对于发生频率低的事态，在判断时，人的适应性好；⑤解决需要归纳推理的问题；⑥对意外发生的事态能预知、探讨，要求报告信息状况时，用人较好。

　　(2)利用机器的有利条件：①对决定的工作能反复计算，能储存大量的信息资料；②迅速地给予很大的物理力；③整理大量的数据；④受环境限制，由人来完成有危险或易犯错误的作业；⑤需要调整操作速度；⑥对操纵器需要精密地施加力；⑦需要施加长时间的力时，用机器好。

　　概括地说，在进行人、机功能分配时，应该考虑人的准确度、体力、动作的速度及知觉能力 4 个方面的基本界限。人适合从事要求智力、视力、听力、综合判断力、应变能力及反应能力较高的工作，机器适于承担功率大、速度快、重复性作业及持续作业的任务。应该注意，即使是高度自动化的机器，也需要人来监视其运行情况。另外，在异常情况下需要由人来操作，以保证安全。

第 2 章　城市轨道交通安全分析与评价方法

2.1　安全分析方法

2.1.1　安全分析方法概述

交通安全分析是使用系统工程的原理和方法，辨别、分析交通系统中存在的危险因素，并根据实际需要对其进行定性、定量描述的技术方法。其目的是保证系统安全运行，查明系统中的危险因素，以便采取相应控制措施控制危险。

2.1.1.1　安全分析的内容

安全分析是从安全的角度对交通系统中的危险因素进行分析，主要分析导致系统故障或事故的各种因素及其相关关系，通常包括如下内容：

(1)对可能出现的初始的、诱发的及直接引起事故的各种危险因素及其相互关系进行调查和分析。

(2)对与系统有关的环境条件、设备、人员及其他有关因素进行调查和分析。

(3)对能够利用适当的设备、规程、工艺或材料控制或根除某种特殊危险因素的措施进行分析。

(4)对可能出现的危险因素的控制措施及实施这些措施的方法进行调查和分析。

(5)对不可能根除的危险因素因失去控制或减少控制而可能出现的后果进行调查分析。

(6)对危险因素一旦失去控制，为防止伤害和损害的安全防护措施进行调查和分析。

2.1.1.2　安全分析方法的分类

安全分析方法有许多种，在危险因素辨别中得到广泛应用的安全分析方法主要有 8 种：①统计图表分析；②因果分析图；③安全检查表；④预先危险性分析；⑤故障模式及影响分析；⑥危险性和可操作性研究；⑦事件树分析；⑧事故树分析。

此外，尚有管理疏忽和风险树分析、原因—后果分析、共同原因分析等方法。可用于特定目的的危险因素辨别。

2.1.1.3　安全分析方法的特点及适用范围

各种安全分析方法都是根据危险性的分析、预测以及特定的评价需要而研究开发的，因此，它们都有各自的特点和一定的适用范围。

(1)统计图表分析。是一种定量分析方法,适用于对系统发生事故情况进行统计分析,便于找出事故发生规律。

(2)因果分析图。将引发事故的重要因素分层(枝)加以分析,分层(枝)的多少取决于安全分析的广度和深度要求。分析结果可供编制安全检查表和事故树用。此方法简单、用途广泛,但难以揭示和因素之间的组合关系。

(3)安全检查表。按照一定方式(检查表)检查设计、系统和工艺过程,查出危险性所在。此方法简单、用途广泛,没有任何限制。

(4)预先危险性分析。确定系统的危险性,尽量防止采用不安全的技术路线、危险性的物质、工艺和设备。其特点是把分析工作做在行动之前,避免由于考虑不周而造成的损失,当然在系统运行周期的其他阶段,如检修后开车、制定操作规程、技术改造之后、使用新工艺等情况,都可以采用这种方法。

(5)事故模式及影响分析。以硬件为对象,对系统中的元件进行逐个研究,查明每个元件的故障模式,然后再进一步查明每个故障模式对子系统以及系统的影响。本方法易于理解,是广泛采用的标准化方法。但一般用于考虑非危险性失效,费时较多,而且一般不能考虑人、环境和部件之间的相互关系等因素,主要用于设计阶段的安全分析。

(6)致命性分析。确定系统中的每个元件发生故障后会造成多大程度的严重性,按其严重度定出等级,以便改进系统性能。本方法可用于各类系统、工艺过程、操作程序和系统中的元件,是较完善的标准方法,易于理解,但需要在故障模式及影响分析之后进行。与故障模式及影响分析一样,不能包含人和环境部件之间的相互作用因素。

(7)事故树分析。由于不希望事件(顶事件)开始,找出引起顶事件的各种失效的事件及其组合,最适用于找出各种失效事件之间的关系,即找出系统失效的可能方法。本方法可包含人、环境和部件之间相互作用等因素,加上简明、形象化的特点,已成为安全系统工程的主要分析方法。

(8)事件树分析。由初始(希望或不希望)的事件出发,按照逻辑推论其发展过程及结果,即由此引起的不同事件链。该方法广泛用于各种系统,能够分析出各种事件发展的可能结果,是一种动态的宏观分析方法。

(9)危险性和可操作性研究。研究工艺状态参数的变动以及操作控制中偏差的影响及其发生的原因,其特点是由中间的状态参数的偏差开始,分别向下找原因,向上判明其后果,是对故障模式及影响分析和事故树分析方法的延伸,具有二者的优点,适用于流体或能量的流动情况分析,特别适用于大型化工企业。

(10)原因—后果分析。是事件树分析和事故树分析方法的结合,从某一初始条件出发,向前用事件树分析,向后用事故树分析,兼有二者的优、缺点。此方法灵活性强,可以包罗一切可能性,易于文件化,可以简明地表示因果关系。

(11)共同原因分析进行共因失效分析。共因失效是一种相依失效事件,避免了故障模式及影响分析仅从单一输入的故障模式的缺点,因此,本方法是对故障模式及影响分析和事故分析方法的补充。

2.1.1.4　交通安全分析方法的选择

在进行交通安全分析方法选择时,应根据实际情况,并考虑以下几个问题:

1. 分析的目的

交通安全分析方法的选择应该能够满足对分析的要求。交通安全分析的最终目的是辨识危险源，而在实际工作中要达到一些具体目的，例如：

(1)对系统中所有危险源，查明并列出清单。

(2)掌握危险源可能导致的事故，列出潜在事故隐患清单。

(3)列出降低危险性的措施和需要深入研究部位的清单。

(4)将所有危险源按危险大小排序。

(5)为定量的危险性评价提供依据。

由于每种方法都有其自身的特点和局限性，并非处处通用。使用中有时要综合应用多种方法，以取长补短或相互比较，验证结果的正确性。

2. 资料的影响

关于资料收集的多少、详细程度、内容的新旧等，都会对选择系统安全分析方法有着至关重要的影响。

一般来说，资料的获取与被分析的系统所处的阶段有直接的关系。例如，在方案设计阶段采用危险性和可操作性研究或故障类型和影响分析的方法就难以获取详细的资料。随着系统的发展，可获得的资料越来越多且越详细。为了能够正确地分析，应该收集最新的、高质量的资料。

3. 系统的特点

要针对被分析系统的特点选择交通安全分析方法。对于复杂和规模大的系统，由于需要的工作量和时间较多，应先用较简洁的方法进行筛选，然后根据分析的详细程度选择相应的分析方法。对于不同类型的操作过程，若事故的发生是由单一故障(或失误)引起的，则可以选择危险性和可操作性研究；若事故的发生是由许多危险因素共同引起的，则可以选择事故树分析、事件树分析等方法。

4. 系统的危险性

当系统的危险性较高时，通常采用系统、严格、预测性的方法，如故障类型和影响分析、事件树分析、事故树分析等方法；当危险性较低时，一般采用经验的、不太详细的分析方法，如安全检查表法等。

在使用交通安全分析方法时应注意：

(1)使用现有分析方法不能生搬硬套，必要时应进行改造或简化。

(2)不能局限于已有分析方法的应用，而应从系统原理出发，开发新的交通安全分析方法。

2.1.2 统计图表分析

统计图表分析(statistic figure analysis，SFA)法就是利用统计图表对交通事故数据进行整理并进行粗略的原因分析，这也是在交通安全管理工作中常用的分析方法。

1. 比重图

比重图是一种表示事物构成情况的平面图形，可以在平面上形象、直观地反映事物的各种构成所占的比例。利用比重图可以方便地对各类交通事故进行统计分析。图 2.1 所示为 2011 年全国各类事故死亡人数比例图。

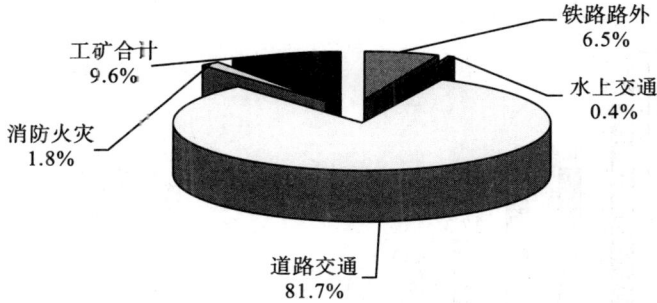

图 2.1　2011 年全国各类事故死亡人数比例图

2. 趋势图

趋势图是按一定的时间间隔统计数据，利用曲线的连续变化来反映事物动态变化的图形。趋势图借助于连续曲线的升降变化来反映事物的动态变化过程，可以帮助我们掌握交通事故的发生规律，预测其未来的变化趋势。

趋势图通常用直角坐标系表示，横坐标表示时间间隔，纵坐标表示事物数量尺度。根据事物动态数据资料，在直角坐标系上确定各土石点，然后将各点连接起来，即为趋势图。图 2.2 所示为 1998～2010 年我国道路交通事故发生情况。

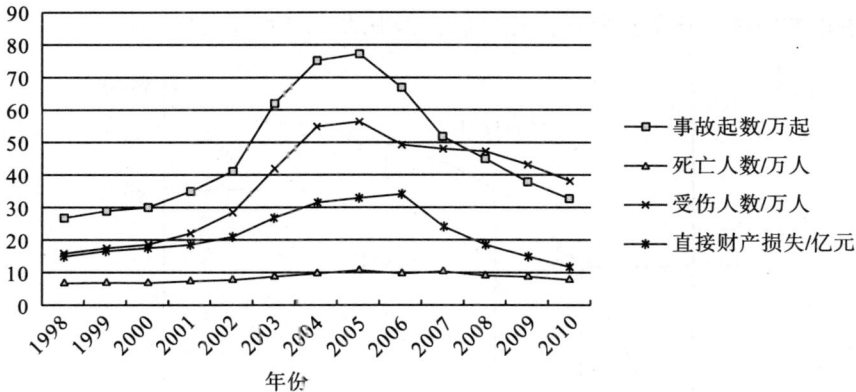

图 2.2　1998～2010 年我国道路交通事故发生情况

在绘制趋势图的过程中，如果事物的历史数据变化范围较大，可以用纵坐标轴表示事物数据的对数，即以对数数列为尺度。由于对数数列与数列本身的变化趋势是一样的，这就保证了所作的对数趋势图与原趋势图的总的趋势是相同的。由此可解决作图的技术难题。

3. 直方图

直方图是交通安全分析中较为常用的统计图表。它是由建立在直角坐标系上的一系列高度不等的柱形图形组成，因而也被称为柱状图，如图 2.3 所示。直角坐标系的横坐标表示需要分析的各种因素，柱状图形的高度则代表了对应横坐标的某一指标的数值。采用直方图进行交通事故统计分析，可以直观、形象地表示出各种因素对交通事故的影响程度。

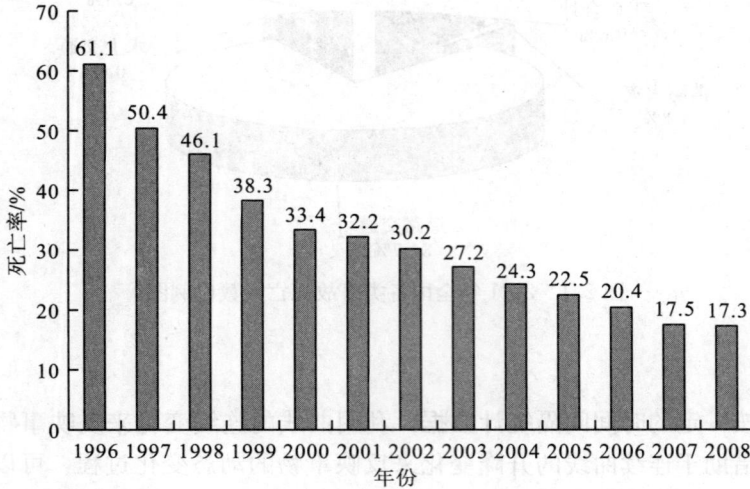

图 2.3　1996～2008 年我国道路交通事故万车死亡率

4. 排列图

排列图全称为主次因素排列图，也称为巴雷特图，可用于确定系统安全的关键因素，以便明确主攻方向和工作重点所在。巴雷特曲线如图 2.4 所示。

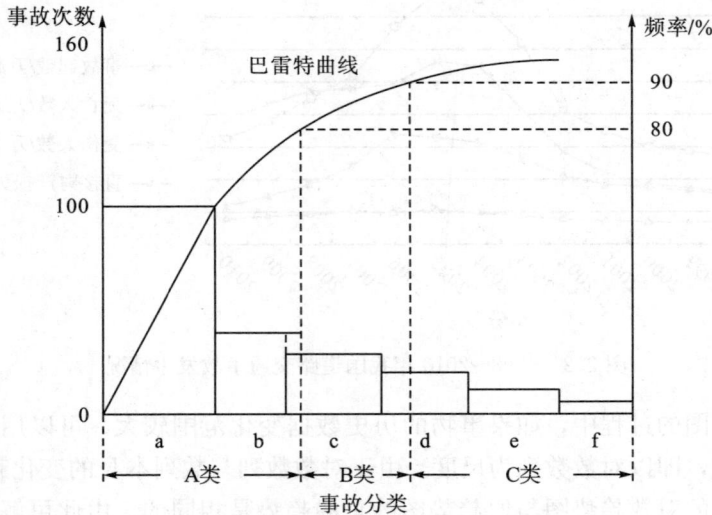

图 2.4　巴雷特曲线

　　排列图由两个纵坐标、一个横坐标、几个直方图和一条曲线组成。左边纵坐标表示频数，右边纵坐标表示累积频率（0%～100%）。横坐标表示事故原因或事故分类，一般按影响因素的主次从左向右排列。直方图的高低表示某个因素影响的大小，曲线表示各因素影响大小的累计百分数。

　　排列图主次因素的排列可分为三类：累积频率在 0%～80% 的因素，称 A 类因素，显然也是主要因素；累积频率在 80%～90% 的因素称 B 类次主要因素；累积频率在 90%～100% 的因素称 C 类次要因素。此管理方法有时也称之为 ABC 管理法。

　　这种排列图工具因分析目的的不同而改变横坐标中的因素。例如，分析机动车驾驶员事故原因时可以把横坐标设为酒后开车、超速行驶、无证驾驶、违章超车、违章会车等项目；分析道路交通事故现象是可以把横坐标设为汽车与自行车相撞、汽车与行人相撞、汽车与拖拉机相撞、汽车自身事故等项目。但分析时所采用的因素不宜过多，要列出主要因素，去掉次要因素，以便突出主要矛盾。

2.1.3　因果分析图

　　因果分析（cause-consequence analysis，CCA）图也称鱼刺图或特性因素图。运输过程安全与否是交通参与者、运载工具、运输线路等多方面因素综合作用的结果，这些因素与交通安全的关系复杂，它们彼此之间也存在着错综复杂的关系。当分析引起交通事故的原因时，可以将各种可能的事故原因进行归纳分析，用简明的文字和线条表现出来，如图 2.5 所示。

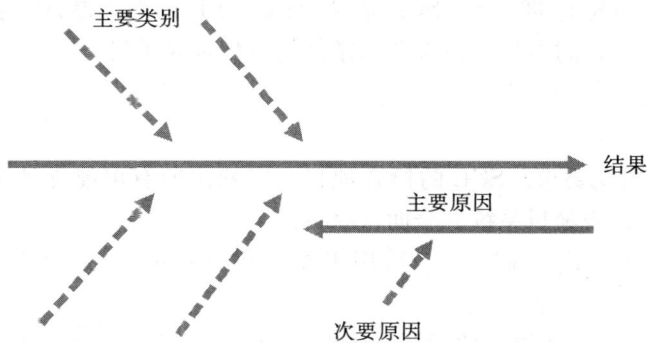

图 2.5　CCA 示意图

　　用 CCA 法分析交通安全问题，可以使复杂的原因系统化、条块化，而且直观，逻辑性强，因果关系明确，便于把主要原因弄清楚。

　　CCA 法在分析交通事故的具体案例时，对吸取事故教训，采取防范措施，防止类似事故的再次发生等方面具有重要作用。图 2.6 为铁路调车作业事故 CCA 图。

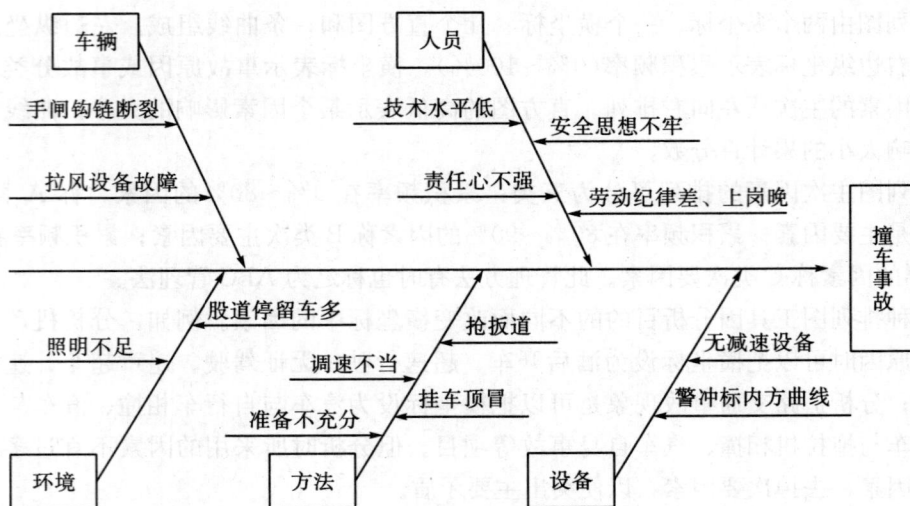

图 2.6　铁路调车作业事故 CCA 图

2.1.4　安全检查表

安全检查表(safety check list，SCL)是交通系统安全分析中一种常用的分析方法。其基本任务是发现和查明系统的各种危险和隐患，监督各项安全法规、制度、标准的实施，制止违法行为，预防事故，消除危险，保障安全。在交通安全管理中，对安全检查是十分重视的。为了使安全检查工作能够正确、及时地发现问题和解决问题，需要一种按系统工程思想进行检查的方法。SCL 就是为达到此目的而编制的。实践证明，SCL 是进行系统安全检查、预防事故、改善劳动条件的一种重要手段。

1. SCL 的内容及要求

(1)SCL 的项目及要求。SCL 的检查项目，应列出所有可能导致事故发生的因素或状态，即要求所列检查项目系统、全面、完善。

(2)SCL 采用的方式。SCL 一般采用正面提问的方式，要求发问明确、回答清楚，并以"是"或"否"来回答。

(3)检查依据。为了使提出的问题有依据，可以收集有关此项问题的规章制度，规范标准中所规定的要求，分别简要列出它们的名称和所在章节，附于每项提问后面，以便查对。

2. SCL 的分类

SCL 的类型繁多，分类方式不一，绝大多数是按用途分类的。根据铁路运输业的特点，按其用途可分为下列几种类型：

(1)运输设备、机械装置、设施定期 SCL。由于铁路运输系统是庞大的联动机，部门复杂、设备繁多，所以应该按车务、机务、电力、车辆、水电、房建等部门，根据各自的设备情况，制定相应的安全检查表，供进行日常巡回检查或定期检查时使用。

（2）铁路运输生产用 SCL。保证铁路运输安全，做到四通八达、畅通无阻是铁路全体员工的奋斗目标。为达到此目标，需要采取各种手段和措施，对铁路行车工作、货运工作和客运工作制定相应的 SCL，不定期地进行检查，发现问题，采取措施，预防事故的发生。

（3）消防用 SCL。在铁路运输部门的货场、仓库、油库等要害地点，防止火灾发生是一个十分重要的问题。如果防火工作做得不好，措施不力，一旦发生火灾，将会造成惨重的损失。因此，在上述要害地点必须建立严格的防火制度，设立必要的消防器材，制定切实可行的具体措施，并经常或定期地进行检查，发现问题，及时解决。

（4）专业性 SCL。这种检查表由专业机构或职能部门编制和使用，主要用于进行定期的安全检查或季节性检查，如对电气设备、锅炉及压力容器、特殊装置与设施等进行专业性检查。

（5）设计审查用 SCL。如果在设计时能够设法把不安全因素消除掉，则可以取得事半功倍的效果。因此，在设计之前，应为设计人员提供相应的 SCL。表中还应列出应该遵循的有关规程、标准。这样既可以扩大设计者的知识面，又能使他们乐于采纳这些标准中所列的数据要求，避免在与安全人员意见不同时发生争议。设计人员事先参照 SCL 进行设计，比设计完成后再照检查表修改要省事得多。

3. SCL 的编制方法

（1）经验法。找熟悉被检查对象的人员和具有实践经验的人员，以三结合的方式（工人、工程技术人员、管理人员）组成一个小组。依据人、物、环境的具体情况和以往积累的实践经验以及有关统计数据，按照规程、规章制度等文件的要求编制 SCL。

（2）分析法。根据对已编制的事故树的分析、评价结果来编制 SCL。通过事故树进行定性分析，求出事故树中的最小割集，按最小割集中基本事件的多少，找出系统中的薄弱环节，以这些薄弱环节作为安全检查的重点对象，编制成 SCL。还可以通过对事故树的结构重要度分析、概率重要度分析和临界重要度分析，分别按事故树中基本事件的结构重要度系数、概率重要度系数和临界重要度系数的大小，编制 SCL。

4. SCL 的编制步骤

（1）确定被检查对象，组织有关人员；

（2）熟悉被分析的系统；

（3）调查不安全因素；

（4）搜集与系统有关的规范、标准、制度等；

（5）明确规定的安全要求；

（6）根据具体情况和要求确定编制方法，编制 SCL；

（7）通过反复使用，不断修改、补充完善。

5. SCL 的格式

SCL 的格式是由它的性质决定的，它是以问与答的形式出现，一般由两部分为容组成：第一部分标明 SCL 的名称和被检查系统名称（单位、工种）、检查日期、检查者等；第二部分为序号、检查项目（即检查内容，要求逐条编号）、检查结果、整改措施等内容。

6. SCL 的优点

（1）SCL 可以事先编制，集思广益。

（2）针对不同的对象和要求编制相应的 SCL，可实现安全检查的标准化、规范化。

（3）依据 SCL 进行检查，是监督各项安全规章制度的实施和纠正违章指挥、违章作业的有效方式。

（4）SCL 整改责任明确，可作为安全检查人员或现场作业人员履行职责的凭据，有利于落实安全生产责任制，同时也可为新老安全员顺利交接安全检查工作打下良好的基础。

（5）SCL 中内容直观简单，容易掌握，易于实现群众管理。

（6）SCL 检查方法具体实用，可以避免流于形式走过场，有利于提高安全检查效果。

7. SCL 编制中应注意的问题

（1）编制 SCL 的过程，实质是将理论知识、实践经验系统化的过程，一个高水平的 SCL 需要专业技术的全面性、多学科的综合性和对实际经验的统一性。为此，应组织技术人员、管理人员、操作人员和安技人员深入现场共同编制。

（2）按查隐患要求列出的检查项目应齐全、具体、明确、突出重点且抓住要害。为了避免重复，尽可能将同类性质的问题列在一起，系统地列出相关的安全问题或状态。另外应规定检查方法，并附上检查合格标准。防止检查表笼统化、行政化。

（3）各类 SCL 都有其适用对象，各有侧重，是不宜通用的。如专业检查表与日常检查表要加以区分，专业检查表应详细，而日常检查表则应简明扼要，突出重点。各级安全检查项目应各有侧重。

（4）危险性部位应详细检查，确保一切隐患在可能发生事故之前就被发现。

（5）编制 SCL 应将系统安全工程中的事故树分析、事件树分析、预先危险性分析、可操作性研究等方法结合进行，把一些基本事件列入检查项目中。要落实安全检查实施人员。

例：

调车作业班前安全检查表

检查单位：××　　　　检查人：×××　　　　检查时间：×年×月×日

顺号	检查项目	检查结果		整改措施（备注）
		是	否	
1	接班前班组长是否从行动、外表检查了职工的思想、精神状态？			
2	接班前班组长是否检查了职工的着装、工具等上岗准备情况？			
3	作业前是否召开了安全预想会，并布置了安全注意事项？			
4	作业前是否明确分工并强调了作业纪律？			
5	是否做到了调车长、提钩组长、铁鞋组长负责全组的安全工作？			
6	对危及安全生产的关键因素是否反复强调并对职工进行了布置，做到互相监督确保安全？			

顺号	检查项目	检查结果		整改措施（备注）
		是	否	
7	对喝酒上岗和身体不适低职工是否采取了有效措施？			
8	当发现有危及安全的情况时，是否立即采取果断措施及时制止？			
9	是否按规定巡视了线路、车辆、货物情况等？			

2.1.5　预先危险性分析

1. 预先危险性分析的基本含义

预先危险性分析（preliminary hazard analysis，PHA）是一种定性的系统安全分析方法。主要用于还没有掌握系统详细资料的时刻，分析、辨识可能出现或已经存在的危险源，并尽可能在付诸实施之前找出预防、改正和补救措施，消除或控制危险源。

如在交通线路、港、站、枢纽等新系统设计或已有系统改造之前的方案设计、选址、选线阶段，对系统可能产生的危险源、类型、后果等进行系统的分析，并尽可能在系统付诸实施之前找出预防、纠正和补救措施，消除或控制危险因素，是安全管理的重要环节。

2. 预先危险性分析的内容

（1）熟悉系统，尤其是系统的工艺分析，识别工艺中危险的工序及其硬件，并分析其发生的可能性条件，如对危险路段的危险性分析，包括线形、交通标示、灾害等。

（2）分析系统中各子系统、各元件的交接面及其相互关系与影响，如各单独的单位工程之间的协调性分析。

（3）分析工艺过程及其工艺参数或状态参数，如交通线路设计参数的合理性问题。

（4）人、机关系（操作、维修等）。

（5）环境条件分析，如大雾、洪水、高（低）温、振动、线路景观等。

（6）用于保证安全的技术设备、防护装置等，如监控设备等。

（7）其他危险条件。

3. 预先危险性分析的主要优点

（1）分析工作做在行动之前，可及早采取措施排除、降低或控制危害，避免由于考虑不周造成损失。

（2）对系统开发、初步设计、制造、安装、检修等做的分析结果，可以提供应遵循的注意事项和指导方针。

（3）分析结果可为制定标准、规范和技术文献提供必要的资料。

（4）根据分析结果，可编制 SCL 以保证实施安全，并可作为安全教育的材料。

4. 预先危险性分析的步骤

1)准备阶段

(1)确定系统。明确所分析系统的功能及分析范围。

(2)调查、收集资料。调查生产目的、工艺过程、操作条件和周围环境。收集设计说明书、本单位的生产经验、国内外事故情报及有关标准、规范、规界等资料。

2)分析实施阶段

(1)系统功能分解。为了便于分析,按系统工程的原理,将系统进行功能分解,并绘出功能框图,表示它们之间的输入、输出关系。如铁路系统可以按照各个专业进行分解。

(2)分析、识别危险性。确定危险类型、危险来源、初始伤害及其造成的危险性,对潜在的危险点要仔细判定。比如道路长大下坡的危险性分析。

(3)确定危险等级。在确认每项危险之后,都要按其效果进行分类。

(4)制定措施。根据危险等级,从软件(系统分析、人机工程、管理、规章制度等)、硬件(设备、工具、操作方法等)两方面制定相应的消除危险性的措施和防止伤害的办法。

3)结果汇总阶段

根据分析结果,确定系统中的主要危险源,研究其产生原因和可能导致的事故,以表格的形式汇总分析结果。典型的结果汇总表包括主要的事故、产生原因、可能的后果、危险性级别、应采取的措施等栏目。如表 2.1 所示。

表 2.1 系统危险源汇总表

部件或子系统名称	故障状态(触发事件)	危险描述	发生可能性等级	危险影响	后果严重性等级	安全措施

4)预先危险性分析应注意的问题

(1)分析人员的代表性。由于在新开发的生产系统或新的操作方法中,对接触到的危险物质、工具和设备的危险性还没有足够的认识,因此,为了使分析获得较好的效果,应采取设计人员、操作人员和安技干部三结合的形式进行。

(2)系统的分解需要细化。根据系统工程的观点,在查找危险性时,应将系统进行分解,按系统、子系统、元素一步一步地进行。这样做不仅可以避免过早地陷入细节问题而忽视重点问题的危险,而且可以防止漏项。

(3)采取对策,使分析人员有条不紊地、合理地从错综复杂的结构关系中查出深潜的危险因素。第一,迭代。对一些深潜的危险,一时不能直接查出危险因素时,可先做一些假设,然后将得出的结果作为改进后的假设,再进一步查危险因素。这样经过一步一步地分析,向更准确的危险因素逼近。第二,抽象。在分析过程中,对某些危险因素常忽略其次要方面,首先将注意力集中于危险性大的主要问题上。这样可使分析工作较快地入门,先保证在主要危险因素上取得结果。

(4)在可能的条件下,最好事先准备一个检查表,指出查找危险性的范围。

2.1.6 故障模式及影响分析

故障模式及影响分析(failure model and effects analysis，FMEA)是对系统各组成部分、元件进行分析的重要方法，是由可靠性工程发展起来的。这种方法主要分析系统中各子系统及元件可能发生的各种故障模式，查明各种类型故障对邻近子系统或元件的影响以及最终对系统的影响，提出采取的预防、改进措施，以提高系统的可靠性和安全性。

早期的 FMEA 只能作定性的分析，后来在分析中包括了故障发生的难易程度或发生概率的评价，从而把它与致命度分析结合起来，构成故障模式、影响及致命度分析(FMECA)。这样，若确定了每个元件的故障发生概率，就可以确定设备、系统或装置的故障发生概率，从而定量地描述故障的影响。

1. 故障模式

系统、子系统或元件在运行过程中，由于性能低劣而不能完成规定的功能时，称为故障发生。

系统或元件发生故障的机理十分复杂。故障机理是指诱发零件、产品、系统发生故障的物理与化学过程、电学与机械学过程，也可以说是形成故障源的原因。换句话说，就是要考虑某个故障模式是如何发生的以及它们发生的可能性有多大。

故障模式是从不同表现形态来描述故障的，故障模式是由不同故障机理显现出来的各种故障现象的表现形式。因此，一个系统或一个元件往往有多种故障模式。

从可靠性的定义出发，系统或元件的故障模式一般可从 5 个方面来考虑：运行过程中的故障，提前动作，在规定的时间不动作，在规定的时间不停止，运行能力下降、超重或受阻。

产品不同，故障模式也不同，例如汽车、钢轨等机械产品的故障模式表现为磨损、疲劳、折断、冲击、变形、破裂等。

只有及时了解和掌握产品、设备、元件的故障模式、产生原因及其影响，才能正确地采取相应措施。若忽略了某些故障模式，则这些故障可能因为没有采取防止措施而引发事故。

2. 分析程序

故障类型和影响分析通常包括以下几个方面：

(1)明确系统本身的情况和目的。分析时首先要熟悉有关资料，了解系统的组成、任务等情况，查出系统包含有多少个子系统，各个子系统又包含有多少单元或元件，了解它们之间如何结合及相互联系、相互干扰、输入输出等。重点在于系统的分解。

(2)确定分析程度和水平。分析一开始就要根据所了解的系统情况决定分析到什么水平，这是一个十分重要的问题。如果分析程度太浅，会漏掉重要的故障类型，得不到有用的数据；反之，如果分析的程度太深，一切都分析到元件甚至零部件，则会造成手续复杂，实施改善措施也困难。一般来讲，对关键的子系统可以分析得深一些，不重要的可分析得浅一些，甚至可以不分析。

（3）绘制系统图和可靠性框图。为了便于分析，对复杂系统可以绘制各功能子系统相结合的系统图，以表示各子系统之间的关系。简单的系统可以用流程图代替系统图。从系统图可以继续画出可靠性框图，它表示各元件的连接方式以及输入输出情况。由几个元件共同完成一项功能时用串联连接，元件有备品时则用并联连接。可靠性框图内容和相应的系统图一致。

（4）列出所有故障类型并选出对系统有影响的故障类型。按照可靠性框图，根据过去的经验和有关的故障资料，列举出所有的故障类型，填入故障模式及影响分析表内。然后从其中选出对子系统以至系统有影响的故障类型，深入分析其影响后果、故障等级及应采取的措施。

（5）列出造成故障的原因。对子系统以至系统有影响的故障类型要深入分析造成故障的原因。危险性特别重大的故障类型，例如故障等级为Ⅰ级时还要进行致命度分析。

3. 致命度分析

致命度分析（criticality analysis，CA）是在 FMEA 的基础上扩展出来的。在系统进行初步分析（如 FMEA）之后，对其中特别严重的故障模式单独再进行详细分析。

CA 就是对系统中各个不同的严重故障模式计算临界值——致命度指数，即给出某故障模式产生致命影响的概率，它是一种定量分析方法。与 FMEA 结合使用时，称为 FMECA。

1）致命度分析的主要目的

（1）尽量消除致命度高的故障模式。

（2）当无法消除故障模式时，应尽量从设计、制造、使用和维修等方面去降低其致命度和减少其发生的概率。

（3）根据故障模式不同的致命度，对其零、部件或产品提出相应的不同质量要求，以提高其可靠性和安全性。

（4）根据不同情况，可采取对产品或部件的有关部位增设保护装置、监测预报系统等措施。

2）致命度指数的计算

$$C_r = \sum_{i=1}^{n} (\alpha \cdot \beta \cdot K_A \cdot K_E \cdot \lambda_G \cdot t \cdot 10^6)$$

式中，C_r——致命度指数，表示相应系统元件每 100 万次（或 100 万件产品中）运行造成系统故障的次数（或件数）；

n——元件的致命性故障模式总数；

i——致命性故障模式的第 i 个序号；

λ_G——元件单位时间或周期的故障率；

K_A——元件的测定值与实际运行条件强度修正系数；

K_E——元件的测定值与实际运动条件环境修正系数；

t——完成一项任务元件运行的小时数或周期（次）数；

α——致命性故障模式与故障模式比，即致命性故障模式所占的比例；

β——致命性故障模式发生并产生实际影响的条件概率。

2. 1. 7　危险性和可操作性研究

危险性和可操作性（hazard and operability，HAZOP）研究是以系统工程为基础的一种可用于定性分析或定量评价的危险性评价方法，用于探明生产装置和工艺过程中的危险及其原因，寻求必要对策。

HAZOP 研究是在 20 世纪 70 年代早期提出的，由英国帝国化学公司首先开发应用。经过不断改进与完善，在欧美国家，现已广泛应用于各类工艺过程和项目的风险评估工作中。有些国家，如英国，已通过立法手段强制其在工程建设项目中推广应用，而在我国，HAZOP 分析技术正处于起步阶段。HAZOP 分析是高度专业化的作业程序，是一种对项目做定性的风险分析和风险管理的技术。下面介绍一下 HAZOP 分析技术的形式和具体方法，阐明其特点和局限性，并对其应用和注意事项加以探讨。

1. HAZOP 分析简介

HAZOP 分析是一种结构化的风险分析工具，能全面、系统地识别流程中的危险并改善操作，减少管理的盲点，有效提升工作流程的效率和生产力。HAZOP 分析集中分析异常的操作情况和以前从未发生过的事，是对设计的重要补充。有文献数据显示，进行 HAZOP 分析并采纳相关建议后，运行时出现的问题至少减少一个数量级。

在通常情况下，HAZOP 分析的研究目标应该是与液体或气体产品有关的承受高压的设备、设施或系统。上述设备、设施或系统一般是带压后或投入使用后才能成为 HAZOP 研究方法的研究对象，所以 HAZOP 分析的定义应该是：分析目标上的具体研究对象在试运或运行期间可能发生的与其本身内在危险性和本身操作有关的问题。上述定义已经考虑了 HAZOP 分析应用范围不断扩大的趋势。

2. HAZOP 分析的应用形式

HAZOP 分析技术常用的形式有三种，即引导词方式、经验式和检查表式。引导词方式主要用于对新的项目作系统的工艺和操作危害研究，并提出存在的安全隐患问题。而经验式则主要依托原有经验对复用项目的相关及改变部分作 HAZOP 研究。检查表式则主要用于项目的前期工作阶段，根据所用物料的危害性质，确定在设计中要重视的潜在危害。

3. HAZOP 分析的具体方法

1）HAZOP 分析的主要方法

HAZOP 分析的主要方法是：分析偏差，找出原因，分析后果，提出对策及措施。在分析进行前，工艺流程图应达到相当完善的程度；分析开始时，工艺工程师对整个装置设计作详细介绍，并讲解每一段细节的设计目的和作用，讲解内容由秘书记录下来。简单地说，HAZOP 分析主要是应用系统的分析方法，将所有相关的关键词结合在一起，对工厂进行查询，努力发现任何潜在的问题，其结果用列表的方式记录下来。

须提供给 HAZOP 分析小组的文件主要有 PFD(工艺原则流程图)、P&ID(工艺管道和仪表流程)图、U&ID(公用工程管道和仪表流程)图、设备平面布置图、材料规格书和选材表、设备规格表和设备单线图。引导词是代表偏离设计意图和正常操作范围的失常问题，引导词实际上是对运行参数或运行条件的高度概括，包括流量、压力、温度、组分、液位、物相、操作等。

2)HAZOP 分析的具体步骤

HAZOP 分析一般包括以下 5 个步骤：

(1)定义 HAZOP 分析所要分析的系统或活动；

(2)定义分析所关注的问题；

(3)分解被分析的系统并建立偏差；

(4)进行 HAZOP 分析工作；

(5)用 HAZOP 分析的结果决策。

关于某个研究节点的某个引导词提出来以后，按照以下顺序进行讨论：

(1)原因，找出研究节点发生该引导词所代表的失常问题的原因；

(2)结果，讨论发生上述失常问题时可能产生的后果；

(3)已到位的安全措施，检查是否已经采取了相应的保护措施；

(4)后续行动，讨论应补充或应改进的措施，并作为会后后续行动记录下来；

(5)行动执行单位，建议由哪个单位负责完成相应的会后后续行动；

(6)优先等级，明确表明需要落实的会后后续行动的缓急程度。

通常的做法是成立一个多学科的研究小组。该组人员以"有组织的自由讨论"形式一起工作。在评审过程中，首先将被研究的系统或设施分解成 HAZOP 分析的最小研究单位——研究节点，并把每个研究节点的设计意图向研究小组成员进行解释，然后对 P&ID 图上表示的设计内容进行系统分析，并以此来识别危险。具体方法为：用引导词来系统地识别因不符合设计意图而可能出现的潜在的危险性或可操作性问题，最后把这种偏差问题或失常问题的可能原因和与其有关的后果、现有的保护措施以及该研究小组的有关建议等，一起列在工作表上。HAZOP 分析的审查流程见图 2.7。

3)HAZOP 分析的特点

HAZOP 分析具有如下特点：

(1)由第三方人员直接负责组织当前的直接设计人员和将来的直接运行人员共同讨论设计中的细节问题(这与专家评审方法不同)。

(2)只考虑可引起各种事故的细节性失常问题的内在原因。不考虑与失常问题有关的外部原因〔这与 HSE(health, safety, environment)方面的危险识别方法不同〕。

(3)是一种用于识别 HAZOP 问题的形式化和系统化的识别方法，不能被用来解决这些问题或量化这些问题(这与技术咨询方法不同)。

(4)结论是建议性的，不是强制性的，只要求限期回答有关问题，只要能够解释通，可以不执行有关的结论(这与事故的调查方法不同)。

(5)目的只是评审在评审用 P&ID 图上表示出来的并与操作程序有关的资料。将不会涉及评审用 P&ID 图上没有标出的资料(例如平面布置的细节)或在评审用程序文件中没有包括的操作方式(局限性 1)。

(6)只考虑由于一种可信的常规故障或至多两种可信的常规故障引起的危险，所以不会覆盖所有低频率的灾难性事件或多重故障引起的危险性事件(局限性 2)。

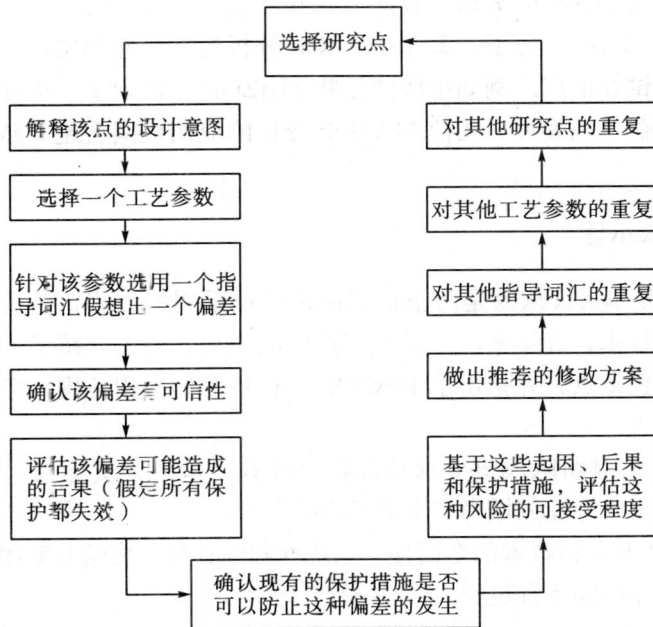

图 2.7　HAZOP 分析审查流程图

4)HAZOP 分析的局限性

HAZOP 分析技术简单易学，可激发创造性，开拓思路，但其也有一定的局限性。HAZOP 分析技术的局限主要是其审查的结果依赖于所审图纸及数据的准确度，并要求组成一个专家小组，小组成员应具备较好的专业知识和经验。危险性和可操作性分析只考虑可引起各种事故的细节性失常问题的内在原因，不考虑与失常问题有关的外部原因。HAZOP 分析是一种用于识别 HAZOP 问题的形式化和系统化的识别方法，不能被用来解决这些问题或量化这些问题。

4. HAZOP 分析技术的应用

有文献表明，HAZOP 研究中 40%～50%的问题是工艺装置操作的安全性研究，其余的问题是产品质量和可靠性的研究。

随着 HAZOP 分析技术的深入研究和广泛传播，目前主要应用于以下几个方面：

(1)概念设计阶段的重大危害分析；

(2)设计阶段的危害分析；

(3)项目开车前的危害分析；

(4)现有装置的危害分析；

(5)装置改造前的危害分析；

（6）装置大修前的危害分析；

（7）对研究设施和实验室的危害分析。

按照 API750 的规定，HAZOP 定期分析的频率是 3～10 年，美国 OSHA 29 CFR1910. 119 规定不超过 5 年。一般在项目初步设计完后可进行一次 HAZOP 分析，项目投产前可进行一次 HAZOP 分析，投产后每 5 年左右进行一次，如遇有重大改造、变更后必须进行一次 HAZOP 分析。鉴于 HAZOP 分析的重要性和实用性，我国三大石油公司都已经开始尝试和推广。例如中海油已将 HAZOP 分析列于安全环保规程中。随着国内 HAZOP 研究的不断发展，相信 HAZOP 分析的应用范围会越来越广，也会越来越深入和成熟。

5. HAZOP 分析技术小结

HAZOP 分析技术被公认为是防止损失的最广泛采用的方法，是适用于化工工艺过程危害辨识的分析技术，近年来已经得到了广泛的应用。以上介绍了 HAZOP 分析的具体方法，分析了其优缺点，并指出了 HAZOP 分析技术的应用范围，但应用 HAZOP 分析时应注意以下几点：

（1）HAZOP 分析对团队成员要求较高，要求有经验的人员参与，组成多元化的团队，团队成员都应是本专业领域内有丰富经验的专家。

（2）由于 HAZOP 分析技术的全面性、系统性和细致性，要给专家团队充裕的分析时间，同时每天的工作时间不宜过长。

（3）要准确地划定 HAZOP 分析的目标和范围。HAZOP 分析所要分析的是一个系统在正常运行中各种可能的偏差，因此，清楚地定义一个系统的设计功能或正常运行是分析工作中非常重要的一步。

（4）在会前应做好充分的准备工作，要保证提供给 HAZOP 分析的图纸及其他参考信息的准确性和真实性。待审查的设计文件的深度决定了 HAZOP 分析审查的深度。

（5）HAZOP 分析是一项动态工作，与设计阶段同步进行，直至施工安装完毕。项目或系统分析完毕后应进行适当的跟踪。

随着国家对生产建设项目 HSE 管理工作要求的提高，以及风险分析技术的深入发展，社会和企业必将越来越重视安全生产和风险管理。作为安全风险管理基础技术之一的 HAZOP 分析技术，必将得到更为广泛的应用。

2. 1. 8 事件树分析

事件树分析（event tree analysis，ETA）是从一个初始事件开始，按顺序分析事件向前发展中各个环节成功与失败的过程和结果。

一起事故的发生是许多原因事件相继发生的结果。其中，一些事件的发生是以另一些事件首先发生为条件的，而一个事件的出现，又会引起另一些事件的出现。在事件发生的顺序上存在着因果的逻辑关系。ETA 是一种时序逻辑的事故分析方法，它以一初始事件为起点，按照事故的发展顺序，分阶段一步一步地进行分析，每一事件可能的后续事件只能取完全对立的两种状态(成功或失败，正常或故障，安全或危险等)之一，逐步向结果方面发展，直到达到系统故障或事故为止。所分析的情况用树枝状图表示，故叫事件树，如图 2.8 所示。事件树既可以定性地了解整个事件的动态变化过程，又可以定量地计算出各个阶段的概率，最终了解事故发展过程中的各种状态的发生规律。

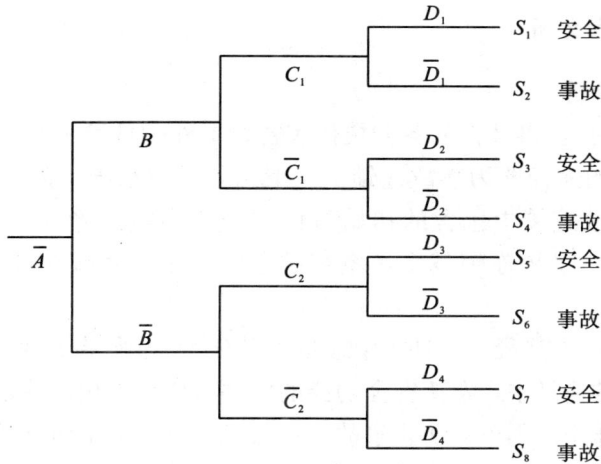

图 2.8　事件树示意图

1. ETA 的理论基础

(1)事故致因理论是指一起事故的发生是许多原因事件相继发生的结果，其中一些事件的发生是以另一些事件首先发生为条件的，而一个事件的出现，又会引起另一些事件的出现。事件与事件之间存在一定的顺序。

(2)在事件发生的顺序上，存在着因果的逻辑关系。

2. ETA 的步骤

ETA 通常包括 6 步：

(1)确定初始事件(可能引发感兴趣事故的初始事件)，初始事件识别的原则：①从系统故障角度考虑；②从设备故障角度考虑；③从人为失误或者工艺异常角度考虑。通常情况下，以分析人员感兴趣的异常事件作为初始事件。

(2)识别能消除初发事件的安全设计功能。

(3)编制事件树。

(4)描述导致事故的顺序情况。

(5)确定事故顺序的最小割集。

(6)编制分析结果。

3. 事件树编制方法

(1)确定初始事件。

(2)将事件写在一条横线的上方，横线的下方一般写发生的状态或者发生的概率。

（3）在横线的末端分析事件的成功与失败的状态，并且以竖线指示。

（4）按照逻辑分析成功与失败的结果，进入环节事件分析（或者后续事件分析），该层次的分析取决于系统的功能。

（5）直到事件不能再分解，即为事件树的完成。

4. 事件树定性与定量分析

1）事件树定性分析

（1）找出事故连锁。事件树的各分枝代表初始事件一旦发生其可能的发展途径。其中，最终导致事故的途径即为事故连锁。一般的，导致系统事故的途径有很多，即有许多事故连锁。事故连锁中包含的初始事件和安全功能故障的后续事件之间具有逻辑与的关系。显然，事故连锁越多，系统越危险；事故连锁中事件树越少，系统越危险。

（2）找出预防事故的途径。事件树中最终达到安全的途径指导我们如何采取措施预防事故。在达到安全的途径中，发挥安全功能的事件构成事件树的成功连锁。如果能保证这些安全功能发挥作用，则可以防止事故。一般的，事件树中包含的成功连锁可能有多个，即可以通过若干途径来防止事故发生。显然，成功连锁越多，系统越安全，成功连锁中事件树越少，系统越安全。

2）事件树定量分析

事件树定量分析是指根据每一事件的发生概率，计算各种途径的事故发生概率，比较各个途径概率值的大小，作出事故发生可能性序列，确定最易发生事故的途径。一般的，当各事件之间相互独立时，其定量分析比较简单；当事件之间不独立时（如共同原因故障，顺序运行等），则定量分析变得非常复杂。

定量分析要有事件概率数据作为计算的依据，而且事件过程的状态是多种多样的，一般都因缺少概率数据而不能实现定量分析。

2.1.9 事故树分析

2.1.9.1 事故树分析的基本概念

事故树分析（fault tree analysis，FTA）是安全系统工程中常用的一种分析方法。1961年，美国贝尔电话研究所的维森首创了 FTA，并应用于研究民兵式导弹发射控制系统的安全性评价中，用它来预测导弹发射的随机故障概率。接着，美国波音飞机公司的哈斯尔等人对这个方法又做了重大改进，并采用电子计算机进行辅助分析和计算。1974 年，美国原子能委员会应用 FTA 对商用核电站进行了风险评价，发表了《拉斯姆逊报告》，引起世界各国的关注。目前，FTA 已从宇航、核工业进入一般电子、电力、化工、机械、交通等领域，它可以进行故障诊断，分析系统的薄弱环节，指导系统的安全运行和维修，实现系统的优化设计。

FTA 是一种演绎推理法，这种方法把系统可能发生的某种事故与导致事故发生的各种原因之间的逻辑关系用一种称为事故树的树形图表示，通过对事故树的定性与定量分析，找出事故发生的主要原因，为确定安全对策提供可靠依据，以达到预测与预防事故发生的目的。FTA 具有以下特点：

（1）FTA 是一种图形演绎方法，是事故、事件在一定条件下的逻辑推理方法。它可以围绕某特定的事故作层层深入的分析，因而清晰的事故树图形可以表达系统内各事件间的内在联系，并指出单元故障与系统事故之间的逻辑关系，便于找出系统的薄弱环节。

（2）FTA 具有很大的灵活性，不仅可以分析某些单元故障对系统的影响，还可以对导致系统事故的特殊原因，如人为因素、环境影响进行分析。

（3）FTA 的过程，是一个对系统更深入认识的过程，它要求分析人员把握系统内各要素间的内在联系，弄清各种潜在因素对事故发生影响的途径和程度，因而许多问题在分析的过程中就被发现和解决了，从而提高了系统的安全性。

（4）事故树模型可以定量计算复杂系统发生事故的概率，为改善和评价系统安全性提供了定量依据。

2.1.9.2　FTA 的步骤

FTA 分为以下 5 个步骤：

（1）准备阶段。确定所要分析的系统以及所要分析系统的范围；熟悉系统并收集系统的有关资料与数据；收集、调查所分析系统曾经发生过的事故和将来有可能发生的事故。

（2）事故树的编制。确定事故树的顶事件；调查与顶事件有关的所有原因事件并进行影响分析；采用一些规定的符号，按照一定的逻辑关系，将事故树顶事件与引起顶事件的原因事件绘制成反映因果关系的树形图。

（3）事故树定性分析。按照事故树结构，求取事故树的最小割集或最小径集，以及基本事件的结构重要度，根据定性分析的结果确定预防事故的安全保障措施。

（4）事故树定量分析。根据引起事故发生的各基本事件的发生概率，计算事故树顶事件发生的概率，计算各基本事件的概率重要度。根据定量分析的结果以及事故发生以后可能造成的危害，对系统进行风险分析，以确定安全投入方向。

（5）FTA 的结果总结与应用。必须及时对 FTA 的结果进行评价、总结，提出改进建议，整理、储存事故树定性和定量分析的全部资料与数据，并注重综合利用各种安全分析的资料，为系统安全性评价与安全性设计提供依据。

2.1.9.3　事故树的符号及其意义

事故树采用的符号包括事件符号、逻辑门符号和转移符号三大类。

1. 事件及事件符号

在 FTA 中，各种非正常状态或不正常情况皆称事故事件，各种完好状态或正常情况皆称成功事件，两者均简称为事件。事故树中的每一个节点都表示一个事件。

1）结果事件

结果事件是由其他事件或事件组合所导致的事件，他总是位于某个逻辑门的输出端。

用矩形符号表示结果事件，如图 2.9(a)所示。结果事件分为顶事件和中间事件。

(1)顶事件。是 FTA 中所关心的结果事件，位于事故树的顶端，它总是所讨论事故树中逻辑门的输出事件而不是输入事件，即系统可能发生的或实际已经发生的事故结果。

(2)中间事件。是位于事故树顶事件和底事件之间的结果事件，它既是某个逻辑门的输出事件，又是其他逻辑门的输入事件。

2)底事件

底事件是导致其他事件的原因事件，位于事故树的底部，它总是某个逻辑门的输入事件而不是输出事件。底事件又分为基本原因事件和省略事件。

(1)基本原因事件。它表示导致顶事件发生的最基本的或不能再向下分析的原因或缺陷事件，用图 2.9(b)中的圆形符号表示。

(2)省略事件。它表示没有必要进一步向下分析或其原因不明确的原因事件。另外，省略事件还表示二次事件，即不是本系统的原因事件，而是来自系统之外的原因事件，用图 2.9(c)中的菱形符号表示。

3)特殊事件

特殊事件是指在 FTA 中需要表明其特殊性或引起注意的事件。特殊事件又分为开关事件和条件事件。

(1)开关事件，又称正常事件。它是在正常工作条件下必然发生或必然不发生的事件，用图 2.9(d)中的屋形符号表示。

(2)条件事件。是限制逻辑门开启的事件，用图 2.9(e)中的符号表示。

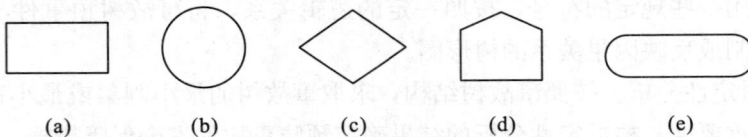

(a)　　　　(b)　　　　(c)　　　　(d)　　　　(e)

图 2.9　事件符号

2. 逻辑门及其符号

逻辑门是连接各事件并表示其逻辑关系的符号。

1)与门

与门可以连接数个输入事件 E_1，E_2，…，E_n 和一个输出事件 E，表示仅当所有输入事件都发生时，输出事件 E 才发生的逻辑关系。与门符号如图 2.10(a)所示。

2)或门

或门可以连接数个输入事件 E_1，E_2，…，E_n 和一个输出事件 E，表示至少一个输入事件发生时，输出事件 E 才发生。或门符号如图 2.10(b)所示。

3)非门

非门表示输出事件是输入事件的对立事件。非门符号如图 2.10(c)所示。

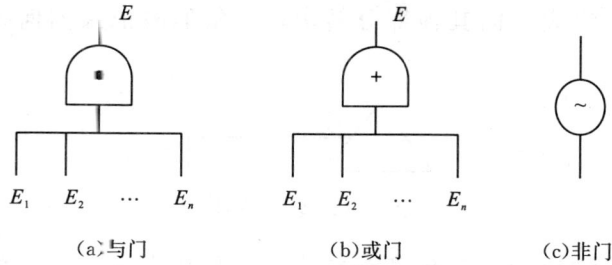

图 2.10　逻辑门符号

4)特殊门

(1)表决门。表示仅当输入事件有 $m(m \leqslant n)$ 个或 m 个以上事件同时发生时，输出事件才发生。表决门符号如图 2.11(a)所示。显然，或门和与门都是表决门的特例，或门是 $m=1$ 时的表决门，与门是 $m=n$ 时的表决门。

(2)异或门。表示仅当单个输入事件发生时，输出事件才发生。异或门符号如图 2.11(b)所示。

(3)禁门。表示仅当条件事件发生时，输入事件的发生才导致输出事件的发生。禁门符号如图 2.11(c)所示。

(4)条件与门。表示输入事件不仅同时发生，而且还必须满足条件 A，才会有输出事件发生。条件与门符号如图 2.11(d)所示。

(5)条件或门。表示输入事件中至少有一个发生，在满足条件 A 的情况下，输出事件才发生。条件或门符号如图 2.11(e)所示。

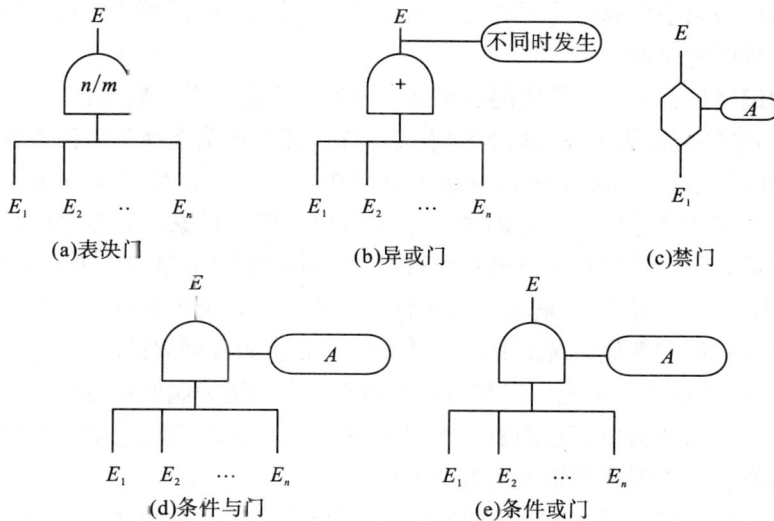

图 2.11　特殊门符号

3. 转移符号

当事故树规模很大或整个事故树中多处包含有相同的部分树图时，为了简化整个树图，可用转出和转入符号，以标出向何处转出和从何处转入。

(1)转出符号。它表示向其他部分转出，三角形内记入向何处转出的标记，如图 2.12 所示。

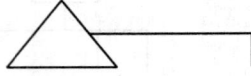

図 2.12　转出符号

(2)转入符号。它表示从其他部分转入，三角形内记入从何处转入的标记，如图 2.13 所示。

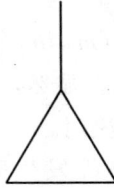

図 2.13　转入符号

2.1.9.4　事故树的编制

事故树编制是 FTA 中最基本、最关键的环节。编制工作一般应由系统设计人员、操作人员和可靠性分析人员组成的编制小组来完成。通过编制过程，能使小组人员深入了解系统，发现系统中的薄弱环节，这是编制事故树的首要目的。事故树的编制是否完善，直接影响到定性分析与定量分析的结果是否正确，关系到运用 FTA 的成败。所以，事故树编制必须经过编制小组成员反复研究，不断深入，并充分利用实践中有效的经验总结。

1)编制事故树的规则

事故树的编制过程是一个严密的逻辑推理过程，应遵循以下规则：

(1)确定顶事件应优先考虑风险大的事故事件。能否正确选择顶事件直接关系到分析结果，是 FTA 的关键。在系统危险分析的结果中，不希望发生的事件远不止一个。但是，应当把发生频率高且后果严重的事件优先作为分析的对象，即顶事件；也可以把发生频率不高但后果很严重以及后果虽不严重但发生非常频繁的事故作为顶事件。

(2)合理确定边界条件。在确定了顶事件后，为了不致使事故树过于繁琐、庞大，应明确规定被分析系统与其他系统的界面，并作一些必要的合理假设。

(3)保持门的完整性，不允许门与门直接相连。事故树编制时应逐级进行，不允许跳跃，任何一个逻辑门的输出都必须有一个结果事件，不允许不经过结果事件而将门与门直接相连，否则将很难保证逻辑关系的准确性。

(4)确切描述顶事件。明确地给出顶事件的定义，即确切地描述出事故的状态，什么时候在何种条件下发生。

(5)编制过程中及编成后，需及时进行合理的简化。

2)编制事故树的方法

编制事故树的常用方法为演绎法，他是通过人的思考去分析顶事件是怎样发生的。即首先确定系统的顶事件，找出直接导致顶事件发生的各种可能因素或因素的组合，即中间事件。在顶事件与其紧连的中间事件之间，根据其逻辑关系相应地画上逻辑门，然后再对每个中间事件进行类似的分析，找出其直接原因，逐级向下演绎，直到不能分析的基本事件为止。这样就可得到用基本事件符号表示的事故树。

2.1.9.5　事故树定性分析

1. 最小割集

　　1）割集和最小割集

　　事故树顶事件发生与否是由构成事故树的各种基本事件的状态决定的。很显然，所有基本事件都发生时，顶事件肯定发生。然而在大多数情况下，并不是所有基本事件都发生时顶事件才发生，而只要某些基本事件发生就可导致顶事件发生。在 FTA 中，把引起顶事件发生的基本事件的集合称为割集，也称截集或截止集。一个事故树中的割集一般不止一个，在这些割集中，凡不包含其他割集的，叫做最小割集。换言之，如果割集中任意去掉一个基本事件后就不是割集，那么这样的割集就是最小割集。所以，最小割集是引起顶事件发生的充分必要条件。

　　2）最小割集的求法

　　最小割集的求法有多种，但常用的有布尔代数化简法、行列法和结构法三种。

　　（1）布尔代数化简法。

　　布尔代数化简法也叫逻辑化简法，这种方法的理论依据是：事故树的结构完全可以用最小割集来表示。

　　任何一个事故树都可以用布尔函数来描述。化简布尔函数，其最简析取标准式中每个最小项所属变元构成的集合，便是最小割集。若最简析取标准式中含有 m 个最小项，则该事故树有 m 个最小割集。

　　根据布尔代数的性质，可把任何布尔代数化为析取和合取两种标准式。析取标准式形式为

$$f = A_1 + A_2 + \cdots + A_n = \sum_{i=1}^{n} A_i$$

合取标准式为

$$f = B_1 \cdot B_2 \cdot \cdots \cdot B_n = \prod_{i=1}^{n} B_i$$

　　可以证明，A_i 和 B_i 分别是事故树的割集和径集。如果定义析取标准式的布尔项之和 A_i 中各项之间不存在包含关系，即其中任意一项基本事件布尔积不被其他基本事件布尔积所包含，则该析取标准式为最简析取标准式，那么 A_i 为事故树的最小割集。同理，可以直接利用最简合取标准式求取事故树的最小径集。

　　用布尔代数法计算最小割集，通常分三个步骤：

　　第一，建立事故树的布尔表达式。一般从事故树的顶事件开始，用下一层事件代替上一层事件，直至顶事件被所有基本事件代替为止。

　　第二，将布尔表达式化为析取标准式。

第三，化析取标准式为最简析取标准式。可利用布尔代数的逻辑运算法则进行化简，使之满足最简析取标准式的条件。

逻辑代数运算的法则很多，有的和代数运算法则一致，有的不一致。这里只介绍几种常用的运算法则，以便记忆和运用。

定理 1：$\overline{\overline{A}} = A$（对合律）；

定理 2：$A + B = B + A$，$AB = BA$（交换律）；

定理 3：$A + (B + C) = (A + B) + C$，$A(BC) = (AB)C$（结合律）；

定理 4：$A + BC = (A + B)(A + C)$，$A(B + C) = AB + AC$（分配律）；

定理 5：$A + A = A$，$AA = A$（等幂律）；

定理 6：$A + AB = A$，$A(A + AB) = A$（吸收律）。

例：用布尔代数法求图 2.14 所示事故树的最小割集。

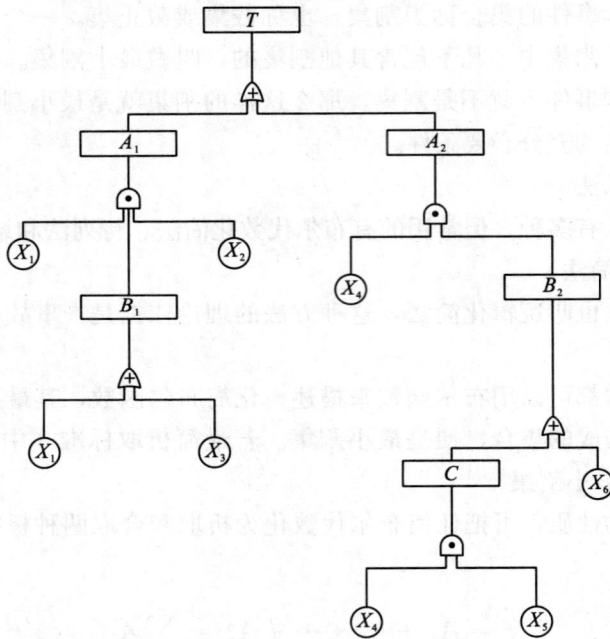

图 2.14　事故树

解：

写出事故树的布尔表达式：

$$T = A_1 + A_2 = X_1 X_2 B_1 + X_4 B_2$$
$$= X_1 X_2 (X_1 + X_3) + X_4 (C + X_6)$$
$$= X_1 X_2 (X_1 + X_3) + X_4 \left[(X_4 X_5) + X_6 \right]$$

化布尔表达式为析取标准式：

$$T = X_1 X_2 X_1 + X_1 X_2 X_3 + X_4 X_4 X_5 + X_4 X_6$$

求最简析取标准式：

$$T = X_1 X_2 + X_4 X_5 + X_4 X_6$$

即该事故树有三个最小割集：$\{X_1, X_2\}$，$\{X_4, X_5\}$ $\{X_4, X_6\}$。从而原事故树可

以化简为一个新的等效事故树，如图 2.15 所示。

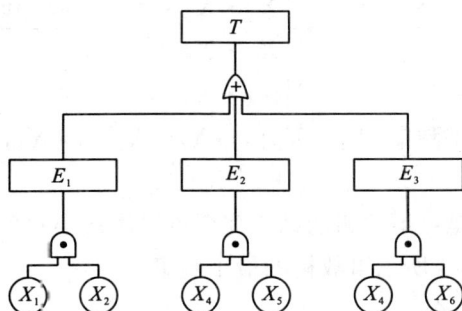

图 2.15　等效事故树

（2）行列法。

行列法是 1972 年福塞尔和文西利提出的方法，也称福塞尔法。其理论依据是：与门使割集容量增加，而不增加割集的数量；或门使割集的数量增加，而不增加割集的容量。这种方法求取最小割集时，从顶事件开始，顺序用下一层事件代替上一层事件，在代换过程中，把与门连接的输入事件按行排列，把或门连接的输入事件按列排列，这样逐层向下代换下去，直至顶事件全部由基本事件表示为止。最后列写的每一行基本事件集合，经过简化，若集合内元素不重复出现，且各集合间没有包含的关系，这些集合便是最小割集。

例：用行列法求图 2.14 所示事故树的最小割集。

解：定义顶事件为 T，具体步骤如下。

将用或门连接的输入事件 A_1、A_2 成列摆开，即

$$T \xrightarrow{\text{或}} \begin{array}{l} A_1 \\ A_2 \end{array}$$

A_1、A_2 与下一层事件 B_1、B_2、X_1、X_2、X_4 的联结均为与门，所以成行排列：

$$\left\{\begin{array}{l} A_1 \xrightarrow{\text{与}} X_1 \times B_1 \times X_2 \\ A_2 \xrightarrow{\text{与}} X_4 \times B_2 \end{array}\right.$$

以此类推：

进行布尔等幂、吸收运算，求得最小割集，即

$$\begin{cases} X_1 \cdot X_1 \cdot X_2 \\ X_1 \cdot X_3 \cdot X_2 \\ X_4 \cdot X_4 \cdot X_5 \\ X_4 \cdot X_6 \end{cases} \xrightarrow{\text{等幂运算}} \begin{cases} X_1 \cdot X_2 \\ X_1 \cdot X_3 \cdot X_2 \\ X_4 \cdot X_5 \\ X_4 \cdot X_6 \end{cases} \xrightarrow{\text{吸收运算}} \begin{cases} X_1 \cdot X_2 \\ X_4 \cdot X_5 \\ X_4 \cdot X_6 \end{cases}$$

于是，就得到三个最小割集 $\{X_1，X_2\}$，$\{X_4，X_5\}$，$\{X_4，X_6\}$。

（3）结构法。

这种方法的理论根据是：事故树的结构完全可以用最小割集来表示。

例：用结构法求图 2.14 所示事故树的最小割集。

解：
$$\begin{aligned} T &= A_1 \cup A_2 \\ &= X_1 \cdot B_1 \cdot X_2 \cup X_4 \cdot B_2 \\ &= X_1 \cdot (X_1 \cup X_3) \cdot X_2 \cup X_4 \cdot X_4 \cdot X_5 \cup X_4 \cdot X_6 \\ &= X_1 \cdot X_2 \cup X_1 \cdot X_2 \cdot X_3 \cup X_4 \cdot X_5 \cup X_4 \cdot X_6 \\ &= X_1 \cdot X_2 \cup X_4 \cdot X_5 \cup X_4 \cdot X_6 \end{aligned}$$

这样，便得到三个最小割集 $\{X_1，X_2\}$，$\{X_4，X_5\}$，$\{X_4，X_6\}$。

总的说来，上述三种方法都可应用。其中，布尔代数法最为简单，应用较为普遍。

2. 最小径集

1）径集与最小径集

在事故树中，当所有基本事件都不发生时，顶事件肯定不会发生。然而，顶事件不发生常常并不要求所有基本事件都不发生，而只要某些基本事件不发生，顶事件就不会发生。这些不发生的基本事件的集合称为径集，也称通集或路集。在同一事故树中，不包含其他径集的径集称为最小径集。如果径集中任意去掉一个基本事件后就不再是径集，那么该径集就是最小径集。所以，最小径集是保证顶事件不发生的充分必要条件。

2）最小径集的求法

根据对偶原理，成功树顶事件发生，就是其对偶树（事故树）顶事件不发生。因此，求事故树最小径集的方法是，首先将事故树变换成其对偶的成功树，然后求出成功树的最小割集，即是事故树的最小径集。

将事故树变为成功树的方法，就是将原来事故树中的逻辑与门改成逻辑或门，将逻辑或门改为逻辑与门，并将全部事件符号加上"′"，变成事件补的形式，这样便可得到与原事故树对偶的成功树。如图 2.16 所示。

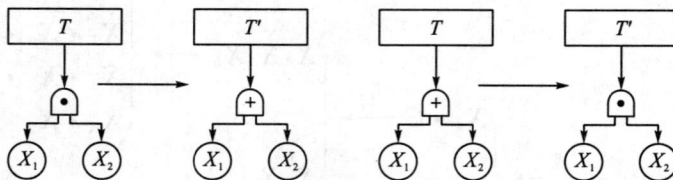

图 2.16 事故树变换对偶成功树

例：求图 2.14 所示事故树的最小径集。

解：首先，将图 2.14 的事故树变为如图 2.17 所示的成功树。

用布尔代数化简法求图 2.17 成功树的最小割集：

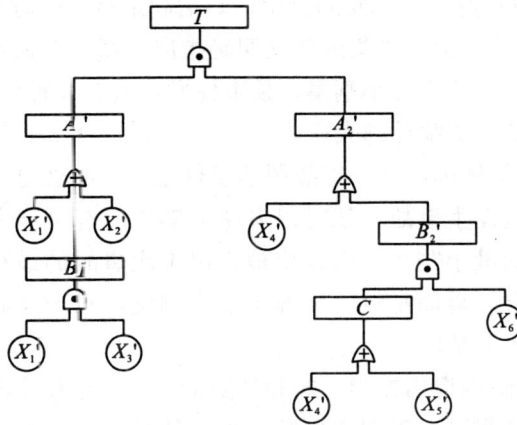

图 2.17　成功树

$$T' = A_1' A_2'$$
$$= (X_1' + B_1' + X_2')(X_4' + B_2')$$
$$= (X_1' + X_1'X_3')(X_4' + C'X_6')$$
$$= (X_1' + X_2')[X_4' + (X_4' + X_5')X_6']$$
$$= (X_1' + X_2')(X_4' + X_4'X_6' + X_5'X_6')$$
$$= (X_1' + X_2')(X_4' + X_5' + X_6')$$
$$= X_1'X_4' + X_1'X_5'X_6' + X_2'X_4' + X_2'X_5'X_6'$$

得到成功树的 4 个最小割集为

$$\{X_1', X_4'\}, \{X_1', X_5', X_6'\}, \{X_2', X_4'\}, \{X_2', X_5', X_6'\}$$

经对偶变换就得到图 2.18 所示事故树的 4 个最小径集为

$$\{X_1, X_4\}, \{X_1, X_5, X_6\}, \{X_2, X_4\}, \{X_2, X_5, X_6\}$$

同样，也可以用最小径集表示事故树，如图 2.18 所示。其中，P_1、P_2、P_3、P_4 分别表示 4 个最小径集。

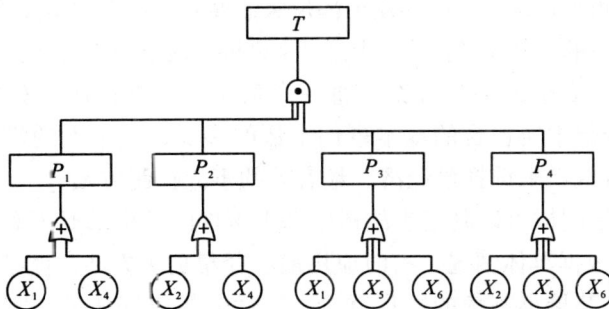

图 2.18　用最小径集等效表示的图 2.14 的事故树

3. 最小割集和最小径集在 FTA 中的作用

1)最小割集在 FTA 中的作用

最小割集在 FTA 中起着非常重要的作用，归纳起来有 4 个方面：

(1)表示系统的危险性。最小割集的定义明确指出，每一个最小割集都表示顶事件发生的一种可能，事故树中有几个最小割集，顶事件发生就有几种可能。从这个意义上讲，最小割集越多，说明系统的危险性越大。

(2)表示顶事件发生的原因组合。事故树顶事件发生，必然是某个最小割集中基本事件同时发生的结果。一旦发生事故，就可以方便地知道所有可能发生事故的途径，并可以逐步排除非本次事故的最小割集，而较快地查出本次事故的最小割集，这就是导致本次事故的基本事件的组合。显而易见，掌握了最小割集，对于掌握事故的发生规律、调查事故发生的原因有很大的帮助。

(3)为降低系统的危险性提出控制方向和预防措施。每个最小割集都代表了一种事故模式。由事故树的最小割集可以直观地判断哪种事故模式最危险，哪种次之，哪种可以忽略，以及如何采取措施使事故发生概率下降。若某事故树有三个最小割集，如果不考虑每个基本事件发生的概率，或者假定各基本事件发生的概率相同，则只含一个基本事件的最小割集比含两个基本事件的最小割集容易发生；含有两个基本事件的最小割集比含有五个基本事件的最小割集容易发生。以此类推，少事件的最小割集比多事件的最小割集容易发生。由于单个事件的最小割集只要一个基本事件发生，顶事件就会发生；两个事件的最小割集必须两个基本事件同时发生，才能引起顶事件发生。这样，两个基本事件组成的最小割集发生的概率比一个基本事件组成的最小割集发生的概率要小得多，而五个基本事件组成的最小割集发生的可能性相比之下可以忽略。由此可见，为了降低系统的危险性，对含基本事件少的最小割集应优先考虑采取安全措施。

(4)利用最小割集可以判定事故树中基本事件的结构重要度和方便地计算顶事件发生的概率。

2)最小径集在 FTA 中的作用

最小径集在 FTA 中的作用与最小割集同样重要，主要表现在以下三个方面：

(1)表示系统的安全性。最小径集表明，一个最小径集中所包含的基本事件都不发生，就可防止顶事件发生。可见，每一个最小径集都是保证事故树顶事件不发生的条件，是采取预防措施、防止发生事故的一种途径。从这个意义上来说，最小径集表示了系统的安全性。

(2)选取确保系统安全的最佳方案。每一个最小径集都是防止顶事件发生的一个方案，可以根据最小径集中所包含的基本事件个数的多少、技术上的难易程度、耗费的时间以及投入的资金数量，来选择最经济、最有效的事故控制方案。

(3)利用最小径集同样可以判定事故树中基本事件的结构重要度和计算顶事件发生的概率。在 FTA 中，根据具体情况，有时应用最小径集更为方便。就某个系统而言，如果事故树中与门多，则其最小割集的数量就少，定性分析最好从最小割集入手。反之，如果事故树中或门多，则其最小径集的数量就少，此时定性分析最好从最小径集入手，从而可以得到更为经济、有效的结果。

3. 系统薄弱环节预测

事故树经布尔代数化简之后，可以得到最小割集和最小径集。根据最小割集和最小径集的性质，就可以对系统安全的薄弱环节进行预测。

对于最小割集来说，它与顶事件用或门相连，显然最小割集的个数越少越安全，越多越危险。而每个最小割集中的基本事件与第二层事件为与门连接，因此割集中的基本事件越多越有利，基本事件少的割集就是系统的薄弱环节。对于最小径集来说，恰好与最小割集相反，径集数越多越安全，基本事件多的径集是系统的薄弱环节。

根据以上分析，可以从以下 4 条途径来改善系统的安全性：

(1)减少最小割集数，首先应消除那些含基本事件最少的割集。

(2)增加割集中的基本事件树，首先应给含基本事件少、又不能清除的割集增加基本事件。

(3)增加新的最小径集，也可以设法将原有含基本事件较多的径集分成两个或多个径集。

(4)减少径集中的基本事件树，首先应着眼于减少含基本事件多的径集。

总之，最小割集与最小径集在事故预测中的作用是不同的：最小割集可以预示出系统发生事故的途径；而最小径集可以提供控制顶事件最经济、最省事的方案。

在对某一事故树作薄弱环节预测时，要区别不同情况，采取不同做法。事故树中或门越多，得到的最小割集就越多，这个系统也就越不安全。对于这样的事故树，最好从求最小径集着手，找出包含基本事件较多的最小径集，然后设法减少其基本事件树，或者增加最小径集数，以提高系统的安全程度。事故树中与门越多，得到的最小割集的个数就较少，这个系统的安全性就越高。对于这样的事故树，最好从求最小割集着手，找出少事件的最小割集，消除它或者设法增加它的基本事件树，以提高系统的安全性。

2.1.9.6　事故树的定量分析

事故树的定量分析首先是确定基本事件的发生概率，然后求出事故树顶事件的发生概率。求出顶事件的发生概率之后，可与系统安全目标值进行比较和评价。当计算值超过目标值时，就需要采取防范措施，使其降至安全目标值以下。

在进行事故树定量计算时，一般做以下几个假设：①基本事件之间相互独立；②基本事件和顶事件都只考虑发生和不发生两种状态；③假定故障分布为指数函数分布。

1. 基本事件的发生概率

基本事件的发生概率包括系统的单元(部件或元件)故障概率及人的失误概率等，在工程上计算时，往往用基本事件发生的频率来代替其概率值。具体内容可参看本书 2.2 小节可靠性理论部分。

2. 顶事件发生概率的计算

当给定了事故树各基本事件的发生概率，各基本事件又是独立事件时，就可以计算顶事件的发生概率。目前，计算顶事件发生概率的方法有若干种，下面介绍较简单的几种。

1)状态枚举法

设某事故树有 n 个基本事件，这 n 个基本事件两种状态的组合数为 2^n 个。根据事故树的结构分析可知，所谓顶事件的发生概率，是指结构函数 $\Phi(X)=1$ 的概率。顶事件的发生概率 $P(T)$ 可用下式定义：

$$P(T) = \sum_{k=1}^{2^n} \Phi_k(X) \prod_{i=1}^{n} q_i^{y_i}(1-q_i)^{1-y_i}$$

式中，k——基本事件状态组合序号；

$\Phi_k(X)$——第 k 种组合的结构函数值（1 或 0）；

q_i——第 i 个基本事件的发生概率；

y_i——第 i 个基本事件的状态值（1 或 0）。

从上式可看出：在 n 个基本事件两种状态的所有组合中，只有 $\Phi_k(X)=1$ 时，该组合才对顶事件的发生概率产生影响。所以在用该式计算时，只需考虑 $\Phi_k(X)=1$ 的所有状态组合。首先列出基本事件的状态值表，根据事故树的结构求得结构函数 $\Phi_k(X)$ 值，最后求出使 $\Phi_k(X)=1$ 的各基本事件对应状态的概率积的代数和，即为顶事件的发生概率。

以图 2.19 的简单事故树为例，利用上式求顶事件 T 的发生概率。

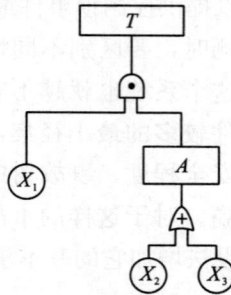

图 2.19 事故树示意图

设 X_1、X_2、X_3 均为独立事件，其概率均为 0.1，则顶事件的发生概率为

$$
\begin{aligned}
P(T) &= \sum_{p=1}^{2^n} \Phi_p(X) \prod_{i=1}^{n} q_i^{y_i}(1-q_i)^{1-y_i} \\
&= 1 \times q_1^1(1-q_1)^0 \times q_2^0(1-q_2)^1 \times q_3^1(1-q_3)^0 \\
&\quad + 1 \times q_1^1(1-q_1)^0 \times q_2^1(1-q_2)^0 \times q_3^0(1-q_3)^1 \\
&\quad + 1 \times q_1^1(1-q_1) \times q_2^1(1-q_2)^0 \times q_3^1(1-q_3)^0 \\
&= q_1(1-q_2)q_3 + q_1 q_2(1-q_3) + q_1 q_2 q_3 \\
&= 0.1 \times 0.9 \times 0.1 + 0.1 \times 0.1 \times 0.9 + 0.1 \times 0.1 \times 0.1 \\
&= 0.019
\end{aligned}
$$

该方法规律性强，适于编制程序上机计算，可用来计算较复杂系统的事故发生概率。但当 n 值较大时，计算中要涉及 2^n 个状态组合，并需求出相应顶事件的状态，因而计算工作量很大，花费时间较长。

2)最小割集法

事故树可以用其最小割集的等效树来表示。这时，顶事件等于最小割集的并集。

设某事故树有 k 个最小割集：E_1，E_2，$\cdots$，E_r，$\cdots$，E_k，则有

$$T = \bigcup_{r=1}^{k} E_r$$

顶事件的发生概率为

$$P(T) = P\{\bigcup_{r=1}^{k} E_r\}$$

根据容斥定理得并事件的概率公式：

$$P\{\bigcup_{r=1}^{k} E_r\} = \sum_{r=1}^{k} P\{E_r\} - \sum_{1 \leqslant r < s \leqslant k} P\{E_r \cap E_s\} + \sum P\{E_r \cap E_s \cap E_k\} + \cdots$$
$$+ (-1)^{k-1} P\{\bigcap_{r=1}^{k} E_r\}$$

设各基本事件的发生概率为 q_1，q_2，$\cdots$，q_n，则有

$$P\{E_r\} = \prod_{X_i \in E_r} q_i, \quad P\{E_r \cap E_s\} = \prod_{X_i \in E_r \cup E_s} q_i, \quad P\{\bigcap_{r=1}^{k} E_r\} = \prod_{r=1, X_i \in E_i} q_i$$

故顶事件的发生概率为

$$P(T) = \sum_{r=1}^{k} \prod_{X_i \in E_r} q_i - \sum_{1 \leqslant r < s \leqslant k} \prod_{X_i \in E_r \cup E_s} q_i + \cdots + (-1)^{k-1} \prod_{r=1, X_i \in E_i}^{k} q_i$$

式中，r，s，t——最小割集的序数，$r < s < t$；

　　　　i——基本事件的序号，$X_i \in E_r$；

　　　　k——事故树的最小割集数；

　　　　$1 \leqslant r < s \leqslant k$——$k$ 个最小割集中第 r、s 两个最小割集的组合顺序；

　　　　$X_i \in E_r$——属于最小割集 E_r 的第 i 个基本事件；

　　　　$X_i \in E_r \cup E_s$——属于最小割集 E_r 或 E_s 的第 i 个基本事件。

仍以图 2.19 简单事故树示意图为例，其最小割集为

$$E_1 = \{X_1, X_2\}, \quad E_2 = \{X_1, X_3\}$$

用最小割集表示的等效图如图 2.20 所示。这样可以把其看做由两个最小割集 E_1、E_2 组成的事故树。按照求概率和的计算公式，$E_1 + E_2$ 的概率为

$$\begin{aligned}
P(T) &= P(E_1 \cup E_2) \\
&= 1 - [1 - P(E_1)][1 - P(E_2)] \\
&= P(E_1) + P(E_2) - P(E_1) \times P(E_2) \\
&= q_1 q_2 + q_1 q_3 - q_1 q_2 q_1 q_3 \\
&= q_1 q_2 + q_1 q_3 - q_1 q_2 q_3 = 0.019
\end{aligned}$$

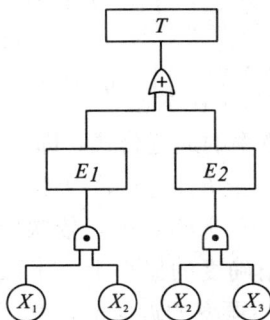

图 2.20　事故树的等效

3)最小径集法

根据最小径集与最小割集的对偶性，利用最小径集同样可求出顶事件的发生概率。

设某事故树有 k 个最小径集：P_1，P_2，$\cdots$，P_r，$\cdots$，P_k。用 $P_r'(r=1, 2, \cdots, k)$ 表示最小径集不发生的事件，用 T' 表示顶事件不发生。则有

$$P(T') = 1 - P(T) = P\{\bigcup_{r=1}^{k} P_r'\}$$

根据容斥定理得并事件的概率公式：

$$1 - P(T) = \sum_{r=1}^{k} P\{P_r'\} - \sum_{1 \leqslant r < s \leqslant k} P\{P_r' \cap P_s'\} + \cdots + (-1)^{k-1} P\{\bigcap_{r=1}^{k} P_r'\}$$

式中，

$$P\{P_r'\} = \prod_{X_i \in P_r} (1-q_i), \quad P\{P_r' \cap P_s'\} = \prod_{X_i \in P_r \cup P_s} (1-q_i), \quad P\{\bigcap_{r=1}^{k} P_r'\} = \prod_{r=1, X_i \in P_s}^{k} (1-q_i)$$

故顶事件的发生概率为

$$P(T) = 1 - \sum_{r=1}^{k} \prod_{X_i \in P_r} (1-q_i) + \sum_{1 \leqslant r < s \leqslant k} \prod_{X_i \in P_r \cup P_s} (1-q_i) - \cdots - (-1)^{k-1} \prod_{r=1, X_i \in P_s}^{k} (1-q_i)$$

式中，r，s——最小径集的序数，$r < s$；

$\quad\quad i$——基本事件的序号，$X_i \in P_r$；

$\quad\quad k$——最小径集数；

$\quad\quad 1-q_i$——第 i 个基本事件不发生的概率；

$\quad\quad X_i \in P_r$——属于最小径集 P_r 的第 i 个基本事件；

$\quad\quad X_i \in P_r \cup P_s$——属于最小径集 P_r 或 P_s 的第 i 个基本事件。

3. 顶事件发生概率的近似计算

在运用 FTA 时，往往会遇到很复杂很庞大的事故树，有时一棵事故树牵扯成百上千个基本事件，要精确求出顶事件的发生概率，需要相当大的人力和物力。因此，需要找出一种简便方法，既能保证必要的精确度，又能较为省力地算出结果。

实际上，统计得到的基本数据往往并不十分精确，因此，用基本事件的数据计算顶事件发生概率时，精确计算意义不大。所以，实际计算中多采用近似算法。

1)最小割集逼近法

在式 $P(T) = \sum_{r=1}^{k} \prod_{X_i \in P_s} q_i - \sum_{1 \leqslant r < s \leqslant k} \prod_{X_i \in P_k \cup P_s} q_i + \cdots + (-1)^{k-1} \prod_{r=1, X_i \in P_s}^{k}$ 中，设

$$\sum_{r=1}^{k} \prod_{X_i \in E_r} q_i = F_1, \quad \sum_{1 \leqslant r < s \leqslant k} \prod_{X_i \in E_r \cup E_s} q_i = F_2, \cdots, \quad \prod_{r=1, X_i \in E_i}^{k} q_i = F_k$$

则得到用最小割集求顶事件发生概率的逼近公式，即

$$P\{T\} \leqslant F_1, \quad P\{T\} \geqslant F_1 - F_2, \quad P\{T\} \leqslant F_1 - F_2 + F_3, \cdots$$

上式中的 F_1，$F_1 - F_2$，$F_1 - F_2 + F_3$，$\cdots$，依次给出了顶事件发生概率 $P(T)$ 的上限和下限，可根据需要求出任意精确度的概率上、下限。实际应用中，以 F_1（称为首项近似法）或 $F_1 - F_2$ 作为顶事件发生概率的近似值，就可达到基本精度要求。

2)最小径集逼近法

与最小割集法相似，利用最小径集也可以求得顶事件发生概率的上、下限。

在式 $P(T) = 1 - \sum_{r=1}^{k} \prod_{X_i \in P_r} (1-q_i) + \sum_{1 \leqslant r < s \leqslant k} \prod_{X_i \in P_r \cup P_s} (1-q_i) - \cdots - (-1)^{k-1} \prod_{r=1, X_i \in P_r}^{k} (1-q_i)$ 中，设

$$\sum_{r=1}^{k} \prod_{X_i \in P_r} (1-q_i) = S_1 , \quad \sum_{1 \leqslant r < s \leqslant k} \prod_{X_i \in P_r \cup P_s} (1-q_i) = S_2 , \cdots , \quad \prod_{r=1, X_i \in P_r}^{k} (1-q_i) = S_k ,$$

则有

$$P\{T\} \geqslant 1 - S_1 , \quad P\{T\} \leqslant F_1 - S_1 + S_2 , \quad P\{T\} \geqslant 1 - S_1 + S_2 - S_3 , \cdots$$

即

$$1 - S_1 \leqslant P\{T\} \leqslant 1 - S_1 + S_2 , \quad 1 - S_1 + S_2 \geqslant P\{T\} \geqslant 1 - S_1 + S_2 - S_3 , \cdots$$

上式中的 $1-S_1$，$1-S_1+S_2$，$1-S_1+S_2-S_3$，…，依次给出了顶事件发生概率 $P\{T\}$ 的上、下限。从理论上讲，

$$\begin{cases} P\{T\} \leqslant F_1 \\ P\{T\} \geqslant F_1 - F_2 \\ P\{T\} \leqslant F_1 - F_2 + F_3 \end{cases} \quad \text{和} \quad \begin{cases} 1 - S_1 \leqslant P\{T\} \leqslant 1 - S_1 + S_2 \\ 1 - S_1 + S_2 \geqslant P\{T\} \geqslant 1 - S_1 + S_2 - S_3 \\ \cdots \end{cases}$$

两式的上、下限数列都是单调无限收敛于 $P\{T\}$ 的，但在实际应用中，因基本事件的发生概率较小，而应当采用最小割集逼近法，以得到较精确的计算结果。

3)平均近似法

为了使近似算法接近精确值，计算时保留式 $P(T) = \sum_{r=1}^{k} \prod_{X_i \in E_r} q_i - \sum_{1 \leqslant r < s \leqslant k} \prod_{X_i \in E_r \cup E_s} q_i + \cdots + (-1)^{k-1} \prod_{r=1, X_i \in E_r}^{k} q_i$ 中第一、二项，并取第二项的 $1/2$ 值，即

$$P(T) = \sum_{y=1}^{r} \prod_{X_i \in E_r} q_i - \frac{1}{2} \sum_{1 \leqslant r < s \leqslant k} \prod_{X_i \in E_r \cup E_s} q_i$$

这种算法称为平均近似法。

4)独立事件近似法

若最小割集 $E_r (r = 1, 2, \cdots, k)$ 相互独立，可以证明其对立事件 $E_r' (r = 1, 2, \cdots, k)$ 也是相互独立事件，则有

$$P(T) = P\{\bigcup_{r=1}^{k} E_r\} = 1 - P\{\bigcup_{r=1}^{k} E_r'\} = 1 - \prod_{r=1}^{k} P\{E_r'\}$$

$$= \prod_{r=1}^{k} (1 - P\{E_r'\}) = 1 - \prod_{r=1}^{k} (1 - \prod_{X_i \in E_r} q_i)$$

这种算法称为独立事件近似法。

2.1.9.7　基本事件的重要度分析

一个基本事件对顶事件发生的影响大小称为该基本事件的重要度。重要度分析在系统的事故预防、事故评价、安全性设计等方面有着重要的作用。事故树中各基本事件的发生对顶事件的发生有着不同程度的影响，这种影响主要取决于两个因素，即各基本事件发生概率的大小以及各基本事件

在事故树模型结构中处于何种位置。为了明确最易导致顶事件发生的事件，分出轻重缓急采取有效措施，控制事故的发生，就必须对基本事件进行重要度分析。

1. 基本事件的结构重要度

如不考虑各基本事件发生的难易程度，或假设各基本事件的发生概率相等，仅从事故树的结构上研究各基本事件对顶事件的影响程度，称为结构重要度分析。结构重要度分析一般可以采用两种方法，一种是精确求出结构重要度系数，一种是最小割集或最小径集排出结构重要度顺序。

1）基本事件的结构重要度系数

在 FTA 中，各个基本事件均有发生和不发生两种状态。各个基本事件状态的不同组合，又构成顶事件的不同状态，即 $\Phi(X)=1$ 或 $\Phi(X)=0$。

在某个基本事件 X_i 的状态由 0 变成 1（即 $0_i \rightarrow 1_i$）时，其他基本事件 $X_j(j=1, 2, \cdots, i-1, i+1, \cdots, n)$ 的状态保持不变，顶上事件的状态变化可能有以下三种情况：

(1) $\Phi(0_i, X_j) = 0 \rightarrow \Phi(1_i, X_j) = 0$，则 $\Phi(1_i, X_j) - \Phi(0_i, X_j) = 0$；

(2) $\Phi(0_i, X_j) = 0 \rightarrow \Phi(1_i, X_j) = 0$，则 $\Phi(1_i, X_j) - \Phi(0_i, X_j) = 1$；

(3) $\Phi(0_i, X_j) = 0 \rightarrow \Phi(1_i, X_j) = 0$，则 $\Phi(1_i, X_j) - \Phi(0_i, X_j) = 0$。

第一种情况和第三种情况都不能说明 X_i 的状态变化对顶事件的发生起什么作用，唯有第二种情况能说明 X_i 的发生直接引起顶事件的发生，说明基本事件 X_i 的状态变化对顶事件的发生与否起了作用。基本事件 X_i 这一状态所对应的割集叫危险割集。当改变除基本事件 X_i 以外的所有基本事件的状态，并取不同的组合时，基本事件 X_i 的危险割集总数为

$$n_\Phi(i) = \sum_{p=1}^{2^{n-1}} \left[\Phi(1_i, X_{jp}) - \Phi(0_i, X_{jp}) \right]$$

显然，$n_\Phi(i)$ 的值越大，基本事件 X_i 对顶事件发生的影响越大，其重要度越高。

基本事件 X_i 的结构重要度系数 $I_\Phi(i)$ 定义为基本事件的危险割集的总数 $n_\Phi(i)$ 与 2^{n-1} 个状态组合数的比值，即

$$I_\Phi(i) = \frac{n_\Phi(i)}{2^{n-1}} \sum_{p=1}^{2^{n-1}} \left[\Phi(1_i, X_{jp}) - \Phi(0_i, X_{jp}) \right]$$

式中，n——事故树中基本事件的个数；

2^{n-1}——基本事件 $X_i(i \neq j)$ 状态组合数；

p——基本事件的状态组合序号；

X_{jp}——2^{n-1} 状态组合中第 p 个状态；

0_i——基本事件 X_i 不发生的状态值；

1_i——基本事件 X_i 发生的状态值。

例：以图 2.21 为例，求出各基本事件的结构重要度系数。

图 2.21 所示事故树共有 5 个基本事件，其状态组合和顶上事件的状态如表 2.2 所示。

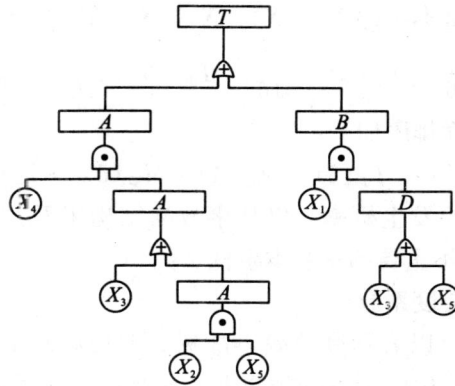

图 2.21　事故树示意图

表 2.2　基本事件的状态值与顶上事件的状态值表

编号	$X_1X_2X_3X_4X_5$	$\Phi(X)$	编号	$X_1X_2X_3X_4X_5$	$\Phi(X)$
1	00000	0	17	10000	0
2	00001	0	18	10001	1
3	00010	0	19	10010	0
4	00011	0	20	10011	1
5	00100	0	21	10100	1
6	00101	0	22	10101	1
7	00110	1	23	10110	1
8	00111	1	24	10111	1
9	01000	0	25	11000	0
10	01001	0	26	11001	1
11	01010	0	27	11010	0
12	01011	1	28	11011	1
13	01100	0	29	11100	1
14	01101	0	30	11101	1
15	01110	1	31	11110	1
16	01111	1	32	11111	1

以基本事件 X_1 为例，从表 2.2 可以查出，基本事件 X_1 发生（即 $X_1=1$），不管其他基本事件发生与否，顶事件 T 发生（即 $\Phi(1_i，X_j)=0$）的组合共 12 个，即编号 18、20、21、22、23、24、26、28、29、30、31、32。这 12 个组合中的基本事件 X_1 的状态由发生变为不发生时，顶事件不发生（即 $\Phi(0_1，X_j)=0$）的组合共 7 个，即编号 18、20、21、22、26、29、30。这 7 个组合就是基本事件 X_1 的危险割集总数。于是得到基本事件 X_1 的结构重要度系数为

$$I_\Phi(1) = \frac{1}{2^{n-1}}\sum_{p=1}^{2^{n-1}}\left[\Phi(0_i，X_{jp})\right] = \frac{1}{16} \times (12-5) = \frac{7}{16}，\quad j = 2,3,4,5$$

同样，可以逐个求出基本事件 X_2、X_3、X_4、X_5 的结构重要度系数为

$$I_\Phi(2) = \frac{1}{16}, \quad I_\Phi(3) = \frac{7}{16}, \quad I_\Phi(4) = \frac{5}{16}, \quad I_\Phi(5) = \frac{5}{16}$$

因而，基本事件结构重要度排序如下：

$$I_\Phi(1) = I_\Phi(3) > I_\Phi(4) = I_\Phi(5) > I_\Phi(2)$$

如果不考虑基本事件的发生概率，仅从事故树结构来看，基本事件 X_1 和 X_3 最重要，其次是 X_4 和 X_5，最不重要的是基本事件 X_2。

2）基本事件的割集重要度系数

用事故树的最小割集可以表示其等效事故树。在最小割集所表示的等效事故树中，每一个最小割集对顶事件发生的影响同样重要，而且同一个最小割集中的每一个基本事件对该最小割集发生的影响也同样重要。

设某一事故树有 k 个最小割集，n 个基本事件，每个最小割集记作 $E_r(r = 1，2，\cdots，k)$，则 $1/k$ 表示单位最小割集的重要系数；第 r 个最小割集 E_r 中含有 $m_r(X_i \in E_r)$ 个基本事件，则 $\dfrac{1}{m_r(X_i \in E_r)}(i = 1，2，\cdots，n)$ 表示基本事件 X_i 的单位割集重要系数。

设基本事件 X_i 的割集重要系数为 $I_k(i)$，则

$$I_k(i) = \frac{1}{k} \sum_{r=1}^{k} \frac{1}{m_r(X_i \in E_r)}, \quad i = 1,2,\cdots,n$$

3）用最小割集或最小径集进行结构重要度分析

利用基本事件的结构重要度系数，可以较准确地判定基本事件的结构重要度顺序，但较烦琐。一般可以利用事故树的最小割集或最小径集，按以下准则定性判断基本事件的结构重要度：

(1)单事件最小割(径)集中的基本事件结构重要度最大。

(2)仅在同一最小割(径)集中出现的所有基本事件的结构重要度相等。

(3)两个基本事件仅出现在基本事件个数相等的若干最小割(径)集中，这时在不同最小割(径)集中出现次数相等的基本事件，其结构重要度相等；出现次数多的结构重要度大，出现次数少的结构重要度小。

(4)两个基本事件仅出现在基本事件个数不等的若干最小割(径)集中。在这种情况下，基本事件结构重要度大小依下列不同条件而定：①若它们重复在各最小割(径)集中出现的次数相等，则少事件最小割(径)集中出现的基本事件结构重要度大；②在少事件最小割(径)集中出现次数少的，与多事件最小割(径)集中出现次数多的基本事件比较，应用下式计算近似判别值：

$$I_i = \sum_{X_i \in E_r} \frac{1}{2^{n_i - 1}}$$

式中，I_i——基本事件 X_i 结构重要度系数的近似判别值；

n_i——基本事件 X_i 所属最小割(径)集包含的基本事件数。

2. 基本事件的概率重要度

基本事件的结构重要度分析只是按事故树的结构分析各基本事件对顶事件的影响程

度。如果进一步考虑基本事件发生概率的变化会给顶上事件发生概率以多大影响，就要分析基本事件的概率重要度。

事故树的概率重要度分析主要依靠各基本事件的概率重要度系数大小进行定量分析。所谓基本事件的概率重要度系数，是指某基本事件发生概率的变化引起顶事件发生概率变化的程度。

由于顶事件发生概率函数是 n 个基本事件发生概率的多重线性函数，所以，对变量 q_i 求一次偏导，即可得到该基本事件的概率重要度系数为

$$I_g(i) = \frac{\partial P(T)}{\partial q_i}, \quad i = 1, 2, \cdots, n$$

式中，$P(T)$——顶事件发生概率；

　　　q_i——第 i 个基本事件 X_i 的发生概率。

利用上式求出各基本事件的概率重要度系数，可确定降低哪个基本事件的概率能迅速有效地降低顶事件的发生概率。

概率重要度有一个重要性质：若所有基本事件的发生概率都等于 $1/2$，则基本事件的概率重要度系数等于其结构重要度系数，即

$$I_g(i)\big|_{q_i=\frac{1}{2}} = I_\Phi(i), \quad i = 1, 2, \cdots, n$$

这样，在分析结构重要度时，可用概率重要度系数的计算公式求取结构重要度系数。

例：设事故树最小割集为

$$E_1 = \{X_1, X_3\}, \quad E_2 = \{X_1, X_5\}, \quad E_3 = \{X_3, X_4\}, \quad E_4 = \{X_2, X_4, X_5\}$$

各基本事件概率分别为 $q_1 = 0.01$，$q_2 = 0.02$，$q_3 = 0.03$，$q_4 = 0.04$，$q_5 = 0.05$，求各基本事件概率重要度系数。

解：用近似方法计算顶事件发生概率。

$$P(T) = q_1 q_3 + q_1 q_5 + q_3 q_4 + q_2 q_4 q_5 = 0.002$$

各个基本事件的概率重要度系数近似为

$$I_g(1) = \frac{\partial Q}{\partial q_1} = q_3 + q_5 = 0.08$$

$$I_g(2) = \frac{\partial Q}{\partial q_2} = q_4 + q_5 = 0.02$$

$$I_g(3) = \frac{\partial Q}{\partial q_3} = q_1 + q_4 = 0.05$$

$$I_g(4) = \frac{\partial Q}{\partial q_4} = q_3 + q_2 q_5 = 0.031$$

$$I_g(5) = \frac{\partial Q}{\partial q_5} = q_1 + q_2 q_4 = 0.0108$$

这样，就可以按概率重要度系数的大小排出各基本事件的概率重要度顺序：

$$I_g(1) > I_g(3) > I_g(4) > I_g(5) > I_g(2)$$

这就是说，降低基本事件 X_1 的发生概率能迅速降低顶事件的发生概率，它比按同样数值减小其他任何基本事件的发生概率都有效。其次是基本事件 X_3，X_4，X_5，最不敏感的是基本事件 X_2。

从概率重要度系数的算法可以看出这样的事实：一个基本事件的概率重要度如何，

并不取决于它本身概率值的大小，而取决于它所在最小割集中其他基本事件概率积的大小。

3. 基本事件的临界重要度

当各基本事件发生概率不等时，一般情况下，改变概率大的基本事件比改变概率小的基本事件容易，但基本事件的概率重要度系数并未反映这一事实，因而他不能从本质上反映各基本事件在事故树中的重要程度。

事故树的临界重要度分析是依靠各基本事件的临界重要度系数大小进行定量分析。所谓临界重要度系数，是指某个基本事件发生概率的变化率引起顶事件发生概率的变化率，它是从敏感度和概率双重角度衡量各基本事件的重要程度。因此，它比概率重要度更合理且更具有实际意义。其表达式为

$$I_g^c(i) = \lim_{\Delta q_i \to 0} \frac{\frac{\Delta P(T)}{P(T)}}{\frac{\Delta q_i}{q_i}} = \frac{q_i}{P(T)} g \lim_{\Delta q_i \to 0} \frac{\Delta P(T)}{q_i} = \frac{q_i}{P(T)} g I_g(i)$$

式中，$I_g^c(i)$——第 i 个基本事件 X_i 的临界重要度系数；

$\quad\quad I_g(i)$——第 i 个基本事件 X_i 的概率重要度系数；

$\quad\quad P(T)$——顶事件发生概率；

$\quad\quad q_i$——第 i 个基本事件 X_i 的发生概率。

上面例子已得到的某事故树顶上事件概率为 0.002，各基本事件的概率重要度系数分别为 $I_g(1)=0.08$，$I_g(2)=0.02$，$I_g(3)=0.05$，$I_g(4)=0.031$，$I_g(5)=0.0108$，则各基本事件的临界重要度系数为

$$I_g^c(1) = \frac{q_1}{Q} I_g(1) = \frac{0.01}{0.002} \times 0.08 = 0.4$$

$$I_g^c(2) = \frac{q_2}{Q} I_g(2) = \frac{0.02}{0.002} \times 0.002 = 0.02$$

$$I_g^c(3) = \frac{q_3}{Q} I_g(3) = \frac{0.03}{0.002} \times 0.05 = 0.75$$

$$I_g^c(4) = \frac{q_4}{Q} I_g(4) = \frac{0.04}{0.002} \times 0.031 = 0.62$$

$$I_g^c(5) = \frac{q_5}{Q} I_g(5) = \frac{0.05}{0.002} \times 0.0108 = 0.027$$

因此就得到一个按临界重要度系数大小排列的各基本事件重要程度的顺序：

$$I_g^c(3) > I_g^c(4) > I_g^c(1) > I_g^c(5) > I_g^c(2)$$

与概率重要度相比，基本事件 X_1 的重要程度下降了，这是因为它的发生概率较低，对它作进一步改善有一定困难。基本事件 X_3 最重要，这不仅是因为它敏感度最大，而且它本身的概率值也较大。

三种重要度系数中，结构重要度系数从事故树结构上反映基本事件的重要程度；概率重要度系数反映基本事件概率的增减对顶事件发生概率影响的敏感度；临界重要度系数从敏感度和自身发生概率大小双重角度反映基本事件的重要程度。其中，结构重要度

系数反映了某一基本事件在事故树结构中所占的地位，而临界重要度系数从结构及概率上反映了改善某一基本事件的难易程度，概率重要度系数则起着一种过度作用，是计算两种重要度系数的基础。一般可以按这三种重要度系数安排采取措施的先后顺序，也可按三种重要度顺序分别编制相应的 SCL，以保证既有重点、又能达到全面检查的目的。在三种检查表中，只有通过临界重要度分析产生的检查表，才能真正反映事故树的本质，也更具有实际意义。

2.2　安全评价方法

2.2.1　安全评价概述

2.2.1.1　安全评价的含义

安全评价也称危险性评价或风险评价，是以实现系统安全为目的，应用安全系统工程原理和工程技术方法，对系统中固有或潜在的危险因素进行定性和定量分析，得出系统发生危险的可能性及其后具严重程度的评价，通过与评价标准的比较得出系统的危险程度，提出改进措施，以寻求最低的事故率、最少的损失和最优的安全投资。

任何生产系统，在其寿命周期内都有发生事故的可能，区别只在事故发生的频率和可能的严重程度不同而已。因为在制造、试验、安装、生产和维修的过程中普遍存在着危险性。在一定条件下，如果对危险失去控制或防范不周，就会发生事故，造成人员伤亡、财产损失和环境污染。为了抑制危险性，使其不发展为事故或减少事故造成的损失，就必须对它有充分的认识，掌握危险性发展为事故的规律，也就是要充分揭示系统存在的所有危险性及其形成事故的可能性和发生事故的损失大小，从而衡量系统客观存在的风险大小。据此确定是否需要改进技术路线和防范措施，变更后危险性将得到怎样的抑制和消除，技术上是否可行，经济上是否合理以及系统是否最终达到了社会所公认的安全指标。这就是安全评价的基本内容和过程。

上述安全评价的定义包含三层意思：第一，对系统存在的不安全因素进行定性和定量分析，这是安全评价的基础，包括安全测定、安全检查、安全分析等；第二，通过与评价标准的比较，得出系统发生危险的可能性或程度的评价；第三，提出改进措施，以寻求最低的事故率，达到安全评价的最终目的。

2.2.1.2　安全标准

经定量化的风险或危害性是否达到要求的(期盼的)安全程度，需要有一个界限、目标或标准进行比较，这个标准就是安全标准。

安全标准的确定主要取决于一个国家、行业或部门的政治、经济、技术和安全科学发展的水平。随着生产技术的发展，新工艺、新技术、新材料、新能源的出现，又会产生新的危险。同时，对已经认识到的危险，由于技术、资金等因素的制约，也不可能完全杜绝。所以，确定安全标准·实际上就是确定一个社会各方面可允许的、可接受的危险程度。

安全标准的确定方法有统计法和风险与收益比较法。对系统进行安全评价时，也可根据综合评价得到的危险指数进行统计分析，确定使用一定范围的安全标准。

例如，美国根据交通事故的统计资料，得出小汽车交通事故死亡率为 2.5×10^{-4} 死亡/(人·年)，这就意味着平均每年每 10 万美国人中有 25 人因小汽车交通事故而死亡，这是每个都会面临的风险，但是美国人没有因害怕这个风险而放弃使用小汽车，说明这个风险能够被美国社会所接受，所以这个风险率就可以作为美国人使用小汽车作交通工具的安全标准。

对于有统计数据的行业，西方国家以行业一定时间内的实际平均死亡率作为确定安全标准的依据。例如英国化学工业的 FAFR 值(指 1 亿工作小时的死亡率)为 3.5；英国帝国化学公司(ICI)提案取其 1/10(即 0.35)作为安全标准。而美国各公司的安全标准(风险目标值)大都取各行业安全标准的十分之一。表 2.3 列出了美国各种行业的安全标准，表 2.4 为英国各行业的安全标准。

表 2.3　美国各类行业死亡安全标准

工业类型	FAFR 值 (1 亿工作小时的死亡率)	死亡/(人·年) (每年以接触 2000 小时计)
工业	7.1	1.4×10^{-4}
商业	3.2	0.6×10^{-4}
制造业	4.5	0.9×10^{-4}
服务业	4.3	0.86×10^{-4}
机关	5.7	1.14×10^{-4}
运输及公用事业	16	3.6×10^{-4}
农业	27	5.4×10^{-4}
建筑业	28	5.6×10^{-4}
采矿、采石业	31	6.2×10^{-4}

表 2.4　英国各类行业死亡安全标准

工业类型	FAFR 值 (1 亿工作小时的死亡率)	死亡/(人·年)(按每天 8 小时， 每月 20 天，每年 1920 小时计)
化工	3.5	6.75×10^{-5}
钢铁	8	1.54×10^{-4}
捕鱼	35	6.72×10^{-4}
煤矿	40	7.68×10^{-4}
铁路扳道员	45	8.64×10^{-4}
建筑	67	1.28×10^{-3}
飞机乘务员	250	4.8×10^{-3}
拳击	7000	1.34×10^{-1}
狩猎竞赛	50000	9.6×10^{-1}

人们从事生产活动总是期望从中获得较高的收益,而较高的收益则要付出较高的代价,即承担较大的风险。对于获益较少的生产活动,则不必承担较大的风险。换言之,风险的大小取决于受益程度,两者基本上成正比例关系。

对于不同的风险,一般可按数量划分成几个等级,然后分级进行处理。如表 2.5 所示。

表 2.5　风险率分级处理表

死亡/(人·年)	等级	处理意见
10^{-2}	极其危险	相当于疾病的风险,认为绝对不能接受,需停产整改
10^{-3}	高度危险	必须立即采取措施予以改进
10^{-4}	中等危险	人们不愿出现这种情况,因而同意拿出经费进行改善
10^{-5}	危险性低	相当于游泳淹死的风险,人们对此是关心的,也愿采取措施加以改进
10^{-6}	可忽略	相当于天灾的风险,人们总有事故轮不到我的感觉
10^{-7}	可忽略	相当于陨石坠落的风险,没有人认为这种事故需投资加以改进

一般而言,人们对风险持如下态度:

(1)自己愿意干的事情,风险虽大也觉得没什么,例如美国的拳击运动和足球运动,选手的年死亡率高达 1/200,但仍然有人愿意干。

(2)对于自己觉得危险但又无法避免的事情,总是有恐怖感,例如对高空作业的坠落事故,总有神经过敏的情况。

(3)风险虽然相同,但对于频率小、发生一次死伤数量大的事故,比频率大、发生一次仅有很少死伤的事故更为重视。因此,人们总对核电站和液化天然气基地抱有特别担心的感觉。

2.2.1.3　安全评价的内容和程序

1. 安全评价的内容

从危险源的角度出发,安全评价包括对第一类危险源危险性的评价和对第二类危险源(即第一类危险源的控制措施)危险性的评价两方面。

评价第一类危险源的危险性时,主要考察以下几方面情况:

(1)能量或危险物质的量。第一类危险源具有的能量越高,一旦发生事故其后果越严重;反之,拥有的能量越低,对人或物的危害越小。第一类危险源处于低能量状态时比较安全。同样,第一类危险源具有的危险物质的量越大,干扰人的新陈代谢功能越严重,其危险性越大。第一类危险源导致事故的后果严重程度,主要取决于事故时意外释放的能量或危险物质的多少。一般的,第一类危险源拥有的能量或危险物质越多,则事故时可能意外释放的量也多。因此第一类危险源拥有的能量或危险物质的量是危险性评价中的最主要指标。当然,有时也会有例外的情况,有些第一类危险源拥有的能量或危险物质只能部分地意外释放。

(2)能量或危险物质意外释放的强度。能量或危险物质意外释放的强度是指事故发生时单位时间内释放的能量。在意外释放的能量或危险物质的总量相同的情况下,释放强度越大，能量或危险物质对人员或物体的作用越强烈，造成的后果越严重。

(3)能量的种类和危险物质的危险性质。不同种类的能量造成人员伤害、财物破坏的机理不同，其后果也很不相同。危险物质的危险性主要取决于自身的物理、化学性质。燃烧爆炸性物质的物理、化学性质决定其导致火灾、爆炸事故的难易程度及事故后果的严重程度。工业毒物的危险性主要取决于其自身的毒性大小，在引起急性中毒的场合，常用半数致死剂量评价其自身的毒性。

(4)意外释放的能量或危险物质的影响范围。事故发生时，意外释放的能量或危险物质的影响范围越大，可能遭受其作用的人或物越多，事故造成的损失越大。例如，有毒有害气体泄漏时可能影响到下风侧的很大范围。

评价第一类危险源的危险性的主要有后果分析和划分危险等级两种方法。后果分析通过详细地分析，计算意外释放的能量、危险物质造成的人员伤害和财物损失，定量地评价危险源的危险性。后果分析需要的数学模型准确度较高，需要的数据较多，计算复杂，一般仅用于危险性特别大的重大危险源的危险性评价。划分危险等级的方法是一种简单易行并得到广泛应用的方法。划分危险等级是一种相对的评价方法，它通过比较危险源的危险性，人为地划分出一些危险等级来区分不同危险源的危险性，为采取危险源控制措施或进行更详细的危险性评价提供依据。一般的，危险等级越高，危险性越高。

采取了危险源控制措施后的危险性评价，可以查明危险源控制措施的效果是否达到了预定的要求。如果采取了控制措施后危险性仍然很高，则需要进一步研究对策，采取更有效的措施降低危险性。

评价第二类危险源的危险性时，可以从以下几个方面来考虑：

(1)防止人失误的能力。必须能够防止在装配、安装、检修或操作过程中发生可能导致严重后果的人失误，如单向阀门应不易安反、三线电源插头不能插错等。

(2)对失误后果的控制能力。一旦人失误可能引起事故时，应能控制或限制对象部件或元件的运行，以及与其他部件或元件的相互作用。例如，若按 A 钮启动之前按 B 钮可能引起事故，则应实行联锁，使之先按 B 钮也没有危险。

(3)防止故障传递能力。应能防止一个部件或元件的故障引起其他部件或元件的故障，从而避免事故。例如，电动机电路短路时保险丝熔断，防止烧毁电动机。

(4)失误或故障导致事故的难易。发生一次失误或故障则直接导致事故的设计、设备或工艺过程是不安全的。应保证至少有两次相互独立的失误或故障或一次失误与一次故障同时发生才能引起事故。对于那些一旦发生事故将带来严重后果的设备、工艺必须保证同时发生两起以上的失误或故障才能引起事故。

(5)承受能量释放的能力。应能承受运行过程中偶尔可能产生高于正常水平的能量释放。通常在压力罐上装有减压阀，以把罐内压力降低到安全压力，如果减压阀故障，则超过正常值的压力将强加于管路，为使管路能承受高压，必须增加管路的强度或在管路上增设减压阀。

(6)防止能量蓄积的能力。能量蓄积的结果将导致意外的能量释放。因此，应有防止能量蓄积的措施，如安全阀、可熔(断、滑动)连接等。

理想的安全评价包括危险性辨识和危险性评价两部分。危险性辨识是指利用安全系统工程的理论和方法，分析系统及其各要素所固有的安全隐患，揭示系统的各种危险性，亦即通过一定的手段测定、分析和判明危险，包括固有的和潜在的危险，可能出现的新危险以及在一定条件下转化生成的危险，并且对系统中已查明的危险进行定量化处理，从而为评价提供数量依据。

危险性评价是指根据危险性辨识的结果，采取各种措施减少或消除危险，并同既定的安全指标或目标相比较，判明所具有的安全水平，直到达到社会所允许的危险水平或规定的安全水平为止。

2. 安全评价的程序

由安全评价的内容可知，安全评价程序主要包括以下几个步骤：

(1)资料收集和研究。明确评价对象和范围，收集国内外相关法规和标准，了解同类系统、设备、设施的运作和事故发生情况，以及评价对象的地理和气候条件、社会环境状况等。对收集到的资料应进行深入研究，研究的深入程度可大大缩短分析和评价的进程。

(2)危险因素辨识与分析。根据评价对象的特点，辨识和分析系统可能发生的事故类型、事故发生的原因和机制。

(3)确定评价方法，实施安全评价。在上述危险分析的基础上，划分评价单元，根据评价目的和评价对象的复杂程度，选择具体的一种或多种评价方法，对事故发生的可能性和严重程度进行定性或定量评价，在此基础上进行危险分级，以确定安全管理的重点。

(4)提出降低或控制危险的安全对策措施。根据评价和分级结果，高于标准值的危险必须采取工程技术或组织管理措施，降低或控制危险。低于标准值的危险属于可接受或允许的危险，应建立检测措施，防止生产条件变更导致危险值增加，对不可排除的危险要采取防范措施。

2.2.1.4　安全评价方法的选用

由于辨识、评价对象不同，工艺、设备、设施不同以及事故类型、模式等不同，因而所采用的评价方法也是不同的。选用合理的评价方法是一项关键性工作，它关系到评价对象的评价结论是否合理、正确和可靠。

安全评价方法很多，几乎每种方法都有较强的针对性。综合分析这些方法，可以分成两类：一种是按评价指标的量化程度，分为定性方法、定量方法以及定性与定量相结合的方法；另一种是按评价对象进行整合，如物质产品、设备安全评价法（如指数法等），安全管理评价法，系统安全综合评价法等。

对具体的评价对象，必须选用合适的方法才能取得良好的评价效果，在选用评价方法之前，应考虑以下几个因素：

(1)评价的目的。选用评价方法之前，首先必须考虑评价结果是否能达到评价的目的和满足评价的动机。

(2)需要的评价结果表现形式。如危险性一览表、潜在事故情景一览表、危险控制措施一览表、危险分级、定量危险分析数值等。

（3）进行评价时可用的信息资料。如生产活动的技术水平、各种资料的数量和质量、评价对象的复杂程度和规模大小、生产方式、操作方式、固有危险的性质、可能发生的事故类型等。

（4）评价对象已经显现的危险。如事故历史情况、设备新旧情况、运行状况、使用年限、易损件的更换情况、管理的现状等。

（5）可投入评价的技术人员及其素质、评价费用、完成期限、评价专家和管理人员的知识结构及水平等。

在选择评价方法时，除考虑上述的因素外，还要对评价方法可提供的评价结果及其适应范围作进一步分析。实践表明，不同的评价方法适用于对系统寿命期内的不同阶段进行危险评价，表2.6和表2.7分别给出了几种常用评价方法可以提供的评价结果及其适用的阶段。

表 2.6　典型安全评价方法提供的评价结果

评价方法	事故情况	事故频率	事故后果	危险分级
SCL	不能	不能	不能	不能
危险指数法	提供	不能	提供	事故后果分级
PHA	不能	不能	提供	提供
HAZOP	提供	提供	提供	事故后果分级
FMEA	提供	提供	提供	事故后果分级
FTA	提供	提供	不能	事故频率分级
ETA	提供	提供	提供	提供
概率评价法	提供	提供	提供	提供
作业条件危险性评价法	提供	提供	提供	提供
安全综合评价法	不能	不能	不能	提供

表 2.7　典型安全评价方法适用阶段

评价方法	方案设计	详细设计	工程施工	日常运营	改建扩建	事故调查	拆除退役
SCL	√	√	√	√	√		√
危险指数法		√		√			
PHA	√	√	√	√	√	√	
HAZOP			√	√	√	√	
FMEA			√	√	√	√	
FTA	√	√		√	√	√	
ETA			√	√	√	√	
概率评价法	√	√	√	√	√		
作业条件危险性评价法			√	√			
安全综合评价法		√	√	√			

2.2.1.5　安全评价的作用和意义

1. 安全评价体现了"安全第一，预防为主"的方针

为了保障安全生产，必须从预防事故这一根本目的出发，预先或超前对系统在计划、设计、施工、验收、投产和运行等各阶段的安全性进行科学的预测和评估，防止和减少在安全上的欠债和加强安全的投入。安全评价从预防事故的观点出发，对系统可能产生的损失和伤害进行预测和评价，采取有效的手段以实现系统安全的总目标。因此，安全评价是一门控制系统总损失的技术，评价过程提高了安全管理水平，体现了从被动到主动、从事后处理到事前预防、从经验到科学的安全管理方法。

2. 安全评价有助于国家各级安全监察部门对企业安全生产的宏观控制

通过对企业安全状况系统地、科学地、客观地评价，既可能衡量企业固有危险性的大小，又可得出企业安全现状的结论。国家各级监察部门可以以此为依据，按照不同的危险等级和安全现状配备相应的监察力量，使监察工作能够有目的、有重点地进行，实现重点和一般相结合、全面控制企业安全生产的目的。

实行国家监察的目的，是要对企业安全生产实现宏观控制。通过监察发现问题并依法进行处理，以求改变企业的不安全状况，提高安全生产水平。安全评价可以依据标准对企业安全管理、安全技术、安全教育等诸方面的问题作出综合评价，既能了解企业存在的问题，又能客观地对企业安全水平给出结论。安全监察机关就可以以此为依据，对企业依法进行处置，例如依法追究刑事责任、责令停产整顿或采取相应安全措施。而且，一般安全评价标准都附有根据国家科技发展水平能够实现的措施，使企业不仅了解危险的存在，而且明确改进安全状况的措施，达到监察的目的，实现控制的目标。

3. 安全评价有助于保险部门加强对企业灾害实行风险管理

保险部门对企业事故引起的人身伤亡、职业病和财产损失所承担的保障义务是保险业的一项重要内容。随着我国保险业的发展，企业投保也逐渐增多，对企业事故的风险管理必然要纳入议事日程。风险管理应该包括保险费的合理收取、风险的控制和事故后的合理赔偿。

保险部门为企业承担灾害事故保险，就要收取保险费，保险费收取的多少是由企业事故风险的大小决定的。所谓事故风险，就是单位时间内的事故损失。严格讲，保险费的计算应以风险为基准，但目前还不具备这样的条件。因此，可以考虑采用安全评价的结果来计算费率。即综合考虑企业生产过程中危险程度的大小和企业对危险的控制能力的高低。

至于风险控制，就是在保险过程中尽量减少灾害事故的发生和减轻灾害事故发生的损失。保险部门为投保户提供灾害风险保险，并不是所有事故都负责赔偿，而是仅在投保户遵守保险部门规定的防灾防损条例、条令、规程、规定的前提下才履行该项义务。保险公司不仅为此制定若干法规、标准，而且拥有完善的监察投保户执行情况的组织机

构。由于我国保险业尚未建立健全这套体制，不能严格控制企业灾害事故的发生。但是，目前完全可借用企业安全评价标准作为企业防灾防损必须遵守的准则（国外的保险条例也有许多等效采用其他安全法规、标准的情况）。另一方面，保险部门还要根据企业对条例的遵守情况和事故的减少幅度，定期返还企业部分保险费，以资鼓励，提高企业防灾防损的自觉性。如果投保企业发生了事故，就存在一个是否应该赔偿以及赔偿多少的问题。解决这个问题的关键也是以企业是否遵守保险条例为基础。因此，一个较完善的企业的安全评价标准完全可以作为保险部门事故赔偿的准则。总之，安全评价的标准和结果为保险部门对企业实行风险管理提供了经验和数据，对加强风险管理有其现实指导意义。

4. 安全评价有助于提高企业安全管理水平

（1）变事后处理为事前预测预防，使企业安全工作更加科学化。长期以来，我国大多数企业的安全管理基本上采用传统管理方法，主要是凭经验管理，即以事故发生后再处理的事后过程为主，因而难以实现"安全第一，预防为主"的方针。通过安全评价，可以预先系统地辨识危险性及其变化情况，科学地分析企业的安全状况，及时掌握安全工作的信息，全面地评价企业的危险程度和安全管理现状，衡量企业是否达到规定的安全指标，使企业领导能够作出正确的安全决策。此外，以系统科学为基础的安全评价，可以促使企业建立动态的安全信息反馈系统，增强企业安全保障系统的自我调节机能。

（2）变纵向单一管理为全面系统管理，使企业安全工作更加系统化。以往的安全管理基本上是以企业安全部门和各车间、班组专（兼）职安全人员组成的纵向单一（如安技科）管理体制。这样的体制难以实现全面安全，被管理者往往不能和安全人员密切配合，大多处于被动状态，造成安全部门管理安全的孤立局面。安全评价的实施，不仅要评价安技部门，而且要全面评价企业各个单位及每一个人应负安全职责的履行情况。这样就使企业所有部门都按照要求认真评价本系统的安全状况，变被管理者为主动执行者和管理者，而安全部门仅对各职能部门和生产单位是否尽职尽责进行监督检查，使企业安全管理体制与横向到边、纵向到底的安全管理落实机制配套实施和运行。管理范围也可以从单纯的生产安全扩大到企业各系统的人、机、料、法、环等各因素、各环节的安全。这样，就可以使安全管理实现全员、全面、全过程的系统化管理。

（3）变盲目管理为目标管理，使企业安全工作逐步标准化。以往的安全管理缺乏统一的标准，安全人员仅凭自己的经验、主观意志和思想觉悟办事。往往是不出事故就认为安全工作出色，出了事故就惊慌失措，对安全工作全盘否定，缺乏衡量企业安全的客观指标和标准。通过按评价标准进行安全评价，使安技干部和全体职工明确各项工作的规范要求，达到什么地步就可称安全以及采取什么手段可以达到指标。有了标准，就可以使安全工作有明确的追求目标，从而使日常安全管理工作进入标准轨道。

（4）安全评价可以为企业领导的安全决策提供必要的科学依据。要改变企业的安全状况，提高企业的安全生产水平，就必须采取相应的安全措施，这就涉及安全投资的问题。对所有安全工程项目，不仅要考虑改善工作条件，保护职工健康与安全，也要考虑它的经济效益。因为安全工作也是企业经济活动的一部分。因此要认真对待安全投资的经济性和合理性问题。安全评价不仅要系统地确认危险性，还要进一步考虑危险性发展为事故的可能性大小和事故损失的严重程度，进而计算单位时间事故造成的损失（即风险）。以此说明系统危险可能造成的负效益的大小，以便合理地选择控制事故的措施及措施投资的多少，使投资和可能减少的负效益达到平衡，正确选择技术路线和工艺路线，为领导决策提供科学依据，使系统达到社会认可的安全指标。

2.2.2　SCL 评价法

SCL 评价法是一种简便易行的评价方法，它根据经验或系统分析的结果，把评价项目自身及周围环境的潜在危险集中起来，列成检查项目的清单，评价时依照清单，逐项检查和评定。该方法虽然简单，但效果很好，各国都颇为重视，例如美国保险公司的 SCL，美国杜邦公司的过程危险检查表、美国道化学公司的过程安全指南、日本劳动省的 SCL 以及我国机械工厂安全性评价表、民用航空 SCL 等。

用 SCL 进行安全评价已被国内外广泛采用，为了使评价工作得到关于系统安全程度方面量的概念，许多行之有效的评价计值方法应运而生，根据评价计值方法的不同，SCL 评价法又分为逐项赋值法、加权平均法、单项定性加权记分法以及单项否定计分法。

1. 逐项赋值法

这种方法的应用范围较广。它是针对 SCL 的每一项检查内容，按其重要程度不同，由专家讨论赋予一定的分值。评价时，单项检查完全合格者给满分，部分合格者按规定标准给分，完全不合格者记零分。这样逐项逐条检查评分，最后累计所有各项得分，就得到系统评价总分。根据实际评价得分多少，按标准规定评价系统总体安全等级的高低。

逐项赋值法可由下式表示：

$$m = \sum_{i=1}^{n} m_i$$

式中，m——企业安全评价的结果值；

　　　n——评价项目个数。

例如，某铁路分局制定的快速列车安全动态检查评价标准，其检查表就是这样记分的。该表共计 93 项评价标准，包括车务、电务、机务、车辆、客运、工务、装载、治安和道口、信息处理等内容，每项标准均规定了具体的评价标准和办法，并根据其重要程度规定定额分值。如轨检车动态检查消灭Ⅲ级分得 10 分，出现一个Ⅲ级分就为 0 分；在快速列车上用便携式动态检测仪对线路质量进行测试，无Ⅲ级分得 20 分，如出现Ⅲ级分，每一处扣 1 分；登乘快速列车如无严重晃动得 10 分，有严重晃动为 0 分。这样，通过对该分局管内 16 个站段每月逐项逐条定量检查、评分，并累计所有各项得分，最终得出该分局月度快速列车的安全动态评价结论。这一结论，一方面报送路局、分局有关领导，为领导安全管理决策提供数据；另一方面，对各专业部门、有关站段进行通报，为进一步研究、解决安全工作中存在的隐患提供科学依据，使快速列车的安全管理更具科学性、针对性和有效性。

2. 加权平均法

这种评价计值方法是把企业的安全评价按专业分成若干评价表，所有评价表不管评价条款多少，均按统一记分体系分别评价记分，如 10 分制、100 分制等，并按照各评价表的内容对总体安全评价的重要程度分别赋予权重系数（各评价表权重系数之和为 1）。按各评价表评价所得的分值，分别乘以各自的权重系数并求和，就可得到企业安全评价的结果值，即

$$m = \sum_{i=1}^{n} k_i m_i, \quad \sum_{i=1}^{n} k_i = 1$$

式中，m——企业安全评价的结果值；

m_i——按某一评价表评价的实际测量值；

k_i——按某一评价表实际测量值的相应权重系数；

n——评价表个数。

按照标准规定的分数界限，就可确定企业在安全评价中取得的安全等级。例如，某地铁车站劳动 SCL 按评价范围给出 5 个检查表，分别是车间安全生产管理检查表、安全教育与宣传检查表、安全工作应知应会检查表、作业场所情况检查表、安全生产检查和推广安全生产管理新技术检查表。5 个检查表均采用 100 分制计分，各检查表得分的权重系数分别为 0.25、0.15、0.35、0.15、0.1，即

$$k_1 = 0.25, \quad k_2 = 0.15, \quad k_3 = 0.35, \quad k_4 = 0.15, \quad k_5 = 0.1$$

按以上 5 个检查表评价该车站的实际得分分别为 85、90、75、65、80，即

$$m_1 = 85, \quad m_2 = 90, \quad m_3 = 75, \quad m_4 = 65, \quad m_5 = 80$$

则该地铁车站劳动安全评价值为

$$m = \sum_{i=1}^{n} k_i m_i$$

若标准规定 80 分以上为安全级，则可知该地铁车站的安全状况并不令人满意，需要进行整改。

此外，加权平均法中权重系数可由统计均值法、二项系数法、两两比较法、环比评分法、层次分析法等方法确定。

3. 单项定性加权计分法

这种评价计量方法是把 SCL 的所有检查评价项目都视为同等重要。评价时，对检查表中的几个检查项目分别给以优、良、中、差或可靠、基本可靠、基本不可靠、不可靠等定性等级的评价，同时赋予不同定性等级以相应的权重值，累计求和，得实际评价值，即

$$S = \sum_{i=1}^{n} w_i k_i$$

式中，S——实际评价值；

n——评价等级数；

w_i——评价等级的权重；

k_i——取得某一评价等级的项数和。

例如，评价某运输企业安全状况所用的 SCL 共 120 项，按优、良、中、差评价各项。4 种等级的权重分别为

$$w_1 = 4, \quad w_2 = 3, \quad w_3 = 2, \quad w_4 = 1$$

评价结果为：56 项为优，30 项为良，24 项为中，10 项为差，即

$$k_1 = 56, \quad k_2 = 30, \quad k_3 = 24, \quad k_4 = 10$$

因此，该运输企业的安全评价值为

$$S = \sum_{i=1}^{n} w_i k_i = 372$$

对于这种评价计分情况，其最高目标值，即 120 项评价结果均为优时的评价值为

$$S_{\max} = 4 \times 120 = 480$$

最低目标值，即 120 项评价结果均为差时的评价值为

$$S_{\max} = 1 \times 120 = 120$$

也就是说，该运输企业的安全评价值界于 120~480 之间，可将 120~480 分成若干档次，以明确该铁路分局经安全评价所得到的安全等级。将实际评价值除以评价项数和，便可知道该单位的安全状况，总体平均是处于优、良之间，还是良、中之间，或是中、差之间。即 372÷120=3.1，因 2<3.1<4，可知评价结果界于优、良之间。

4. 单项否定计分法

一般这种方法不单独使用．而仅适用于企业系统中某些具有特殊危险而又非常敏感的具体系统。如煤气站、锅炉房、起重设备等。这类系统往往有若干危险因素，其中只要有一处处于不安全状态，就有可能导致严重的事故。因此，把这类系统的安全评价表中的某些评价项目确定为对该系统安全状况具有否决权的项目，这些项目中只要有一项被判为不合格，则视为该系统总体安全状况不合格。这种方法已在机械工厂和核工业设施以及铁路运输企业的安全评价中应用。

2.2.3　作业条件危险性评价法

作业条件危险性评价法是一种简便易行的衡量人们在某种具有潜在危险的环境中作业的危险性的半定量评价方法。它是由美国安全专家格雷厄姆和金尼提出的。该方法以与系统风险率有关的三种因素指标值之积来评价系统人员伤亡风险的大小，并将所得作业条件危险性数值与规定的作业条件危险性等级相比较，从而确定作业条件的危险程度。具体可参见 5.3 节。

2.2.4　概率安全评价法

概率安全评价（probability safety assessment，PSA）也称概率风险评价（probability risk assessment，PRA），它是一种定量安全评价方法。此法先求出系统发生事故的概率（使用 FMECA、事故树定量分析、事件树定量分析等方法），然后结合事故后果严重度

的估计进一步计算风险，以风险大小确定系统的安全程度，以此衡量系统的危险程度是否超过可接受的安全标准，以便决定是否需要采取相应的安全措施，使其达到社会所公认的安全水平。

　　PSA的标准是风险，即单位时间系统可能承受损失的大小，它综合了事故发生的概率和造成后果的严重度两方面因素。事故发生概率是单位时间内事故发生的可能性，损失严重度是指发生一次事故损失的大小。如果事故发生的概率很小，即使后果严重，风险也不会很大；如果事故发生的概率很大，而每次事故的后果却不严重，那么风险同样也不会很大。因此，风险可以定义为

$$R = S \times P$$

式中，R——风险（事故损失/单位时间）；

　　　　S——损失严重度（事故损失/事故次数）；

　　　　P——事故发生概率（频率）（事故次数/单位时间）。

　　由于受系统复杂程度及数据源的限制，计算事故发生概率相当困难，往往用事故发生频率来近似概率，因此，可用一定时间内事故发生的次数来表示概率P。

　　损失严重度表示发生一起事故所造成的损失数值，包括直接损失和间接损失两部分。直接损失包括清理事故所发生的工资，设备修复、报废的费用，以及支付旅客和货主的赔偿费等；间接损失包括停工、减产、工作损失、资源损失、环境污染处理等损失。系统可能承受的损失可以是人员伤亡、经济损失或工作日的损失。因此，损失严重度可以表示为死亡人数/事故次数、损失工作日数/事故次数、经济损失价值/事故次数等。于是：

$$R = P \times S = \begin{cases} \dfrac{死亡人数}{事故次数} \times \dfrac{事故次数}{单位时间} = \dfrac{死亡人数}{单位时间} \\[2mm] \dfrac{损失工作日数}{事故次数} \times \dfrac{事故次数}{单位时间} = \dfrac{损失工作日数}{单位时间} \\[2mm] \dfrac{经济损失价值}{事故次数} \times \dfrac{事故次数}{单位时间} = \dfrac{经济损失价值}{单位时间} \end{cases}$$

　　可见，风险R可用单位时间的死亡人数、单位时间的损失工作日数以及单位时间的经济损失价值来表示。

1. 以单位时间死亡率进行评价

　　定量评价系统的安全性是比较困难的，即使笼统地估算因事故造成的经济损失和人员伤亡，也往往受评价者的主观观点所左右。目前，国际上经常用单位时间死亡率来进行系统安全性的评价，其原因是：

　　(1)生命是最宝贵的，丧失生命无法挽回，因此，生命是安全的最根本课题；

　　(2)死亡的统计数据非常可靠；

　　(3)根据海因里希理论，系统发生事故的比例基本遵循下列规律：

严重伤害：轻伤：无伤害＝1：29：300

因此，根据死亡率数据，可方便地推知严重伤害、轻伤以及无伤害的事故发生情况。

　　例如，根据《2001年中国交通年鉴》，我国2000年道路交通事故死亡人数为93 853

人，受伤人数为418 721，而根据人口普查结果，中国大陆地区 2000 年人口为 12.65 亿，则每人风险为

$$\frac{9385 \text{ 死亡/年}}{12.65 \times 10^8 \text{ 人}} = 7.42 \times 10^{-5} \text{死亡/(人·年)}$$

$$\frac{41872 \text{ 受伤/年}}{12.65 \times 10^8 \text{ 人}} = 33.1 \times 10^{-5} \text{受伤/(人·年)}$$

这个数值表明，每 10 万人口中，每年有 7~8 人可能会死于道路交通事故，有 33 人可能在道路交通事故中受伤(不含轻伤)。

2. 以单位时间损失工作日数进行评价

事故除了可能造成人员死亡外，多数是负伤。为了对负伤(包括死亡)风险进行评价，也可根据统计规律求出各行业负伤风险期望值，即负伤安全指标。一般以每接触小时损失工作日数为单位计算。

负伤有轻重之分，如果经过治疗、休养后能够完全恢复劳动能力，则损失工作日数按实际休工天数计算。但有的重伤后造成残废或身体失去某种功能，不能完全恢复劳动能力，甚至发生死亡事故，为便于计算，应将受伤、致残、死亡折合成相应损失工作日数。我国工伤事故分类标准(GB 6441—1986)中附件 B 给出了各种伤害损失工作日换算值，其常用部分如表 2.8 所示。

表 2.8　损失工作日换算标准

人体伤害部件	折算损失日数
死亡或终生残废	6000
双目失明	6000
单目失明	1800
双耳失听	3000
单耳失听	600
手臂(肘以上)	4500
手臂(肘以下)	3600
单只腕残废	3000
腿(膝以上)	4500
腿(膝以下)	3600
单只脚残废	2400

GB 6411—1986 规定，职工因工受伤严重程度分为轻伤、重伤、死亡三个等级，按损失工作日数具体分类为：1 天≤轻伤<105 天，105 天≤重伤<6000 天，死亡=6000 天。

3. 以单位时间经济损失价值进行评价

以单位时间经济损失价值风险进行安全评价，是一种较为全面地评价系统安全性的方法，它既考虑事故发生可能造成的经济损失，同时又把人员伤亡损失折合成经济价值，统一计算事故造成的总损失，在计算出系统发生事故的概率或频率的情况下，就可取得

单位时间内的经济损失金额并作为风险值，以此来衡量系统的安全性并考察安全投资的合理性。

一般情况下，事故的经济损失越大，其允许发生的概率越小；事故的经济损失越小，其允许发生的概率越大。这个允许的范围就是安全范围。

事故经济损失与其发生概率的关系并非呈直线关系，这主要是人们对损失严重的事故的恐慌心理所致。例如对核电站事故就是如此，所以对核设施要求格外严格，对其允许的事故发生概率往往在 10^{-6} 次/年以下。

评价结果如果超出安全范围，则系统必须进行调整。对于不符合安全要求的风险值的调整，需要采取各种措施，使其降至安全目标值以下，以达到系统安全的目的。

2.2.5　安全综合评价

2.2.5.1　概述

对指标体系的安全综合评价方法叫多指标安全综合评价法，它是把多个描述被评价对象不同方面且量纲不同的定性和定量指标转化为无量纲的评价值，并综合这些评价值以得出对该评价对象的一个整体评价。多指标安全综合评价法具有多指标、多层次特性，能较好地处理大型复杂系统的安全评价问题，因而得到了广泛的应用。

一般来说，构成综合评价问题的要素有：

1. 被评价对象

交通安全综合评价的对象可以是铁路系统、公路系统、航空运输系统、水运系统，也可以是某种运输方式的子系统，例如铁路运输站（段）、航空公司、民用机场、城市交通等。同一类被评价对象的个数要大于1（不同被评价对象进行比较）或等于1（识别某被评价对象的安全薄弱环节，其下层指标数大于1）。

2. 评价指标

各系统的安全状况可用一系列评价指标表示，每个评价指标都从不同的侧面刻画系统的安全状况。

3. 权重系数

相对于某种安全评价目的来说，评价指标之间的相对重要性是不同的。评价指标之间的这种相对重要性的大小可用权重系数来刻画。若 w_j 是评价指标 $x_j(j=1,2,\cdots,m)$ 的权重系数。一般应有

$$w_j \geq 0, \quad j=1,2,\cdots,m, \quad \sum_{j=1}^{m} w_j = 1$$

很显然，当被评价对象及评价指标（值）都给定时，综合评价（或对各被评价对象进行排序）的结果就依赖于权重系数了。即权重系数确定的合理与否，关系到综合评价结果的可信程度，因此，对权重系数的确定应特别谨慎。

4. 综合评价模型

所谓多指标(或多属性)安全综合评价,就是指通过一定的数学模型(或算法)将多个评价指标值"合成"为一个整体性的安全综合评价值。可用于"合成"的数学方法较多。问题在于如何根据评价目的(或准则)及被评价系统的特点来选择较为合适的合成方法。也就是说,在获得 n 个系统的安全评价指标值 $\{x_{ij}\}$($i=1, 2, \cdots, n$; $j=1, 2, \cdots, m$)基础上,需选用或构造综合评价函数 $y=f(w, x)$,其中, $w=(w_1, w_2, \cdots, w_m)^{\mathrm{T}}$ 为指标权重向量, $x=(x_1, x_2, \cdots, x_n)^{\mathrm{T}}$ 为被评价对象(系统)的状态向量(评价指标值)。

由 $y=f(w, x)$ 可求出各评价对象(系统)的安全综合评价值 $y_i=f(w, x_i)$,其中, $x_i=(x_{i1}, x_{i2}, \cdots, x_{im})^{\mathrm{T}}$ 为第 i($i=1, 2, \cdots, n$)个系统的状态向量。

根据 y_i 值与既定的安全目标值进行判断比较,确定被评价对象(系统)的危险程度,以便采取相应的安全措施。

5. 评价者

评价者可以是某个人或某团体。评价目的的给定、评价指标的建立、评价模型的选择、权重系数的确定都与评价者有关。因此,评价者在评价过程中的作用是不可轻视的。

综上所述,安全综合评价的一般步骤包括:

(1)明确评价目的;

(2)确定被评价对象;

(3)建立评价指标体系(包括收集评价指标的原始值、评价指标的若干预处理等);

(4)确立与各项评价指标相对应的权重系数;

(5)选择或构造综合评价模型;

(6)计算各系统(评价对象)的综合评价值并进行排序、分类或比较;

(7)根据评价过程得到的信息,进行系统分析和决策。

其中最为关键的是指标体系的建立、指标评价值和权重系数以及评价模型的确定。只有解决好上述问题,才能得到较为切合实际的安全评价结果。

2.2.5.2　指标体系的建立

1. 指标体系建立的原则

安全评价的核心问题是确定评价指标体系。指标体系是否科学、合理,直接关系到安全评价的质量。为此,指标体系必须科学地、客观地、合理地、尽可能全面地反映影响系统安全的所有因素。但是,要建立一套既科学又合理的安全评价指标体系,却是一个非常困难的问题。为此必须按照一定的原则去分析和判断,才有可能较好地解决这一难题。

(1)目的性原则。指标体系要紧紧围绕改进系统安全这一目标来设计,并由代表系统安全各组成部分的典型指标构成,多方位、多角度地反映系统的安全水平。

(2)科学性原则。指标体系结构的拟定、指标的取舍、公式的推导等都要有科学的依据。只有坚持科学性的原则，获取的信息才具有可靠性和客观性，评价的结果才具有可信性。

(3)系统性原则。指标体系要包括系统安全所涉及的众多方面，使其成为一个系统：①相关性，要运用系统论的相关性原理不断分析，而后，组合设计安全评价指标体系；②层次性，指标体系要形成阶层性的功能群，层次之间要相互适应并具有一致性，要具有与其相适应的导向作用，即每项上层指标都要有相应的下层指标与其相适应；③整体性，不仅要注意指标体系整体的内在联系，而且要注意整体的功能和目标；④综合性，指标体系的设计不仅要有反映事故状况的指标，更重要的是要有反映隐患的指标，事前与事后综合，不同时期(历史、现状、将来)综合才能更为客观和全面。

(4)可操作性原则。指标的设计要求概念明确、定义清楚，能方便地采集数据与收集情况，要考虑现行科技水平，并且有利于系统安全的改进。而且，指标的内容不应太繁太细、过于庞杂和冗长，否则会给评价工作带来不必要的麻烦。

(5)时效性原则。指标体系不仅要反映一定时期系统安全的实际情况，而且还要跟踪其变化情况，以便及时发现问题，防患于未然。此外，指标体系应随着社会价值观念的变化不断调整，否则可能会因不合时宜而导致决策失误或非优。

(6)政令性原则。指标体系的设计要体现我国安全生产的法律、方针和政策，以便通过评价引导运输企业贯彻执行"安全第一，预防为主"的方针以及部门安全生产的规章制度。

(7)突出性原则。指标的选择要全面，但应该区别主次、轻重，要突出当前带全局性而又极为关键的安全问题，以保证重点和集中力量控制住那些发生频率高、后果严重的事件。

(8)可比性原则。指标体系中同一层次的指标应该满足可比性的原则，即具有相同的计量范围、计量口径和计量方法，指标取值宜采用相对值，尽可能不采用绝对值。这样使得指标既能反映实际情况，又便于比较优劣，查明安全薄弱环节。

(9)定性与定量相结合的原则。指标体系的设计应当满足定性与定量相结合的原则，亦即在定性分析的基础上，还要进行量化处理。只有通过量化，才能较为准确地揭示事物的本来面目。对于缺乏统计数据的定性指标，可采用评分法，利用专家意见近似实现其量化。

2. 指标体系的结构

指标体系的结构是指形成指标组合的逻辑关系和表达形式结构。依靠科学的结构，分散的指标才能排列组合成系统，真实地描述系统安全的安全状况。

由于安全与事故是对立的，但事故并非不安全的全部内容，事故只是在安全与不安全一对矛盾斗争过程中某些瞬间突变结果的外在表现形式。在"无事故"的背后，可能还有许多违章、冒险、故障(缺陷)等不安全因素存在，只是未出事故罢了。因此，单纯的事故指标并不足以表征系统的全部安全状况。

隐患指标是从系统的整体出发，对系统的人员、设备、环境、管理等进行的安全综合评价。隐患指标充分体现了事前安全的思想，即预防事故在其发生之前。隐患指标由于综合考虑了影响系统安全的所有因素,因此可以较为全面地反映系统的潜在危险性。但是,由于人们在安全问题认识上的局限性与滞后性,在指标的设置、指标的计量以及对指标重要性的认识等方面难以完全做到科学和客观。换言之,隐患指标虽然在理论上可以较为全面地反映系统的安全性,但在实际应用过程中难免存在偏差,因而必须要以表征系统运行特性的事故指标作为基础。

事故指标与隐患指标相结合,既考察了系统在一定时期内的实际安全绩效,又考察了系统要素及其组合中的安全隐患,可以避免单用一类指标评价的片面性,能够较为全面正确地反映系统的安全状况。

例如,根据上述建立指标体系的 9 条原则,可以建立事故与隐患指标相结合的铁路运输安全保障系统安全评价指标体系,如图 2.22 所示,其中,各子体系如图 2.23 至图 2.27 所示。

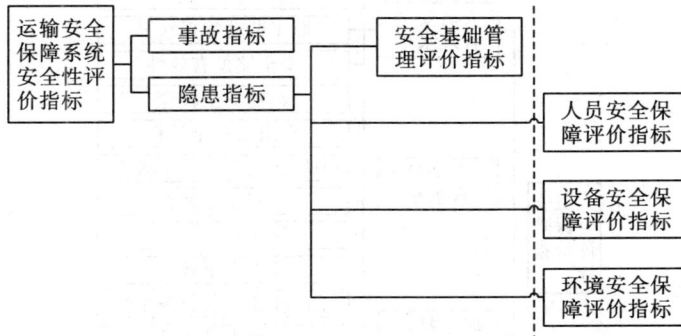

图 2.22　铁路运输安全保障系统安全性评价指标体系

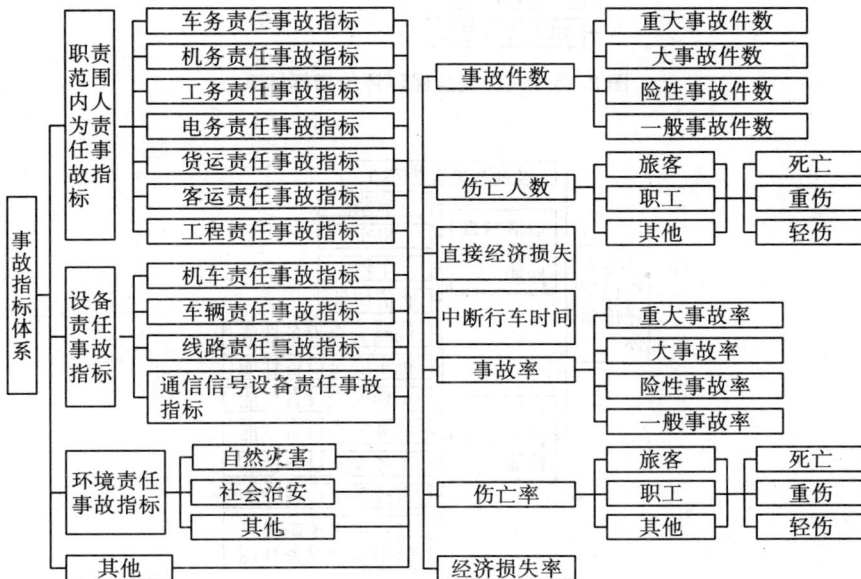

图 2.23　事故指标体系

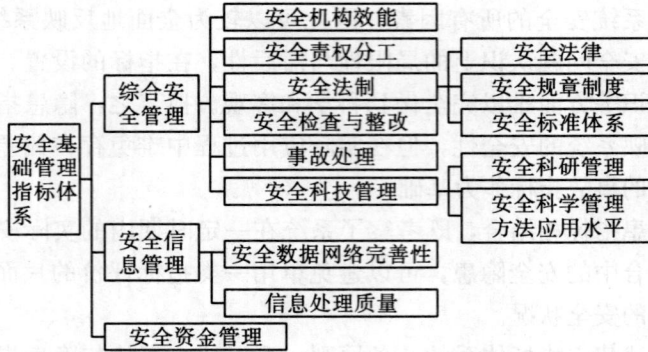

图 2.24　安全基础管理评价指标体系

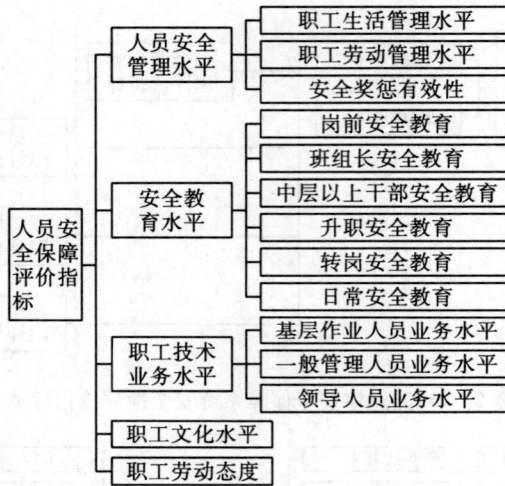

图 2.25　人员安全保障评价指标体系

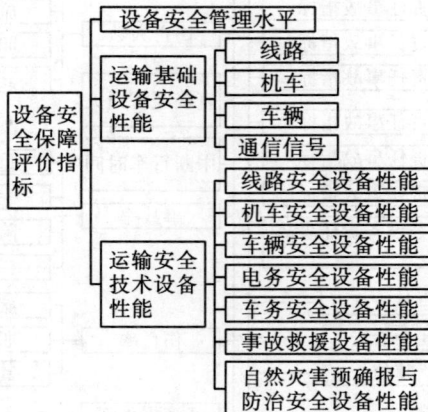

图 2.26　设备安全保障评价指标体系

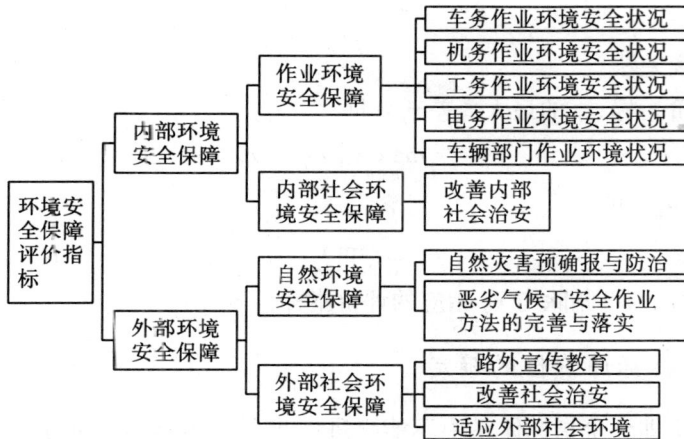

图 2.27 环境安全保障评价指标体系

3. 评价指标的筛选

在实际的安全综合评价活动中，并非是评价指标越多越好，但也不是越少越好，关键在于评价指标在评价中所起作用的大小。一般原则应是以尽可能少的"主要"评价指标用于实际评价。但在初步建立的评价指标集合当中也可能存在着一些"次要"的评价指标，这就需要按某种方法进行筛选，分清主次，合理组成评价指标集。

对于具体的实际评价问题，如何确定评价目标及选择评价指标是一个很重要的问题，应该慎重考虑。在实际应用中，通常用以下几种方法来进行评价指标的筛选：

1) 专家调研法

这是一种向专家发函、征求意见的调研方法。评价者可根据评价目标及评价对象的特征，在所设计的调查表中列出一系列的评价指标，分别征询专家对评价指标的意见，然后进行统计处理，并反馈咨询结果。经几轮咨询后，如果专家意见趋于集中，则由最后一次咨询确定出具体的评价指标体系。

2) 最小均方差法

对于 n 个取定的被评价对象（或系统）s_1，s_2，$\cdots$，s_n，每个被评价对象都可用 m 个指标的观测值 $x_{ij}(i=1,2,\cdots,n;j=1,2,\cdots,m)$ 来表示。容易看出，如果 n 个被评价对象关于某项评价指标的取值都差不多，那么尽管这个评价指标是非常重要的，但对于这 n 个被评价对象的相对评价结果来说，它并不起什么作用。因此，为了减少计算量，就可以删除这个评价指标。最小均方差的筛选原则如下：

$$S_j = \sqrt{\frac{1}{n}\sum_{i=1}^{n}(x_{ij}-\overline{x}_j)^2}, \quad j=1,2,\cdots,m$$

S_j 为评价指标 x_j 的按 n 个被评价对象取值构成的样本均方差，其中：

$$\overline{x}_j = \frac{1}{n}\sum_{i=1}^{n}x_{ij}, \quad j=1,2,\cdots,m$$

$\overline{x}_j$ 为评价指标 x_j 的按 n 个被评价对象取值构成的样本均值。

若存在 $k_0(1\leqslant k_0\leqslant m)$，使得 $S_{k_0}=\min\limits_{1\leqslant j\leqslant m}\{S_j\}$，且 $S_{k_0}\approx 0$，则可删除与 S_{k_0} 相应的评

价指标 x_{k_0}。

3)极小极大离差法

先求出各评价指标 x_j 的最大离差 r_j，即

$$r_j = \max_{1 \leqslant i,k \leqslant n} \{|x_{ij} - x_{kj}|\}$$

再求出 r_j 的最小值，即

$$r_0 = \min_{1 \leqslant j \leqslant m} \{r_j\}$$

当 r_0 接近于零时，则可删除与 r_0 相应的评价指标。

2.2.5.3　基础指标评价值的确定

基础评价指标即评价指标体系中不能再进一步分解的指标，可分为定性基础评价指标和定量基础评价指标，简称定性指标和定量指标。因此，基础指标评价值的确定可分为两部分，即定性指标评价值的确定和定量指标评价值的确定。

在求基础指标评价值时，有不少文献采用等级论域的方法，将定性指标取值范围按评语等级硬性划分为几个分值范围，例如很好（90～100）、较好（80～90）、一般（70～80）、较差（60～70）、很差（0～60），而对于定量指标，也要确定相应的各评语等级的临界值，这种做法是值得商榷的：第一，事物本身所具有的模糊性，决定了它没有固定的临界值，例如，从很好到很差，中间状态是模糊的，并不存在一个明确的好与差的等级界限，因而由此计算出的指标评价值可信度是较低的；第二，定量指标等级临界值的确定非常困难，而它对于定量指标评价值的确定又是至关重要的，这给定量指标评价值的确定工作带来了不必要的麻烦。基于上述理由，建议采用舍弃等级论域的方法确定基础指标评价值，即将指标取值范围规定为0～100，相当于将指标评判等级划分为100个小等级，指标值越大，说明其隶属于安全的程度越高，同时也表明其安全性越好。舍弃等级论域的做法不仅克服了等级论域法的上述不足，而且它得到的指标值为一点值而非向量，不再局限于模糊综合评判的处理方法。

1. 定性指标评价值的确定

对于定性指标，指标值具有模糊和非定量化的特点，很难用精确数字来表示，只能采用模糊数学的方法对模糊信息进行量化处理。

1)等级比重法（又叫实验统计法）

请一组专家进行试验，每一人次试验都要在表格中打勾，且对每个指标仅打一个勾（即每行打一个勾），如表2.9所示。最后统计出各个格子中打勾的频率，得到专家组对于每个指标的评判结果。例如，请100位专家对安全管理进行评判，分别有50、30、10、5、5人的评判为很好、较好、一般、较差、很差，则对安全管理这一指标的评判为（0.5，0.3，0.1，0.05，0.05）。最后，将各个定性指标评判结果综合成评判矩阵：

$$R = (r_{ij})_{mn}$$

其中，m——评语等级数；

n——定性评价指标个数。

表 2.9　指标评价

指标	很好	较好	一般	较差	很差
指标 1		√			
指标 2				√	
⋮					
指标 n	√				

同时赋予不同定性等级以相应的权重系数：

$$A = (a_1, a_2, \cdots, a_m)$$

于是得到 n 个定性指标的评价值：

$$B = AoR = (b_1, b_2, \cdots, b_n)$$

等级比重法的最大特点是简单、方便、实用，但精确度不高。

2）专家评分法

请 m 个专家对取定的一组指标 x_1, x_2, $\cdots$, x_n 分别给出隶属度 $A(x_i)$（$i = 1, 2, \cdots, m$）的估计值 r_{ij}（$i = 1, 2, \cdots, n$；$j = 1, 2, \cdots, m$），则指标 x_i 的隶属度 r_i 可由下式估计：

$$r_i = \frac{1}{m} \sum_{j=1}^{m} r_{ij}, \quad i = 1, 2, \cdots, n$$

式中，r_{ij} 为第 j 位专家对第 i 个指标的评价值。

由专家评分法得出的评判矩阵为一列向量：

$$\boldsymbol{R} = \begin{bmatrix} r_1 \\ r_2 \\ \vdots \\ r_n \end{bmatrix}$$

利用专家评分法得出的判断较等级比重法精确。但是，该方法是用一个确切的数表示判断，如果问题比较复杂、敏感、信息不全，或者专家对问题的了解不够全面、确切，在这种情况下，人的判断具有多种可能性，无法找出一个确切的数值。但如果要专家给出判断的一个范围，却是比较客观的选择。专家给出的判断范围越小，说明专家对问题的把握性越大，反之，则相反。不同专家对同一问题所给出的判断范围，可以看作是一个随机集的若干独立实现，而利用随机集估计真值属于集值统计的范畴。因此，可应用集值统计法来确定定性指标评价值。

3）集值统计法

集值统计是汪培庄、刘锡荟等学者于 1984 年首次提出的一种新的模糊统计方法。它不同于经典的概率统计，经典统计样本一般被看做是一个随机变量的若干独立实现，集值统计的样本则被看做是一个随机集的独立实现。具体做法如下。

选择 m 位专家，专家选择应视具体情况而定。给出评价指标值的两个极点，为方便专家赋值，取 0、100 两点。然后请专家给出指标 x_i 评价值的区间估计，得到 m 位专家对指标 x_i 的一个集值统计序列：

$$[r_{11}, r_{21}], [r_{12}, r_{22}], \cdots, [r_{1m}, r_{2m}]$$

　　将这 m 个区间落影到评价指标值域轴上，得到样本落影函数 $X(r)$，如图 2.28 所示。

$$\overline{X}(r) = \frac{1}{m} \sum_{k=1}^{m} X[r_{1k}, r_{2k}]^{(r)}$$

其中，

$$X[r_{1k}, r_{2k}]^{(r)} = \begin{cases} 1, & r_{1k} < r < r_{2k} \\ 0, & \text{其他} \end{cases}$$

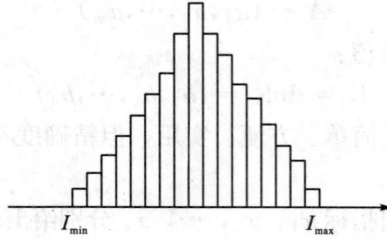

图 2.28　样本落影直方图

　　取 $r_{\max} = \max\{r_{21}, r_{22}, \cdots, r_{2m}\}$，$r_{\min} = \{r_{11}, r_{12}, \cdots, r_{1m}\}$，则指标 x_i 的评价值为

$$E(r) = \frac{\displaystyle\int_{r_{\min}}^{r_{\max}} \overline{X}(r) r \, dr}{\displaystyle\int_{r_{\min}}^{r_{\max}} \overline{X}(r) \, dr} = \frac{\displaystyle\sum_{k=1}^{m} \left[(r_{2k})^2 - (r_{1k})^2 \right]}{2 \displaystyle\sum_{k=1}^{m} (r_{2k} - r_{1k})}$$

2. 定量指标评价值的确定

　　定量指标即可量化指标，可以通过一定的技术测量手段确定其量值。由于定量指标的计量单位各不相同，不具有可比性。因此，在确定指标实际值之后，还必须解决指标间的可综合性问题，即进行评价指标类型的一致化和评价指标的无量纲化处理。

　　1) 评价指标类型的一致化

　　一般来说，指标 x_1，x_2，$\cdots$，x_n 中，可能含有极大型指标、极小型指标、居中型指标和区间型指标。对于某些定量指标(如客运量、货运量、安全天数等)，我们自然期望它们的取值越大越好，这类指标称为极大型指标；而对于诸如事故件数、伤亡人数、经济损失、事故率等一类指标，我们自然期望它们的取值越小越好，这类指标称为极小型指标；诸如机动车保有量、道路里程等指标，我们既不期望它们的取值越大越好，也不期望它们的取值越小越好，而是期望它们的取值越居中越好，我们称这类指标为居中型指标；而区间型指标是期望其取值以落在某个区间内为最佳的指标。根据指标的不同类型，对指标集 $X = \{x_1, x_2, \cdots, x_n\}$ 可作如下划分，即令

$$X = \bigcup_{i=1}^{4} X_i, \quad X_i \cap X_j = \Omega, \quad i \neq j, \quad i, j = 1, 2, 3, 4$$

式中，$X_i (i = 1, 2, 3, 4)$ 分别为极大型指标集、极小型指标集、居中型指标集和区间型指标集，Ω 为空集。

　　若指标 x_1，x_2，$\cdots$，x_n 中既有极大型指标、极小型指标，又有居中型指标和区间

型指标，则在对系统进行综合评价之前，需对评价指标的类型做一致化处理。否则，就无法定性地判断综合评价值是否取值越大越好，或是取值越小越好，或是取值越居中越好。因此，也就无法根据综合评价值的大小来评价系统安全状况的优劣，也就无法比较各评价对象的优劣。

对于极小型指标 x，令

$$x^* = M - x \ \text{或} \ x^* = \frac{1}{x} (x > 0)$$

式中，M——指标 x 的一个允许上界。

对于居中型指标 x，令

$$x^* = \begin{cases} \dfrac{2(x-m)}{M-m}, & m \leqslant x \leqslant \dfrac{M+m}{2} \\[3mm] \dfrac{2(M-x)}{M-m}, & \dfrac{M+m}{2} \leqslant x \leqslant M \end{cases}$$

式中，m——指标 x 的一个允许下界；

M——指标 x 的一个允许上界。

对于区间型指标 x，令

$$x^* = \begin{cases} 1.0 - \dfrac{q_1 - x}{\max\{q_1 - m, M - q_2\}}, & x < q_1 \\[2mm] 1.0 \\[2mm] 1.0 - \dfrac{x - q_2}{\max\{q_1 - m, M - q_2\}}, & x > q_2 \end{cases}$$

式中，$[q_1, q_2]$——指标 x 的最佳稳定区间；

M、m——指标 x 的允许上、下界。

这样，非极大型评价指标 x 便可转变为极大型指标了。同理，也可将所有指标均转化为极小型指标或区间型指标。

2) 评价指标的无量纲化

一般来说，定量指标 $x_1, x_2, \cdots, x_n$ 之间由于各自单位及量级（计量指标的数量级）的不同而存在着不可公度性，这就为指标间的横向比较带来了不便。因此，为了尽可能地反映实际情况，排除由于各项指标的单位不同以及其数值数量级间的悬殊差别所带来的影响，避免不合理现象的发生，需要对评价指标作无量纲化处理。

无量纲化也叫做指标数据的标准化、规范化，它是通过数学变换来消除原始指标单位影响的方法。从本质上讲，指标无量纲化过程也就是求解隶属函数的过程，各种无量纲化公式，也就是指标的隶属函数。求定量指标隶属度的无量纲化方法多种多样，应根据各个指标本身的性质确定其隶属函数公式，但依次确定每个指标隶属函数关系式非常困难。简单起见，可选择直线型无量纲化方法来解决定量指标间的可综合性问题。常用的方法有标准化法、极值法和功效系数法。

(1) 标准化法。

取

$$x_{ij}^* = \frac{x_{ij} - \overline{x}_j}{s_j}$$

式中，$\overline{x}_j$，$s_j(j=1,2,\cdots,n)$——第 j 项指标观测值的平均值和均方差；

$\quad x_{ij}$——有量纲指标实际值；

$\quad x_{ij}^*$——无量纲指标评价值。

显然，x_{ij}^* 的平均值和均方差分别为 0 和 1，x_{ij}^* 称为标准观测值。

（2）极值法。

如果令 $M_j = \max\limits_i \{x_{ij}\}, m_j = \min\limits_i \{x_{ij}\}$，则

$$x_{ij}^* = \frac{x_{ij} - m_j}{M_j - m_j}$$

它是无量纲的，且 $x_{ij}^* \in [0,1]$。

特别的，当 $m_j = 0(j=1,2,\cdots,n)$时，有

$$x_{ij}^* = \frac{x_{ij}}{M_j}, \quad x_{ij}^* \in [0,1]$$

不失一般性，当评价值取值属于 $[0,100]$ 时，对于极大性、极小性和居中型指标，其无量纲化公式如下。

极大型指标：

$$x_{ij}^* = \begin{cases} 100, & x_{ij} \geqslant M_j \\ 100 \times \dfrac{x_{ij} - m_j}{M_j - m_j}, & m_j < x_{ij} < M_j \\ 0, & x_{ij} \leqslant m_j \end{cases}$$

极小型指标：

$$x_{ij}^* = \begin{cases} 100, & x_{ij} \leqslant M_j \\ 100 \times \dfrac{M_j - x_{ij}}{M_j - m_j}, & m_j < x_{ij} < M_j \\ 0, & x_{ij} \geqslant M_j \end{cases}$$

适中型即指标值越接近某一固定值越好的指标：

$$x_{ij}^* = \begin{cases} 100 \times \dfrac{x_{ij} - m_j}{x_{m_i} - m_j}, & m_j < x_{ij} \leqslant x_{m_i} \\ 100 \times \dfrac{M_j - x_{ij}}{M_j - x_{m_i}}, & x_{m_i} \leqslant x_{ij} < M_j \\ 0, & x_{ij} \leqslant m_j, x_{ij} \geqslant M_j \end{cases}$$

式中，x_{m_j}——适中型指标的固定值，$m_j \leqslant x_{m_i} \leqslant M_j$。

（3）功效系数法。

分别令

$$x_{ij}^* = c + \frac{x_{ij} - m_j}{M_j - m_j} \times d$$

式中，M_j、m_j——指标 x_j 的满意值和不允许值；

$\quad c，d$——已知正常数，c 的作用是对变换后的值进行"平移"，d 的作用是对变换后的值进行"放大"或"缩小"。通常取 $c=60$，$d=40$，即

$$x_{ij}^* = 60 + \frac{x_{ij} - m_j}{M_j - m_j} \times 40, \quad x_{ij}^* \in [60, 100]$$

上述公式中，x_{ij}（$i = 1, 2, \cdots, m$；$j = 1, 2, \cdots, n$）均假定为极大型指标的观测值。

在评价模型、评价指标和权重系数、指标类型的一致化方法都已取定的情况下，应选择能尽量体现被评价对象之间差异的无量纲化方法，即选择使综合评价值的离差平方和最大的无量纲化方法。

2.2.5.4　指标体系的赋权处理

1. 基于功能驱动原理的赋权法

基于功能驱动原理的赋权法，实质是根据评价指标的相对重要程度来确定权重系数，其确定途径可分为两大类，即客观途径和主观途径。客观途径主要有结构性、机理性或成因性的构造方法。然而，客观现实中的系统在运行过程中或受环境影响，或受评价者的主观愿望的影响而呈现出不同的特征，这就给权重系数的确定带来困难。因而在很多场合下，往往是通过主观途径来确定权重系数，即根据主观上对各评价指标的重视程度来确定其权重系数。对于主观赋权法来说，其特征为：

（1）含有主观色彩，即赋权结果与评价者（或决策者）的知识结构、工作经验及偏好等有关。

（2）评价过程的透明性、再现性差。

（3）在一定的时间区间内，权重系数具有保序性和可继承性。

总之，基于功能驱动原理的赋权法，是一类求大同存小异的方法。主要方法包括集值迭代法、特征值法（AHP 法）、G_1 法、G_2 法等。其中，AHP 法较为常用。

AHP 法是美国运筹学家萨提（Satty）于 20 世纪 70 年代中期提出的一种实用的决策方法。其基本过程为：首先将复杂问题分解成递阶层次结构，然后将下一层次的各因素相对于上一层次的各因素进行两两比较判断，构造判断矩阵，通过对判断矩阵的计算，进行层次单排序和一致性检验，最后进行层次总排序，得到各因素的组合权重，并通过排序结果分析和解决问题。它可以对非定量事物作定量分析，对人们的主观判断作客观描述。运用 AHP 确定权重大体可分为以下 4 个步骤。

1）建立递阶层次结构

这是 AHP 中最重要的一步，首先要把问题条理化、层次化，构造出一个层次分析的结构模型。在这个结构模型下，复杂问题被分解为若干元素，这些元素又按其属性分成若干组，形成不同层次。同一层次的元素对下一层次的某些元素起支配作用，同时又受上一层次元素的支配。

递阶层次结构中的层次数与问题的复杂程度及需要分析的详尽程度有关，一般的可以不受限制。每一层次中各元素所支配的下一层元素一般不要超过 9 个，这是因为支配的元素过多会给两两比较判断带来困难。一个好的层次结构对于解决问题是极为重要的，因而层次结构必须建立在深入分析的基础上。

2)构造判断矩阵

对于递阶层次结构中各层的元素，可以依次相对于与之有关的上一层元素进行两两比较，从而建立一系列的判断矩阵。判断矩阵 $A=(a_{ij})_{m \times n}$ 具有下述性质：

$$a_{ij} > 0, \quad a_{ij} = \frac{1}{a_{ji}}, \quad a_{ii} = 1, \quad i,j = 1,2,\cdots,n$$

式中，$a_{ij}(i, j=1, 2, \cdots, n)$——元素 U_i 与 U_j 相对于其上一层元素重要性的比例标度。

判断矩阵的值反映了人们对各因素相对重要性的认识，一般采用 $1 \sim 9$ 比例标度对重要性程度赋值。标度及其含义如表 2.10 所示。

表 2.10　判断矩阵标度及其含义

标度	含义
1	表示两个元素相比，具有同等重要性
3	表示两个元素相比，前者比后者稍微重要
5	表示两个元素相比，前者比后者明显重要
7	表示两个元素相比，前者比后者强烈重要
9	表示两个元素相比，前者比后者极端重要
2、4、6、8	表示上述相邻判断的中间值
倒数	若元素 i 与元素 j 的重要性之比为 a_{ij}，那么元素 j 与元素 i 的重要性之比为 $a_{ji}=1/a_{ij}$

3)计算单一准则下元素的相对权重并进行一致性检验

设判断矩阵 A 的最大特征根为 $\lambda_{\max}$，其相应的特征向量为 W，解判断矩阵 A 的特征根问题：

$$AW = \lambda_{\max} W$$

所得 W 经归一化后，即为同一层次相应元素对于上一层次某一因素相对重要性的权重向量。

由于客观事物的复杂性以及人们对事物认识的模糊性和多样性，所给出的判断矩阵不可能完全保持一致，有必要进行一致性检验，计算一致性指标 CI：

$$CI = \frac{\lambda_{\max} - n}{n - 1}$$

式中，n——判断矩阵阶数。

若随机一致性比率 $CR = CI/RI < 0.10$，则判断矩阵具有满意的一致性，否则需要调整判断矩阵的元素取值。随机一致性指标 RI 取值见表 2.11。

表 2.11　平均随机一致性指标 RI 取值

n	1	2	3	4	5	6	7	8	9	10
RI	0.00	0.00	0.58	0.90	1.12	1.24	1.32	1.41	1.45	1.49

4)计算组合权重及一致性检验

计算组合权重是指计算同一层次所有因素对于最高层因素相对重要性的权重。若上一层次 A 含有 m 个因素 A_1，A_2，$\cdots$，A_m，其组合权值为 a_1，a_2，$\cdots$，a_m，下一层次 B 包含 n 个因素 B_1，B_2，$\cdots$，B_n，它们对于因素 A_j 的相对权值分别为 b_{1j}，b_{2j}，$\cdots$，

b_{nj}（当 B_i 与 A_j 无关时，$b_{ij}=0$），此时 B 层因素的组合权重由表 2.12。

表 2.12　组合权重计算表

A 权重 / B 权重	A_1	A_2	...	A_m	组合权重
	a_1	a_2	...	a_m	
B_1	b_{11}	b_{12}	...	b_{1m}	$\sum\limits_{j=1}^{m} a_j b_{1j}$
B_2	B_{21}	b_{22}	...	b_{2m}	$\sum\limits_{j=1}^{m} a_j b_{2j}$
⋮	⋮	⋮	...	⋮	⋮
B_n	b_{n1}	b_{n2}	...	b_{nn}	$\sum\limits_{j=1}^{m} a_j b_{nj}$

此外，还需要进行递阶层次组合判断的一致性检验，该步也是从上到下逐层进行的。若 B 层某些因素相对于 A_j 的层次单排序一致性指标为 CI_j，相应的平均随机一致性指标为 RI_j，则 B 层随机一致性比率为

$$CR = \frac{\sum\limits_{j=1}^{m} a_j CI_j}{\sum\limits_{j=1}^{m} a_j RI_j}$$

当 $CR<0.10$ 时，认为 B 层组合判断具有满意的一致性，否则，需要重新调整判断矩阵的因素取值。

然而，由于安全问题的复杂性，以及人们认识上的局限性，使得各位专家对指标体系中各指标重要性的认识带有一定程度的不确定性和模糊性，从而无法给出一个确定的值来表示对两两比较中重要程度的判断。鉴于专家判断的不确定性，两两比较中的判断不宜采用确定数。因此，建议采用区间标度表示两两比较的判断，相应的判断矩阵以区间数判断矩阵的形式给出，模糊标度及其含义见表 2.13。

表 2.13　模糊标度及其含义

标度	符号	含义
1	=	表示两个元素相比，具有同等重要性
[1，3]	>	表示两个元素相比，前者比后者稍微重要
[3，5]	>>	表示两个元素相比，前者比后者明显重要
[5，7]	>>>	表示两个元素相比，前者比后者强烈重要
[7，9]	>>>>	表示两个元素相比，前者比后者极端重要
倒数	<，<<，<<<，<<<<	若因素 i 与 j 比较得 a_{ij}，则 j 与 i 比较得 $1/a_{ij}$，且 $1/a_{ij}$ 为区间标度：[1/3，1]，[1/5，1/3]，[1/7，1/5]，[1/9，1/7]

在表 2.12 所示模糊标度中，将萨提的 1～9 标度仅仅划分为 5 个档次而非 9 个档次，目的是方便专家的比较判断。由于各个指标的意义和量纲都不一样，专家很难用 9 个档次表示出各元素的相对重要性程度。而且，即使专家可以给出，也往往容易凭想当然给出两可性的判断，从而使判断结果的可信度下降。此外，当同一层次上的元素较多时，

还容易使专家作出矛盾和含混的判断，使判断矩阵出现严重的不一致现象。

根据表 2.12 中的模糊标度进行两两比较判断，专家只需给出判断矩阵下三角部分的符号表示（如表 2.13 所示），这即使是对于那些不熟悉 AHP 的专家来说，给出判断矩阵也非常方便，因而，表的模糊标度也有利于 AHP 专家调查表的编制。

此外，在用 AHP 法进行专家咨询时，对同一问题将获得多个判断矩阵，因而产生多个判断矩阵的合理综合问题。为了较好地兼顾不同专家的意见，可选用加权算术平均综合向量法来处理多个专家判断矩阵的合理综合问题。方法介绍如下：

设 s 个专家的判断矩阵为

$$\boldsymbol{A} = (a_{ijk}), \quad i,j = 1,2,\cdots,n, \quad k = 1,2,\cdots,s$$

分别求出它们的权重向量

$$\boldsymbol{w}_k = (w_{1k},w_{2k},\cdots,w_{sk}), \quad k = 1,2,\cdots,s$$

然后求出它们的加权算术平均综合权重向量

$$\boldsymbol{w}_k = (w_1,w_2,\cdots,w_s)$$

其中，

$$\begin{cases} w_j = \sum_{k=1}^{s} \lambda_k w_{jk}, \quad j = 1,2,\cdots,n \\ \sum_{k=1}^{s} \lambda_k = 1, 且 \lambda_k \geqslant 0, k = 1,2,\cdots,s \end{cases}$$

这里，λ_1，λ_2，$\cdots$，λ_n 是各个专家的权重系数，它是对专家能力水平的一个综合的数量表示，当对专家的能力水平高低难以获得先验信息或不易作出判断时，可取 $\lambda_k = 1/s$，$k = 1$，2，$\cdots$，s，此时

$$w_j = \frac{1}{s} \sum_{k=1}^{s} w_{jk}, \quad j = 1,2,\cdots,n$$

可计算 w_j 的标准差 σ_j：

$$\sigma_j = \sqrt{\frac{1}{s-1} \sum_{k=1}^{s} (w_{jk} - w_j)^2}, \quad j = 1,2,\cdots,n$$

以及相应于新的综合判断矩阵 $\boldsymbol{A} = (a_{ij}) = (w_i/w_j)$ 元素的标准差 σ_{ij}：

$$\sigma_{ij} = \sqrt{\frac{1}{s-1} \sum_{k=1}^{s} (a_{ijk} - a_{ij})^2}, \quad j = 1,2,\cdots,n$$

再将信息反馈给专家，供进一步修改参考。

2. 基于差异驱动原理的赋权法

由主观赋权法确定出的权重系数真实与否，在很大程度上取决于专家的知识、经验及偏好。为了避免在确定权重系数时受人为因素的干扰，可采取基于差异驱动原理的（客观）赋权法。这类赋权法的基本思想是：权重系数是各个指标在指标总体中的变异系数和对其他指标影响程度的度量，赋权的原始信息直接来源于客观环境，可根据各指标所提供的信息量的大小来决定相应指标的权重系数。主要方法包括突出整体差异的"拉开档次"法、突出局部差异的均方差法、极差法、熵值法等。

基于差异驱动原理的赋权法是一类"求大异存小同"的方法，其特征为：

(1)不具有任何主观色彩；

(2)具有评价过程的透明性、再现性；

(3)权重系数不具有保序性和继承性。

基于差异驱动原理的赋权法，主要利用观测数据所提供的信息来确定权重系数，虽然避免了主观赋权法的弊病，但也有不足之处。例如，对同一指标体系的两组不同的样本，即使用同一种方法来确定各指标的权重系数，结果也可能会有差异；再则，有时用客观赋权法得出的评价结果可能与评价者的主观看法相反，而使评价者感到困惑。

1)"拉开档次"法

取极大型评价指标 x_1，x_2，$\cdots$，x_n 的线性函数：

$$y = w_1 x_1 + w_2 x_2 + \cdots + w_n x_n = \boldsymbol{w}^{\mathrm{T}} \boldsymbol{x}$$

以它为系统的综合评价函数。式中，$\boldsymbol{w} = (w_1，w_2，\cdots，w_n)^{\mathrm{T}}$ 是权重系数向量；$\boldsymbol{x} = (x_1，x_2，\cdots，x_n)^{\mathrm{T}}$ 为被评价对象的状态向量。如将第 i 个评价对象 S_i 的 n 个标准观测值 x_{i1}，x_{i2}，$\cdots$，x_{in} 代入上式，即得 $y_i = w_1 x_{i1} + w_2 x_{i2} + \cdots w_n x_{in}$，$i = 1，2，\cdots，m$。

若记

$$\boldsymbol{y} = \begin{bmatrix} y_1 \\ y_2 \\ \vdots \\ y_m \end{bmatrix}，\quad \boldsymbol{A} = \begin{bmatrix} x_{11} & x_{12} & \cdots & x_{1n} \\ x_{21} & x_{22} & \cdots & x_{2n} \\ \vdots & \vdots & & \vdots \\ x_{m1} & x_{m2} & \cdots & x_{mn} \end{bmatrix}$$

则有

$$\boldsymbol{y} = \boldsymbol{A}\boldsymbol{w}$$

确定权重系数向量 $\boldsymbol{w}$ 的准则是最大限度地体现不同评价对象之间的差异，亦即求指标向量 $\boldsymbol{x}$ 的线性函数 $\boldsymbol{w}^{\mathrm{T}}\boldsymbol{x}$，使此函数对 m 个被评价对象(系统)取值的分散程度或方差尽可能地大。

变量 $y = \boldsymbol{w}^{\mathrm{T}}\boldsymbol{x}$ 按 m 个被评价对象(系统)取值构成样本的方差为

$$s^2 = \frac{1}{m} \sum_{i=1}^{m} (y_i - \bar{\boldsymbol{y}})^2 = \frac{\boldsymbol{y}^{\mathrm{T}}\boldsymbol{y}}{m}$$

将 $y = \boldsymbol{w}^{\mathrm{T}}\boldsymbol{x}$ 代入上式，并注意原始数据经标准化处理，可知 $\bar{\boldsymbol{y}} = 0$，于是有

$$ms^2 = \boldsymbol{w}^{\mathrm{T}}\boldsymbol{A}^{\mathrm{T}}\boldsymbol{A}\boldsymbol{w} = \boldsymbol{w}^{\mathrm{T}}\boldsymbol{H}\boldsymbol{w}$$

式中，$\boldsymbol{H} = \boldsymbol{A}^{\mathrm{T}}\boldsymbol{A}$——实对称矩阵。

显然，对 $\boldsymbol{w}$ 不加限制时，s 可取任意大的值。这里限定 $\boldsymbol{w}^{\mathrm{T}}\boldsymbol{w} = 1$，求上式的最大值。亦即选择 $\boldsymbol{w}$，使得

$$\max\{\boldsymbol{w}^{\mathrm{T}}\boldsymbol{H}\boldsymbol{w}\}$$
$$\mathrm{s.\,t.} \quad \boldsymbol{w}^{\mathrm{T}}\boldsymbol{w} = 1 \text{ 且 } \boldsymbol{w} > 0$$

可以证明，若 $\boldsymbol{H}$ 的元素皆大于 0，则 $\boldsymbol{H}$ 有唯一一个正的最大特征值 $\lambda_{\max}$，并存在唯一一个与 $\lambda_{\max}$ 相对应的正的特征向量；任意安排评价指标 $\{x_j\}$ 的顺序及任意安排被评价对象的采用顺序，都不影响综合评价的结果；若取 $\boldsymbol{w}$ 为 $\boldsymbol{H}$ 的最大特征值所对应的标准特征向量，上式取得最大值。

于是，取 $\boldsymbol{w}$ 为 $\boldsymbol{H}$ 的最大特征值所对应的特征向量，并将其归一化，即得到所求的权重系数向量：

$$\boldsymbol{w} = (w_1, w_2, \cdots, w_n)^{\mathrm{T}}, \quad \sum_{j=1}^{n} w_j = 1$$

"拉开档次"法具有以下特点：

(1)综合评价过程透明；

(2)评价结果与被评价对象 s_i 和评价指标 x_j 的采样顺序无关；

(3)评价结果无主观色彩；

(4)评价结果客观、可比；

(5)权重系数 w_j 不具有可继承性，即随着 $\{s_i\}$、$\{x_j\}$ 的变化而变化；

(6)权重系数 w_j 不再体现评价指标 x_j 的相对重要性，而是最大限度地体现各评价对象之间整体上的差异，因此，可以有某个 $w_j < 0$。

2)均方差法

取权重系数为

$$w_j = \frac{S_j}{\sum\limits_{k=1}^{n} S_k}, \quad j = 1, 2, \cdots, n$$

式中，

$$S_j^2 = \frac{1}{n} \sum_{i=1}^{m} (x_{ij} - \overline{x}_j)^2, \quad j = 1, 2, \cdots, n$$

而

$$\overline{x}_j = \frac{1}{n} \sum_{i=1}^{m} x_{ij}, \quad j = 1, 2, \cdots, n$$

3)极差法

取权重系数为

$$w_j = \frac{r_j}{\sum\limits_{k=1}^{n} r_k}, \quad j = 1, 2, \cdots, n$$

式中，

$$r_j = \max_{i,k=1,2,\cdots,m, i \neq k} \{|x_{ij} - x_{kj}|\}, \quad j = 1, 2, \cdots, n$$

4)熵值法

熵值法是一种根据各项指标观测值所提供信息量的大小来确定指标权重系数的方法。设 $x_{ij}(i=1, 2, \cdots, m; j=1, 2, \cdots, n)$ 为第 i 个被评价对象(系统)中的第 j 项指标的观测数据。对于给定的 j，x_{ij} 的差异越大，该项指标对系统的比较作用就越大，亦即该项指标包含和传输的信息越多。信息的增加意味着熵的减少，熵可以用来度量这种信息量的大小。用熵值法确定指标权重系数的步骤如下。

(1)计算第 j 项指标下，第 i 个系统的特征比重：

$$p_{ij} = \frac{x_{ij}}{\sum\limits_{i=1}^{m} x_{ij}} \left(\text{假定 } x_{ij} \geqslant 0 \text{ 且} \sum_{i=1}^{m} x_{ij} > 0\right)$$

(2)计算第 j 项指标的熵值：

$$e_j = -k \sum_{i=1}^{m} p_{ij} \ln(p_{ij}), \quad k > 0, \quad e_j > 0$$

如果 x_{ij} 对于给定的 j 全都相等，那么 $p_{ij} = \dfrac{1}{n}$，此时 $e_j = k \ln n$。

(3)计算指标 x_j 的差异性系数。对于给定的 j，x_{ij} 的差异越小，则 e_j 越大，当 x_{ij} 全部相等时，$e_j = e_{\max} = 1(k = 1/\ln n)$，此时，对于被评价对象(系统)间的比较，指标 x_j 毫无作用；x_{ij} 的差异越大，e_j 越小，指标对于评价对象(系统)的比较作用越大。因此，定义差异系数

$$g_j = 1 - e_j$$

显然，g_j 越大，越应重视该项指标的作用。

(4)确定权重系数。即取

$$w_j = \frac{g_j}{\sum_{i=1}^{n} g_i}, \quad j = 1, 2, \cdots, n$$

w_j 即为经规一化后的权重系数。

3. 综合集成赋权法

基于功能驱动原理的主观赋权法，虽然反映了评价者的主观判断或直觉，但在综合评价结果或排序中可能产生一定的主观随意性，即可能受到评价者的知识或经验的影响。而基于差异驱动原理的客观赋权法，虽然通常利用比较完善的数学理论与方法，但忽视了评价者的主观信息，而此信息对于安全评价来说，有时是非常重要的。综合集成赋权法的基本思想，就是从逻辑上将上述两类赋权法有机地结合起来，使所确定的权重系数同时体现主观信息和客观信息。

1)加法集成法

设 p_j、q_j 分别是基于差异驱动原理和功能驱动原理生成的指标 x_j 的权系数，则称 $w_j = k_1 p_j + k_2 q_j (j = 1, 2, \cdots, n)$ 是具有同时体现主客观信息集成特征的权重系数。式中，k_1、k_2 为待定常数，且

$$k_1 + k_2 = 1, \quad k_1 > 0, \quad k_2 > 0$$

显然，综合集成赋权法的关键问题是待定系数 k_1、k_2 的确定。下面给出由数学模型生成 k_1、k_2 的方法。

(1)当要体现被评价对象之间(整体)最大差异时，确定 k_1、k_2，使

$$\sum_{i=1}^{m} y_i = \sum_{i=1}^{m} \sum_{j=1}^{n} (k_1 p_j + k_2 q_j) x_{ij}$$

取值最大。式中，m、n 分别代表评价对象和评价指标个数。

在满足条件 $k_1^2 + k_2^2 = 1$ 且 $k_1 > 0$，$k_2 > 0$ 下，应用拉格朗日条件极值原理，可得

$$k_1 = \frac{\sum_{i=1}^{m} \sum_{j=1}^{n} p_j x_{ij}}{\sqrt{\left(\sum_{i=1}^{m} \sum_{j=1}^{n} p_j x_{ij}\right)^2 + \left(\sum_{i=1}^{m} \sum_{j=1}^{n} q_j x_{ij}\right)^2}}$$

$$k_1 = \frac{\sum\limits_{i=1}^{m}\sum\limits_{j=1}^{n} q_j x_{ij}}{\sqrt{\left(\sum\limits_{i=1}^{m}\sum\limits_{j=1}^{n} p_j x_{ij}\right)^2 + \left(\sum\limits_{i=1}^{m}\sum\limits_{j=1}^{n} q_j x_{ij}\right)^2}}$$

(2)当要"平滑"因主客观赋权法而产生(对各被评价对象)的"差异"时,也可在满足条件 $k_1 + k_2 = 1$ 且 $k_1 > 0$, $k_2 > 0$ 下,确定 k_1、k_2,使

$$\sum_{i=1}^{m} y_i^2 = \sum_{i=1}^{m}\left[\sum_{j=1}^{n}(k_1 p_j + k_2 q_j)x_{ij}\right]^2$$

取值最小。当然,k_1、k_2 也可由体现评价者的偏好信息来确定。

2)乘法集成法

即取

$$w_j = \frac{p_j q_j}{\sum\limits_{i=1}^{n} p_i q_i}, \quad j = 1, 2, \cdots, n$$

2.2.5.5 安全综合评价

1. 综合评价的数学模型

在确定了指标体系基础指标评价值及指标体系权系数之后,还要根据指标体系特点确定各级指标的合成方法,亦即将各级下层指标值复合成上层指标值的计算方法。可用于安全综合评价的合成方法很多,主要有加法合成、乘法合成、加乘混合法、代换法等。分述如下。

1)线性加权综合法

线性加权综合法又称加法合成法、线性加权和法,其基本公式为

$$y = \sum_{j=1}^{n} w_j x_j, \quad \sum_{j=1}^{n} w_j = 1, \quad 0 \leqslant w_j \leqslant 1, \quad j = 1, 2, \cdots, n$$

式中,y——安全综合评价值;

w_j——指标 x_j 相应的权重系数;

n——指标个数。

加法合成法具有下述特点:

(1)在加法合成中,由于综合运算采用"和"的方式,其现实关系应是部分之和等于总体,因而线性加权和法比较适合于各评价指标值对综合评价值的贡献彼此独立的场合。

(2)加法合成的各评价指标间具有线性补偿作用,即某些指标评价值的下降可以由另一些指标评价值的提高来补偿,因而这种方法对指标评价值变动反映不太敏感。

(3)加法合成突出了评价值较大且权数较大的指标的作用,因此,加法合成比较接近于主因素突出型的评价合成方法。

(4)加法合成计算简单,便于推广普及,正因为如此,该方法得到了广泛的应用。但任何方法均有其适用范围,加法合成法也不例外。如果只从简易性考虑,不加选择地随意使用加法合成,则必然会导致综合评价结果失真的现象。

由于加法合成具有很强的互补性和"一俊遮百丑"的突出特征，会诱导被评价对象"走捷径"、"想奇招"，设法提高综合评价值，从而导致系统畸形发展。

2）非线性加权综合法

非线性加权综合法又称乘法合成法，其计算公式为

$$y = \prod_{j=1}^{n} x_j^{w_1}, \quad x > 0$$

$$\sum_{j=1}^{n} w_j = 1, \quad 0 \leqslant w_j \leqslant 1, \quad j = 1, 2, \cdots, n$$

乘法合成法具有下述特点：

（1）乘法合成法适用于各评价指标间强烈相关的场合。

（2）在乘法合成中，指标权数的作用不如加法合成明显。对乘法合成公式作对数变换，得

$$\lg y = \sum_{j=1}^{n} w_j \lg x_j$$

可见，乘法合成中，权数是指标评价值对数的倍数，而在加法合成中，权数是指标评价值的倍数。显然，权数的作用在加法合成中更突出一些。

（3）乘法合成强调被评价对象各指标评价值的一致性，它要求被评价对象的各个指标间彼此差异较小，任何一方也不能偏废，只有当各指标评价值保持接近相等的水平时，其整体功能才取得最大值。

（4）乘法合成的结果突出了指标评价值中较小数的作用，这是由积式运算的性质所决定的。

（5）乘法合成对指标值变动的反映比加法合成更敏感。因此，乘法合成更有助于体现各评价对象间的差异。

3）加乘混合法

将加法和乘法两种方法混合在一起，可以得到一种兼顾的方法——加乘混合运。加乘混合法兼有加法合成和乘法合成两种方法的特定，适用范围比加法和乘法更广一些。

4）代换法

计算公式为

$$y = 1 - \prod_{j=1}^{n} (1 - x_j), \quad 0 \leqslant x_j \leqslant 1$$

在代换法中，指标间补偿作用远比加法合成充分，不管其他评价指标取值如何，只要有一个评价指标值达到最高水平，整个综合评价值便达到最高水平，这是一种类似于主因素决定型的评价合成方法。由于多指标综合评价不仅要求评价的整体性，而且要求评价的全面性，因此代换法在实质上有悖于综合评价的本质，除非较特殊的场合，否则不宜选用。

5）理想点法

设定一个理想的系统或样本点为 $(x_1^*, x_2^*, \cdots, x_n^*)$，如果被评价对象 $(x_{i1}, x_{i2}, \cdots, x_{in})$ 与理想系统在某种意义上非常接近，则称系统 $(x_{i1}, x_{i2}, \cdots, x_{in})$ 是最优的。基于这种思想所得出的综合评价方法，称为逼近样本点或理想点的排序方法，简

称理想点法。

被评价对象$(x_{i1}, x_{i2}, \cdots, x_{in})$与理想系统$(x_1^*, x_2^*, \cdots, x_n^*)$之间的加权距离定义为

$$y_i = \sum_{j=1}^{n} w_j f(x_{ij}, x_j^*), \quad i = 1,2,\cdots,m$$

式中，w_j——权重系数；

$f(x_{ij}, x_j^*)$——分量x_{ij}与x_j^*之间的某种距离。通常取欧式（加权）距离，即取

$$y_i = \sum_{j=1}^{n} w_j (x_{ij} - x_j^*)^2, \quad i = 1,2,\cdots,m$$

作为评价函数。

显然，y_i值越小越好，特别的，当$y_i = 0$时，s_i即达到或成为理想点s_i^*。这时，即可按y_i值的大小对各被评价对象进行比较分析。

2. 指标体系的安全综合评价

上述就多指标安全综合评价的几种主要合成方法进行分析，多指标安全综合评价究竟选用哪种合成方法更为恰当，要根据问题的性质和特点而定。这里可借用 FTA 方法的思路来解决这一问题。

FTA 是按照事故发生的逆过程，以演绎的方法自上向下逐层探讨事故的原因，研究原因事件与结果事件之间的逻辑关系，把结果编制成逻辑图。其逻辑关系主要包括：

（1）与门。表示所有输入事件同时发生时，输出事件才会发生，类似乘法合成。

（2）或门。表示只要有一个输入事件发生，输出事件就会发生，类似加法合成。

（3）条件与门。表示所有输入事件同时发生，且满足给定条件时，输出事件才会发生，类似乘法合成。

（4）条件或门。表示只要有一个输入事件发生，且满足给定条件时，输出事件才会发生，类似加乘混合法。

（5）限制门。表示输入事件发生，且满足给定条件时，输出事件发生，类似乘法合成。

显然，事故树的逻辑门与安全综合评价的合成方法是相互对应的，因此，只要得到指标体系内各级下层指标与其相对应的上层指标之间的逻辑关系，亦即原因事件对结果事件的作用形式，就可方便地确定指标体系内各级指标的合成方法。

根据前述对指标体系结构的分析，安全综合评价指标体系包括事故指标和隐患指标两大部分，由于隐患是事故发生的必要条件，隐患越多，发生事故的可能性越大，但事故的发生除了与隐患有关外，在很大程度上还受到偶然性的影响。基于这种认识，隐患指标与事故指标间存在着一定程度的相关关系，但隐患指标与事故指标是从不同侧面反映系统总体安全水平的，从它们对系统安全综合评价值的贡献来看，二者是互为补充的，从这个意义上讲，事故指标与隐患指标又是相互独立的，因此可以采用加法合成。

隐患指标包括 4 部分，即人员安全评价指标、设备安全评价指标、环境安全评价指标以及安全管理评价指标。它们在指标体系中居于不同的层次。其中，安全管理评价指

标的层次较高，而人员、设备、环境安全评价指标的层次则较低。因此，在安全综合评价中，必须体现出指标体系的层次性。由于安全工作的关键是管理，亦即管理是保障系统安全的前提条件。此外，人员、设备和环境分别从不同侧面对系统安全施加影响，对保障系统安全同样起着举足轻重的作用，但三者可相互补偿，例如操作者安全素质的不足可由本质安全的设备得以补偿。因此，人员、设备、环境与安全管理评价指标之间具有条件或门的关系。

人－机－环境系统安全综合评价指标体系的合成关系如图 2.29 所示。

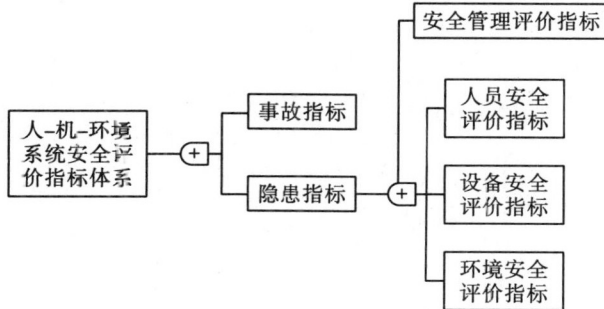

图 2.29　指标体系合成关系

在此需要特别指出的是，多指标安全综合评价合成方法是一种针对不确定性问题的评价，因而不同的系统可以有不同的合成方法，图 2.29 仅仅提供一种解决问题的思路，以起到抛砖引玉的作用。

根据图 2.29 所示合成关系，将基础指标评价值及指标体系的权系数代入，便可方便地得到人－机－环境系统安全综合评价值的体系，并据此找出系统的安全薄弱环节。

第二篇　城市轨道交通运营安全

第 3 章　城市轨道交通运营安全概述

3.1　城市轨道交通运营安全基础知识

在世界发达国家及地区，地铁等大运量的城市轨道交通工具已经得到了广泛应用。我国的北京、上海、广州、天津、深圳、南京、武汉、重庆、长春、杭州、苏州、无锡等城市的地铁已在运营或建设中，城市轨道交通对缓解城市交通压力具有重要作用。作为城市的一种重要交通工具，地铁的安全运营显得非常重要。由于地铁运营的特殊环境，大部分线路处于地下空间，环境封闭、人员密集，使得通风和疏散都受到极大限制。一旦发生意外事故，极易造成人员伤亡和财产损失。

3.1.1　生产安全

安全泛指没有危险、不出事故的状态。生产过程中的安全指不发生工伤事故、职业病、设备或财产损失。对于城市轨道交通运营来说，安全是指在生产过程中保障人身安全和设备安全。消除危害人身安全和健康的一切不良因素，保障员工的安全和健康，舒适地工作，称为人身安全；消除损坏设备和其他财产的一切危险因素，保证生产正常进行，称为设备安全。而安全生产是指在符合物质条件和工作秩序下进行的生产过程中，防止发生人身伤亡或财产损失等生产事故，消除或控制危险、有害因素，保障人身安全与健康，使设备和设施免受损坏、环境免遭破坏的总称。城市轨道交通运营安全，就是在运营过程中保证乘客和员工的人身安全，以及设施、设备的完好无损。

3.1.2　城市轨道交通运营安全的意义

城市轨道交通运营安全直接关系到社会的稳定。重大、特大事故的发生，不仅会造成严重的直接经济损失，而且对发生事故地区和单位的经济发展也会造成重大的负面影响。重大、特大事故往往造成恶劣的社会影响，引发许多复杂的社会问题，如果处理不当，还会酿成社会动荡。重大、特大事故往往造成群死群伤，给人民生命财产造成严重损失，使民众缺乏安全感。

3.1.3　城市轨道交通运营安全管理的基本方针

"安全第一、预防为主"是城市轨道交通运营安全管理的基本方针。"安全第一"就是要求在轨道交通运营管理过程中，坚持把安全运营作为第一要务和保证条件。"预防为主"就是要以主动积极的态度，从思想上高度重视，在组织管理上健全制度，在技术措施上积极创新。从而提高安全保障系统的整体功能，把事故消灭在萌芽状态，做到防患于未然。

3.2　城市轨道交通运营安全特征

城市轨道交通是城市公共客运交通系统的重要组成部分，是城市大运量的客运交通系统。城市轨道交通系统中的地铁和轻轨一般都处在地下或高架桥上的半封闭空间里，环境封闭，空间狭小，人员和设备高度密集，通风排烟设备布设困难，疏散逃生受到极大限制，一旦发生重大事故、灾害等突发事件，造成人员疏散和救援困难，处置不当将产生巨大的人身和财产损失，对社会经济和生活造成重大影响。其特征包括以下几点。

（1）全线性。由于城市轨道交通列车具有依赖于单一轨道连续运行的特点，一旦在运行线路上发生严重事件、灾害，会造成整条线路的运营中断，甚至可能影响其他线路的正常运行，并且在一定时间内难以恢复正常运行。

（2）连带性。城市轨道交通客流量大，而客流在一定时间内局限于有限的封装区域内，一旦发生突发事件、灾害，除了乘客可能受到直接伤害外，还极易造成其他各类次生、衍生和耦合灾害。

（3）局限性。当城市轨道交通发生重大突发事件、灾害，在实施救援时，由于事发地点空间的限制，给救援工作带来难度。救援工作延续时间越长，灾害的影响程度就越大。

（4）群体性。在城市轨道交通车站、隧道、商场区域，单位面积人数多，在发生突发事件、灾害时，极易造成群死群伤，社会影响大。

自1918年纽约发生世界第一起重大城市轨道交通伤亡事故以来，世界各国城市轨道交通事故时有发生，并且近年来逐渐成为恐怖袭击的主要目标之一。尽管各国纷纷出台各种安全及防范措施，但防范难度仍然很大。为此，世界各国不断采取和改善各种防范措施，尤其是加大力度提高安全管理水平来确保安全。许多城市针对以往发生的各类事故，深入研究，在建设过程中注重借鉴以往的经验教训，并在建成后不断改进，在硬件设施上尽可能消除安全隐患。同时，针对各种可能发生的灾害制定紧急处置预案，并定期进行演练，提高危机处置能力。我国城市轨道交通发展历史比较短，运营管理经验不足，城市轨道交通运营中存在众多不容忽视的安全隐患。我国尚未建立起完善的轨道交通运营安全法规和统一的管理标准，各地的城市轨道交通运营安全保障工作处于分散不成体系的状态。

城市轨道交通系统是一个庞大而复杂的系统，由供电、通信、信号、给水与排水、屏蔽门与安全门、防灾与报警（FAS）、环境与设备监控（BAS）、机车车辆、车辆段检修设备、自动售检票、通风空调与采暖、电梯和自动扶梯等子系统组成。城市轨道交通系统内部各子系统之间及系统与系统外部有很高的关联度，一旦某个子系统出现问题，就会迅速影响和波及其他子系统，形成连锁反应，进而影响整个系统的正常功能，造成系统部分或整体功能的瘫痪。

城市轨道交通运营专业性强、技术设备复杂、客流量大、日周期性强、高峰低谷落差显著、时效性强，因此城市轨道交通运营安全管理的难度较大。尤其在我国，大多数城市轨道交通线路因深处地下，出入口少，站台和车内人员又相对密集，疏散难度相对加大，更使得城市轨道交通运营过程隐患重重。目前发达国家的城市轨道交通运营安全管理主要采用系统的安全管理模式。在安全管理的思想上，突出了整体安全、系统安全的概念，将涉及行车安全的人、设备、环境等因素实现系统的管理与调度；在管理方式上，加大了安全法规的建设力度，实现法制化管理；在手段上，开发了大量先进的行车安全监控设备，并通过计算机网络技术、通信技术实现了运输安全信息的远程集中管理和科学分析。

3.3　城市轨道交通运营安全影响因素

3.3.1　安全影响因素分类

轨道交通运输系统是一个在时间、空间分布广泛的封闭式的动态系统，交通安全的影响因素错综复杂，涉及面广，从系统的角度而言，轨道交通安全系统是一个典型的混杂系统，包含多种安全因素，各安全因素之间既相互独立又相互联系、相互影响。因此将与轨道交通安全系统有关的安全因素分为 4 类：人、设备、环境、管理，其关系如图 3.1所示。

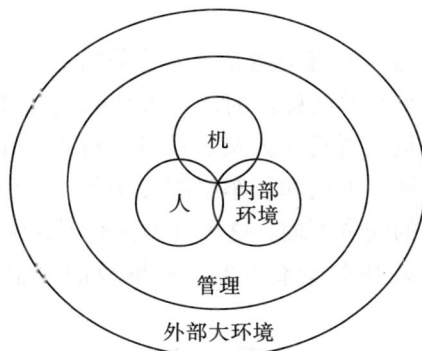

图 3.1　城市轨道交通安全各影响因素间的关系

1. 人员因素

所谓人，即参与到轨道运输系统的人员因素。人在轨道交通安全问题中，既是安全可靠性的依赖者，与轨道交通安全有关的各项工作都依赖于人的高效、安全、可靠的行为，但同时人又是安全问题的触发者，人总会因为某些因素产生差错或失控，从而导致整个安全系统可靠性降低甚至引发事故。因此，人在轨道交通安全系统中起着关键性的作用。

轨道交通系统中的人员包括从事和参与轨道交通运营的相关人员、机车乘务人员、各工种的调度人员、车站行车人员以及行车设备操作、管理、维护人员等；接受轨道交通系统服务的人员包括车站内候车的旅客、在列车上的乘客等；在轨道交通系统中的其他人员包括穿越平交口的人员、铁路沿线的居民等。人对轨道交通产生安全影响，主要源于人的可靠性和操作行为，人的可靠性包括心理生理因素、精力分散、反应迟钝、采取措施不当等；而人的操作行为则包括违反规定、没有遵守相关的规定、业务不熟悉、发生操作失误等。

2. 设备因素

设备既是保证轨道交通系统正常运营的物质基础，又是城市轨道交通安全的重要保证。在城市轨道交通系统中，设备主要包括运输基础设备和安全技术设备。其中，基础设备又分为移动设备和固定设备，移动设备包括机车、车辆、通讯设备以及列车追踪间隔；固定设备包括路基、桥隧、轨道、车站、信号设备等。安全技术设备则包括安全监控及检测设备、灾害预确报和防治设备、事故救援设备以及一些其他的安全设备。

3. 环境因素

环境是指城市轨道交通系统运行的周围情况和条件。包括社会环境、自然环境以及人工环境，其中，社会环境和自然环境属于外部大环境，人工环境则主要指系统内部的作业环境。

4. 管理因素

安全管理是个永恒的话题，轨道交通系统安全管理是充分组织、协调、控制的人-机-环境所组成系统的各个元素的过程，因此，管理的疏忽和失误通常是造成事故的根本原因。管理主要包括对轨道交通行车人员、设备、行车组织的管理。包括编制有关行车的规章、制度、条例、细则、方法和行车组织方法等，并监督其贯彻执行以及进行行车事故救援和路内外联防等的安全管理。这种分类具有下述优点：

(1)从构成生产系统的最基本要素出发，从事故的最根本原因着手，具有普遍的意义。

(2)充分体现安全是一项全员、全要素、全过程的活动。因此系统中的"人"是指作为工作主体的人；"机"是人所控制的一切对象的总称，"环境"是指人、机共处的特定的工作条件。

(3)考虑人、机、环境对安全的影响，尤其考虑三者之间的相互作用，包括人-人、人-机、机-机、机-环境、人-环境、人-机-环境等。

(4)以管理作为控制、协调手段，协调人、机、环境之间的相互关系，并通过反馈作用将系统状态的信息反馈给管理系统，从而改进安全管理方法，最终得到更为安全的系统。

3.3.2　单安全因素影响分析

3.3.2.1　人员影响因素分析

1. 人在保障轨道交通安全方面的重要性

　　人参与到城市轨道交通系统的方方面面，从系统的设计、建设到系统的使用，都要依赖人的行为。即使是高度自动化的系统也无法避免人的介入而独立于人的操作和控制之外。但是由于人具有不稳定性，总会产生各种各样的差错，从而对整个轨道交通系统的可靠性产生影响。在安全问题中，人是矛盾的主要方面，因为一方面人具有很强的主动性，能够及时地对系统作出响应，纠正系统存在或产生的故障，确保系统安全正常地运行，另一方面，人易受到众多主观和客观因素的影响，从而作出错误判断。德国安全专家库尔曼认为：人是一种安全因素和防护对象，机器是一种安全因素，环境是一种安全因素和应予以保护的财富。因此，充分发挥人的能动性对保障轨道交通安全有着重要的作用，然而不幸的是，城市轨道交通绝大部分事故的发生都与人的不安全行为有关。2003 年，韩国大邱市地铁发生纵火事件，由于司机不作为和调度人员的错误指示，最后造成了 198 人死亡，147 人受伤。而我国上海地铁一号线追尾事故的直接原因也是行车调度员和车站值班员的违规行为。

　　城市轨道交通安全与许多活动有关，但是各项活动都是由人参与并且人处于主导地位。人操纵、控制、监督各项设备，完成各项作业，与环境进行信息交流，并与其他作业协调一致。正是由于人在轨道交通中的重要地位，使得人的因素在轨道交通安全中起着关键性的作用。人对轨道交通安全的特殊作用表现在以下三个方面。

　　(1)人的主导性。在人与设备结合的有机结合体中，人是主导方面。系统的设备必须由人来设计、制造、使用和维护，即使是技术状态良好的安全设备，也只有通过人的正确使用才能发挥它的保安作用。

　　(2)人的主观能动性。当出现突发情况时，人能及时采取相应的措施和灵活的方法来排除故障等不安全因素，使系统恢复正常运转。只有人才具有主观能动性，从而具有合理处理意外情况的能力。

　　(3)人的创造性。人能够通过学习和研究掌握各种技能，并不断提高和改进现有系统的安全水平。

2. 轨道交通安全对人员素质的要求

　　对轨道交通安全产生影响的人员因素主要体现在人员的安全素质上。包括思想素质、心理素质、生理素质、业务能力素质以及群体素质。影响轨道交通安全的人员不仅包括该系统内部工作的人员素质，也包括接受系统服务的人员素质。

　　1)对城市轨道交通系统内部工作人员的素质要求

　　(1)思想素质。为保证城市轨道交通安全，工作人员应具备的思想素质主要包括安全观念、社会责任感、职业道德等。薄弱的安全观念和责任感的缺失以及侥幸的心理，是导致违规违纪等不安全行为的重要原因之一。城市轨道交通作为城市公共交通，一旦发生事故，则会造成巨大的财产损失和人员伤亡，因为系统内人员必须树立并坚持"安全第一"的思想，增强个人的社会责任感。

（2）心理素质。心理素质是指影响轨道交通运输安全的人的心理过程及个性心理特征。主要包括个体的气质、能力、性格、情绪、需要、动机、态度、爱好、兴趣、意志等各个方面。例如，在气质方面，胆汁质的人往往易冲动，表现为性急而粗心；多血质的人注意力容易转移，缺乏耐性，都可能成为引发事故的条件；黏液质的人表现为稳定、细心、工作有持久性，比较适合在安全和要害部门工作。在性格方面，表现为勤劳、认真、细致、具有自信心和控制能力的人，以及富有稳定和持久情绪特征的人，都有利于做好各项安全工作。因此，正确判断职工的气质，培养良好的性格和其他心理特征，是保障安全生产的重要前提。

（3）生理素质。生理素质是指影响轨道交通运输安全的人体生命活动，包括身体条件及生理状况。主要有年龄、性别、记忆力、体力、耐力、血型、视力、视觉（色觉、形觉、光觉）、听觉、动作反应时间、疲劳强度等，均与轨道交通运输安全有着十分密切的关系。例如司机的年龄与行车事故之间构成一种盆浴曲线（图3.2），发生这种情况的主要原因在于青年人缺乏必要的工作经验和对自身的控制能力，冒险性强，容易受到外界人为因素的干扰，而年长者由于生理机能不断衰退、体力减退力不从心，所以发生事故往往难以避免。

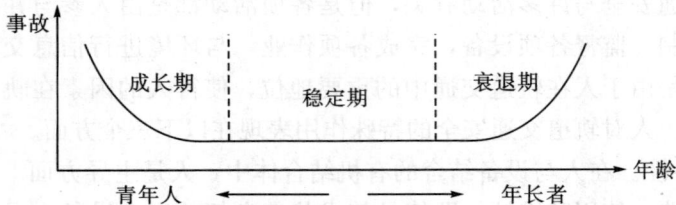

图3.2　年龄与行车事故之间的关系

（4）技术业务素质。技术业务素质包括业务知识、文化素养、安全法律知识和安全技能、处理各种非正常情况的作业能力等。由于轨道交通运输作业可能面临各种意外的状况，所以运输工作人员的应变能力非常重要。此外，对于安全管理人员而言，还应具备相应的安全管理知识和能力。

（5）群体素质。群体是个体的集合，群体素质是指影响运输安全的群体特征，包括群体目标、群体内聚力、群体信息沟通、群体的人际关系等。由于轨道交通运输工作要求多工种协调工作，涉及多个环节，因而它对于运输系统内部门和部门之间、部门内人员之间以及同一作业的不同操作者之间的协调性要求很高，这就使得群体的作用变得十分突出。群体对运输安全的影响主要表现为群体意志影响其成员的行为，包括社会从众作用、群体助长作用和群体规范作用。

2）对城市轨道交通系统外人员的安全素质要求

运输系统外人员不直接从事轨道交通运输生产活动，对他们的安全素质要求主要体现在严格遵守轨道交通运输安全法规的有关规定，具备轨道交通安全法规知识，具有较强的安全意识和一定的安全技能。轨道交通安全对不同人员的素质要求如图 3.3 所示。

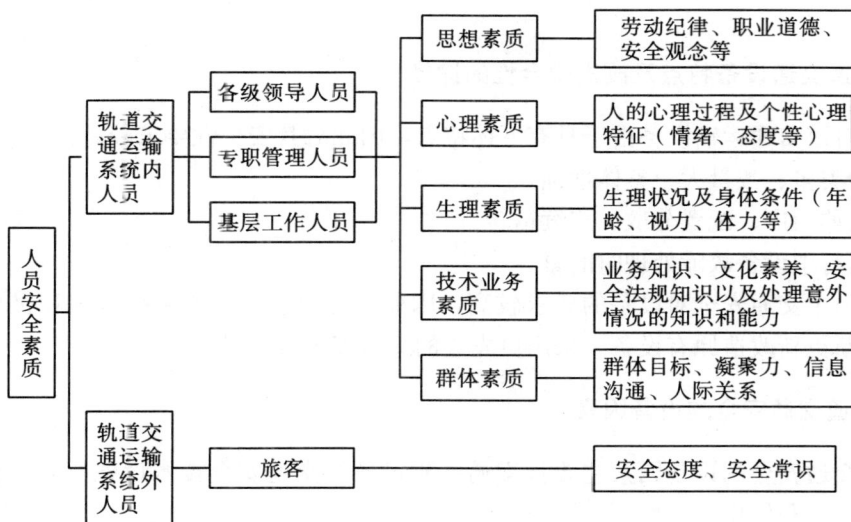

图 3.3 城市轨道交通运输安全对不同人员的素质要求

3.3.2.2 设备因素影响分析

轨道交通运输设备是除人之外影响轨道交通安全的另一个重要因素，状态良好的设备既是运输生产的物质基础，又是运输安全的重要保证。

1. 与轨道交通安全有关的设备类型

1)运输基础设备

(1)固定设备。包括线路(区间结构、轨道)、车站(乘客使用空间、车站用房)、信号和通信设备等。轨道交通是一个封闭式的交通系统，线路是该系统的重要组成部分，事故的发生与线路情况有一定的关系。如地面轨道交通平面交叉口的密度较大、区间隧道内的照明条件差、缺少信号标志等都会影响交通安全。

(2)移动设备。包括机车、车辆(动车、拖车)等。例如车厢使用的材料、车辆内安全装置是否充足有效等，对轨道交通的安全管理起着重要的作用。同时，车辆是否符合运行要求、车辆技术状况好与坏，都会直接影响轨道交通的运行安全。

2)交通安全技术设备

安全监控包括监控城市轨道交通基础设施及列车运行状态是否正常、车站及列车内旅客行为是否正常两方面，一旦发生异常现象可及时发出警报。安全监控系统主要包括电力设施监控、车站基础设施及车内设备状态监控、列车运行状态监控和旅客行为监控。电力设施监控负责监控沿线变电所供电设施是否正常运行；车站基础设施及车内设备状态监控负责对全线各个车站的通风空调系统设备、给排水设备、自动扶梯、电梯、车站公共区照明、广告照明、车站事故照明电源、屏蔽门、人防密闭隔断门等车站设备及列车车门、车窗、车内报警设备等进行全面、有效的自动化监控，确保设备处于高效、节能、可靠的最佳运行状态；列车运行状态监控负责监控列车运行速度等运行指标是否正常；旅客行为监控主要负责监控车站及列车内旅客是否有故意破坏设施的行为或行为异常。

2. 城市轨道交通设备特点及改进安全性的途径

城市轨道交通运输设备由于具有下述特点，因此对其安全性要求较高：

(1)种类多、数量大、整体性强。

(2)延伸面广、配置分散、连续运转。

(3)运行中设备故障处理时间紧。

正是由于交通安全对设备的要求较高，因此，各国轨道交通系统都在积极依靠技术进步，不断更新改造原有设备，采用更先进的交通安全技术设备。

3. 影响轨道交通安全的设备因素

影响交通安全的设备因素主要指交通基础设备和交通安全技术设备的安全性能，包括设计安全性和使用安全性。

1)设计安全性

设备的设计安全性是指设备的可靠性、可维修性、可操作性（人－机工程设计）、先进性等。设备可靠性是指设备在规定条件下、规定时间内处于正常工作的能力，它可以用可靠度、故障前平均时间、故障率等来衡量。在整个寿命期，设备的故障率可以用浴盆曲线表示(图3.4)。从图3.4可以看出，机器设备在调整后的开始阶段通常具有较高的可靠性，而经过一段时间的使用、运转后，由于一些物理和化学因素的影响，如磨损、老化等，其可靠性会逐渐降低，且随着使用时间的延长，最终必然发生故障。因此，无论从生产上还是从安全上考虑，均希望可靠性越高越好，而且，设备使用人员应充分了解设备的可靠性，及时修理或维护。对于轨道交通的供电系统而言，如果存在设计缺陷，其接触网为高压电，一旦发生接触网断线或绝缘子损坏，接触到金属结构物就会使其带电，危及人身安全。

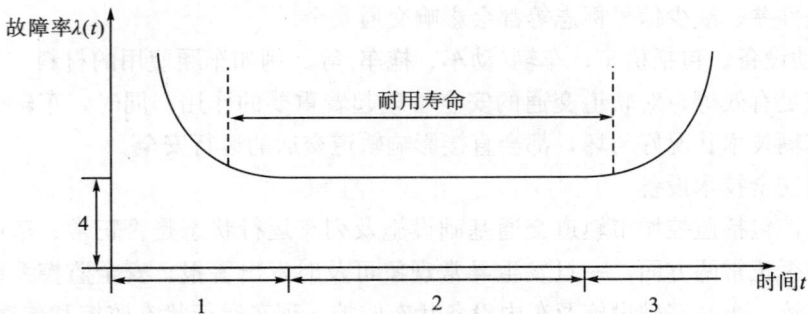

1.早期故障率(调整期故障率)；2.使用期偶发故障率；3.晚期故障率；4.容许故障率

图3.4　机器故障率典型曲线

设备可维修性是指设备易于维修的特性，即设备发生故障后容易排除故障的能力。可维修性与维修的含义不同，维修是指设备保持和恢复功能的作业活动，是在使用中设备发生故障后，由设备维修部门采取的行动；而可维修性则是设备的固有特性之一，可维修性好，可使设备在需要维修时以最少的资源(人力、技术、测试设备、工具、备件、材料等)在最短的时间内顺利地完成任务。轨道交通运输系统长期不间断地运行，对设备可维修性的要求较高，尤其希望维修时间越短越好。

可操作性是指机器设计便于人进行操作。因此，机器设备在设计过程中，要同时考虑人与机器两方面的因素，要着眼于人，落实在机。在机器设计中，凡需人进行操作时，其操作速度要求低于人的反应速度，凡需操作者感官作用下的间歇操作，必须留出足够的间隔时间，这样才能获得人机设计的综合最佳效果。可操作性只要指人机界面设计，应保证显示器与人的信息通道匹配，操纵器与人的效应器匹配，人机与环境要素之间的匹配。在生产过程中，信息流要从界面通过，如果人机两个子系统匹配得好，信息流畅，人机系统就会处于较佳的状态。因此，人机界面的设计应满足：①显示器要有可识别性；②控制器要具有可控性；③显示器与控制器应合理布局；④人机恰当分工。

设备先进性是指尽量利用最新科技成果，采用先进的设备，淘汰落后的设备。对于城市轨道交通运输系统而言，越是先进的设备，通常其安全性也越高。例如城市轨道交通信号系统大都采用先进的 ATC 系统，对列车自动进行控制，使其速度不超过有地面信号的设定的限制速度，极大地保证了轨道交通的安全性。当然，先进的设备要求有先进的安全技术设备与之相匹配，否则一旦发生事故，后果将难以预料。

2)使用安全性

设备使用安全性包括设备的运行时间、维护保养情况等。设备运行时间越短，即设备越新，其使用安全性越好；设备维修保养得越好，其使用安全性也越好。反之，则相反。

3.3.2.3　环境因素影响分析

影响轨道交通运输安全的环境条件包括内部小环境和外部大环境，如图 3.5 所示。

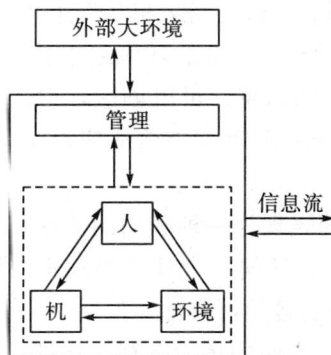

图 3.5　城市轨道交通运输人-机-环境系统

(1)内部小环境。对于一般微观的人-机-环境系统而言，内部环境通常是指作业环境，即作业场所人为形成的环境条件，包括周围的空间和一切生产设施所构成的人工环境。然而轨道交通系统是一个非常复杂的宏观大系统，它是由系统硬件(交通基础设备和交通安全技术设备)、系统工作人员(系统内的各级管理人员和基层作业人员)、组织机构(管理机构、运行机构、维修机构等)以及社会经济要素(政治、经济、文化、法律等)等相互作用而构成的社会-技术系统。因此，影响轨道交通运输安全的内部环境绝非仅是作业环境，它还包括通过管理所营造的运输系统内部的社会环境，即运输系统外部社会环境因素在运输系统内的反映，它涉及面很广，包括系统内部的政治、经济、文化、法律等环境。

（2）外部大环境。影响轨道交通运输安全的外部大环境包括自然环境和社会环境。自然环境是指自然界提供的、人类一时尚难以改变的生产环境。自然环境对运输安全的影响很大。城市轨道交通系统按能力分为市郊铁路、地铁、轻轨、有轨电车 4 种形式，其中，市郊铁路、轻轨和有轨电车通常处于暴露状态，经受暴雨、风沙、台风、地震等自然灾害的影响和威胁。在各种自然灾害中，最常见的是暴雨，严重影响交通的安全，危害极大。此外，气候因素（风、雨、雷、电、雾、雪、冰等）、季节因素（春、夏、秋、冬）、时间因素（白天、黑夜）、线路沿线的地形地貌等也是不容忽视的事故致因。社会环境包括社会的政治环境、经济环境、技术环境、管理环境、法律环境以及社会风气、家庭环境等，它们对交通安全均有不同程度的影响。

3.3.3　人机环因素相互影响分析

人、机、环境三者之间相互作用的方式有以下 7 种：

（1）人-人之间。城市轨道交通是由多部门、多层次人员分工协作来实现的。人与人之间相互作用、相互影响、相互依赖、相互制约，必须协调配合，才能有效保证运输生产的顺利进行。如果人与人之间的协调配合不好，就会造成事故隐患乃至发生交通事故，影响轨道交通安全。

（2）人-机之间。在人-机关系里，人是行为的主体，由人操纵机运转，人的劳动能力、劳动熟练程度、劳动态度直接影响机的运转状况。同时，自动化机可以部分地监督人的行为，减少人为偏差。所以人-机之间是相互作用和相互影响的关系。

（3）人-环境之间。人的活动是在一定的环境之中进行的，受环境的影响和制约。一方面人从环境中获取物质、能量和信息，可以创造环境、改进环境，对环境施加能动性的影响；另一方面环境反作用于人，使人必须适应环境，根据环境的变化调整自己的行为。

（4）机-机之间。机-机之间表现为一种联动的关系，为使联动有效地传递下去，要求每一环节必须运转正常和协调，任何一个环节出现不协调的现象都会成为事故隐患的一种可能，需要加强机-机之间衔接的可靠性

（5）机-环境之间。一方面，良好的环境有利于保证机的状态良好和运行正常；另一方面，通过一定的机改造环境，使环境向有利于系统的方向发展。

（6）环境-环境之间。不可控制的大环境之间、可控制的小环境之间、大环境与小环境之间相互影响和制约，彼此之间是相互改造和被改造的关系。应充分发挥可控制的小环境的能动作用，影响不可控制的大环境的变化。

（7）人-机-环境之间。人-机-环境构成轨道交通安全保障系统最基本的组成元素，根据系统的整体性思想，单纯一个要素的良好状态并不能保证系统的优化，为充分发挥

系统的整体功能，必须有效地组合与协调三者之间的关系。

3.3.4　管理因素的影响分析

城市轨道交通安全管理是指管理者按照安全生产的客观规律，对轨道交通系统的人、财、物、信息等资源进行计划、组织、指挥、协调和控制，以达到减少或避免交通事故的目的。城市轨道交通安全管理是为了有效地减免交通运输事故及由交通事故所引起的人和物的损失而进行危险控制的一切活动。

城市轨道交通安全管理的主要职责包含以下 4 个方面：

(1)指导并监督城市轨道交通运营企业安全制度的建立、实施；

(2)通过安全管理过程中的反馈信息，对安全管理的制度和法规作出修改；

(3)合理配置安全设施资源，保证安全管理工作的进行；

(4)协调各职能部门，妥善解决安全管理的问题。

管理具有计划、组织、指挥、协调、控制的职能，管理使人、设备和环境组成一个能够有效实现预期目标的系统。虽然人、机、环境往往是造成事故的直接原因，而管理看似间接原因，但追根溯源却是根本的、本质的原因。这是因为前者都是受后者管理要素支配的，所以城市轨道交通安全工作的关键是管理。

管理对城市轨道交通安全的重要性主要体现在下述三个方面：

(1)有效的管理有助于提高运输系统内人员、设备和环境的安全性，如进行人员教育和培训等。

(2)有效的管理具有协调运输系统内人、机、环境之间的关系的功能，包括人－人关系、人－机关系、人－环境关系、机－机关系、机－环境关系、环境－环境关系和人－机－环境关系。

(3)有效的管理具有优化运输系统内人－机－环境整体安全功能的能力，亦即管理具有运筹、组合、优化的作用。

影响城市轨道交通安全的管理因素较多，主要有安全组织、安全法规、安全技术、安全教育、安全信息、安全资金等。

第4章　城市轨道交通危险源识别与控制

4.1　城市轨道交通危险源识别

4.1.1　危险源的识别

4.1.1.1　基本概念

危险源：危险源是指可能造成人员伤害、职业病、财产损失、作业环境破坏或这些情况组合的根源或状态。

危险源识别：危险源识别是确认危险源的存在并确认其特性的过程，实质是找出组织中存在的人的不安全行为、物的不安全状态、作业环境中存在的危害因素及管理缺陷。

4.1.1.2　危险源类别

危险源主要包括物理性危险源、化学性危险源、生物性危险源、心理或生理性危险源、行为危险源和其他危险源6种，见表4.1。

表 4.1　危险源分类表

危险源	主要内容
物理性危险源	设备、设施缺陷(强度不够、刚度不够、稳定性不良、外露运动件等)
	防护缺陷(无防护、防护装置和设施缺陷、防护不当、防护距离不够等)
	电危害(带电部位裸露、漏电、雷电、静电、电火花等)
	噪声危害(机械性噪声、电磁性噪声、流体动力性噪声等)
	振动危害(机械性振动、电磁性振动、流体动力性振动等)
	电磁辐射(电离辐射：X射线、高能电子束等；非电离辐射：紫外线激光辐射、超高压电场等)
	运动物危害(固体抛射物、液体飞溅物、反弹物、岩土滑动、气流卷动等)
	明火
	能造成灼伤的高温物质(高温气体、高温固体、高温液体等)
	能造成冻伤的低温物质(低温气体、低温固体、低温液体等)
	粉尘与气溶胶(不包括爆炸性、有毒性粉尘与气溶胶)
	作业环境不良(基础下沉、安全过道缺陷、有害光照、通风不良、缺氧、空气质量不良、给排水不良、气温过高、气温过低、自然灾害等)
	信号缺陷(无信号设施、信号选用不当、信号不清、信号表示不准等)
	标志缺陷(无标志、标志不准、标志不规范、标志位置缺陷等)

危险源	主要内容
化学性危险源	易燃易爆性物质(易燃易爆性气体、易燃易爆性液体、易燃易爆性固体、易燃易爆性粉尘与气溶胶等)
	自燃性物质
	有毒物质(有毒气体、有毒液体、有毒固体、有毒粉尘与气溶胶等)
	腐蚀性物质(腐蚀性气体、腐蚀性液体、腐蚀性固体等)
生物性危险源	致病微生物(细菌、病毒、其他致病微生物)
	传染病媒介物
	致害动物
	致害植物
心理或生理性危险源	负荷超限(体力负荷超限、听力负荷超限、心理负荷超限等)
	健康状况异常
	从事禁忌作业
	心里异常(情绪异常、冒险心理、过度紧张等)
	辨识功能缺陷(感知延迟、辨识错误、其他辨识功能缺陷)
	其他心理、生理性危险源
行为性危险源	指挥错误(指挥失误、违章指挥等)
	操作失误(误操作、违章作业等)
	监护失误

4.1.1.3　危险源的识别方法

1. 应关注的三种状态

(1)常规状态。正常生产过程中危险源的存在方式。

(2)非常规状态。可以分成三种情况:①异于常规、周期性或临时性的作业活动;②偶尔出现、频率不固定、但可预计出现的状态;③由于外部的原因(如天气)导致的非常规状态,如启动、关闭、试车、停车、清洗、维修、保养等。

(3)潜在的紧急情况。具体分为两种:①往往不可预见其后果的情况;②后果是灾难性的、不可控制的情况,如火灾、爆炸、严重的泄漏、碰撞及事故。

2. 识别危险源的步骤

(1)识别准备。主要包括三个内容:①确定分工;②收集识别范围内的资料;③列出识别范围内的活动或流程涉及的所有方面。

(2)分类识别危险源。可以从厂址和厂区平面布局、建(构)筑物、生产工艺过程、生产设备和装置、作业环境、管理措施6个方面进行分类识别。

(3)划分识别单元。识别单元是分类识别危险源的细化,可以按照工艺、设备、物料、过程来细化。同类的过程或设备可以划为一类识别对象,识别对象不宜过粗或过细。

(4)危险源的识别。先找出可能的事故伤害方式,再找出其原因。

(5)填写危险源登记表。

4.1.2　城市轨道交通危险源的识别

城市轨道交通危险源的识别涉及员工的健康与安全、行车安全、设备安全、消防安全、交通安全、乘客及相关方安全、财产损失、列车延误等范畴。

1. 危险源识别范围

危险源识别范围包括城市轨道交通覆盖内工作区域及其他相关范围内的生产经营活动、人员、设施等。根据城市轨道交通管理及其他活动情况，可分成以下类别。

（1）按地点划分：轨道交通沿线各车站、车辆段、OCC（控制中心）大楼、办公楼等。

（2）按活动划分：常规活动、非常规活动、潜在的紧急情况。各活动所包含的主要内容见表4.2。

表 4.2　各活动的主要内容

活动类别	主要内容
常规活动	运营服务活动：依据运营时刻表组织列车运营、客运服务过程
	设备设施的设计、安装、调试、验收、接管、使用过程
	公共活动：相关部门均有的活动，包括办公，电梯、叉车、消防设施、空调、空压机、抽风机使用，化学物品搬运、储存、废弃等
	间接活动：为运营服务活动提供支持的活动，主要包括物资部仓库管理、检验、物料采购、物料的使用管理、食堂管理等
非常规活动	设备设施维护保养，消防及行车疏散演习，因公外出，合同方在总部的活动（如工程施工、维修、清洁等）
潜在的紧急情况	如火灾、爆炸、化学物品泄漏、中毒、台风、雷击、碰撞等事故事件（潜在的紧急情况的危险辨识，需考虑紧急情况发生时和发生后进行抢险救援过程中存在的危险）

2. 确定危险源事故类型

在进行危险源识别前必须把危险源事故类型确定下来，以防止危险源识别不清晰、不全面。通过借鉴国标《企业职工伤亡事故分类》（GB 6441—1986）及分析城市轨道交通运营过程可能产生的行车事故/事件、列车延误及财产损失等事故类别，确定了危险源事故类型表，见表4.3。

表中"可能引发行车事件/事故的设备缺陷事件和行为事件"及"行车事件/事故"这两个事故类型是一种从属的关系。即"可能引发行车事件/事故的设备缺陷事件和行为事件"事故类型的风险属于"行车事件/事故"事故类型风险的危险源。涉及这种从属关系的事故类型可把运营过程中可能发生的重要风险所涉及的危险源划归到相关部门进行控制。

表 4.3　危险源事故类型

类别编号	事故类别名称	备注	类别编号	事故类别名称	备注
01	物体打击	伤害事故	015	噪声聋	职业病
02	车辆伤害		016	尘肺	
03	机械伤害		017	视力受损	
04	起重伤害		018	其他职业病	
05	触电		019	健康受损	健康危害
06	淹溺		020	财产损失（2000 元及以上）	无伤害事件/事故
07	灼伤		021	列车延误	无伤害列车延误事件
08	火灾		022	行车事件/事故	含人员伤亡的事件
09	高处坠落		023	可能引发行车事件/事故的设备缺陷事件和行为事件	这里指的是引发行为事件的危险源
10	坍塌		024	其他事件/事故	无伤害
11	容器爆炸				
12	其他爆炸				
13	中毒和窒息				
14	其他伤害				

3. 划分危险源识别对象

在各部门列出识别范围内的活动或流程所涉及的所有方面后，选用合适的设备分析法、工艺流程分析法或其他划分方法，根据事故类型划分危害事件，并根据以下内容划分危险源识别对象。

(1)对车辆设备大修的活动，可按照其工艺流程分析法划分识别对象。

(2)对设备维护及保养的活动，可按照以设备分析法为依据划分的设备作为危险源识别对象，并结合活动实施过程划分。

(3)使用设备时可根据具体操作过程划分。

(4)根据采购、存放、检测设备的过程划分。

(5)根据行车组织、客运组织过程划分。

(6)针对每一危险源辨识对象，参考危险源事故类型表，识别可能存在的事故/事件，并登记在表 4.4 所示的危险源辨识及风险评价登记表中的"危害事故/事件"栏以及"事故类型"栏内。

表 4.4　危险源识别与风险评价登记表

序号	部门/地点	活动	设备/设施/物料	危害事故/事件	事故类型	危险源	危险源类别	风险评价			风险级别	控制措施	备注
								风险发生的可能性	事故后果严重程度	风险值			

4.2 城市轨道交通系统主要危险因素及分级

4.2.1 城市轨道交通系统的三种运营模式

一般而言，城市轨道交通系统存在三种运营模式：正常运营状态、非正常运营状态和紧急运营状态，如图 4.1 所示。

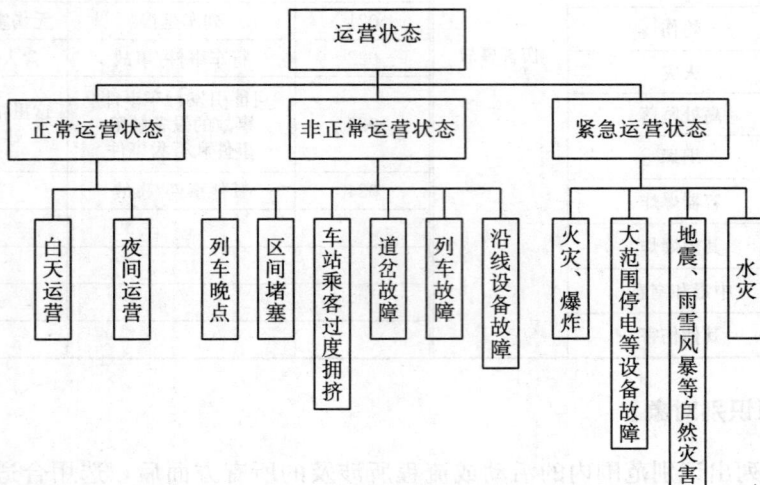

图 4.1 城市轨道交通运营安全模式

（1）正常运营状态指列车白天和夜间的运营状态与运行图基本相符的状态。正常运营状态又分为高峰时段和非高峰时段运营。针对这两种运营状态，城市轨道交通系统又采取了不同的客运行车组织方案和运行管理模式。

（2）非正常运营状态指因各种原因造成了列车晚点、区间堵塞、车站乘客过度拥挤、道岔故障、列车故障、沿线设备故障等影响到正常的运营秩序的情况。经行车指挥系统按照应对方案及时进行调整，可在较短时间内使运营恢复正常，不会对乘客的人身安全造成影响。

（3）紧急运营状态指发生火灾、爆炸、水灾、地震、雨雪风暴等自然灾害及设备故障导致大范围停运等，致使部分区间或全线无法运营的情况。在这种状态下，有可能出现人员伤亡的严重后果，必须采取紧急事故抢险措施自救、减灾和抢险。

4.2.2 城市轨道交通运营系统主要危险因素分析

城市轨道交通系统的运营事故受两大方面因素影响，即内部因素和外部因素。内部因素主要是指设备设施故障、人为误操作等；外部因素主要是指恐怖袭击、乘客携带违禁物品、自然灾害、外界事故（如停电，水、气管道破裂）等。

1. 火灾危险因素分析

(1)内部火灾危险因素分析。车站、隧道以及列车内存在大量的电气设备等火灾危险因素;车站、列车内的建筑装饰材料、广告牌等为可燃材料,遇火可能会发生火灾危险;车辆、供电设备、机电设备等若处在超期服役状态,一旦发生故障,也可能导致城市轨道交通系统火灾事故。

(2)外部火灾危险因素分析。乘客违章携带危险物品、吸烟和吸烟后烟蒂随处乱扔等不当处置引起的火灾危险;人为因素(如恐怖袭击、投毒、纵火等)、意外明火引起的火灾危险;地铁车站站厅乘客疏散区、站台和疏散通道内违规设置的商业网点存在发生火灾的危险,且可能会引起连锁火灾事故。

2. 列车脱轨危险因素分析

列车脱轨主要是由城市轨道交通系统内部危险因素导致的:

(1)线路设计或铺设不合格,道岔伤损、轨枕伤损、道床伤损、接触扎伤损、钢轨断裂等均可能导致列车脱轨危险。

(2)列车超速、列车走行部件发生故障,可能导致列车脱轨危险。

(3)地铁列车、线路设备等存在老化现象,均处在超期服役状态时,这些设备一旦发生故障,可能导致列车脱轨事故。

此外,轨道周边物体侵入运营线路,如电缆伪装门坠落、抹灰层脱落等,异物侵限可引起列车损坏、列车倾覆、列车脱轨等重、特大安全事故。

3. 地铁拥挤踩踏危险因素分析

地铁发生拥挤踩踏事故有两方面原因:一是车站内人员负荷过大,车站疏散通道或疏散楼梯设置不合理,车站站台、集散厅及疏散通道内有妨碍疏散的设施或堆放物品,车站出入口存在缺陷或有突发事件发生时,都可能造成人员拥挤踩踏;二是其他原因,如地铁列车故障、火灾或其他危险状况等紧急情况发生时,也可能发生乘客挤伤、踩踏等危险。

4. 列车撞车危险因素分析

处于高速移动状态的列车,也伴随着高风险。一旦出现瞬间的设备异常或人员违章操作,可能造成撞车事故。撞车危险包括与第三方相撞、迎向相撞、迎面相撞等。

5. 地铁中毒和窒息危险因素分析

在火灾事故情况下,可能产生大量烟气,存在中毒和窒息的危险;地铁发生火灾后会产生大量的烟雾,如果通风设施故障,可能造成中毒和窒息的危险;人为恐怖袭击可能使用的有害气体等也能造成中毒和窒息。窒息包括缺氧性窒息和中毒性窒息。

6. 其他危险因素分析

城市轨道交通系统内部的电动车辆、变电所、配电室、电缆、第三轨以及风机、水泵等设备，由于设备缺陷、设计不周、防护不当等技术原因可能导致触电伤害危险。此外，由于人为的违章作业、违章操作，也可能造成触电伤害危险。乘客使用扶梯时，可能造成碰撞、夹击、卷入等伤害。扶梯正常运行状态下的乘客违章乘梯，可能造成严重的乘客摔伤。列车车厢内灯管爆裂、内侧玻璃意外脱落等均可能导致机械伤害。此外，列车在紧急启动、制动时具有很大的惯性，可能导致乘客摔伤危险。乘客手扶车门、上下车时机选择不当或地铁列车设备故障等可能导致车门夹人等机械伤害。

4.2.3　城市轨道交通系统事故影响危险度分析

1. 危险因素等级划分

城市轨道交通系统运营安全在世界上是非常突出且备受关注的问题，统计分析国内外城市轨道交通发生的各类事故，针对事故发生的次数、危害后果，可以对城市轨道交通存在的主要危险因素划分出等级——危险度：

$$危险度＝严重性×概率$$

危险度的计算要同时考虑严重度大小和造成某种损失或损害的难易程度，损害发生的难易性一般用某种损害发生的概率大小来描述。计算危险度的具体方法是：

（1）根据对国内外城市轨道交通事故发生情况的分析，确定严重度取值标准和危害概率取值标准。

（2）按事故后果严重程度分析所得严重度分级赋值，按事故发生频次分析所得危害概率赋值。

（3）通过不完全统计，我们根据国内外事故的种类、发生的次数和后果损失情况，对影响城市轨道交通运营的危险因素等级情况进行了划分，如表 4.5 所示。

表 4.5　危险因素等级划分（危险度）

事故种类	$S×P＝R$	等级序号	备注
火灾事故	$10×8＝80$	1	
人为纵火、恐怖袭击等意外事故	$10×7＝70$	2	
列车脱轨事故	$8×8＝64$	3	
中毒和窒息事故	$10×5＝50$	4	考虑二次事故后的窒息情况
拥挤踩踏事故	$8×6＝48$	5	
列车撞车事故	$6×5＝30$	6	
其他事故	$2×9＝18$	7	

注：S 是指国内外发生各类事故的损失后果及其严重度赋值；P 是指国内外发生各类事故的频率情况及其危害频率赋值。

通过对城市轨道交通危险因素危险度分析可知，火灾事故的危险度值最高，人为纵火、恐怖袭击等意外事故在国外发生的次数相对较多。由于我国城市轨道交通历史相对较短，虽然截至目前有些事故尚未发生过，但不能排除其发生的可能性。

2. 城市轨道交通系统 PHA

根据国内外城市轨道交通事故危险度分析结果，对城市轨道交通系统存在的主要危害因素进行 PHA。表 4.6 所示为火灾的 PHA。

表 4.6　城市轨道交通火灾危害 PHA 汇总

危险因素	可能发生位置	可能原因	事故后果	危险等级
火灾	列车上	车辆电路短路等列车故障，车厢内可燃物着火，未熄灭的烟头，人为纵火	设备损失、中断运营、人员伤亡	Ⅳ
	车辆段	维修设备时违章作业，电气火灾	设备损失、人员伤亡	Ⅶ
	车站	车站内的电气设备故障，乘客携带危险品、吸烟、吸烟后烟蒂随处乱扔等，人为纵火，站厅和通道内违规设置的商业网点发生火灾引起连锁火灾等	设备损失、人员伤亡、中断运营	Ⅳ
	隧道	隧道电缆着火，隧道内电气设备故障起火，隧道内可燃物着火	设备损失、人员伤亡、中断运营	Ⅶ

通过 PHA，可知城市轨道交通火灾、爆炸、列车脱轨、拥挤踩踏等危险因素均可能导致严重的甚至灾难性的事故。

4.3　LEC 评价法

4.3.1　LEC 评价法概述

LEC 评价法是对具有潜在危险性作业环境中的危险源进行半定量的安全评价的方法。该方法采用与系统风险率相关的三个方面指标值之积来评价系统中人员伤亡风险的大小。这三个方面分别是：发生事故的可能性大小 L；人体暴露在这种危险环境中的频繁程度 E；一旦发生事故会造成的损失后果 C。风险分值 $D = L \times E \times C$。D 值越大，说明该系统危险性大，需要增加安全措施，或改变发生事故的可能性，或减少人体暴露于危险环境中的频繁程度，或减轻事故损失，直至调整到允许范围内。

4.3.2　量化分值标准

对上述三个方面分别进行客观的科学计算，得到准确的数据是相当繁琐的过程。为了简化评价过程，采取半定量计值法。即根据以往的经验和估计，分别对这三个方面划分不同的等级并赋值。具体见表 4.7、表 4.8 和表 4.9。

表 4.7　事故发生的可能性

L 值	事故发生的可能性
10	完全可以预料
6	相当可能
3	可能，但不经常
1	可能性小，完全意外
0.5	很不可能，可以设想
0.2	极不可能
0.1	实际不可能

表 4.8　暴露于危险环境的频繁程度

E 值	暴露于危险环境的频繁程度
10	连续暴露
6	每天工作时间内暴露
3	每周一次或偶然暴露
2	每月一次暴露
1	每年几次暴露
0.5	非常罕见暴露

表 4.9　发生事故产生的后果

C 值	发生事故产生的后果
100	10 人以上死亡
40	3~9 人死亡
15	1~2 人死亡
7	严重
3	重大、伤残
1	引人注意

4.3.3　风险分析

根据公式：$D = L \times E \times C$，可以计算作业的危险程度，并判断评价危险性的大小。其中的关键还是如何确定各个分值，以及对乘积值的分析、评价和利用，见表 4.10。

表 4.10　风险域值对应表

D 值	危险程度
>320	极其危险，不能继续作业
160~320	高度危险，要立即整改
70~160	显著危险，需要整改
20~70	一般危险，需要注意
<20	稍有危险，可以接受

对于任何有人作业的具体系统，都可以按照实际情况选取三种因素的分数值，然后计算 D 值，根据 D 值大小，可以判定系统危险程度的高低。

例如，某平交道口工作人员接车时，有时会被列车、汽车撞伤，或被列车坠落物件打伤。从以前 10 年的事故统计资料看，无一人死亡，轻伤仅发生两件。作业时间为每天工作 8 小时。为了评价该道口岗位作业条件的危险性，首先要确定每种因素的分数值。

(1)事故发生的可能性(L)：属于"可能性小，完全意外"，$L=1$；

(2)暴露于危险环境的频繁程度(E)：道口工每天都在这样条件下操作，$E=6$；

(3)发生事故可能会造成的损失后果(C)：轻伤，$C=1$。

于是有

$$D = L \times E \times C = 6 < 20$$

可知，该道口岗位作业条件的危险性等级为"稍有危险，注意防止"。

这种评价方法的特点是简便、可操作性强，有利于掌握企业内部危险点的危险情况，有利于促进整改措施的实施。问题是三种因素中事故发生的可能性只有定性概念，没有定量标准。评价实施时很可能在取值上因人而异，影响评价结果的准确性。对此，可在评价开始之前确定定量的取值标准。如"完全可以预料"是平均多长时间发生一次，"相当可能"为多长时间一次，等等。这样，就可以按统一标准评价系统内各子系统的危险程度。

根据经验，总分在 20 以下被认为是低危险的，这样的危险比日常生活中骑自行车去上班还要安全些；如果危险分值达到 70～160 之间，那就有显著的危险性，需要及时整改；如果危险分值在 160～320 之间，那么这是一种必须采取措施进行整改的高度危险环境；分值在 320 以上的高分值表示环境非常危险，应立即停止生产直到环境得到改善。值得注意的是，LEC 风险评价法对危险等级的划分一定程度上凭经验判断，应用时需要考虑其局限性，根据实际情况予以修正。

4.4　城市轨道交通安全运营控制体系

4.4.1　建立安全运营控制体系的目的

建立城市轨道交通安全管理控制体系的主要目的，是使城市轨道交通的安全生产和管理达到预先设定的目标，使事故等级和事故频率控制在预先规定的范围内，同时通过安全预防以及纠正措施，使安全运营工作持续改进，不断提高安全运营质量。建立安全管理控制体系应遵循法规性、可控系统程序性和差异性的原则。安全管理体系(safety management system，SMS)的具体目标包括：

(1)不发生职工(包括劳务人员)因公死亡及重伤事故；

(2)不发生重大运营事故、大事故和有责任乘客死亡事故；

(3)不发生重大火灾事故；

(4)不发生有责任交通死亡及重伤事故；

（5）不发生一定数额的有责物损的交通事故；

（6）严重晚点率低；

（7）险性事故和一般事故发生率低。

各城市轨道交通运营企业可根据企业自身的运营特点和具体情况，制定适合自身安全运营管理的控制目标，建立安全运营管理体系。城市轨道交通安全运营管理体系可分为预先控制、过程控制及事后控制三部分。

4.4.2 安全运营管理预先控制

1. 组织保障

（1）建立健全安全运营管理网络。为了确保城市轨道交通运营企业安全管理工作始终处于可控状态，通过完善的组织管理措施，建立安全运营管理网络是一个必不可少的手段，同时在组织保障管理体系中，应体现安全运营工作"行政第一负责人为安全第一负责人"的原则，体现安全生产齐抓共管的管理理念。

（2）建立专门负责安全工作的组织机构，体现安全运营管理主体。在组织机构设置中，城市轨道交通运营企业应建立专门负责安全生产的部门，各安全生产管理职能部门在赋予的职能下展开安全管理工作，从而使企业安全运营管理工作能规范有序地进行。同时为了保障安全运营管理控制体现的实施效果，可成立总公司安全生产委员会，由正、副总经理分别担任负责人的正、副组长，以其他各分公司领导为主要成员组成安全管理组织，该组织履行并负责安全工作重大决策的制定、总公司安全生产控制目标的制定、重大事件的考核和责任的追究，从组织上着手落实安全生产工作。

2. 安全运营目标管理

（1）年度目标管理指标。明确的年度安全运营目标管理指标，是确保总公司安全运营始终处在可控状态的重要手段，也是提高运营生产质量的有力保障。年度安全运营目标管理指标应该总结上一年度安全运营的实际状况和本年度运营生产的特点，提出切实有效的年度安全运营控制指标，且根据总公司的主要特点和现阶段主要矛盾不断修改，逐步提高。指标的设定应体现"安全第一，确保畅通"的安全方针。

（2）目标管理指标分解。在确定总公司本年度安全运营控制指标的基础上，通过责任分解，层层落实，确保年度安全运营指标的实现。遵照相应安全原则落实安全责任制，推行符合相应目标的安全管理理念，从总公司领导、分公司领导、部门领导、班组长直到每个员工，均应签订安全生产责任书，将安全责任和安全目标层层分解、步步落实，形成职责清晰、层次分明、衔接紧密、覆盖全面的安全生产责任制体系，并将安全生产责任书完成情况作为每层级领导和每位员工绩效考核、岗位晋升的考核标准之一。通过各级安全目标的实现来确保公司年度指标的实现。

（3）目标管理指标下达形式。确定公司、分公司的安全运营目标管理指标后，应结合公司年度安全生产责任书，通过与单位行政第一人签约的方式承诺下达。

3. 安全运营风险评价及预警

(1)安全运营风险评估。城市轨道交通运营企业应定期地或者不定期地对运营情况进行危险源辨识和安全评估，及时掌握当前的安全生产状况和签证的风险，做到安全管理心中有数。根据安全评价的结果，及时调整安全工作的重点，对潜在的风险，制定防范措施，变被动安全为主动安全。对影响安全营运的设施设备难点问题进行专题研究，不断提高设施设备完好率。同时应学习国内外运营安全风险评估体系的先进方法，建立切合本公司运营实际的评估体系，并将其作为长效管理手段。安全运营风险评估工作应确保每年展开一次，若遇年度新线运营，在其投入运营前，应进行开通前试运营风险评估。安全运营风险评估工作可采用专家组或评估小组的方式进行。

(2)预警工作。城市轨道交通运营公司应建立反应灵敏的预警机制，通过危险源辨识，变事后补救为事先预防，通过建立设施设备的信息化管理手段，增强设施设备的状态监控；通过安全检查、业务考核等手段，增强从业人员的业务素质，并消除人为隐患；通过先进的健康技术，减少灾害天气下和突发事件对城市轨道交通运营的影响；公司应通过强化预警机制的功能，及早发现隐患，力争将事故消灭在初期阶段。

4. 规范新线接管程序

在我国进入城市轨道交通建设的高潮阶段，顺畅高效的接管程序是确保新线顺利接管、按时开通的重要保障。因此，运营公司应建立和完善新线接管程序，规范建设、运营的接管点和职责，同时明确新线部与相关部室、分公司的各自职责，确保新线接管安全顺畅。为此要从设计、施工、设备调试、验收等环节介入，不断进行安全评估，并进行总联调。

4.4.3　安全运营管理过程控制

安全运营管理过程控制就是围绕城市轨道交通生产运营工作流程的全过程进行过程控制，从生产计划和运行图的制定、调度指挥实施、车站客流组织和客运服务、设施设备的保障等各个环节进行全过程控制，通过各个环节有效的监控和正常运转，来实现城市轨道交通各个组成部分的联动有效运转。建立强化安全运营过程控制，采取积极有效的措施，将事后补救变事前预防，真正体现"安全第一、预防为主"的原则，同时，强化安全营运管理过程控制是实现公司安全运营目标的重要手段，也是确保公司运营安全的重要保证。

1. 行车安全控制

城市轨道交通行车安全是运营安全生产工作的重点，因此必须强化行车安全控制，及时消除行车安全中的各种设备和人为隐患，严格执行车岗位标准化、规范化操作。

(1)确保运营安全规章的有效性、适应性、覆盖性。为了保障轨道交通安全运营工作，必须根据轨道交通行车工作的特点和设备设施的技术条件要求，建立安全管理制度，包括安全操作规程、事故处理规程、应急处理预案等在内的安全规章体系，以制度来规范安全管理的各个环节，以规范化保证安全，确保达到事事有章可循，严格落实安全生产规章制度才是运营安全的保证。各类安全规章制度包括：操作类安全规章，设备操作类安全规章，设备保障单位安全运营管理规章，事故预案，安全管理规章。

（2）确保行车岗位人员操作的规范化、标准化。建立规范全面的安全运营规章后，要通过经常性的规章制度培训和学习，让员工清楚理解规章制度；通过经常性检查督促员工严格执行各种规章；通过经常分析事故苗头、事故隐患、事故后果，使员工认识到遵守规章制度的重要性。

2. 设施设备保障

运营设施设备的好坏，直接关系到列车运行安全与否。因此必须采用先进的检查手段，及时发现设备的隐患，建立维修管理信息化系统，不断提高保证设备质量的措施，按照设备管理体系的要求，科学地进行设备管理工作，提高设备完好率和运营保障力度。

（1）完善设备科学化、信息化管理。设施设备的维修不仅要保证质量，还要保证速度。采用先进的设备检测技术和工具，快速检测到设备状态，查找故障点，及时、准确地掌握设备质量状态，为处理设备故障提供保障。设施设备维修管理要采用维修管理信息化系统，对维修过程中维修人员、工时、物料、检修规程等进行全面的监控，保证维修计划的落实，提高设备设施维修管理及维修水平。对设备的维修管理要做到精检细修、突出重点。在日常设备维修保养中，特别抓好车辆、接触网、螺栓等设备的巡视、检测、加油、清洁等工作，以小放大杜绝大故障、大事故的发生。同时，集中技术力量解决运营生产过程中出现的技术难题，组织专业的技术人员进行攻关，从设备设施运营质量的角度为确保运营安全奠定坚实的基础。

（2）完善设施设备规程。标注与规程是实施设备管理工作开展的依据。由于城市轨道交通设备种类繁多，且不断更新升级，因此要求规章规程也要不断修改完善，每隔一段时间，企业应组织力量更新规章规程的版本，以适应实际生产的需要，同时将这些标准、规章规程作为企业职工技术培训和班组学习的主要内容，加强职工的标准化意识，规范日常工作行为，提高整体技术水平，确保设施设备的高质量。

3. 完善监控手段

（1）进一步加强运营时段现场管理，使之成为确保轨道交通运营始终处在可控状态的重要手段，深入运营一线，靠前指挥，抓小防大，安全观前移，提高现场处置能力。

（2）加强信息管理手段，提高突发信息传递速度。为提高应对突发事故处置能力，减少事故发生对运营的影响，应规范信息传递制度，理顺信息传递渠道。同时，城市轨道交通运营企业可发挥快速有效的信息传递系统的作用，提高短信群发系统的稳定性，使各层级领导、技术骨干在第一时间掌握各类运营生产信息。

（3）坚持和完善运营管理交接班会议制度。利用运营交接班制度，能及时将前一日的运营情况进行分析，协调解决运营生产中的实际问题，并能随时掌握运营安全动态，做到运营安全天天受控。

(4)坚持和完善月度运营例会制度,有利于及时分析安全运营状况和形势,把握安全动态,制定有效应对措施。

4. 开展岗前培训和演练

(1)制定安全教育制度,明确安全教育内容和要求,通过各种途径和手段加强宣传教育和培训,增强员工安全防范意识,提高安全技能。对新员工落实"三级"安全教育制度,使员工在上岗前符合岗位安全知识、技能、等级的要求。其次,根据安全生产的实际需要,评定运营生产系统中各个岗位的安全等级,制定各个等级的安全知识和安全技能要求,对员工进行分层培训、考核。实现安全关键岗位持证上岗,同时运用国内外同行业的事故事件,通过编制"事故案例"等手段教育员工,不断强化员工的安全意识。

(2)在以上事故预案处置的基础上,组织制定公司演练计划,定期和不定期地组织各层级切实有效地开展各种演练,不断提高各级员工对预案的熟练程度以及应急应变的能力。

(3)定期开展"城市轨道交通安全宣传周",并结合国家安全生产月的活动,充分发挥车站和列车广播等宣传方式,进行广泛的安全教育,提高市民对城市轨道交通的安全意识。

5. 安全检查

安全检查是落实安全工作的重要一环。通过查隐患、查整改、查落实,控制人的不安全行为、车辆的不安全状态和环境的不良因素对城市轨道交通运营的影响。同时,各单位仍要坚持日常检查和定期检查相结合,专项检查和综合检查相结合,及时发现各类隐患,并认真抓好整改工作。

4.4.4　安全运营管理事后控制

1. 完善抢险救援中心运转机制

为了能快速、有效地处置运营突发事件,城市轨道交通运营企业需成立抢险救援中心,负责整个城市轨道交通系统设施设备紧急抢修和抢险等救援工作,实行准军事化管理,全天候待命。抢险救援中心应设立多个抢险车辆备勤点,进一步完善抢险救援中心的运转机制,特别是应考虑如何在网络化运营的高度来合理设置抢修点,以增强应急救援的反应能力。

2. 建立事故处理规范程序

针对城市轨道交通发生的事故,对事故源头和安全隐患进行分析和处理,坚持从管理上找原因、查漏洞、定措施,通过事故分析查找原因,整改隐患,完善规章,改进管理措施,杜绝同类事故再次发生。落实贯彻预防为主的方针,在管理人员中树立高度的安全责任意识,切实做到事事都有人负责。

3. 安全整改

对日常运营生产中暴露的安全隐患，开展各种安全隐患整治活动，对城市轨道交通安全运营的各类隐患进行梳理排查，确保设施设备处于正常可控的运营状态。并针对运营过程中出现的设备系统问题，组织专业的技术力量进行攻关。

4. 完善考核和责任追究制度

(1)制定职工手册作为职工考核的依据。

(2)制定月度经济责任制考核制度。

(3)制定领导干部安全责任追究制度。

(4)制定运营业主单位安全责任风险抵押金制度。

第 5 章　城市轨道交通运营安全管理

5.1　城市轨道交通运营安全管理概述

5.1.1　安全管理理论

风险管理是指识别风险、分析风险、采取防范措施控制风险的一系列过程。风险管理的主体通过风险识别、评估，并在此基础之上主观采取行动，以最经济的方法(回避、减少、分散、转移等方法)妥善地处理风险事件的不利后果，以保障安全生产，实现预期的目标。风险不仅仅指静态风险，还包括动态风险，风险管理是以静态风险和动态风险为对象的全面的管理。风险处理的方法、流程和程序是风险管理的重要方面。从风险决策的角度，风险管理要考虑成本和效益，以最经济的方式合理处置风险，降低风险管理的成本，实现最佳的效益。在一般的工作中，许多人将风险管理和安全管理混为一谈，实际上两者关系紧密，但仍存在以下几点区别。

(1)风险管理的内容更为广泛，风险管理不仅仅涉及预测、分析、预防事故和管理人机系统这些安全管理的内容，还包括政治、环境等无形风险。

(2)风险管理确立了系统安全的观点。随着科技的进步，生产系统的规模不断扩大，系统的构成也越来越复杂。许多系统往往由多个子系统构成，从系统的角度出发，就必须研究每个子系统，同时也要研究各子系统的接口与界面。接口的风险往往容易被忽视，因此风险管理是从全局的整个大系统的安全出发，研究分析每个子系统，以达到全面的安全。

(3)安全管理的重点是创造良好的工作环境，促使达到人机安全生产，以减少事故甚至消除事故。风险管理的重点是尽可能地减少风险的损失，二者的重心不一样，控制措施也存在差异。

(4)风险管理研究了事故预测技术。风险管理多为事前管理，预先发现事故的危险因素，并采取措施控制风险，防范事故的发生。而安全管理为事后管理，多从已发生的事故中吸取教训，这必然会付出很大代价。风险管理是在安全管理基础之上的创新及衍生，但其毕竟是在传统的安全管理基础上发展起来的，所以，从安全管理的角度去汲取经验教训，对于风险管理是很有意义的。

SMS 是通过对危险进行有效的管理来保证城市轨道交通健康运行的主动措施。简单来说，SMS 的本质包括了三个方面：安全、管理、系统。

(1)安全。SMS 建立的核心和目标就是安全。安全究竟该怎样定义？有人说安全就是没有潜在的危害，不出事，不发生事故。这样的定义针对地铁安全来说未免显得有些浅显和武断。我们应该用产生后具的可能性和严重性反过来对安全进行描述。因此，安全可以被定义为人员伤害或财产损失的风险在可接受的水平或其以下的状态。针对地铁是不是安全这个问题，我们不能主观臆断，要用风险评价的方法对其评价，得出的风险值超过了设定的安全值时，我们就说这是不安全的。这样的安全定义可能完全颠覆了传统思维意识中对安全的理解，感觉可能更抽象化。但是只有这样才能更客观、理智、科学地评价安全这个概念。

（2）管理。要想实现安全这个目标，就要运用管理的手段。传统的管理可能被理解为管理人、物或事件，甚至被理解为简单粗暴。而这里的管理可以定义为使用质量管理技术进行安全保证。管理不是目的，它是一种手段，一种持续的过程，不是针对人或事，只是为了达到安全目的，对安全相关的运行和支持过程持续进行的质量管理。在管理之前，要对潜在的危险源进行风险评价，若超出了可控的允许范围，就需要对此采取风险控制措施。举个例子：列车上少了一个螺钉，根据风险评价后得出，此风险的量化数值超过了可允许范围内的数值，然后管理者要求维修人员对其进行修复，并且以后也会一直关注。这就是一种质量管理行为，目的是使列车能够安全运行，而且管理者每天会持续地对列车的安全运行进行监管，它是一种动态的管理过程。

（3）系统。这里讨论的安全也是有载体的，是在一定的系统内的。根据官方定义，系统就是一组相互作用、相互关联或相互依赖的要素组成的一个统一的整体。针对航空公司来说，整个航空公司有关安全运营的各项相关内容构成了一个系统，它们相互作用、相互影响，最终都为了一个共同的目的——用飞机安全正点地把旅客送往目的地。根据上述的分析可以得出以下结论：SMS 的建立是在一定的系统内部，是有范围的。

5.1.2   城市轨道交通运营安全管理模式

城市轨道交通运营安全管理模式主要包括总体方针、基本要素、运行模式三方面内容，分别体现了安全管理系统中宏观指导、结构分析、操作方式三个层面的内容与方法。

5.1.2.1   总体方针

城市轨道交通运营安全管理模式的总体方针是城市轨道交通运营企业对其在安全管理方面的意向和原则的声明，实施城市轨道交通运营 SMS 的全过程是在这个方针的指导下进行的。它通常是组织的最高管理者制定的，是指导思想和行为的准则，包括了全体员工与安全管理的全部活动。所有的计划、措施、行动都应符合方针，为实现安全管理的方针服务。需要指明企业在安全方面的努力方向，提供规范企业行为和制定具体目标的框架。良好的安全管理方针能指导组织有效地实施和改进它的 SMS，同时，安全管理方针也在这样的过程中得到必要的修正。城市轨道交通运营安全管理模式总体方针的制定及管理应该符合以下几个要求：

（1）方针应当遵循法律法规，没有相关规定时，可以选用城市轨道交通行业标准。

（2）方针应当包含对在城市轨道交通运营安全水平改进的绩效的承诺，并说明方针适用期。

（3）方针需要体现运营全过程中的安全管理思想。

(4)安全管理方针应当与城市轨道交通运营其他方面的管理方针一致，并且具有相同的重要性。

(5)安全管理方针应当形成文件，例如写在安全管理手册的开头部分。

(6)方针应当包括对持续改进的承诺，因为使风险最小化的努力是没有穷尽的，应当根据 SMS 实施的情况及时改进安全管理的总体方针。

(7)全员参与是实现方针的保证，所以方针要传达到每一位员工，使每一位员工意识到自己在安全运营方面的义务。

(8)方针应当公之于众，接受上级及广大乘客的监督。

(9)作为安全管理模式的核心内容，方针应当定期评审，确保其适用性。

5.1.2.2　基本要素

城市轨道交通运营安全管理模式共包括 4 个方面，14 个基本要素，如图 5.1 所示。

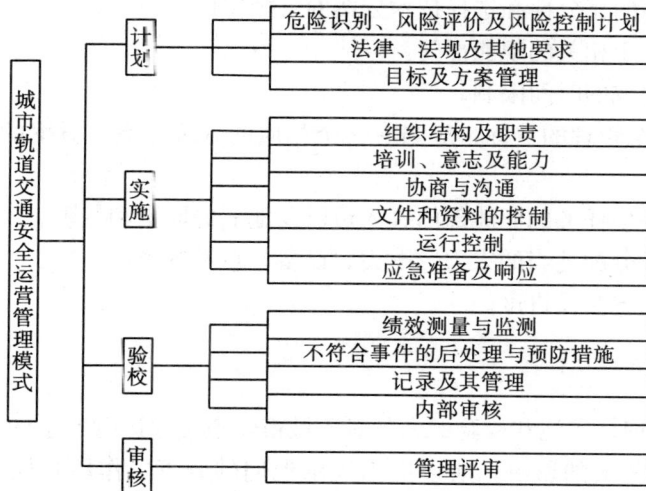

图 5.1　城市轨道交通运营安全管理模式的基本要素图

1. 危害识别、风险评价以及风险控制计划

危害是指可能造成人员伤害、财产损失、作业环境破坏或其组合的根源或状态，即事故的原因。这种根源来自人、设备、环境和管理 4 方面，也即人的不安全行为、设备的不安全状态、不良环境因素以及管理缺陷。当危害造成损失的时候，风险就随之出现。对危险的识别应当包括 5 方面内容：①日常运营活动；②周期性的检修活动；③所有工作人员及乘客的活动；④可以预见的紧急情况；⑤所有的设施设备。

对所有识别出来的危害，评价其风险程度，确定不可容许的风险，并对这些不可容许的风险制定控制计划，将它们降低为可以容许的风险。这些控制计划应当是预防性的而不是事后性的。对于评价的结果以及控制方法实施的效果，应当形成文件，并保持这些信息的实时更新。

2. 法律法规及其他要求

守法是安全管理的最基本要求，所以应当及时准确地获取相关的法律法规。对获取到的法律法规应指出其哪些条款适用于哪些部门，并将这些信息记录在案，保持信息随时更新。应将法律法规传达给每一个员工，必要时可以进行法律法规及其他要求的培训，保证员工对其的遵守。

3. 目标及管理方案

建立安全管理的目标，目标既要针对运营过程中各职能部门的共性安全问题，也要指明各职能部门的特殊安全问题。对于目标的要求有以下几点：

(1)目标要针对所确定的不可容许的风险，使其降低到可以允许的程度。

(2)目标应当尽量量化。

(3)要考虑资源的充分性和选择技术方案的可操作性。

(4)目标要定位于相关的职能部门。

(5)有开始和完成的时间限制。

对应每一个安全管理的目标，应当有一个相应的管理方案，方案的内容应当包括以下几个方面：

(1)确定担任各项任务的职能部门、人员以及他们的职责和权限。

(2)对各项任务分配适当的人力、财力、设备、技术等资源。

(3)完成任务的方法及进度。

4. 组织结构及职责

对活动进行管理、实施和检验的人员对于城市轨道交通运营安全的活动、设备设施、过程的安全风险有很大的影响，所以应当规定他们的职责、作用和权限，并形成文件、予以沟通，以便于安全管理的实施。应对其职责、作用和权限进行规定的人员如下：

(1)最高管理者。最高管理者应当具有承担安全管理责任、批准安全管理方针、任命安全管理代表以及为安全管理提供资源和主持评审的职责。

(2)安全管理者代表。他需要得到 SMS 绩效的汇报，这里要注意，安全管理的职责与运营职责并不矛盾。

(3)各职能部门的业务经理。

(4)安全培训人员。

(5)特种设备负责人。

(6)设施设备操作人员等。

通过职责的划分最终要达到：对于所有的安全管理事务，要事事有人管，一事一主管。不能有的事务没有人管，有的事务多头管理。

5. 培训、意识和能力

在安全管理过程中，全体人员都应该具备完成影响安全目标任务的能力，这就需要根据适当的培训对其能力进行判定。培训时需要确定每一个职能级别的人员所需要的能力，并针对不同人员制定系统化的规划对其进行培训。要定期评审培训的效果，并对培训内容进行实时的改进。通过培训使所有员工都意识到：

(1)执行安全管理方针、程序和 SMS 的重要性。

(2)工作活动中实际或潜在的安全后果，以及个人行为的改进所带来的安全管理的效益。

(3)执行安全管理方针、程序和实现体系的要求，包括应急准备与响应要求方面的作用和职责。

(4)偏离规定的运行程序产生的潜在后果。

根据具体情况制定一套人员安全能力评价的方法和标准，并以此作为确定培训需求和绩效考核的依据。

6. 协商与沟通

沟通包括与外部的沟通和内部信息的沟通。其中，内部沟通包括各职能部门及单位之间的横向和上下级之间的纵向安全信息的沟通。沟通的内容方式应在安全管理文件中作出明确的规定。外部沟通包括：

(1)接收并传达来自执法机构的法律和其他要求信息，并向执法机构汇报检测结果、应急计划、事故处理情况以及就安全管理事务进行沟通并取得支持。

(2)接收乘客投诉并进行记录，认真调查研究、处理和回复。

(3)向外界展示安全管理的方针和绩效。

城市轨道交通运营方应当建立与员工协商和沟通的专门组织，通过该组织实现同员工的制度化、无障碍沟通和协商。

7. 文件和资料控制

建立文件的目的是把安全管理的要求化为具体的实践，文件可以确保安全管理得到充分的理解和有效的运行。文件需要提供对管理核心要素及其相互作用的描述和查询相关文件的途径。当然在满足有效性和效率的前提下，文件应该力求最小化。SMS 应当对其文件和资料进行有效的控制，从而确保文件：

(1)能够准确定位。

(2)对它们进行定期评审，必要时予以修订并由授权人员确定其适用性。

(3)凡是对安全体系的有效运行具有重要作用的岗位，都能得到有关文件和资料的现行版本。

(4)及时废止失效的文件和资料或采取其他方式防止误用。

(5)出于法律和保留知识的需要而归档的文件和资料，要予以适当标志。

8. 运行控制

运行控制的目的是对所有需要控制的风险的运行和活动实施有效控制，使与这些运行和活动有关的风险都处于受控的状态。对于经过评价需要进行控制的风险(主要是不可容许的风险），应建立文件化的程序。运行标准应当清楚到现场操作人员可以看懂并知道怎么去做的程度。这些运行标准可以来自相关法律法规、标准、规范、惯例等。

9. 应急准备与响应

应急系统用来确定发生事故或紧急情况的可能性，以及对于这些突发事故或紧急情况作出响应，以预防或减少事故或紧急情况造成的伤害和损失。应急管理应当包括预防、预备、响应和恢复4个方面，因此，应急准备与响应不仅是为了减轻后果，甚至还可以预防更大规模的事故发生。应急计划应当包括以下内容：

（1）应急机构。

（2）应急期间负责人以及所有人员的职责，特别是起特殊作用的人员的职责（如消防人员）。

（3）对内警报、对外通报和联络。

（4）疏散程序。

（5）重要记录和设备的保护以及危险物品的处理。

（6）应急期间必要的信息包括装置布置图、危险物质数据、程序、作业指导书、联络电话号码等。

（7）必备的应急设备有报警系统、应急照明和动力、逃生工具、安全避难场所、重要的隔离阀、开关和切断阀、消防设备、急救设备、通信设备等。

10. 绩效测量与监测

绩效是指依据安全管理的方针和目标控制安全管理方面所取得的可以测量的成效。绩效的测量用来说明方针和目标是否正处于实现之中，控制措施是否已经得到实施并且行之有效，对员工的意识、培训、协商与交流的计划是否行之有效，可用于评审或改善的信息是否正在产生和被使用。监测是指对于每个重要的监测项目，规定监测的场所、频次、方法或依据的标准、测量设备、监测实施者和监测的结果。监测与测量的内容应当包括以下内容：

（1）安全管理需要的定性和定量的测量。

（2）对目标达到程度的测量。

（3）预防性的绩效测量，监测遵守安全管理方案、运行标准及适用法规的要求的情况。

（4）事后性的绩效测量，监测事故、事件（包括未遂事件）和安全管理绩效其他不良表现的历史证据。

（5）要保留足够的测量数据和结果的记录，以便对以后的纠正和预防措施进行分析。

当然，运营单位应当及时对测量和监测需要的设备进行维修和校准，保证监测和测量记录的准确性。

11. 不符合事件的后处理与预防措施

不符合事件发生后应立即采取减轻后果的措施，包括：采取一切必要的措施，控制事态的发展，限制事故规模和影响范围，必要时启动应急程序；抢救伤员，实施急救并传送医院；迅速按规定的程序向有关部门的管理者报告事故情况；必要时隔离以保护现场。除此之外，不符合事件发生后应对不符合事件展开调查。根据不符合事件的性质和严重程度，由不同的部门组成不符合事件调查组。调查组成员需要经过不符合事件调查的培训，具备相应资格。选择纠正与预防措施时，要按照先考虑消除危害，再考虑降低风险，最后才考虑防护措施的原则；措施实施前要进行风险评价，避免纠正了原来的不符合却带来新的风险；要请一线人员参与评审措施的有效性和可行性；如果措施对相关文件有更改，应当遵照实施并记录；要对纠正措施和预防措施情况进行检查和验证。

12. 记录及其管理

记录反映管理绩效的情况，反映符合有关要求程度的证据，用以证明安全管理的有效性，使得运营在安全条件下进行。安全管理记录应填写完整，字迹清晰，恰当标记。对记录的保存时间予以规定。记录应保存在安全的地点，易于恢复。记录管理中应当注意：处理记录的权限，记录的保密性，有关记录保留的法律要求和其他要求，使用电子记录会出现的问题。

13. 内部审核

用人单位应当定期对 SMS 进行内部审核，以保证体系的符合性、实施性和有效性。审核可以通过抽样的方式查看运营环境，访谈，查阅文件、资料、记录。审核应当有计划性，制定实施安全管理内部审核的年度计划，审核应该覆盖 SMS 的全部范围。如果出现了特殊审核的状态，可以实施附加审核，并通知审核部门、上级管理单位及其他相关单位。

为了体现审核的公正性，内部审核员应当由与所审核活动直接负责人无关的人员来担任。审核员应具备运营相关知识，了解 SMS 并熟悉相关的法律法规及其他要求。对于不符合管理体系的人员和部门应采取纠正措施，确定完成日期并进行跟踪审核。审核报告需要包括：审核目的，审核范围，审核准则，审核日期，审核计划，审核员名单，不符合及整改和验证报告，审核组关于体系符合性、实施性、有效性的评价，审核报告的分发。

14. 管理评审

运营的最高管理者应该定期对 SMS 进行评审，以确保体系的持续适宜性、充分性和有效性。管理评审采用会议的方式，要保证员工安全管理代表的参加率。这个体系范围内的评审应当一年一次，增加的评审可以针对整个体系范围，也可以针对局部。评审与内部审核不同，应集中于管理体系的整体绩效，而不是具体细节。管理评审主要依靠以下信息：

(1)内部审核的结果，自上一次审核到现在对 SMS 实施的纠正措施的完成情况。

(2)绩效的测量和监测结果。

(3)事故统计、应急响应等情况。

(4)管理代表以及各部门负责人对其管理部分的绩效报告。

(5)内、外部的变化(例如设施设备的更新、防护措施的改变等)。

5.1.2.3 运行模式

为了保证城市轨道交通运营安全管理模式的持续有效性，本模式采用持续改进的运行模式，如图5.2所示。即在安全管理的总体方针确立之后，整个管理体系按照PDCA (plan-do-check-action)的模式循环运行。

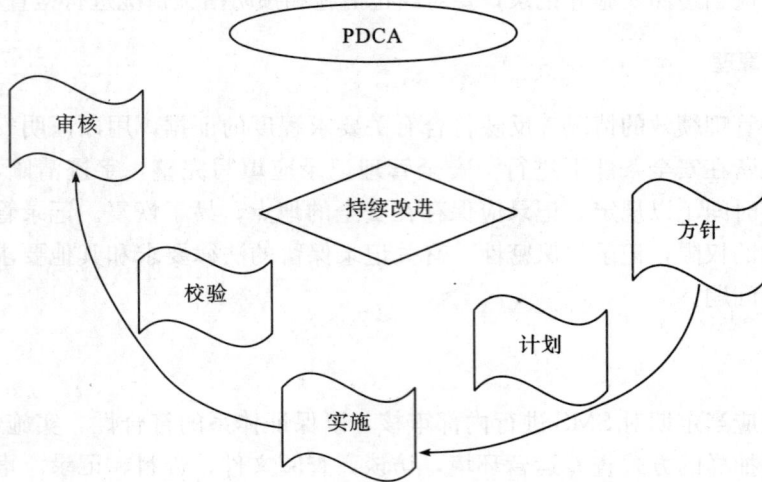

图5.2 安全管理的运行模式图

按照上述模式运行可以使得安全管理的绩效随着时间不断提高，每一次新的循环开始时的绩效水平都比上一次循环要高，具有螺旋上升的效果。危险程度也就随之不断降低。

5.2 城市轨道交通安全管理的内容

5.2.1 城市轨道交通机电设备安全管理

1. 环控系统设备安全管理

城市轨道交通地下环境封闭、湿度大且发热源多(如人体散热、车站设备散热、列车散热、外界空气带入热等)，故空气质量与地面其他场所相差较大。在这里，降温、除湿和排热是主要的空气处理手段，同时对新、回风中的粉尘、有害物质及人员呼出的二氧化碳进行过滤和处理。借此为乘客和工作人员创造一个舒适的环境，保证设备能持续、正常地运行。当车站发生火灾、毒气等事故时，环控系统还能及时排出有毒气体，环控系统的重要性是不言而喻的。环控系统主要由风系统、空调水系统以及集中供冷系统组成。

环控系统运行管理的主要任务如下：

(1)安全是城市轨道交通运营工作的生命线，必须严格执行国家有关安全生产的法规、法令，根据实际情况制定相关规章制度并严格遵循。

（2）坚持"安全第一，预防为主"的方针，把安全工作作为重中之重，落到实处。

（3）环控设备管理维修人员必须做到"三不动""三不离""三不放过""三级施工安全措施"等基本安全生产制度。

（4）在安排维修作业时，应有安全防范措施，并严格遵守有关技术作业的安全规定。

（5）各种特许工种必须持证上岗，并进行必要的岗前培训，上岗证应按规定进行年审。

（6）各层级都应设专职或兼职安全员，负责安全工作及监控，形成安全管理网络。

（7）设备的维修需制定相应的维修计划，以系统和设备的修程、维修周期、技术条件、故障情况等为依据。

（8）技术人员应对环控设备的技术文本及技术档案、竣工资料、维修记录等进行全面归档，加强对技术文件、技术资料及相关标准化文本的管理，以便查阅及数据跟踪分析。

2. 给排水系统安全管理

城市轨道交通给排水系统采用城市自来水作为供水源，由给水系统和排水系统两部分组成。给水系统包括生活给水系统、生产给水系统和水消防给水系统；排水系统包括污水系统、废水系统和雨水系统。给排水系统安全管理的主要任务是，通过对车站和车辆段给排水系统设备的操作、维护、保养和维修，使之能持续、高效地运行。

管理和操作必须建立在熟悉给排水系统各设备性能的基础上，了解其结构及工艺、运行环境等要求，掌握各设备的操作、保养、维修的技术。给排水专业技术人员由技术管理人员、工班长和给排水维修人员三类岗位人员组成，主要负责给排水与水消防设备运行管理与维修。专业工程师负责编写各种系统设备的操作、维修、保养规程及维修周期，制定设备的维修计划、材料计划等，经上级主管部门审核通过后，按管理范围划分，由相应工办负责执行。

3. 低压配电及照明系统安全管理

通过对车站和车辆段低压配电及照明系统各设备的正确操作和管理，保障设备处于安全受控状态，使设备达到优质、高效的运行工况，实现系统的设计功能，为车站正常运营提供必要的基础条件。

（1）故障应急处理。设备发生故障时，为不造成更大范围影响，由车站工作人员依照"先通后复"原则及有关规则暂作技术处理，并按手续由专业维修人员处理。

（2）日常维修作业。设备日常运行期间发生故障时，专业维修人员接报之后进行的抢修工作。

（3）巡视作业。通过观察设备（具有代表性的）运行状态，与标准常态比较，及早发现异常运行状态，及时将故障解决在发生的初期，尽量避免故障后的维修工作。

（4）计划维修作业。维修作业是一种主动的预防性维修，作业内容较巡视深入，是根据低压配电及照明系统设备的构成、运行、使用特点等因素，周期性地纠正系统各设备（部件）运行后可能积累的误差、磨损或零部件使用寿命后的更换，调整设备达到良好运行状态。

（5）设备运行记录。定期记录低压配电及照明系统运行数据，用于必要的运行历史追溯、故障分析。

（6）备品备件采购。根据设备运行使用的损耗需求，结合备品备件仓储数量、零部件的使用寿命，计划定期补充采购。

（7）规程及制度。制定日常巡视工作流程、计划性维修工作流程、非计划性（即故障应急处理）维修工作流程、环控电控设备维修安全制度及环控电控设备管理制度。

低压配电及照明系统是车站机电设备的一部分，其日常操作、管理由车站工作人员负责，其设备维修由专业维修工班负责。技术人员负责制定各种作业计划，为专业维修工班提供生产、技术支持。专业维修工班执行各种计划作业、故障抢修、临时任务，并必要地反馈各种工作情况。每项工作都必须遵守各类设备维修手册和操作使用手册的要求。

4. 屏蔽门系统安全管理

屏蔽门系统是安装于城市轨道交通沿线车站站台边缘，用以提高运营安全系数、改善乘客候车环境、节约运营成本的一套一体化的机电设备系统。作为站台公共区与轨道列车之间的可控通道，屏蔽门系统的功能是：列车进站时配合列车车门动作打开或关闭滑动门，为乘客提供上下列车的通道。屏蔽门系统安全管理的内容有以下几点：

（1）运营前巡视检查。系统启动后，每日投入运营使用前的巡视，确保设备初始状态正常。

（2）故障应急处理。设备发生故障时，由站台岗工作人员依照行车规则作应急技术处理，并按照程序报维修人员处理。

（3）日常维修作业。设备日常运行期间发生故障时，专业维修人员接报之后进行的抢修工作。

（4）巡视作业。通过观察设备（具有代表性的）运行状态，与标准常态比较，及早发现异常运行状态，及时将故障解决在发生的初期，尽量避免故障后的维修工作。

（5）计划维修作业。维修作业是一种主动的预防性维修，作业内容较巡视深入，是根据低压配电及照明系统设备的构成、运行和使用特点等因素，周期性地纠正系统各设备（部件）运行后可能积累的误差、磨损或零部件使用寿命后的更换，调整设备达到良好运行状态。

（6）设备运行管理。定期下载、存储屏蔽门系统运行数据，用于必要的运行历史追溯和故障分析。

（7）补充采购。根据设备运行使用的损耗需求，结合备品备件仓储数量、零部件的使用寿命，计划定期补充采购。

本系统应设置设备维修站务操作使用人员、技术支持及管理人员。设备维修应设有专业维修工班，维修工班负责日常巡视、执行各种计划作业、故障抢修及其他临时任务，并必要地反馈各种工作情况；站务人员负责日常使用操作，包括系统的启动、停止、应急处理；技术人员负责制定各种作业计划，为维修工班提供技术支持，为使用者提供咨询服务。

5. 电梯系统安全管理

电梯系统由液压梯、自动扶梯及楼梯升降机组成，是城市轨道交通系统的一个重要组成部分，每天担负着运送大量客流的任务，其对客流的及时疏散起到了至关重要的作用。安全管理的任务是保证设备处于正常运行状态，实现系统的设计功能，同时为车站迅速输送乘客、维持良好秩序提供有力保证。安全管理的主要内容有以下几点：

(1)应急处理。设备发生困人或客伤等事故时，由运行管理人员按照应急方案处理，并按照规定通知维修人员。

(2)故障报告。观察设备的运行状态，若发生异常(如异常响声、停梯等)，及时将故障情况报告给环控调度(简称环调)，再由环调组织专业人员维修。

(3)设备监管。对设备的正常使用进行监管，防止乘客违规使用。

(4)运行操作。每天对设备的启动和停止运行进行操作。

(5)工作人员职责。系统日常运行管理由各车站工作人员根据车站运作需要，对系统设备进行开、关和控制运作方向的操作，并对设备进行监管及故障报告。当车站出现紧急情况或发生火灾时，由控制中心统一指挥，车站工作人员按照救灾模式控制设备的运行。

(6)规程和制度。由于电梯系统设备属于特种设备，安全性要求很高，因此需制定严格的操作规程及管理制度，以保障乘客的安全。主要包括自动扶梯操作规程和管理制度及液压梯的操作规程和管理制度。

6. 机电设备监控系统安全管理

机电设备监控系统是指城市轨道交通沿线车站、区间和相关建筑内的环控、低压、照明、给排水、屏蔽门等设备，以集中监控和科学管理为目的而构成的综合自动化系统。机电设备监控系统是城市轨道交通机电设备科学管理、高效运行的重要手段，对机电设备监控系统进行良好的管理，是城市轨道交通机电设备协调高效运行的前提。一个良好运行的机电设备监控系统不但能为广大乘客提供舒适的乘客环境，而且能大大提高城市轨道交通对意外安全事件的反应处理能力，极大地保证了乘客的人身安全。因此必须保证城市轨道交通机电设备监控系统的良好运行。

机电设备监控系统是城市轨道交通车站设备集中监控的手段和工具。车站站务人员和控制中心环调通过机电设备监控系统对车站设备进行管理。为最大限度地发挥系统效能，安全可靠地控制和科学管控车站设备，就必须制定合理的管理方案，规范车站操作人员、环调以及维修技术人员的相关职能、权限及关系。最大限度地利用机电设备监控系统的自动控制和综合管理功能，服务于城市轨道交通运行。机电设备监控系统运行方式为 24 小时无间断自动运行。按控制功能及权限分为中央、车站、就地三级。其中，中央工作站由环调使用并负责日常管理；车站及工作站由车站站务人员使用并负责日常管理；机电设备监控系统维修工班则全面负责机电设备监控系统维修和故障处理，确保机电设备监控系统的正常使用。

7. 消防系统安全管理

城市轨道交通中涉及消防方面的系统有火灾报警系统(fire alarm system，FAS)、自动气体灭火系统、机电设备监控系统、排烟风机、给排水设备等。消防系统是 24 小时不间断工作的，其作用是在发生火灾的初期能及时发现，并控制火灾蔓延，将火灾扑灭于初始状态，使损失降到最低。因此，必须保证消防设备良好地运行及其功能的充分发挥。

安全管理任务包括：熟练地使用各种消防设备进行火灾监测及控制；确保消防设备处于正常的运行状态；确保消防设备的安全，不被人为或环境破坏。对系统的操作进行管理，要求所有操作人员都必须经过上岗培训，并在培训合格后才能上岗。此外，消防系统设置密码操作等级，平时处在低等级，以避免人为误操作，当发生火灾时，进入高等级操作。对突发事件的应急处理进行管理。

消防系统中央级设在 OCC(operating control center)控制中心，由环控调度人员兼任消防系统中央调度。中央调度人员主要职责是管理全线的消防设备，监视全线的火灾警报。通过闭路电视确认火灾灾情，或者通过有限或无线电话，通知车站值班人员到达现场确认火灾灾情，然后根据火灾发生的实际情况选择预定的处理方案，并向车站控制室发出消防救灾指令和安全疏散指令，指挥救灾工作的展开。与此同时，应立即拨打火警电话向消防单位通报火灾灾情。为确保消防系统的正常运行，城市轨道交通应根据消防法和有关消防规定，并结合消防设备安装的地理环境、气候条件、设备性能等，制定系统运行管理的有关规程和制度，主要包括系统操作管理规程和制度、消防控制室值班人员管理规程和制度，以及火灾突发事件应急处理流程及规定。

8. 自动检售票系统安全管理

城市轨道交通自动检售票系统(AFC)是指城市轨道交通管理中用于自动售票、自动检票和自动统计、结算的一系列设备所构成的系统。AFC 是城市轨道交通机电设备中承担客运组织的重要环节，也是客流集散的重要关卡。对 AFC 设备的运行进行有效的管理，是城市轨道交通票务及客流组织安全、有序、高效运作的前提。

制定合理的设备管理方案，规范车站票务人员的操作。通过制度和完善 AFC 设备的操作手册、指引及流程，使得车站操作人员可以安全可靠地控制和科学管理车站设备。建立专门的 AFC 设备维护及维修队伍，加强对 AFC 设备故障处理的组织及研究，明确故障类型及等级划分，保证系统设备良好的技术性能。加强对 AFC 的高科技含量的应用，利用系统提供的各种原始数据、日志、审核、报警信息，来提高城市轨道交通对安全事件的反应处理能力，保证乘客的人身安全。加强对乘客使用设备的教育和宣传，熟悉设备的使用特性，以免在突发情况下乘客由于操作失误导致疏散不及时。

5.2.2 城市轨道交通通信系统安全管理

城市轨道交通通信系统是一个适应城市轨道交通运输效率、保证行车安全、提高现代化管理水平和能迅速、准确、可靠地传递语音、数据、图像、文字等各种信息的机电系统。城市轨道交通通信系统并不是单一的系统，而是多个独立的子系统的组合。这些子系统在设计上能协调工作，能在不同的运营环境下正确地相互作用。各子系统可以对各子系统内的故障进行检测和警告，从而确保整个通信系统的可靠性。它主要由传输系统、公务电话系统、专用电话系统、无线通信系统、广播系统(PA)、闭路电视监视系统(CCTV)、计算机网络系统、时钟系统(CLK)、电源及接地系统、车站信息系统(SIS)、车载信息系统(TIS)、集中告警系统等子系统组成。通信系统在发生灾害或事故的情况下应作为应急处理、抢险救灾的手段。

通信设备维修是通信设备安全管理的重要部分，其维护作业可以分为计划性检修和临时性检修两种。计划性检修是指为了防止设备性能及精度劣化或降低，根据设备运转的周期和季节性特点，按预先制定的设备检修周期与工作内容、技术要求和计划所进行的维修作业。对于计划性检修，必须制定相应的年度检修计划和月度检修计划，并据此进行日计划的安排和落实。临时性检修是指为了处理系统发生的故障或者临时对系统设备进行拆卸、更换、位移、测试等工作而申请的临时作业。对于临时性检修，如果涉及行车安全的检修作业，必须向调度按照相关规定申请临时施工进场作业令，申请批准后才能进行检修施工。

在城轨交通系统中，信号系统是一个集行车指挥和列车运行的非常重要的机电控制系统，关系到城市轨道交通的运行安全、运营效率和服务质量，是确保行车安全、提高运输效率的关键，只有高水平的信号系统才能充分发挥其他技术设备的能力，实现列车快速、高密度、安全有序地运行。

城市轨道交通信号系统的核心是 ATC 系统，ATC 系统包括计算机联锁、列车自动监控系统(ATS)、列车自动防护子系统(ATP)和 ATO 系统，各个子系统通过信息交换网络构成闭环系统，实现地面控制与车上控制结合、现场控制与中央控制结合，构成一个以安全设备为基础，集行车指挥、运行调整以及列车驾驶自动化等功能为一体的 ATC 系统。它是城市轨道交通的核心控制技术之一。

信号系统是城市轨道交通线路运营的必要条件，重要而复杂。为保证行车安全，提升运营水平，为乘客提供安全、准点、舒适、快捷的乘车环境，信号系统设备的管理维护部门应该维护好系统设备，保证设备状态良好、正常运行。管理维护部门应根据采用的系统和设备制定相应的技术标准、设备维修规程、设备操作和日常维护保养规程、安全规则和配套的有关规章制度。

随着客流量的不断增多及列车运行速度的不断提高，传统信号系统已远远不能满足运营的需要，为此需要采用先进的信号技术，只有进行科学的规划、设计和施工，构建信号系统的本质安全，加强信号系统日常管理，逐步完善信号系统运营维护管理体系，才能减少甚至杜绝城市轨道交通安全事故的发生，降低事故灾害造成的危害和损失，确保城市轨道交通的可持续发展。

5.2.3　城市轨道交通土建设施安全管理

5.2.3.1　城市轨道交通线路维护

1. 城市轨道交通线路类型

城市轨道交通线路正随着城市的繁荣而快速发展。线路的结构及线路维护技术和方法都随之不断完善和更新。城市轨道交通线路的铺设，由于市区条件的限制，由地面改为地下，只有郊区线路或由运营正线通往后方基地时，才由地下延铺至地面，一般以地下为主。随着城市轨道交通的迅猛发展，现代的城市轨道交通线路又由地下发展到空中，在高架桥梁上铺设轨道。这样，现代城市轨道交通形成了一种立体式的网络结构，这是现代城市轨道交通事业兴旺发达的显著标志。就城市轨道交通线路结构形式而言，主要分为三大类型：

(1)地面线路。其上部结构保留了铁路线路的特点，轨下基础也基本保留了传统的碎石道床。

(2)地下线路。铺设于隧道内，轨下基础为带枕浇筑式的整体道床。

(3)高架线路。铺于高价桥面，轨下基础为支撑块式的整体道床。

2. 养护维修工作基本原理

轨道受车辆运行的动力载荷作用及各种自然条件的影响，发生着各种各样的形变，包括弹性形变和塑性形变，其中塑性形变是形成轨道残余变形的主要途径。这种残余变形积累到一定程度，将大大降低轨道结构的强度和稳定性，威胁行车安全。轨道的变化分为三个方面：

(1)形位变化。形位变化就是轨道空间几何形位上的变化，如水平、轨距、轨向、轨面高低、钢轨爬行等方面。

(2)构件质变。组成轨道的各部件如钢轨、零配件、轨枕等在行车动力以及自然环境条件影响下发生着各种各样的变化，如锈蚀、腐朽、磨耗、伤损、压溃、断裂等。其中，无论是化学变化还是物理变化，对轨道结构的质量而言，都会产生一定的影响。

(3)紧固度变化。有时轨道的几何形位并没有变化，结构也没有质变，但是各种紧固件发生了松动或脱落。虽然零部件的松动是局部的，但它发展的速度极快，最终必然导致轨道几何形位的变化。线路上，扣件的连续性松动以及道岔关键螺栓的脱落，直接影响行车，严重的会导致列车颠覆。

轨道的养护维修就是针对轨道受外界影响所发生的各种变化所组织的一系列维护工作。它不同于营造工程，而是在运营条件下所组织的设施维护，具有边运营边维护而又受运营条件限制的工作特点。由于轨道变形是经常发生的，有许多变形完全具有规律性和周期性。所以，轨道的养护维修同样具有经常性和周期性。线路养护维修工作的基本任务是经常保持线路设备完整和质量均衡，使列车能以规定的速度安全、平稳和不间断地运行，并尽量延长设备使用寿命。

3. 线路养护维修的内容

根据国家铁路的维修方法，线路养护维修分为综合维修、经常保养和临时补修。综合维修是根据线路变化规律和特点，以全面改善轨道弹性、调整轨道几何尺寸和更换、整修失效零部件为重点，按周期、有计划地对线路进行综合的修理，以恢复线路完好技术状态。经常保养是根据线路变化情况，以养路机械为主要作业手段，在全年度和线路全长范围内进行的有计划、有重点的养护，以保持线路质量经常处于均衡状态。临时保修指以小型养路机械为主要作业手段，及时对线路几何尺寸超过临时补修容许偏差管理值及其他不良处所进行的临时性整修，以保证行车安全和平稳。

以上三个层次具有不同的特点，对设备质量和行车安全都具有互补性。综合维修是探究轨道各部件老化的规律和使用寿命所进行的周期性工作，周期的长短主要取决于运量、部件的技术指标和质量指标，同时还取决于日常养护维修的工作质量。若日常养护工作的质量高，完全可以延长维修周期。经常保养是为了及时减缓或消灭线路所发生的经常性变化，阻止线路超限的发展或线路病害的积累，是确保全线质量均衡的措施。临时补修带有突发性和不可预见性，及时发现和处理突发性病害是养护工作的重中之重。

5.2.3.2　城市轨道交通结构防水

城市轨道交通可能出现渗漏水的地方主要是在地下车站和地铁隧道。衬砌在隧道施工阶段作为支撑结构，保护开挖面以防止土体变形、坍塌及泥水渗入，并承受盾构推进时千斤顶力以及其他施工载荷。同样，衬砌也可单独作为隧道永久性支护结构，即单层装配式衬砌结构。为了结构补强，修正施工误差，以及防水、防腐蚀、通风、减少流动阻力等特殊要求，有些盾构隧道在单层装配式衬砌结构的内面再浇筑整体式混凝土内衬构成双层衬砌结构。衬砌的防水形式主要有单层衬砌防水、双层衬砌防水和衬砌接缝防水。

随着隧道盾构的进行，在管片和土体之间会出现建筑空隙，为了填充这些空隙，就要进行衬砌后注浆。注浆不仅可以防止地表变形，减少隧道的沉降量，改善衬砌的受力状况，同时也可以增加衬砌接缝的防水性能，提高整条隧道的防水效果。渗漏水治理前应掌握工程原防、排水系统的设计、施工、验收资料。渗漏水治理施工应按先顶后墙最后底板的顺序进行，尽量减少破坏原有完好的防水层。另外，施工必须由防水专业设计人员和有防水资质的专业施工队伍完成。渗漏水具体整治步骤如下：

(1)施工前的调查工作。地下工程渗漏水治理前，应调查：渗漏水的现状、水源及影响范围、渗漏水的变化规律、衬砌结构的损害程度、结构稳定情况及监测资料。

(2)原因分析。根据以上资料，从设计、施工、使用管理等多方面进行渗漏水原因分析。在此之前，要翻看竣工资料，掌握工程原设计、施工资料，包括防水设计等级、防排水系统及使用的防水材料的性能、实验数据；分析工程所在位置及周围环境变化、自然灾害对工程的影响等。从而找出渗漏水原因，根据不同的原因和现状，提出不同的整治方案。

(3)材料选择。材料选择原则有以下几点：①注浆材料需具有良好的可灌性；②凝胶时间可根据需要调节；③固化时收缩小，与围岩、混凝土、沙土等有较好的黏结力；

④固结体有微膨胀性，强度能满足开挖或堵水要求；⑤稳定性好，耐久性强；⑥具有耐腐蚀性，无毒，低污染；⑦施工工艺相对简单，操作方便安全。

5.2.3.3　城市轨道交通结构变形监护

监测工作所取得的各类数据是现场监护及轨道交通结构维护工作的重要依据。依据地铁保护技术标准，对整条运营线路和安保区发生工程的区段视情况不同进行定期和不定期的监测，根据风险程度和难易程度采用不同的监测系统和监测方法。

1. 监测范围

运营线路的长期监测：对刚投入运营的新线路和非稳定区段来讲，一年内对整个线路进行 4 次沉降监测，1 次收敛监测，1 次位移监测；对投入正常运营超过两年以上的线路，一年进行 2~3 次沉降监测，1 次收敛监测，1 次位移监测；对局部异常地段重点监测，根据具体情况进行一年多次监测。对监测数据进行统计分析，归纳出变形超标的区段，为结构检查机维护工作提供依据。

工程项目的监测：在地铁保护区范围内的监护工程开工前，由专业测量工程师根据该项目的地形位置图通过坐标换算至地铁系统内，确定针对该项目的轨道交通结构监测范围。通常监测的指标有隧道的收敛、位移、沉降，对事故难度大的项目，需对结构的受力状态进行监测。根据现场工况调整监测频率，得出数据进行统计分析，以掌握轨道交通结构受临近建筑物加、卸载活动影响而发生的动态变化。

2. 监测仪器及方法

根据安保区内工程施工时对轨道交通设施的影响程度，选择自动或常规监测系统，运营 Leica 系列全站仪、激光断面仪、高精度电子水平尺、Basset 自动测量系统等国内外最先进的高科技设备和仪器，采用沉降测量、位移测量、收敛测量等方法，对地铁结构及其附属设施或高架结构的垂直沉降、水平位移、管径变化及隧道内环、纵缝变化作精确测量，针对将达或已达报警值的参数提出防范措施，严重的上报有关部门。

3. 自动化监测系统

现在运用的自动化监测系统主要有：电子水平尺自动监测系统、经理水准仪系统、巴塞特收敛系统、Leica TCA 系列自动跟踪测量仪器、Leica TCRA1101 系列等。与传统的人工测量相比较，自动化监测系统具有如下特点：

(1)可以实现实时、连续跟踪测量，不受外界因素的影响，而常规监测只能在地铁列车夜间停运后进入隧道实施，工作时间受限。

(2)整个测量观察、记录、存储、计算、出报表等工作完全采用自动化，避免人工记录、誊写和计算而出现的错误，监测精度明显高于人工监测。

(3)通过有线网络能将数据直接传至施工现场，实现计算机自动管理。

自动化监测系统的费用较为昂贵，目前运用于安保区内高风险、高难度的监护项目有：类似兼具深、大、近特点的基坑工程，隧道上方的基坑工程，盾构或大管径顶管近距离穿越运用隧道的工程。在这些项目的实施过程中，通过监测数据的及时反馈，及时调整现场的施工参数，有效地保障了临近线路的结构安全。

5.2.4　城市轨道交通供电系统安全管理

城市轨道交通供电系统电源主要取自外部电力系统的城市供电网，通常有三种电配置：集中供电、分散供电或二者的混合体。集中供电和分散供电的分别是是否具有为整个城市轨道交通供电系统提供电源的专用主变电所。集中供电使用城市供电网的高压（110 kV）电网，提高了城市轨道交通供电系统的电源电伏和容量，专网专供使城市轨道交通供电系统的可靠性进一步提高。城市轨道交通的供电系统主要由交流部分、牵引供电、动力照明、相应的自动控制系统、防止迷流设施等构成。

城市轨道交通供电系统的安全运行管理工作包括安全运行和检修维护两个部分，城市轨道交通供电系统的安全运行管理工作就是为了保证供电设备安全可靠地运行，持续地为用户提供合格的电能而采取的技术措施和组织措施。其工作内容包括正常运行工作、异常情况处理、设备检修、运行分析、技术资料管理、人员培训等。正常运行工作包括设备巡视、记录、设备维护、倒闸操作、工作票受理等。

设备的异常状态是指设备在规定的外部条件下，部分或全部失去额定的工作能力状态，它是相对设备的正常工作状态而言的。如变压器的负荷超出规程和设备能力允许时间内的正常过负荷值、母线电压超出限制、充气设备压力异常等。事故本事就是一种异常状态，事故通常是指异常状态中比较严重的或已造成设备部分损坏、引起系统运行异常、中止或部分中止了对用户供电的状态。在发生故障时，值班运行人员要迅速、准确地判断和处理。在事故抢修中电调须与行调、环调紧密结合，严格掌握供电和行车、环控的基本标准条件，根据设备的技术条件和现场具体情况，采取有效措施，适当调整运行方式，尽可能减少对行车的影响，及时安排抢修和处理时间，尽快恢复对接触网的供电和正常行车秩序，在允许条件下保证环控设备的运行，保证城市轨道交通的服务质量。

5.3　城市轨道交通安全信息管理体系

5.3.1　城市轨道交通安全信息流程

建立城市轨道交通安全管理信息系统必须建立与之相适应的安全信息管理机制，同时还要有完善的安全信息管理体系作为前端支持系统。因此，在安全管理信息系统建设之初，就应充分考虑其引起的一些组织机构、管理程序、信息加工处理方式的变化。城市轨道交通安全构造目标的信息流程如图 5.3 所示：Ⅰ为安全信息获取阶段，Ⅱ为安全信息处理阶段，Ⅲ为安全信息利用和执行反馈阶段。要使该体系真正有效地运作，必须强化安全信息采集系统和建立有效的安全信息响应保证体系。

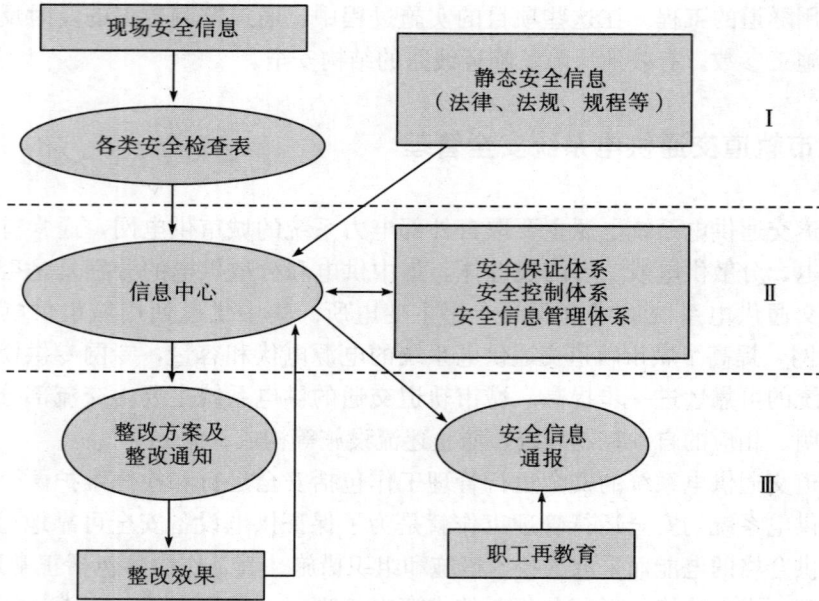

图 5.3 安全信息管理体系信息流程图

5.3.2 安全信息系统

任何一个系统都要和物质、能量及信息发生关系，其中尤其重要的是信息。管理与控制的本质就是信息处理，对于现代安全管理系统来说，安全信息系统是其必不可少的组成部分。然而，轨道交通 SMS 长期以来由于缺乏安全信息理论的指导和管理体制上的原因，存在着许多缺陷。其中一个重大的缺陷就是信息不流通，有关数据被分割的职能单位甚至个人所垄断，使得这些数据中蕴载着的许多有用信息不能被充分提取出来指导人们的行动。这种做法实际上阻碍了信息流通，增加了安全系统的熵值。因此，建立性能良好、信息流畅且有组织、合理的信息流结构的信息系统，是安全工作的当务之急。

1. 系统应具备的内容

安全信息系统从其设置上分析，应具备以下内容：

(1)建立生产管理信息网络，及时、准确、有效地搜集和传递安全信息，供各级管理人员和公司领导进行管理和决策。

(2)为保证 SMS 的有效运作，建立隐患控制、安全责任、安全统计分析、事故管理、安全档案管理子系统，以提高工作效率和工作质量。

(3)建立计算机安全评价、分析辅助系统，使安全评价科学化。

(4)实现安全管理办公自动化，使工作流程规范化、制度化。

(5)建立应急预案数据库、安全文件和事故案例数据库，为应急管理提供信息，增加预测预防能力。

2. 系统的总体结构和功能

根据信息系统应具备的内容，可以将其分为隐患控制、安全责任、安全统计分析、事故管理和安全档案 5 个子系统。

(1)隐患控制子系统。隐患控制子系统是整个信息管理系统中的核心部分，其他子系统从某种意义上说都是为该子系统服务的，其主要功能是收集各种固有隐患情况和确定事故类型，进行分析、分级、归类、制定风险控制策略，实现对安全生产的预先防范和动态控制，并将控制的结果及时总结归纳。

(2)安全责任子系统。安全责任子系统负责建立各级管理责任和考核指标，记录措施落实情况和考核结果，对安全员反馈的各种信息的数量和质量进行统计和评价。

(3)安全统计分析子系统。安全统计分析子系统负责建立安全作业计划安排表，收集日常安全生产报表。

(4)事故管理子系统。事故管理子系统对事故处理过程中需要描述事故的大量数据、文字、图形进行输入、归纳和整理，并随时调阅各类图纸、法令、法规、技术规范等信息，在此基础上形成对事故的总结与分析报告。

(5)安全档案子系统。安全档案子系统负责建立各级安全组织、安全管理人员、安全教育集训、劳动保护情况等的档案。

5.3.3　安全信息采集

安全信息的采集在安全信息管理体系中属于该体系的根本和基础，因此在管理上要求在信息采集方面具有较高的可靠性、误差允许的准确性以及相当的实时性。避免安全信息获取时的随意性和不确定性，是确保安全信息收集准确、及时的前提条件。安全信息的采集包括采集内容和采集渠道，采集安全信息应注意以下几点。

(1)推行消除隐患的全过程管理。全过程管理的核心是强调对事故隐患进行跟踪管理，以对隐患的发现、登记、安全整改措施等实行全过程管理，并将其传送到安全信息中心。对设备实施定期检查制度，其检查过程中的安全信息应传递到信息中心，并将所得信息纳入信息系统备案待查，以指导生产现场正常运行，整理分析出重要隐患，对职工进行安全教育。

(2)建立、落实安全信息采集制度。对安全信息的收集除在组织上保证外，更重要的是要给予制度上的保证，需制定一系列信息运行办法、管理制度、奖惩方案，使每个安全员明确其责任、权利和义务。

(3)建立立体的安全信息获取网络渠道。为了使安全信息的收集、传递、加工处理、存储等有制度保证，立建立严密的纵横交织的安全信息网。纵向安全信息网是指由企业决策层、职能部门、作业班组组成的多级安全信息网，并建立与之配套的各级安全人员责任制，层层落实安全信息的收、发、送工作；横向安全信息网则是由各级与安全生产有关的部门、生产单位等组成的安全信息网，依据所规定的义务和程序，及时将有关的安全信息送到安全信息中心。

5.3.4　安全信息响应保证体系

　　动态安全信息响应系统是一个以微观控制为主的前馈系统。事故和各环节的不安全因素由众多的安全员将信息传递到信息中心，信息中心的信息管理员将传递来的安全信息进行归类整理、分析、筛选，然后由安全信息主管提供信息支持，由安全工程师提供技术支持，由安全技术部门协调资源配置，通过定方案、定日期、定负责人，共同制定整改决策方案，提出对生产系统隐患控制的有效措施，结果及检查人、验收情况都要及时反馈到信息中心。整个过程都要求有完整的文件和记录，并由安全信息中心及时备案、存档和更新，以便动态跟踪，其响应流程如图 5.4 所示。

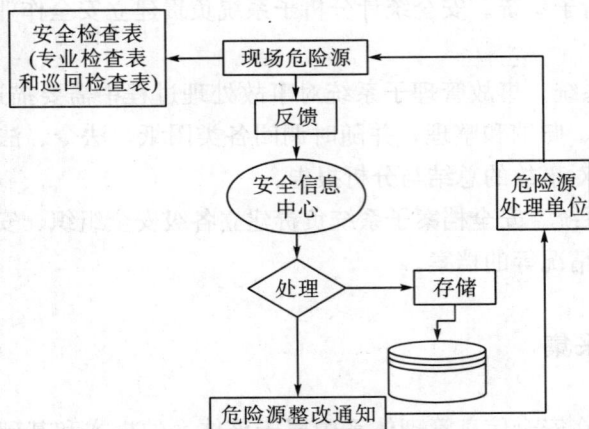

图 5.4　动态安全信息响应流程图

第6章　城市轨道交通运营安全保障系统

6.1　城市轨道交通运营安全保障系统的特征

6.1.1　城市轨道交通安全保障系统的含义

城市轨道交通安全保障系统是指配置在轨道交通系统上，保障系统安全的一系列理论和方法所形成的有机整体。一方面要保证系统内人员和设备的安全性；另一方面要保证系统不会受到外部环境的威胁。安全保障系统是对反馈控制和前馈控制的综合，即是一种前馈—反馈耦合控制系统。作为反馈控制，将系统输出端的信息通过反馈回路传输到系统输入端，与系统的目标进行比较，找出偏差，采取适当的措施实施控制、纠正偏差，使系统达到预期目标。但这种控制是在偏差产生之后进行的，具有滞后性，这是反馈控制本身无法克服的。因此，为加强对偏差产生的预见性，需要前馈控制作用，即尽可能在系统发生偏差之前，根据预测信息，采取相应的措施，纠正偏差。城市轨道交通安全保障系统实施前馈—反馈耦合控制，以增强系统的抗干扰能力，提高系统的稳定性。安全保障系统的输入—输出关系如图6.1所示。

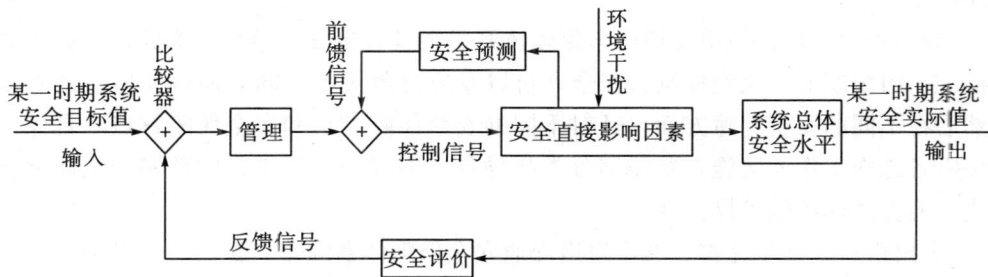

图6.1　安全保障系统输入—输出关系图

管理者为了实现对轨道交通安全直接影响因素的有效控制，一方面必须时刻掌握以往控制效果的信息，进行系统安全评价；另一方面又需要对安全直接影响因素及其相互关系的变化、环境的干扰进行预测，评价和预测的结果作为进一步实时控制的依据。在轨道交通安全保障系统中，安全评价起着反馈回路的作用，安全预测起着前馈回路的作用，它们是管理者获取正确的控制信息的基础，缺乏该环节，或者评价和预测缺乏科学性，都将使控制变成盲目的行为，难以达到预期的效果。所以，科学、合理的安全评价与预测在轨道交通安全保障系统中起着重要的作用。

6.1.2 城市轨道交通安全保障系统的构建原则

城市轨道交通安全保障系统应贯穿轨道交通全生命周期。安全保障体系的各部分应该是相互关联的有机整体。一个完善而有效的安全保障系统不仅包含现有各阶段的安全保障措施与技术，而且能够吸纳不断涌现的新的安全管理制度和技术。安全保障体系应具备系统性、兼容性、可操作性等特征。因此构建城市轨道交通安全保障系统应遵循下列原则。

（1）系统性。城市轨道交通工程是一个复杂的系统。在构建保障体系的过程中，应全面考虑城市轨道交通系统全生命周期各方面的安全保障工作要求，合理构建保障体系各子体系的内容以及子体系之间的关系。其次，城市轨道交通系统安全保障工作也是一项非常复杂的系统工程。必须要以安全系统工程理论为基础，建立保障体系架构，明确各项安全保障工作的定位以及相互之间的管理。例如，安全法律规范体系是将现有成熟的安全保障技术和方法标准化、制度化，同时，完善的法律规范也是系统参与各方的行动指南和政府的监管依据。而只有合理确定各参与方的安全组织职能，才能确保各项安全保障工作，包括标准实施、安全评价、安全预警、应急救援和安全风险控制工作的顺利开展。

（2）兼容性。城市轨道交通系统安全保障体系应能兼容并蓄。一方面，体系的实施必须与我国现行的城市轨道交通有关的安全法律规范、安全管理制度以及安全评价工作相衔接、相兼容，避免城市轨道交通保障体系与国家安全保障法律政策相互脱节，甚至冲突。另一方面，体系的构建还应适应市场经济的发展要求，吸纳国内外先进的安全管理理念和方法。只有这样才能使保障体系在我国切实可行，并实现高水平的城市轨道交通安全保障。

（3）分类指导。城市轨道交通安全保障体系必须具有分类指导性。为此，首先需要从法律标准、组织职能、风险控制、安全评价以及应急救援等不同方面构建体系的总体架构；然后在不同的安全保障方面，针对不同的安全保障方法和安全保障重点，具体研究安全保障各方面工作的实施，要能够分类指导各方面安全保障工作的落实，从而增强城市轨道交通保障体系的可操作性。

（4）突出重点，逐步完善。城市轨道交通安全保障体系的建立是一个不断完善、动态发展的过程。因此，城市轨道交通安全保障体系要在建立起系统框架的基础上，根据各阶段、各环节安全保障的重点、要点，制定保障体系的实施策略和工作要点。保障体系虽已构建，但是其完善过程是持续不断的，需要分近、中、远不同的时期，逐步完善体系的内容，使城市轨道交通安全保障水平得到进一步的提升。

6.2 城市轨道交通安全保障系统的结构

城市轨道交通安全保障系统作为一种管理系统，以直接影响交通安全的人员、设备、环境作为管理的对象。从管理的对象和要素出发，可将城市轨道交通安全保障系统划分为不同层次的子系统：安全总体管理子系统和安全对象管理子系统。

6.2.1　安全总体管理子系统

城市轨道交通安全管理的内容包括对人的安全管理、设备的安全管理和环境的安全管理。城市轨道交通系统全生命周期的各项活动极为复杂，安全保障工作需要全方位开展。安全总体管理子系统包括安全法律规范、安全组织、安全风险控制、安全评价以及安全事故应急救援等部分，见图 6.2。

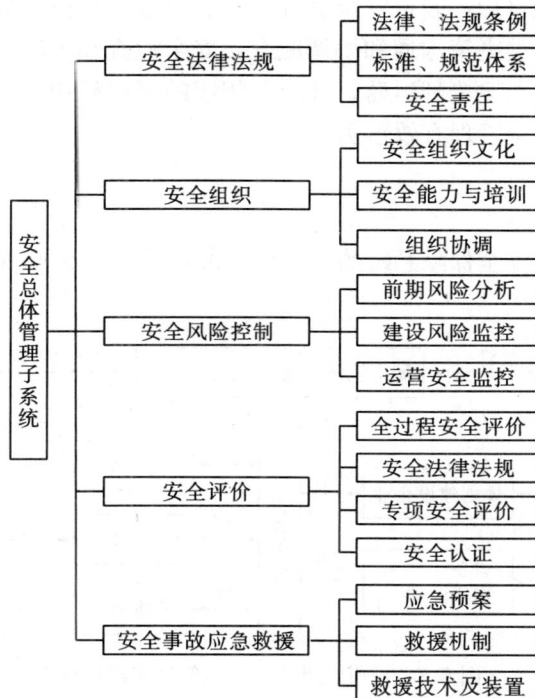

图 6.2　安全总体管理子系统

6.2.1.1　安全法律法规体系

城市轨道交通安全法律法规体系是指专门针对城市轨道交通系统全过程的安全管理的法律法规或其他法律法规中的有关条款，具有规定性、稳定性和强制性特点，其目的在于使轨道交通系统内的人、机、环境的安全管理活动有章可循、有法可依，起到规范人、机、环境安全管理的作用。安全法制管理的功能主要表现在 4 个方面：完善运输安全法规，建立健全规章制度，完善安全标准体系，监督与考核规章制度及作业标准的执行。

我国城市轨道交通安全法律主要以现有的国家有关安全生产法律及行政法规为主，但整个体系尚不完善，未来将逐步建立系统的有针对性的法律法规来规范城市轨道交通的安全责任。建立城市轨道交通安全法律体系需站在城市轨道交通全生命周期的角度，完善各阶段的法律法规，弥补现有法律的漏洞，做到城市轨道交通全生命周期安全管理有法可依。城市轨道交通安全标准体系可分为安全技术标准、安全管理标准、安全行为标准三部分，即通过制定相应的技术要求，确保各类工程实体因素的安全；通过规定合适的方法和要求，在管理中对安全进行控制；通过规范的行为准则，保障建设者和运营操作者的人身安全。在三者共同作用的情况下切实保障轨道交通的安全。

6.2.1.2 安全组织体系

安全组织是安全管理的一个职能实体，是一切安全管理活动的基础。作为安全总体管理，安全组织的功能包括：制定安全管理方针、政策和目标，分配责任和权限，组织实施安全管理规划，提供决策沟通和协调配合，安全检查和整改，分析处理事故等。城市轨道交通从系统设计、建造到运营，都应有相应的组织架构，承担各项安全风险管理任务，确保各阶段的安全管理有效落实。

1. 组织机构

针对城市轨道交通安全保障系统的内容，城市轨道交通 SMS 的主要组成部门及其相互关系如图 6.3 所示。

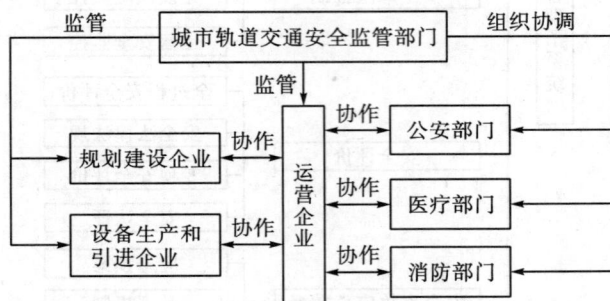

图 6.3　城市轨道交通安全管理组织机构

2. 各部门职能

（1）国家和地方城市轨道交通安全监管部门：出台行政法规；制定行业安全管理政策和安全管理目标；依法对运营企业、规划建设企业以及设备生产和进出口企业实施安全监管；向运营企业颁发安全许可证，向设备制造和进出口企业、规划建设企业颁发安全资质证书；指导运营企业建立内部 SMS，定期对运营企业的安全管理工作进行检查和评估；负责组织重大事故调查并提供事故调查报告；负责对公安、消防、医疗等部门的组织协调工作。

（2）运营企业：建立健全企业内部各项安全管理制度；科学合理地设置企业内部安全管理部门；综合运用各种管理手段，围绕运营组织开展安全管理工作，主要包括行车安全管理、设备安全管理、人力资源安全培训等；在法律法规规定的范围内，对乘客行使安全管理职能；搜集、积累、分析城市轨道交通安全管理信息资料；接受监管部门的检查和评估，按要求向其提交安全工作报告及其他与安全管理工作相关的文件，协助其做好重大事故处理和调查工作；加强与公安、消防、医疗等部门的联系与合作，确保部门间的协作达到城市轨道交通综合 SMS 的要求。

（3）公安、消防和医疗部门：负责各自职能范围内与轨道交通相关的安全管理工作，主要包括打击以城市轨道交通设施和乘客为目标或以城市轨道交通设施为主要场所的治安犯罪、火灾的预防和扑救以及救治各类事故中的受伤人员。另外，消防部门还对运营企业实施消防监管。

（4）规划建设企业：在规划和建设过程中贯彻有关安全规定；向城市轨道交通安全监管部门提交工程图纸或报告施工中有关安全设施的进展和完成情况。

（5）设备生产和进出口企业：按照有关安全要求组织产品的生产和进口；将产品送检或提供产品质量检验报告。

3. 各部门安全管理责任

城市轨道交通安全管理过程中，部门安全管理职责划分模糊，相关安全管理人员权责不清，部门之间以及单位之间缺乏及时沟通，政府相关监管部门监督不力，都会使得轨道交通安全事故发生概率增大。因此，安全责任体系是安全组织体系的核心内容，是保障城市轨道交通安全的关键。安全责任体系明确界定系统全生命周期中涉及的所有单位的安全责任，将城市轨道交通安全责任落实到每个参与单位和每个员工，并通过法律法规、政府监督及参与方之间的相互监督保证各单位安全责任的有效落实，最终保障系统安全，避免安全事故的发生。城市轨道交通系统安全责任体系如图 6.4 所示。

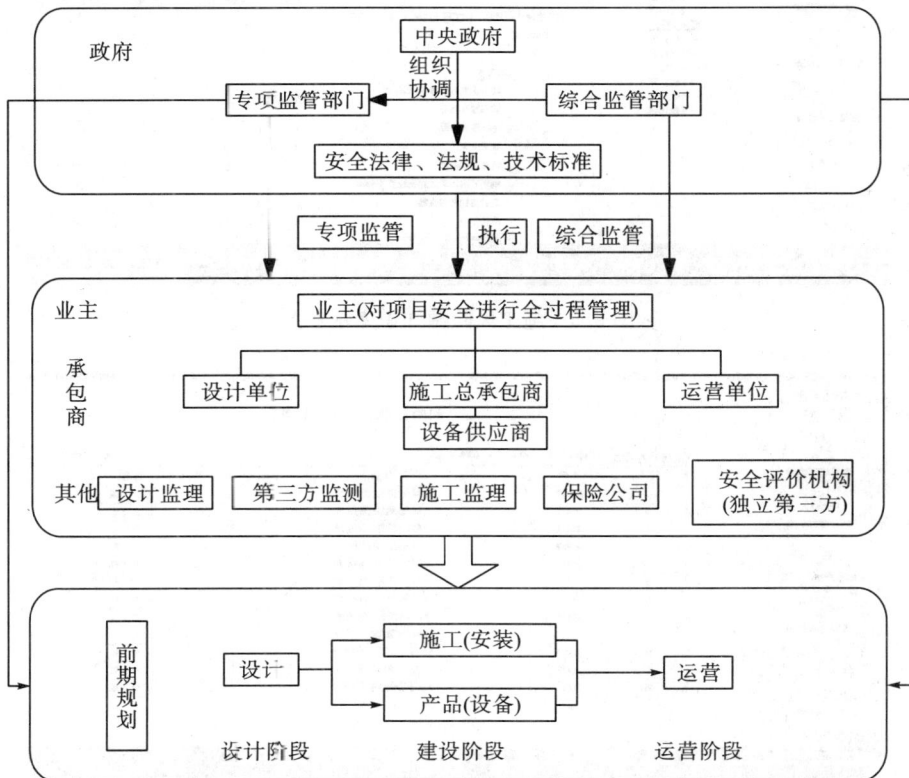

图 6.4　城市轨道交通系统安全责任体系

6.2.1.3　安全风险控制体系

　　安全风险控制体系对系统建设、运营全过程的安全风险实行实时监控管理，实现对城市轨道交通的过程控制，是安全保障的关键方法。城市轨道交通的系统设计、建设及运营各阶段均应进行风险监控管理。安全风险监控是实现对风险主动管理的主要方法，重点是监督管理整个地铁建设工程项目建设过程中各种风险、隐患和不确定性因素的状态。在运营阶段则主要通过集成技术实现子系统间的综合监控，监控对象包括电力设备、火灾报警信息及其设备、车站环控设备、区间环控设备、环境参数、屏蔽门设备、防淹门设备、电扶梯设备、照明设备、门禁设备、自动售检票设备、广播和闭路电视设备、乘客信息显示系统的播出信息和时钟信息等安全信息。随着计算机技术、信息技术等科技手段的不断发展，实现城市轨道交通安全风险监控的手段逐步由传统的基于文本资料的安全过程控制向信息化系统安全集成监控系统发展。以沈阳、武汉等城市轨道交通建设为例，其安全风险控制的主要手段即是建立安全风险监控系统，通过建立危险源知识库(图 6.5)、后台专家分析系统，运用 GIS、远程监测等技术手段实现风险的监控管理(图 6.6)。

图 6.5　施工风险源知识库示意图

图 6.6　施工风险源状态监控示意图

6.2.1.4　安全评价体系

城市轨道交通安全评价是以实现系统安全为目的，应用安全系统工程原理和方法，对系统中存在的危险、潜在的有害因素进行辨识与分析，判断系统发生事故的可能性及其严重程度，提出安全对策和建议，从而为系统制定安全防范措施和管理决策提供科学依据。安全评价体系是政府监督城市轨道交通企业安全工作和系统安全性状态的重要方法，同时也是企业进行安全水平自评的主要方式。目前国内一些城市的新建线路已根据政府监管部门的要求进行了评价工作，但是由于配套的评价机构、评价技术标准还需进一步完善等体制上的原因，大多数城市新建线路建设时仅可行性研究阶段做了安全预评价。根据系统全生命周期过程控制理念，应在城市轨道交通系统全生命周期的主要阶段实施安全评价工作。在贯穿全生命周期安全评价的基础上，还需要针对生产建设中的某一项关键技术、方案等存在的危险和有害因素进行专项安全评价。

6.2.2　安全对象管理子系统

安全对象管理子系统是单独针对人员、设备、环境的安全管理，因此安全对象管理子系统可进一步细分为人员安全保障子系统、设备安全保障子系统和环境安全保障子系统。

1. 人员安全保障子系统

人员安全保障是指保障城市轨道交通系统内人员安全性的所有措施，即保障不因人的差错而导致事故或隐患。在排除设备和环境因素之后，人员安全保障包括提高人员安全素质和加强人员安全管理两个部分。

（1）提高人员安全素质的措施又可称为人员直接安全保障，提高人员安全素质最有效的途径即岗位安全教育和培训，包括针对不同岗位职工进行的不同内容的安全教育和培训。

（2）加强人员安全管理的目的是防止因间接原因而产生人的差错，又叫人员间接安全保障。包括加强安全劳动管理，加强职工生活管理和加强行为管理。

2. 设备安全保障子系统

运输设备不仅影响整个城市轨道交通系统的效率和效益，而且对行车安全起着重要作用。影响行车安全的设备因素主要有行车安全基础设备(如线路、桥梁、机车、信号设备等)以及行车安全技术设备(如行车安全监测设备等)。设备安全保障系统的主要功能是通过行车安全设备运行状态实时动态监控，采集设备实时动态运行数据，为城际轨道交通系统安全管理提供决策支持，减少设备因素对安全的影响。设备安全保障子系统包括设备安全设计，设备的养护、检修及更换，设备状态监测和设备故障安全对策。

（1）设备安全设计。为了保证轨道交通系统中各种设备投入使用后能正常运行，减少故障、事故和突发事件的发生，应尽可能地选用最先进的技术装备和高科技手段，如采用高技术支持的信息管理、应急处置系统，列车运行自动化、智能化调度系统等，可减少因人工疏忽所引发的各种故障或事故。

（2）设备的养护、检修及更换。保障设备始终处于良好的运行状态，对于出现故障或超过使用期限的设备要及时检修和更换。

（3）设备状态监测。利用轨道交通设备设施检测系统，获得各种设备安全性能的实时动态信息，为设备的安全管理提供数据支持。

（4）设备的故障安全对策。保证设备发生故障后能够导向安全，不致产生非安全的连锁反应，使事故造成的恶果的影响尽可能地缩小。包括：①故障安全设计，保障城市轨道交通系统设备具有故障不直接导致事故的安全性能，例如轨道交通的行车设备应采用安全保护程序控制，即使防护装置失效，由于能够自动停止运行的联锁装置齐全、可靠，仍能保持较高的安全性；②闭锁构成方式，当作业人员误操作或误认状态操作时，能使这种操作无效，并自动控制后续操作，使其不能连续进行；③防止误操作方式，即使操作失误也不能使设备发生错误动作。

3. 环境安全保障子系统

城市轨道交通场所人员密集，通道、站厅、站台、车厢空间狭窄，出入口少，疏散线路长，通风、照明条件也较差，这些特定的环境因素都将极大地影响轨道交通安全。因此必须做好轨道交通的内、外部环境安全保障。

内部环境安全是作业环境安全和内部社会环境安全的保障。为了保障轨道交通的安全，需首先保证轨道交通操作者的作业环境处于良好的状态，包括作业空间的布置，室内温度、湿度的调节，采光、照明设备设置，噪音与振动的控制等方面。同时对影响轨道交通安全的系统内部的政治、经济、文化、法律等环境条件也须采取一系列控制措施。

外部环境的安全保障则主要针对自然灾害与社会性突发事件。城市地铁车站及地铁列车是人流密集的公众聚集场所，一旦发生爆炸、毒气、火灾等突发事件，将造成群死群伤或重大损失，严重地影响社会秩序的稳定。因此必须做好自然灾害的预测、预报和防治工作，同时加强安全管理，做好应急防控措施。

第7章 城市轨道交通运营安全评价

7.1 城市轨道交通运营安全评价指标体系

7.1.1 概述

城市轨道交通运营安全评价指标体系常由隐患指标、风险指标和事故指标三类指标构成。

(1)隐患指标。隐患指标也可称为过程指标或事故指标,是指从系统整体出发进行综合管理评价。它不考虑系统事故发生情况,只考虑系统中人员、设备、环境、管理等诸多因素及各因素间关系所达到的安全程度,从而判断是否满足安全要求,并据此作为衡量系统运营安全状况的依据。隐患指标充分体现了事前安全思想,较传统的听任事故发生、再调查分析、采取措施、预防事故重复发生的方式有了极大的提高。

(2)风险指标。风险指标是对运营系统风险的量化表示。它以事故后果及后果发生的概率作为计算风险的依据。以事故后果及后果发生的概率作为计算的风险值,要求用量化的方式表示,需要较高的精度,且只能预测已发生过或可能遇到的事故类型,难以预测全部风险,其目的是确定各种不同事故风险值的高低,难以揭示系统的安全隐患。可见,对于城市轨道交通运营这种较为复杂联动的系统,风险指标只是一种不完全的评价指标。

(3)事故指标。事故指标是对事故发生频率及后果制定的安全评价指标,是直接反映系统安全状态和管理效果的重要指标。事故指标一般包括事故数量、事故性质及事故损失程度。以事故指标作为评价安全的依据,一方面能够真实、客观地衡量系统的安全状况,另一方面还可以通过对事故指标的分析,评价运营系统所存在的安全隐患,与隐患分析结合,进一步揭示系统安全的薄弱环节。由此可见,事故指标是实际工作中不容忽视的安全评价指标。

在国内外城市轨道交通运营安全评价指标体系的研究中,常以隐患指标和事故指标为主干,构成评价指标体系,并结合相关政策和专业标准进行细项分解,同时进行量化,以达到客观、真实地反映运营系统安全状况的目的。

7.1.2 地铁运营安全评价标准

《地铁运营安全评价标准》(GB/T 50438—2007)是我国颁布的第一部城市轨道交通运营安全的相关标准,于2005年6月由建设部组织北京地铁等6家单位编写,适用于钢轮钢轨系统、全封闭线路和正式运营一年以上的地铁。地铁运营安全评价指标主要由基础安全评价和事故水平评价两部分组成，如图 7.1 所示，包括了管理、运营、设备、人员、维修、环境和业绩 7 要素，以保障地铁安全运营的条件和地铁运营时的安全状态为基本着眼点。

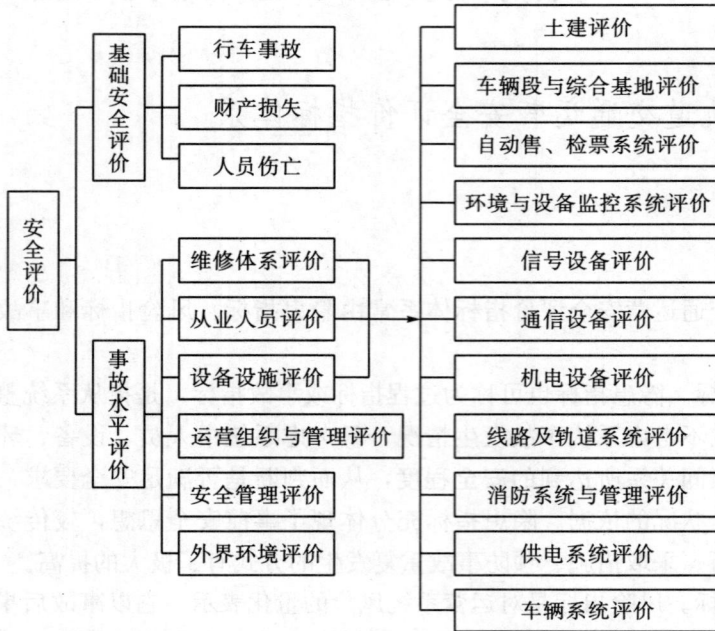

图 7.1　地铁运营安全评价指标体系

（1）评价安全管理。评价安全管理即指评价地铁经营企业的 SMS，其中包括安全管理机构与人员、安全生产责任制、安全管理目标、安全生产投入、事故应急救援体系、安全培训教育与安全信息交流、事故隐患管理、安全作业规程、安全检查制度。

（2）评价运营组织。评价地铁客运组织的安全状况，其中包括线路负荷和车站设施负荷的状况、行车调度和客运组织状况。

（3）评价基础设施。评价各种基础设施（车辆、供电、通信、信号、机电、土建、线路、FAS、BAS 等）的安全状况，其中包括保证安全运营的技术性能、安全防护措施等。

（4）评价从业人员。评价从业人员（地铁列车驾驶员、各种调度人员、站务人员、设备操作人员、设备检修人员）主要涉及基础设施操作者的资质、培训和应急能力等。

（5）评价维修体系。基础设施会由于先天的缺陷和使用过程中的磨损、老化而降低可靠性，从而引发事故。所以，评价体系还包括通过评价维修体系即评价维修制度的建立、维修人员的水平和素质、维修配件的管理，来衡量地铁系统对基础设施可靠性的控制程度。

（6）外界环境。评价地铁运营企业对来自外界的不良因素的监控和防控的状况。

（7）业绩。运营中所发生事故的数量、损失的程度直接反映了该地铁运营企业的安全状态和管理效果，是该地铁运营企业安全管理工作效果直接和综合的体现。通过评价事故水平来衡量该地铁运营企业的事故风险控制水平。

7.1.3　基于水平层次结构的评价指标体系

基于水平层次结构构建的评价指标体系，主要根据 AHP 构建原则，一般分为顶、中、底三层，即目标层、准则层、分准层，顶层为决策的目标和目的，底层为可供选择的不同方案，中层则是分析影响评价方案好坏的因素，如图 7.2 所示。国内外学者根据评价指标体系的建立原则，从城市轨道交通运营安全影响要素出发，从人、机、环、管4 方面将城市轨道运营安全指标分为三层，目标层为城市轨道交通运营综合安全水平；准则层包括人员因素、设备因素、环境因素和管理因素所涵盖的相关安全水平；分准则层为具体的评价指标。后一层指标为前一层指标的聚合。城市轨道交通运营安全评价指标水平层次结构模型雏形如图 7.3 所示。

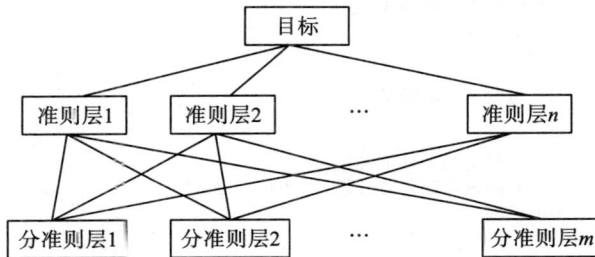

图 7.2　AHP

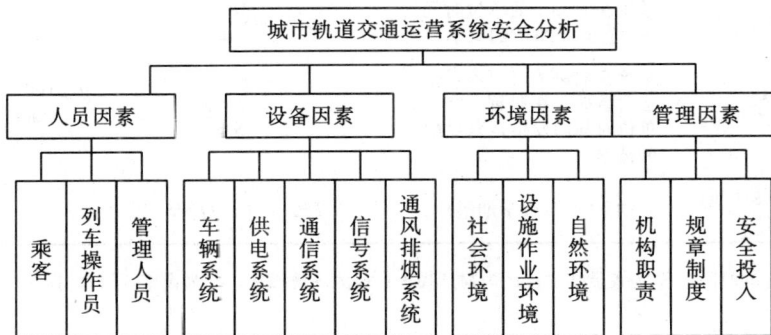

图 7.3　城市轨道交通运营安全评价指标水平层次结构模型雏形

7.1.4　基于安全性与可靠性的评价指标体系

安全性和可靠性是描述系统在运转过程中所表现出来的相关状态，反映了系统工作时的状态。安全表示系统的完整与稳定状态。安全性是指系统保持这种状态的能力。安全状态被破坏是因为意外事件的发生，其特征指标是人员伤亡、设备财产损失或环境危害的程度。可靠表示系统性能的保证与可信赖状态。可靠性是指系统性能得以保证与可信赖的能力。可靠状态被破坏是因为自身某些能力的下降或消失，其特征指标是系统某些性能下降或丧失的程度。对于城市轨道交通运营系统，运营安全性即是指在整个系统运营过程中，保障乘客和员工不受伤害以及设备不遭破坏的能力；运营可靠性是指在系统运营过程中，保障乘客准时到达目的地的能力。基于安全性与可靠性两方面建立指标体系，能够更全面地实现城市轨道交通运营安全管理。

1. 运营安全性指标

运营安全性指标主要参考 Petri 网模型，建立用于衡量事故对运营的影响程度的指标项（见表 7.1），得出系统在规定的条件下和规定的时间内，避免运营事故发生的能力，即运营安全性。

表 7.1　运营安全性指标

指标	说明	公式	备注
运营安全性 $S(t)$	系统在规定的条件下和规定的时间内，避免运营事故发生的概率	$S(t)=P(T \geqslant t)$	随着时间 t 的增加，运营安全度 $S(t)$ 下降
运营事故间隔时间 T	两次运营事故间隔时间		由于运行事故发生具有随机性，所以 T 为随机变量
运营事故分布函数 $P(t)$	系统在规定的条件下和规定的时间内，运营事故发生的概率	$P(t)=P(T<t)=1-S(t)$	
运营事故 I		$I=\Gamma\{H,\ F,\ P,\ E\}$	采用分类方法量化，依据国家有关事故分级标准，分为 4 个级别
运营事故概率密度 $p(t)$	系统在时刻 t 的单位时间里发生运营事故的概率	$p(t)=\dfrac{\mathrm{d}P(t)}{\mathrm{d}t}$	
运营事故率 $\beta(t)$	系统在时刻 t 之前未发生运营事故，在时刻 t 之后单位时间内发生运营事故的概率	$\beta(t)=\dfrac{p(t)}{S(t)}$	$\beta(t)$ 随 t 变化，可用某个时间段内发生事故的频率作为近似值
平均运营事故间隔时间 $MTBA$	T 的平均值（数学期望）	$MTBA=\displaystyle\int tp(t)\mathrm{d}t$	

注：t 为规定的时间；H 为人员伤亡；P 为财产损失；E 为环境破坏；F 为设施/设备的损坏。

2. 运营可靠性指标

运营可靠性指标主要参考 HOPN 模型建立指标项，如表 7.2 所示，得出系统在规定的条件下和规定的时间内完成列车按运行图到达各站的能力，即运营可靠性，其中包含了运营恢复性和运营利用性的评价。

表 7.2　运营可靠性指标

指标	说明	公式	备注
运营可靠度 $R(t)$	系统在规定的条件下和规定的时间内，完成列车按运行图准时到达各站的概率	$R(t)=P(T \geqslant t)$	随着时间 t 的增加，运营可靠度 $R(t)$ 下降

指标	说明	公式	备注
运营故障间隔时间 T	两次运营故障间隔时间		由于运行故障发生具有随机性,所以 T 为随机变量
运营故障分布函数 $F(t)$	系统在规定的条件下和规定的时间内,无法完成列车按运行图准时到达各站的概率	$F(t)=P(T<t)=1-R(t)$	
运营故障	运行延误的次数		在规定时间范围内到达则未产生延误
运营故障概率密度 $f(t)$	系统在时刻 t 的单位时间里发生运营故障的概率	$f(t)=\dfrac{\mathrm{d}F(t)}{\mathrm{d}t}$	
运营事故率 $\lambda(t)$	系统在时刻 t 之前未发生运营故障,在时刻 t 之后单位时间里发生运营故障的概率	$\lambda(t)=\dfrac{f(t)}{R(t)}$	$\lambda(t)$ 随 t 变化,可用某个时间段内发生故障的频率作为近似值
平均运营故障间隔时间 $MTBF$	T 的平均值(数学期望)	$MTBF=\int tf(t)\mathrm{d}t$	
运营故障时间 Q	运营故障恢复时间		包括故障发现/诊断、故障定位/隔离/切除/备用进入、运营调整时间
运营恢复度 $M(t)$	系统在规定的条件下和规定的时间内,恢复列车按运行图准时到达各站的概率	$M(t)=P(Q<t)$	
运营故障恢复率 $\mu(t)$	系统在时刻 t 之前未恢复运营故障,在时刻 t 之后单位时间里恢复正常运营的概率		
平均运营故障恢复时间 $MTTR$	运营故障恢复时间的平均值(数学期望)	$MTTR=\int t\mu(t)\mathrm{d}t$	由于恢复时间与故障影响的严重程度和运行图调整的策略与经验等有关,是随机变量,所以取平均值
运营利用率 $A(t)$	系统正常运营时间占整个运行图计划运营时间的比率	$A(t)=\dfrac{MTBF}{MTBF+MTTR}$	

注: t 为规定的时间。

7.1.5　考虑平稳度与舒适度的评价指标体系

众所周知,人们对城市轨道交通在运行过程中产生的振动与噪声要求越来越高,对行车速度、安全、平稳、舒适的要求也越来越高。在我国,一般将安全、平稳和舒适三者分开进行评价和管理,但在国外,则将三者合一,即认为如果保证了旅客的舒适,其安全和平稳也就有了保障(特殊情况单独确定)。随着我国城市轨道交通的快速发展,国际化交流增多,我国也有研究者借鉴国外的方式建立评价指标体系。

安全性评价指标包括车辆脱轨系数(判断脱轨安全性的指标)、轮重减载率(当轮重减载率大的时候往往比脱轨系数大的时候更容易发生脱轨)、车辆倾覆系数。平稳性评价指标包括 Sperling 平稳性指标(与车辆的"走行品质"有关)、疲劳时间、Janeway 指标。舒适性评价指标描述旅客舒适度,是在包括车辆振动在内的外界因素作用下与旅途中反映旅客疲劳程度的综合性生理指标,如车内设备、通风、照明、温度、湿度、噪声、振动等,其中,未被平衡的离心加速度及其加速度变化率是影响舒适性的最重要因素。

7.2　城市轨道交通运营安全评价方法

7.2.1　基于 AHP 的评价方法

7.2.1.1　AHP 简介

AHP 是美国运筹学家 T. L. Saaty 于 20 世纪 70 年代中期提出的,该法是对非定量事件进行定量分析的一种有效方法,其基本原理是把复杂系统分解成目标、准则、方案等层次,在该基础上进行定性和定量的分析和决策。AHP 把人的决策思维过程层次化、数量化、模型化,并用数学手段为其分析、决策提供定量的依据,是一种对非定量事件进行定量分析的有效方法,特别是在目标因素结构复杂且缺少必要的数据,需要将决策者的经验判断定量化时,该法非常实用。

7.2.1.2　基于 AHP 的评价方法研究

1. 模型构建

城市轨道交通运营系统可以看成是由人员、设备、环境、管理 4 个基本要素所组成的有机系统。利用 AHP,可将与运营系统形成有关的乘客、列车操作人员、管理人员、车辆系统、供电系统、通信系统、信号系统、排风/排烟系统、自然环境、社会环境、设施作业环境、机构职责、规章制度、安全投入这 14 个因素作为分准层,而把人员、设备、管理的因素作为准则层,建立城市轨道交通运营系统分析的层次结构模型,为便于下面的计算,将各因素标注如图 7.4 所示。

2. 构造因素判断矩阵及一致性检验

根据评价因素判断矩阵进行层次单排序及层次总排序,进行确定评价因素和评价因子权重的计算。层次单排序是根据判断矩阵计算对于上一层次某因素而言,本层次与之有联系的因素的重要性次序的权值。层次单排序的权重可以通过 Matlab 软件求正规化特征向量而得到。下面给出 A-B_i、B_1-C_i、B_2-C_i、B_3-C_i、B_4-C_i 各层次的判断矩阵、计算指标值和一致性检验值,如表 7.3 至表 7.7 所示。

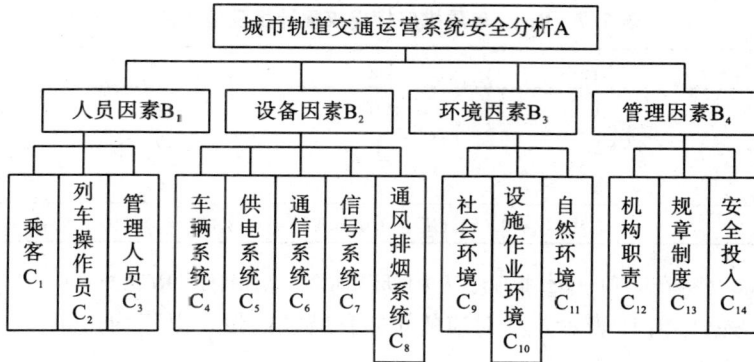

图 7.4　城市轨道交通运营系统分析的层次结构模型图

表 7.3　A-B_i 单层排序指标权重计算及检验结果

A	B_1	B_2	B_3	B_4	W
B_1	1	5	7	1	0.4209
B_2	1/5	1	3	1/5	0.1064
B_3	1/7	1/3	1	1/7	0.0517
B_4	1	5	7	1	0.4209
一致性检验					

一致性检验　$\lambda_{max} = 4.0735, CI = 0.039, RI = 0.89, CR = 0.28 < 0.1$。通过

表 7.4　B₁-C_i 单层排序指标权重计算及检验结果

B_1	C_1	C_2	C_3	W
C_1	1	3	6	0.3333
C_2	1/3	1	2	0.3333
C_3	1/6	1/2	1	0.3333

一致性检验　$\lambda_{max} = 3, CI = 0, RI = 0.58, CR = 0 < 0.1$。通过

表 7.5　B₂-C_i 单层排序指标权重计算及检验结果

B_2	C_4	C_5	C_6	C_7	C_8	W
C_4	1	2	6	9	2	0.4276
C_5	1/2	1	3	6	1	0.2258
C_6	1/6	1/3	1	3	1/3	0.0833
C_7	1/9	1/6	1/3	1	1/6	0.0376
C_8	1/2	1	3	6	1	0.2258

一致性检验　$\lambda_{max} = 5.0394, CI = 0.01, RI = 1.12, CR = 0.009 < 0.1$。通过

表 7.6　B₃-C_i 单层排序指标权重计算及检验结果

B_3	C_9	C_{10}	C_{11}	W
C_9	1	1/2	3	0.3
C_{10}	2	1	6	0.6
C_{11}	1/3	1/6	1	0.1

一致性检验　$\lambda_{max} = 3, CI = 0, RI = 0.58, CR = 0 < 0.1$。通过

表 7.7　B_4-C_i 单层排序指标权重计算及检验结果

B_4	C_{12}	C_{13}	C_{14}	W
C_{12}	1	1/5	1/5	0.0887
C_{13}	5	1	2	0.5591
C_{14}	5	1/2	1	0.3522
一致性检验	$\lambda_{max} = 3.054, CI = 0.027, RI = 0.58, CR = 0.046 < 0.1$。通过			

注：表中 λ_{max} 为判断矩阵的一致性指标；CI 为该层的组合一致性指标；RI 为矩阵的平均随机一致性指标；CR 为矩阵的随机一致性比率；W 表示 λ_{max} 对应的正规化特征向量，以下均相同。

3. 层次总排序及一致性检验

从表7.3至表7.7可以看出，所有单排序的 $CR < 0.1$，认为每个判断矩阵的一致性都是可以接受的。在同一层次中所有层次单排序结果的基础上，可以计算出对上一层次和该层次所有城市轨道交通运营系统影响因素的重要性的权值，进行层次总排序，总排序是指同一层次所有元素对于目标层（A）的相对重要性（A～B 的排序也为一个总排序），总排序的权重自上而下将单准则下的权重进行组合。城市轨道交通运营系统影响因素层次总排序计算结果如表7.8所示。

表 7.8　总体排序及权重

层次	B_1 0.4209	B_2 0.1064	B_3 0.0517	B_4 0.4209	组合权重	排序
C_1	0.3333	0.0000	0.0000	0.0000	0.1403	3
C_2	0.3333	0.0000	0.0000	0.0000	0.1403	3
C_3	0.3333	0.0000	0.0000	0.0000	0.1403	3
C_4	0.0000	0.4276	0.0000	0.0000	0.0455	6
C_5	0.0000	0.2258	0.0000	0.0000	0.0240	9
C_6	0.0000	0.0833	0.0000	0.0000	0.0089	12
C_7	0.0000	0.0376	0.0000	0.0000	0.0040	14
C_8	0.0000	0.2258	0.0000	0.0000	0.0240	9
C_9	0.0000	0.0000	0.3000	0.0000	0.0155	11
C_{10}	0.0000	0.0000	0.6000	0.0000	0.0310	8
C_{11}	0.0000	0.0000	0.1000	0.0000	0.0052	13
C_{12}	0.0000	0.0000	0.0000	0.0887	0.0373	7
C_{13}	0.0000	0.0000	0.0000	0.5991	0.2353	1
C_{14}	0.0000	0.0000	0.0000	0.3522	0.1482	2

4. 结果分析

根据城市轨道交通运营系统安全分析的层次结构模型计算的结果，很容易判定影响城市轨道交通运营系统各个因素中准则层，即人的因素、物的因素、环境的因素、管理的因素在城市轨道交通运营系统的相对重要性排序依次为：人的因素(0.4209)、物的因素(0.1064)、环境的因素(0.0517)、管理的因素(0.4209)。城市轨道交通运营系统方案层的排序依次为：规章制度、安全投入、乘客、列车操作员、管理人员、车辆系统、机构职责、设备设施作业环境、通风/排烟系统、供电系统、社会环境、通信系统、自然环境、信号系统。该排序基本上反映出城市轨道交通运营系统安全能力的实际状况。

7.2.2　基于模糊综合评判法的评价方法

7.2.2.1　模糊综合评判法简介

模糊综合评判法是一种基于模糊数学的综合评价方法。该综合评价法根据模糊数学的隶属度理论把定性评价转化为定量评价，即用模糊数学对受到多种因素制约的事物或对象作出一个总体的评价。它具有结果清晰、系统性强的特点，能较好地解决模糊的、难以量化的问题，适合解决各种非确定性问题。因此，由于城市轨道交通运营的特殊性，在运营安全评价的研究中常采用模糊综合评判法。

7.2.2.2　基于模糊综合评判法的评价方法研究

采用模糊综合评判法建立评价模型主要有以下步骤：

1. 建立因素集

因素是指人们考虑问题时的着眼点。因素集是影响评判对象的因素组成的集合，通常用 U 表示，即

$$U = \{u_1, u_2, u_3, \cdots u_n\}$$

其中，$u_i(i=1, 2, 3, \cdots n)$表示影响评判对象的因素，在城市轨道交通运营安全的模糊综合评判模型中，是指上述城市轨道交通运营安全性评价指标，这些评价指标都具有不同程度的模糊性。

2. 建立评价集

评价集是评价者对评判对象所作出的各种可能的判断结果的集合。一般用 V 表示，即

$$V = \{v_1, v_2, v_3, \cdots, v_n\}$$

城市轨道交通运营安全性水平模糊综合评价的目的，就是在综合考虑所有运营安全影响因素的基础上，从评价中集中得出运营安全性水平的一个比较合理的评判结果。在城市轨道交通运营安全水平的评价中，我们取评价集为〔非常安全，很安全，安全，基本安全，不安全〕。

3. 建立权重集

在诸因素中，各因素对运营系统安全的影响程度是不同的，这就是权重。一般而言，

在评价诸因素中，各个评价因素的重要程度是不一样的。为了表征各个因素的重要程度，对各个因素 u_i 应赋予一相应的权数 w_i，由各权数组成权重集 $\boldsymbol{W}$，即

$$\boldsymbol{W} = \{w_1, w_2, w_3, \cdots, w_n\}$$

通常各权数应归一化和满足非负性条件，即

$$\sum_{i=1}^{n} w_i = 1, \quad w_i \geqslant 0, \quad i = 1, \cdots, n$$

w_i 可视为各因素 u_i 对重要的隶属度。因此，权重集可视为因素集上的模糊集合，记为

$$\boldsymbol{W} = \frac{w_1}{u_1} + \frac{w_2}{u_2} + \frac{w_3}{u_3} + \cdots + \frac{w_n}{u_n}$$

城市轨道交通运营安全水平的模糊综合评价是城市轨道交通运营安全的各因素权重和单因素评判的复合作用，因此权重集的确定十分重要。通常选用目前最为成熟的 AHP 及专家打分相结合的方法来确定权重集。

4. 单因素模糊评判

城市轨道交通运营安全水平的单因素模糊评价就是从因素集 U 中单个因素出发进行评判，确定评判对象对评价集中各元素的隶属度。设评判对象按因素集中第 i 个因素 u_i 进行评判时对评价集中第 j 个元素 u_j 的隶属度为 r_{ij}，则按第 i 个因素 u_i 评判的结果可用模糊集合表示为

$$\boldsymbol{R}_i = \frac{r_{i1}}{v_1} + \frac{r_{i2}}{v_2} + \frac{r_{i3}}{v_3} + \cdots + \frac{r_{in}}{v_n}$$

式中，$\boldsymbol{R}_i$ 称为单因素评判集，可简单表示为

$$\boldsymbol{R}_i = (r_{i1}, r_{i2}, r_{i3}, \cdots, r_{in})$$

将 n 个因素的评判集组成一个单因素的评判矩阵 $\boldsymbol{R}$：

$$\boldsymbol{R} = \begin{bmatrix} R_1 \\ R_2 \\ \vdots \\ R_n \end{bmatrix} = \begin{bmatrix} r_{11} & r_{12} & \cdots & r_{1n} \\ r_{21} & r_{22} & \cdots & r_{2n} \\ \vdots & \vdots & & \vdots \\ r_{n1} & r_{n2} & \cdots & r_{nm} \end{bmatrix}$$

5. 城市轨道交通运营综合安全水平模糊综合评判

当权重集 $\boldsymbol{W}$ 和单因素评判矩阵 $\boldsymbol{R}$ 确定时，可以通过作模糊变换来进行综合评判：

$$\boldsymbol{B} = \boldsymbol{W} \cdot \boldsymbol{R}$$

$$= (w_1, w_2, w_3, \cdots, w_n) \cdot \begin{bmatrix} r_{11} & r_{12} & \cdots & r_{1n} \\ r_{21} & r_{22} & \cdots & r_{2n} \\ \vdots & \vdots & & \vdots \\ r_{n1} & r_{n2} & \cdots & r_{nm} \end{bmatrix}$$

$$= (b_1, b_2, b_3, \cdots, b_n)$$

式中，$\boldsymbol{B}$ 称为模糊综合评判集，"·"表示某种模糊合成运算，$b_i(i = 1, 2, \cdots, n)$ 称为模糊综合评判指标，简称评判指标。b_i 的含义为综合考虑所有因素的影响时，评判对象对评价集中第 i 个元素的隶属度。根据城市轨道交通运营安全模糊综合评价集的计算结

果，按照最大隶属度原则法来确定运营综合安全性水平等级。由最大隶属度原则法原理，选择模糊综合评判集中最大的模糊综合评判指标 $b_i(i=1,2,\cdots,n)$ 所对应的评价集元素 $v_i(i=1,2,\cdots,n)$ 作为城市轨道交通运营安全水平的综合评判结果。

7.2.2.3　基于灰色系统法的评价方法

1. 灰色系统法简介

灰色系统理论是我国学者邓聚龙教授于 1982 年首先提出来的。所谓灰色系统，是指系统中既有白色参数(已知参数)又有黑色参数(未知参数)，其研究内容包括客观事物的量化、建模、预测、决策、控制等。灰色系统理论是从信息的非完备性出发研究和处理复杂系统的理论，它不是从系统内部特殊的规律出发去研究系统，而是通过对系统某一层次的观测资料进行数学处理，达到在更高层次上了解系统内部变化趋势、相互关系等机制的目的。

灰色系统是在实践中处理不便于辨识或不能很快辨识的不完全系统。它的数学方法是非统计方法，善于处理贫信息，特别是在系统数据较少和条件不满足统计要求的情况下，更具有实用性，因此在社会、经济、工程技术系统的预测、分析和决策中使用较为广泛。在城市轨道交通运营安全评价中，灰色系统法主要用于对运营系统中硬件设备进行故障预测，从而间接对运营安全进行评价和预测。

2. 基于灰色系统法的评价方法研究

采用灰色系统法对城市轨道交通运营安全进行评价时，往往需要与其他方法结合使用。如采用模糊综合评判法处于城市轨道交通运营安全相关硬件设备在评价中的指标权重，再由灰色系统法得到每个硬件设备的指标值，最终计算出运营安全最终指标。

预测模型建立的步骤如下：

(1)给出原始的序列 x，令 $x=(x(1),x(2),\cdots,x(n))$，指定阈值 ζ；

(2)构造异常序列 x_ζ：按阈值 ζ 从 x 中挑选满足阈值的数据，对于上异常，则取 $x(t_k)>\zeta$，对于下异常，则取 $x(t_k)<\zeta$，然后用 $x(t_k)$ 构造异常(值)序列：

$$x_\zeta = (x(1_\zeta),x(2_\zeta),\cdots,x(m_\zeta))$$

(3)通过时分布映射 M_τ，获取时分布序列 τ：

$$M_\tau:x_\zeta \to \tau, \quad M_\tau(x(t_k)) = t_k, \quad \tau = (t_1,t_2,\cdots,t_m)$$

(4)对时分布序列 τ 做 GM(1,1)建模：

$$\begin{cases} GM_p \cdot AGO:\tau \to (a,b) \\ GM_{def} \cdot AGO:\tau \to \tau^{(0)}(k) + az^{(1)}\tau(k) = b \\ LAGO \cdot GM_\zeta \cdot AGO:\tau \to \hat{t}_{m+\zeta} \end{cases}$$

(5)对异常值时序分布进行预测。

第三篇　城市轨道交通公共安全

第 8 章 城市轨道交通公共安全概述

8.1 城市轨道交通公共安全特性

公共安全是指多数人的生命、健康和公私财产的安全,从城市轨道交通系统特性来看,其公共安全问题主要涉及自然灾害、治安问题、恐怖袭击以及重大责任事故引发的公共安全问题。

城市轨道交通公共安全特性由其运营特性决定,在同一时刻有大量乘客处在地下狭小封闭的空间内,使其成为最易受到威胁和袭击的目标。

(1)公共设施特性:对所有人开放,经过公开宣传(例如很方便获得的时刻表、线路图),有固定的运行时间、频率、线路、经停站、起止点等面向公众的服务特性。

(2)大流量高密度:城市轨道交通系统作为城市交通系统中客流量最大的交通工具,流量大、密度高、系统复杂、关联性强。

(3)封闭性:系统位于城市地下,列车运行空间相对狭小且封闭,地下线路与地面相连的出口有限,短时间内难以完成排出烟雾、毒气等作业;消防、安全、医疗救护等人员也很难及时到达事发地点,灾后救援难度极大。

(4)受定向空气流动影响:机械通风装置、固定的风口以及车辆活塞式运行,使毒气、化学毒剂、生化毒剂等能通过定向的空气流动在地铁内扩散,火灾容易随列车或通风系统运行沿线路蔓延。

(5)防范困难:开放特性和高密度人流使得城市轨道交通系统难以实施完善的安全检查,也不能牺牲其公共服务特性而采取隔离封闭措施,或者像机场那样进行严格的控制以确保公共安全,安全保障十分困难。

8.2 城市轨道交通公共安全威胁的类型

8.2.1 治安突发性事件的威胁

1. 暴力恐怖袭击

城市轨道交通车站、列车、运营区间和运营管理、控制中心等重要部位面临纵火、爆炸或投放(含虚假投放)爆炸物、毒物、放射性物质、传染病原体者及威胁使用上述手段,制造恐怖气氛,危害公共安全的突发性事件的危害。

带有恐怖性质的暴力事件是由个人、团体(组织)甚至国家基于政治或社会目的,使用暴力或以暴力相威胁，或使用其他毁灭性手段残害无辜，并在尽可能广泛的范围内制造恐怖或恐慌氛围的事件。暴力恐怖袭击事件是危害轨道交通公共安全的最具破坏力的因素，也是世界各国加强轨道交通公共安全防范的重点。城市轨道交通遭到恐怖袭击时，在防范和处置方面存在着以下不利条件：

（1）由于车站封闭性，烟雾、毒气、放射性物质等的浓度相对较高。因此，无论是救援人员还是伤员、群众，若在现场的滞留时间太长都会增加危险。

（2）由于车站、隧道空间狭小，人员及时疏散受到限制，安全疏散相对比较困难，同时，救援人员也难以迅速到达事发点，难以在较短时间内开展有效的救援或处置工作。

（3）恐怖袭击事件的发生，很有可能使一些具有防范或救助功能的设施瘫痪，或可能出现操作故障，使恐怖事件的处置工作无法展开。

（4）地铁内相关设施的技术要求很高，且配套充分，形成一个精密系统，如果出现操作故障或人为破坏，系统难以启动或停止运作，可能给恐怖事件的处置增加难度。

近十年来，全球轨道交通区域共发生数十起恐怖袭击事件，造成了大量的人员伤亡和财产损失。1995年3月20日，东京遭受了日本有史以来最严重的恐怖袭击。在早上的交通高峰时段，5名奥姆真理教成员登上地铁，将用报纸和塑料袋包裹的液态沙林毒气扔到车厢地板上，然后使用雨伞的尖端将包裹戳破，随即离开列车。他们戴着面具和头巾，以保护自己撤离时不会受到沙林毒气的侵袭。这次袭击导致12人死亡，3000多人受伤，许多人至今依然有受到毒气袭击的后遗症，包括脑损伤、呼吸困难和情绪抑郁。

1995年10月28日，阿塞拜疆首都巴库一列地铁列车发生爆炸并引起大火，共造成588人死亡，269人受伤。

2004年2月6日，俄罗斯首都莫斯科市中心的地铁列车发生爆炸，造成40人死亡，130余人受伤。据俄罗斯媒体报道，当天早晨8时30分左右，正是上班高峰时间，一列地铁列车行驶到距离"汽车厂站"大约300米的地方，列车第二节车厢突然发生爆炸，随即引起大火，地铁隧道里浓烟滚滚。地铁运行指挥部接到列车司机报警后不久，即与列车失去联系。该条地铁线被迫停止运营。报道称：爆炸发生前几分钟，曾有一名30多岁穿黑色皮大衣的男子对距离事发现场最近的地铁站值班人员说："你们要过节了。"与这名男子同行的还有两名穿黑衣服的20多岁的女子。三个人的长相均明显带有高加索人的特征。恐怖分子在这起事件中使用的炸药药量相当于5公斤TNT。

2004年9月，西班牙马德里的铁路车站发生连环爆炸，造成173人死亡。该车站是地铁、城际铁路、高速铁路为一体的车站，爆炸发生在一辆城际铁路列车的尾部，由于恐怖分子在实施爆炸前将列车进站的时间计算错了，若再晚3分钟，待列车进站后再爆炸，后果将更为严重。

2005年7月7日，英国首都伦敦的6座地铁车站相继发生爆炸事件，造成50余人死亡，700多人受伤。

2009年3月3日，雅典两列地铁遭遇蒙面分子纵火，导致数节车厢被焚毁。

带有恐怖性质的暴力事件杀伤力强、危害性大，公共安全受到严重侵害。事件发生后，现场救援难度较大，但后续工作难度更大，往往对政治、经济、社会和公众心理带来全方位冲击。如西班牙马德里铁路车站爆炸案发生后，国内朝野在事件制造者身份确认问题上产生严重分歧，导致时任政府很快解体。

国外这些突发性公共安全事件已经造成大量人员伤亡。我国虽然没有发生这样的事件，但是应当注意到 2002 年 9 月 11 日，联合国将"东伊运"列为恐怖组织后，境外"东突"恐怖势力迫于国际、国内的压力，一方面调整策略，加紧联合，重辟基地，并与其他国际恐怖组织和恐怖势力、宗教极端势力、民族分裂势力相勾结，建立恐怖活动网络。除此以外，国际上不断发生的恐怖事件的示范效应，极有可能影响个别心理失衡、怀恨社会、蓄谋报复的危险分子，导致其铤而走险，制造恐怖事件，满足其扭曲的心理需求。轨道交通往往成为恐怖袭击的首选目标。

治安突发性事件已经在国外轨道交通系统发生，并且我国国内也具备了引发危害轨道交通公共安全事件的可能，所以我们应当重视这个问题。

2. 大量客流拥挤

各种因素导致的瞬间客流大量聚集拥挤引发的群体性伤亡事件是最常见的轨道交通公共安全突发事件。据巴黎、雅典、马德里、莫斯科等城市的地铁专家介绍，无论哪个城市，只要有城市轨道交通，都可能遇到瞬间客流大量聚集而导致的拥挤伤亡事件。

瞬间客流大量聚集引发拥挤事件的起因主要有三种：

(1)周边地区举办大型活动。例如，上海市举办大型活动的重点场所如上海体育场、上海大舞台、上海大剧院、虹口足球场、光大会展中心等都在轨道交通周边地区。据统计，参加大型活动的人员近半数乘坐轨道交通往返。比如上海体育场无论是足球赛还是明星演唱会，上座观众都超过 5 万，比赛或演唱前，观众入场时间分散，对车站的压力相对较小，而活动结束之后，瞬间便有上万甚至数万人迅速涌向地铁车站。2003 年 10 月 7 日，浦东陆家嘴地区举办高楼跳伞活动。上午开始，现场便有观众聚集，尽管公安机关采取了多种限制措施，轨道交通二号线也跳站运营，但到下午比赛时，陆家嘴地区凡是能看到跳伞的地方，道路上、街心绿地、广场上人群黑压压一片。跳伞结束后，先是恢复道路交通，然后才恢复地铁列车停靠陆家嘴站。尽管公安机关做了精心准备，武警部队也给予增援，但 300 多名民警和武警官兵仍然守不住两道出入口，每个出入口设置的两道限行线瞬间便被人流冲开，最后不得不集中全部兵力，守住一道出入口，让乘客从限行线留出的缺口中限流进入车站。

(2)运营故障。运营故障分为两类，一类是随着设备服役时间的增加，导致机械自然损耗，如电网跳闸；另一类是因为设计制造缺陷，如上海三号线列车由于没考虑到上海轨道交通客流的实际情况，车门自动控制系统设计过于精密，导致车门一被挤压就自动锁死引发故障。一般来说，如果早晚高峰期运营期间发生运营故障，导致两趟列车晚点，很多主要车站客流将达到 8 成以上的饱和状态。

(3)天气突变。天气突变往往会改变出行人员的交通方式，使轨道交通瞬间客流骤增，形成客流爆满。2002 年 5 月 3 日，由于 5 月 1、2 日下雨，3 日这天晴空万里，从上午 9 时起，上海人民广场地铁站客流大增，因事先估计不足，日常安排的执勤民警无法应付客流的骤增，而调集武警一时难以赶到，无奈之下，只得请求市公安局调集其他单位的备勤力量赶来增援。下午起，80 名武警和公安机关调集的民警陆续到达人民广场地铁站，才化险为夷。此外，早晚上下班高峰时段也是瞬间客流拥挤的多发时段，尤其是枢纽换乘站，一旦两线四列列车误差数秒几乎同时到站，车站内便人满为患。

一旦形成超大客流的瞬间聚集，使运能与运量的矛盾呈几何级放大，极易产生"点堵、线瘫、面乱"的蔓延和辐射效应，造成局部秩序混乱，遇其他诱发因素更易导致群体伤亡事故。就上海轨道交通而言，如二号线任何一站发生问题，将导致列车不能正常运行，那么一号线换乘二号线的乘客必然会积压在人民广场站，而三号线换乘二号线的乘客便积压在中山公园站或人民广场站，若延误时间较长，一、二、三号线均将受严重影响，尤其是各换乘枢纽车站。近几年来，上海轨道客流每年以 30%的比例持续增长，日均客流不断攀升，日最高客流已突破 200 万。轨道交通一、二、三号线不同程度超载，尤其是一号线最高超载率达 50%以上，运能与运量矛盾十分突出。未来几年内，随着新开通线路投入运营和原有线路列车增配，运能将有所提升，但瞬间客流大量聚集引起的拥挤事件始终是公共安全突发事件处置的重点内容，尤其是枢纽站和居民集中地区。

3. 阻碍运营事件

近年来，随着国内经济社会发展，人民内部矛盾呈现多发趋势，轨道区域群体性治安事件也常有发生。造成此类事件的原因主要有两点。一是运营故障或建设施工引发群体性不满所致。2004 年 5 月的一天，10 多名乘客因上海地铁一列车发生故障拒绝下车，致使三号线运营受到较为严重的影响，后 3 名主要违法人员被处以治安拘留。二是挟"上访"理由集体抵赖交通费用（由此还引发出一种现象：个别乘客为了逃票谎称上访，运营部门有时为了避免矛盾激化只能变相处理），若运营管理人员要求其购票乘车，这类人员便借机无理取闹。据统计，集体乘坐地铁上访、无票强行乘车、市政建设拆迁、施工噪声污染、历史遗留问题等因素，给运营管理和车站秩序带来一定影响。

一旦发生群体性阻碍运营的治安事件，运营秩序必将受到一定破坏，除当事人外的众多乘客利益也会因此受到影响。事件中一方群体往往情绪激烈，要求甚高，运营管理部门一般无法满足其要求，因而此类矛盾难以当场化解，现场处置不当容易引发危害公共安全的事件。

4. 其他人为事件

行为人因违章进入轨道、穿越轨道以及自杀等原因被行驶的列车撞击造成行为人伤亡致使列车被迫停运的事件数量正在逐年增加，由此引发轨道交通整线暂时停运。在客运高峰时段，由于车站站台空间狭小，容易造成车站客流滞留，产生现场混乱，甚至出现难以控制的局面。

此类事件中，较常见的是乘客跳入轨道道床自杀的事件。历年来，道床自杀事件已经成为轨道交通各类突发事件的主要部分，少则一月数起，多则一天几起。据雅典地铁公司介绍，雅典地铁自杀事件每月至少死亡 1 人。而据莫斯科地铁总局提供的信息，莫斯科地铁自杀案件大大超过我国。值得关注的是，以往道床自杀事件以春季为多，而现在已打破季节界限，全年皆有发生。如 2005 年国庆后，上海一周内就发生两起，两名自杀者均死亡。

据对自杀死亡人员的遗留书信、病史和社交圈的调查及经抢救生还人员的了解，除患有精神疾病且处于发病期的患者外，大多数自杀者是由于恋爱关系、工作压力或久病不愈而选择自杀，同时，还有些自杀者经过反复思考，权衡左右，最终选择自认为死亡率高、结束生命快的轨道交通自杀。

跳轨自杀事件对运营秩序的影响和乘客的心理冲击均较大，且被媒体报道后易产生诱导效应，善后处理工作也耗费很多精力。杭州一位市民第一次专程到上海轨道交通车站内自杀被救起，由家属领回后，不久又特地来自杀，被再次救起后，问其为什么又到上海地铁自杀，他说："报纸上经常报道地铁有人自杀，说明在地铁自杀方便，所以我要自杀就非要在地铁自杀不可。"

除自杀事件外，乘客之间为争抢座位、发生口角等引起的治安事件，往往导致车站、车厢内局部治安秩序混乱，容易引发侵害乘客安全的事件。2005 年，一名外籍人员因与一名中国乘客在车厢内发生纠纷，使用辣椒素喷雾剂进行喷射，一时间车厢内弥漫着刺激的气味，造成整个车厢内乘客恐慌，十多名乘客眼部、脸部、喉部不同程度受到伤害，有些乘客当即去医院检查，所幸当时已过乘车高峰，客流较小，若在高峰时段发生该事故，后果将十分严重，最后该名外国籍乘客被予以治安处罚。

8.2.2　各类事故隐患的威胁

各类安全事故隐患引发的威胁(如火灾、撞车、脱轨等)是轨道交通的另一个安全杀手。2005 年 11 月 21 日下午 3 时 50 分，北京地铁 13 号线一辆空载列车在回龙观车辆段试车线进行调试作业时，由于列车制动发生故障，车辆突然冲出试车线，造成该区段内上行列车无法正常运行。所幸事故中无任何人员伤亡，但造成该区段正线列车无法正常运营。

造成安全事故的原因可分为软件、硬件和乘客三个方面。硬件造成的安全事故有电气设备老化等；软件造成的安全事故有管理混乱、操作失误等；乘客方面原因造成的安全事故有非法携带的危险品发生泄漏、精神病人肇事等。

自从 1860 年世界上首条地铁在伦敦开通以来，各类安全事故就开始伴随着轨道交通的建设和运营出现。可以说，轨道交通发展史也是轨道交通安全事故罹难史。1975 年，英国地铁发生列车直接撞上隧道尽头墙的恶性事故，造成 30 人丧生，驾驶员当场死亡，原因至今不详。1986 年 11 月 18 日，伦敦国王十字地铁车站因机房起火引发火灾，致 32 人死亡 100 多人受伤。20 世纪 60 年代末，我国北京地铁一号线也发生过较严重的火灾。

各种安全事故中，尤以火灾的危害最为严重。一旦地下空间发生火灾，由于其结构封闭、空间狭小、排烟性能差等特点，现场救援十分困难，往往导致大量人员因烟雾中毒而窒息。

上海地铁最早投入运营的一号线已经使用十多年，一些设备已经老化，所以因设备老化、故障等原因引发火灾的潜在威胁不容忽视，这也是轨道交通公共安全面临的一个重要威胁。

8.2.3 有毒有害生物、气体侵害的影响

地下车站由于空间封闭狭小，空气流通性较差，具有传播性的有害生物、有毒有害气体一旦侵入，便难以控制，伤害涉及的面积较大。在"非典"疫情期间，上海日均客流同比下降50％，车站、车厢内乘客很少。1995年，东京地铁沙林毒气事件，因毒气在地铁内蔓延，当场造成3000余名乘客受伤，12名乘客死亡。

8.2.4 自然灾害和其他意外因素的危害

自然灾害以及其他意外因素同样威胁着城市轨道交通的公共安全。例如轨道交通线路周围环境发生的意外情况，如电线杆倾倒、电缆线意外下垂等对从其下方穿越的列车安全行驶均构成极大威胁。

城市轨道交通公共安全事件时时刻刻都有可能发生，一旦发生将会造成大量乘客的人身伤亡和财产损失。因此，广大从业人员必须时刻提高警惕，认真对待，积极应对和预防轨道交通公共安全事件的发生。

8.3 城市轨道交通公共安全事件的处置

公共安全突发事件的现场处置有赖于多个部门的协同作战，各参战部门既要根据职能、任务明确分工，又要紧密配合，发挥整体效应。突发事件的现场指挥是突发事件处置工作的核心。仅就公安机关在突发事件处置过程中而言，就包括了警力、预案、保障等三方面的组织、部署、落实、反馈和调整。运营要素和乘客要素的应对状态也在很大程度上依附于现场指挥。

8.3.1 城市轨道交通公共安全事件的处置主体

城市轨道交通作为城市标志性建筑和重要的公共交通工具，具备两大特点：一是人流高度密集和具有较大社会影响；二是轨道交通自身的空间特殊性、结构紧凑性、电气密集性、运行高速性的特点。一旦轨道交通区域发生突发事件，特别是灾难性突发事件，有针对性地控制事态发展和实施救援措施往往难以迅速有效地展开，处置结果难以预料。同时，处置效果难以及时体现的滞后性往往还会引起次生灾害的发生。

基于以上两点，公安机关确定了"防控第一"的警务战略，视防范和控制为第一要务，力求把灾难性事件消除在萌芽状态。加强防范的同时，事件发生后的处置工作也非常重要。如果说防范是一根标线，那么处置就是一根底线。在突发事件发生后，应力求通过科学、合理、有效、及时的处置措施，使事发后的人员伤亡程度降到最低。

公安机关历来把处置工作放在一个重要的位置，但从过去的处置情况来看，我们过分强调政府力量甚至更狭隘地片面强调警力的作用，这是突发事件处置工作的最大误区。

分析国内外轨道交通突发事件处置的经验和教训时，发现对突发事件的处置结果影响最大的有公安、运营、乘客三个要素，这三个要素交叉影响、相互制约。按性质分，三个要素可分为内部要素和外部要素。其中，内部要素具有较强的可塑性，经针对性工作后可明显见效，而外部要素可塑性较弱，需经过逐步的教育、培养和引导，见效周期较长。

1. 处置主体——公安机关

现场处置的组织和实施，特别是先期组织和实施往往由公安机关承担。作为处置公共安全领域突发事件的先锋队和主力军，公安要素是易被理解而且较为熟悉的。公安作为行政部门和执法部门，某种程度上代表了政府的行政手段和措施，列为内部协调的范畴。公安要素是内部要素，对处置过程和结果起着重要作用，是最具有执行力和可塑性的要素。公安要素中主要包括警力、预案、保障、指挥 4 个方面的内容。

2. 处置主体——运营单位

运营要素是经常被忽略的。一方面按照"谁经营谁负责"的原则，运营部门作为责任部门，要积极投入突发事件开展处置工作；另一方面，由于轨道交通的特殊性，运营部门在处置过程中掌握着独一无二的内部资源，机械化的控制措施使得运营部门的处置手段常常起到人力所不及的作用。因此运营部门能否迅速采取正确的应急措施是处置成败的关键。

运营要素是内部要素，可塑性较强，但执行力取决于司机、调度、车站工作人员的职业素质，相对公安要素的执行力较弱，存在一定的不确定因素。运营部门若处置不当，将会造成极为严重的后果。

韩国大邱市地铁一号线纵火案仅仅是因为一名精神病患者使用一瓶汽油纵火，引起列车座椅厢壁等部位着火，造成的死亡人数却达到 196 名，146 人受伤，289 人失踪。

引发如此严重后果的原因除韩国地铁硬件设施问题外，主要是运营部门处置不当造成的。第一，司机玩忽职守。事发后司机关闭列车控制系统，拿走钥匙自己逃命去了，而列车上的乘客却因一时打不开车厢门难以逃生，许多乘客在车厢内被烧死或窒息死亡。第二，调度失误。一列列车在站台上起火燃烧，调度人员没有及时阻止另一列列车进站，造成另一列列车进站后也起火燃烧。据统计，第一列列车的死亡人数为 60 多人，而第二列列车的死亡人数却多达 100 多人。第三，指挥不当。列车起火燃烧后，运营部门指挥人员认为是环控系统故障，即指令车站关闭了原本正常运行的环控系统，致使车站空气中氧气含量急剧下降，而浓烟则无法排出站外，因此，大量乘客窒息身亡。

城市轨道交通行驶列车发生突发事件时，一般应遵循以下原则：只要条件许可，就尽可能将列车从隧道、高架区间行驶至前方车站，因为如果列车停在区间里，一是乘客无法紧急疏散，抢险救灾人员无法到达现场处置；二是隧道狭窄，乘客即使下车也难以行走；三是由于受场地条件影响，抢险救灾工作不能顺利展开；四是抢险救灾车辆无法到达隧道和高架区间，加之水源有限，无法满足多台消防车救灾用水。

由此可见，运营单位作为突发事件的处置主体，在突发事件的处置过程中的作用是十分关键的。

3. 处置主体——乘客

公众在遭遇突发事件时的应对反应在某种程度上对事件发展起着决定性作用。举两种情况对比。一种情况是消防部门清理火灾现场时经常发现，大多数遇害者都是倒在着火房屋的门口，像叠罗汉一样层层相叠。原因就是逃生时争先恐后涌向门口，只要有一个人倒下，后来者前仆后继，接二连三倒下，最后人为地把门堵死，全部窒息而亡。另一种情况以 9·11 事件最为典型，当美国世贸大厦被飞机撞穿摇摇欲坠时，大厦里大约有一万多人，而人群从大厦撤离时非常有序，一律沿逃生楼梯右侧依次下楼，没有发生插队、拥堵现象，所以高达 80 多层的高楼楼梯始终通畅，使得人群最大限度得以撤离，在这极其紧急、时间极其短暂的情况下，超过一半的人员逃生成功。从中可以看到，"惊慌、混乱、争先恐后"和"镇静、有序、有条不紊"两种截然不同的状态把事件处置结果引入两个相反的方向。轨道交通区域发生突发事件后，空间特殊性和结构紧凑性的特点对乘客的理性反应要求更高。

任何一个国家的乘客，在灾难发生后的求生欲望都是相同的。莫斯科地铁爆炸发生后，这列名为"绿线"的地铁列车正运行在"汽车厂站"和"巴甫列斯卡娅站"之间，列车上的制动系统立即启动，列车停了下来，但车窗门却紧紧关闭着，从而引起急于逃生的 700 多名乘客的愤怒、埋怨和谩骂，但是乘客并不知道在未切断轨道上电源的情况下下车，将会造成更多人员触电死亡。

在对待乘客要素上，俄罗斯、西班牙、希腊等国家的经验值得一提，这些国家除了在中、小学开设安全和逃生课程外，学生还必须到街头演习。俄罗斯国家紧急救援部还有计划地向居民宣传安全防范和自救的知识。

8.3.2　恐怖袭击事件的处置

2004 年 2 月 6 日，莫斯科地铁爆炸案发生后，莫斯科市政府和莫斯科地铁总局迅速成立了现场指挥所，因为指挥有力，措施得当，运营和乘客要素均表现出良好的应急状态，有效避免了更多人员伤亡。

首先，司机处置得当，事发后一面及时向总调度报告事发情况，一面通过列车广播向乘客通报情况，让乘客不要惊慌，并告知紧急避险的方法和紧急疏散的路线。其次，调度处置得当。接到司机情况报告后，运营单位全力协助警方开展处置工作，并立即采取关闭邻近车站、相关线路停止运营等措施。第三，及时切断电源。由于莫斯科地铁电源在铁轨上，当乘客逃生时，如电源未切断，又将造成大量人员触电死亡。第四，乘客处置得当。事发后乘客未出现争先恐后的场面，而是根据紧急避险的方法和紧急疏散的路线，在警察的指挥下有序地撤离，青壮年乘客帮助妇女和儿童下车，搀扶或者背着行动困难的乘客离开现场，没有发生因逃生而相互拥挤、踩死踏伤人员的情况。这一事件的处置，堪称地铁爆炸事件成功处置的典范。该列车驾驶员戈列洛夫也被俄罗斯联邦总统直接领导的国家奖励委员会授予勇敢勋章。

从国外处置恐怖袭击事件成功和失败的实例看，树立时间就是生命的观念，详细量化应急反应的时间最为重要。由于地铁处于封闭环境，一旦出事，延误一分钟都会导致严重的结果。美国研究机构通过计算机模拟分析得出结论：地铁受到沙林毒气袭击时，如果在6分钟之内做出反应，伤亡人数是372人；反应时间如果是14分钟，伤亡人数将增加到1084人；如果拖延至半个小时，那么伤亡人数将增加到2188人。因此，有效的应急反应系统应建立在完备的各种预案基础上，包括运用计算机等先进的技术手段模拟可能出现的突发事件及应对措施，总结国外经验进行演练后，将最佳应对方案存储起来，形成固定操作规程，供选择调用。

上海城市轨道交通自1992年开通运营至今，尚未发生暴力恐怖袭击和较为严重的安全事故。因而，处置突发事件的应急反应能力和实战指挥水平在某种程度上还没有得到真正检验。十多年来，我国处置的突发事件主要为常见的瞬间客流大量聚集、阻碍地铁运营和发现可疑物品等事件，总结这些事件的处置工作也是经验与教训并存。

8.3.3 客流拥挤事件的处置

1997年6月30日晚，上海市举办香港回归大型庆祝活动。当时地铁只有一号线运营，日均客流30万，但6月30日当天客流高达46万，增幅超过50%。据分析，超出的16万客流中，有近半数是前往参加庆祝活动的。客流在当晚9时左右达到高峰，人民广场站和淮海路沿线车站客流突然大幅增长，迅速饱和，站厅站台人满为患，人与人之间摩肩接踵，很多站厅的售票亭都被乘客挤塌。见此情况，现场指挥点立即启动应急预案，准备采取关闭部分车站出入口、实施进出口分流、限制客流进入站台层等应急措施，但由于现场人流汹涌，部分驻守出入口的民警和武警官兵被人流冲到站厅，而且寸步难行，应急措施无法顺利展开。眼看客流仍在积聚，险情不断产生，民警们迫不得已，强行将车站卷帘门拉下，才使得客流得到控制，避免了一次因拥挤引发的安全事故。

在事后总结时，发现处置问题主要出现在预案上，表现为三点：一是公安机关虽然事先对可能出现的大客流情况有所预判，并制定了相应预案，但预案内容比较粗放，原则性较强而针对性和操作性较弱；二是各车站应对不足，没有制定相应预案，对关闭出入口、分流等具体措施没有分解细化，落实到人，各岗位职责也不够明确；三是预案中与运营部门的联动协作有所欠缺，事先未督促协调运营部门备足人员，明确措施和任务，致使客流突然爆增后车站工作人员各自为战，比较慌乱。

1999年12月31日迎接新世纪时，尽管夜晚的客流绝不亚于1997年6月30日庆香港回归时的客流人数，但由于充分吸取了庆祝香港回归时的经验教训，不仅公安机关制定了总体方案，派出所也制定了实施方案，所有重点车站包括出入口都明确了具体工作措施，公安机关领导直接到重点车站，靠前指挥，执勤民警落实到站厅、站台、出入口，人人岗位明确，责任明确，措施明确，紧急情况下的多套预案人人知晓，确保了安全。从这次处置工作中可以充分看出，科学制定预案、细化并认真落实工作措施是确保大客流处置工作顺利完成的重要前提。

8.3.4　阻碍运营事件的处置

2004 年 3 月的一天下午 5 时 47 分，上海市公安机关指挥中心接到地铁总调度电话，称三号线上行列车因故障在虹桥路站抛锚，运营公司清客过程中，部分乘客拒不配合，滞留车厢，并且擅自拉动车厢内紧急制动把手，造成抛锚列车无法拖离运行线路，轨道三号线运营面临全线瘫痪。接警后，指挥中心立即指令属地宜山路站派出所前往处置，同时电告三号线东宝兴路站派出所列车故障情况，要求做好处置瞬间客流爆满拥挤事件的准备，并将有关情况立即上报市局指挥中心和分局领导。宜山路派出所民警 5 分钟内赶到现场开展工作并向指挥中心报告，近 20 名乘客仍拒不配合。当时正处下班高峰时段，客流持续增多，且列车又抛锚于三号线南段的关键位置，所以该部分乘客的行为很快便引发三号线全线各车站滞站客流大幅增长，个别车站站台客流已接近 8 成。指挥中心随即启动轨道列车故障处置预案，发出第二波三道指令。一是告知地铁总调度将故障车辆连同该部分乘客拖至三号线火车站站实施清客，同时增派备用列车在中山公园站至南站站折返，确保三号线南段运行；二是指令东宝兴路派出所和公安分局抽调警力立即赶到火车站站，配合运营部门全力清客，并对肇事者做好调查取证工作；三是指令一号线徐家汇站派出所、火车站站派出所组织警力前往三号线南、北两段各车站维持秩序，配合运营部门开展工作，并做好处置瞬间大客流拥挤事件的准备。指令执行后收到立竿见影的效果，当天 18 时 02 分，故障车辆被拖离虹桥路站；18 时 05 分，三号线南段恢复运营；18 时 15 分，增援警力全部到岗，其中 15 名民警在三号线上海火车站站部署就位；18 时 22 分，故障车抵达三号线火车站站；18 时 25 分，清客成功，故障车进入站区折返线；18 时 26 分，三号线全线恢复运营，治安秩序稳定。

在整个事件过程中，轨道三号线仅在部分线路停运 14 分钟后便清客成功并顺利恢复全线运营，说明应急处置与指挥调度是成功的，而成功运用"就近调警"、"梯次调警"、"补充调警"原则合理、及时地调集警力更是本次现场指挥中的亮点。"就近调警"保证了民警迅速赶到事发现场，为指挥中心掌握情况、判别性质和进行决策提供了依据；"梯次调警"使得优势兵力迅速集结到位，发挥出强势作用，清客工作得以顺利开展；"补充调警"使得东宝兴路站派出所民警增援火车站站后各巡区的警力空缺得以迅速填补，确保了沿线各站的治安秩序稳定。

在这类事件的处置过程中，必须重视摄录像和拍照取证工作，这样一是有利于固定证据，为依法打击挑头肇事和肇事首要分子提供可靠证据；二是为追查肇事起因提供线索；三是在可能的情况下，为向广大群众说明事因、进行法制教育提供依据；四是部分参加肇事人员害怕曝光，迫于压力将会自动停止闹事。

8.3.5　可疑遗留物品的处置

日常工作中，经常会发现轨道交通的车站站台、站厅、商铺及车厢内有不明物主的箱包。以往的处理方法是先设法寻找失主，找不到失主的再交给公安部门作为无主物品处理。但是，从近年来轨道交通面临的安全形势和加强公众安全保障的角度出发，对难以找到失主的箱包必须引起高度警觉，此类箱包不排除作为蓄意制造恐怖袭击和暴力破坏工具的可能。2005 年，北京一火车站内发生爆炸，爆炸源即为放入垃圾桶内的装有爆炸物的背包。此类案件在国外地铁中屡有发生。

2005 年 8 月某日晚，民警巡逻至上海地铁一号线莘庄站闸机处时发现一只 35cm×25cm 大小的绿色无主帆布包，经四周询问及广播查找无人认领，民警即按照可疑危险物品处置要求展开设置警戒区域、疏散围观人员等相关工作，并立即上报公安分局指挥中心。指挥中心接报后，及时出动嗅爆警犬和消防专业人员，但仍无法排除嫌疑。后市消防局排爆人员前往增援，将帆布包放入防爆罐内运至地铁梅陇基地空旷处实施处理。此事件的处置虽然出动了许多警力，处置环节也显得较为复杂繁琐，处置成本较高，但就其过程和结果而言，该处置方法的确是最为稳妥和规范的选择。从这起事件的处置过程中，可以归纳总结出发现可疑物品后的一般处置程序。首先要设置警戒区域。发现达到一定体积(一般为 20cm×20cm 以上)的无主手提箱、拎包、背包后，应立即寻找失主，不得擅自移动，无人认领的，可认定为可疑危险物品，以之为中心设置警戒区域。同时要按程序上报并开展先期处置。车站工作人员和公安民警分别上报上级部门，民警还应及时使用防爆毯对可疑物品进行覆盖。

公安机关指挥中心接到报告后，可命令训导员携带警犬前往现场开展嗅爆。其次要疏散人群。可疑物品处于车站站台层，警戒范围影响乘客上下列车的，应关闭受影响的列车车门，加强戒备力量，引导乘客从其他车门进出；可疑物品处于商铺等公共场所的，要立即对该商铺进行清场，并视情况关闭相邻商铺；可疑物品处于车厢内的，要立即劝导乘客离开该节车厢，待列车靠站后，视情况疏散列车内全部乘客，然后排除嫌疑或专业排爆。由嗅爆警犬基本排除危险因素的，可靠近该可疑物品，侧耳静听有无细微声响，进一步排除嫌疑后，可将可疑物品放置于车站防爆罐内(没有防爆罐的，应置于无人经过且没有重要设施、设备的隐蔽处)待专业人员处置；嗅爆警犬无法排除危险因素的，应待消防专业人员到场甄别处置，严禁擅自拖拉可疑物品或将其置于人员较多、可能造成严重影响的区域进行检测。

8.3.6　群体性事件的处置

因人民内部矛盾激化引发的群体性事件(如地铁建设中的动拆迁、施工噪音、夜间突击施工等)发生后，处置策略运用得如何对迅速平息事态、避免矛盾激化、减少负面影响、确保社会稳定及和谐社会的构建至关重要。在实际工作中，要注意做到抓住"三个阶段"，并重视各个环节的衔接。其中，"三个阶段"是指初期、中期和后期阶段。处置工作中要根据事件的不同阶段和发展态势采取不同的工作策略，抓住时机采取相应的措施，大胆谨慎、积极稳妥地开展工作，力争快速平息事态，把该事件带来的危害和社会影响减少到最低限度。处置群体性事件的要素有三点。

(1)事发初期最先赶到现场的公安民警和有关人员要迅速控制现场，及时掌握情况和维持秩序，为处置事件奠定基础。首先要不失时机，快速出动，尤其是单位领导、保卫干部、公安机关获悉后，要迅速派出民警和工作人员赶到现场展开工作。民警和单位领导、保卫干部要及时了解事件经过，在迅速报告的同时有效控制局面。其次是正确分析、判明性质、果断施策。要在群体性事件初期迅速查清事件发生的原因，判明事件性质，了解行为人的目的和动机，同时，对事态的发展趋势要有正确的评估。要区分和判断事件是否具有暴力性质及其他违法行为，确定处置的方法和步骤。对于一般非暴力性质、未影响轨道交通正常运营或建设施工的，应由党委、公司负责人尽快通过对话和宣传等形式向参与群体性事件的人员说明情况，认真介绍轨道交通发展对整个社会带来的发展动力，并实事求是地承认工作中存在的问题，提出改进方法。必要时也要宣传国家法律、法规，动之以情，晓之以理，取得大多数人的理解和谅解。对暴力性质的聚众打、砸、抢，冲击要害部位或堵塞运营线路，强行阻碍施工的违法行为，应及时研究，采取果断措施，以免造成更大损失。再次是依照有关法规，有针对性地实施控制措施。如根据事件的规模范围、危害程度、划定警戒区域或者封闭现场及相关区域，及时检查闹事人员是否携带反动宣传品、煽动性宣传材料及易燃易爆危险物品，防止出现放火、爆炸、行凶等恶性事件的发生。

(2)事件处置过程中，即事发中期，要善于选择时机，实施应对措施，防止事态的进一步扩大，尤其要防止事态失控，为恢复秩序提供有力保障。一是要正确疏导，现场进行法制宣传教育。果断处置和防止矛盾激化，争取团结大多数群众，分化瓦解和打击处理极少数违法分子。要反复进行法制宣传，讲明事件的违法性质，坚决表明制止的态度，要求现场参与的群众辨明是非，千万不要上极少数别有用心之人的当。对确有困难的群众，劝导他们通过正当合法途径反映问题。同时也要对少数违法人员予以严正警告。只要群众明白了事件的真相，相信大多数参与者是可以缓和态度、走正当途径的。二是果断行事，依法实施强制措施。在群体性事件中，对强行拦截地铁列车、堵塞轨道交通运营、冲击要害部位等严重影响社会稳定的行为，要选准时机，选准突破口，果断出击。三是及时取证，为处理违法犯罪人员提供足够的证据。对群体性事件的组织者和闹事的首要分子，要设法获取证据，注重旁证的收集，为依法打击处理提供依据。

(3)事件处置的后期，要用对社会稳定高度负责，面对群众满腔热情的态度，要深入到群众中去，稳定群众情绪，为防止事件反复创造有利条件。在群体性事件中，往往是合理与不合理的行为交织在一起，多数人的过激行为与少数人的违法行为混为一体，处理过程中，稍有疏忽便有可能引起矛盾进一步激化。因此在事态平息后，要积极依靠党委、政府与有关部门配合，迅速展开善后处理。对群众的合理要求要认真给予解决，对群众的不合理要求要进行耐心细致的教育，对那些合理的要求但暂时难以解决的，要说明原因，取得群众的谅解。只有这样，才能团结大多数，孤立打击极少数。

在注重了上述三个阶段的同时，整个处置过程中都要重视：

(1)依法办事。群体性事件具有动态性和复杂性的特点，场面往往混乱不堪，有时甚至处于难以控制的状态，所以注重处置的策略十分重要。在现场处置的工作人员必须头脑清醒，沉着冷静，少说多听，更不能随意发表个人的看法，防止授人以柄。

(2)正确引导。要建议事发地党委、政府领导、职能部门负责人到场，现场做群众工作，使群众感受到党和政府解决问题的诚意和决心。同时又要进行法制教育，指出危害，促使大多数群众自觉和别有用心的人划清界限。

（3）注意方法。群体性事件的处置和一般治安案件的处置有很多相同之处，如对非原则问题要设法大事化小，小事化了。对群众应采取"可顺不可逆、可散不可集、可解不可激"的办法，立足疏导缓解，但现场工作人员不可以为了事态平息而乱表态，擅自满足各种要求，避免造成工作被动。条件许可的，可要求群众选派代表（代表人数应控制得越少越好）进行对话交流。

8.3.7　化学毒气事件的处置

当轨道交通车站、车厢受到化学毒物侵袭后实施救援时，既要为中毒人员脱离毒区提供个人防护，又要为救援人员执行任务提供合适的防护器材，若暂时难以提供正规的防护器材，也要告知人们利用简单方法或随身携带的可用于防护的物品，并尽快离开毒区。只要正确、科学地使用个人防护器材和采取必要的防护措施，就能减轻或避免毒物的伤害。在救援和乘客疏散时，应采取专业技术防护与群众性防护相结合、正规的防护器材与简易防护器材相结合的办法，只有这样，才能让尽可能多的人在尽可能短的时间内逃离危险区域，使处置工作取得事半功倍的效果。

1. 个人防护

一是遵守毒物侵袭和扩散区域行动规范并及时洗消。被染毒物人员必须服从救援指挥人员的指令，按照指定的路线或指定的车站出口撤离，在未得到命令的情况下，不得取消个人的防护。若在染毒区域内，不得随意坐卧，禁止饮水、进食、吸烟，以免毒气随口腔进入体内。一旦发现染毒或已离开了染毒区，要尽快进行全身洗消，换去身上全部衣、袜、鞋。二是药物预防。有的剧毒化合物由于毒性强烈，毒性作用很快，在极短时间内便可使人中毒。救援人员在执行救援任务之前，应先服用预防中毒的药物，当救援中吸入毒气后，可以减缓毒气作用的发挥。轻度中毒人员在医院治疗的同时，应大量饮用冷开水，加速毒素的稀释和排泄。但服用过预防药物并不能代替防毒面具，也要注意正确的处置方法。三是器材防护。目前，上海市轨道区域防护器材以压缩空气呼吸器为主，且不可能做到每一位工作人员都配备。因此，紧急情况下只能依靠简易防护器材，也就是利用日常生活用品或简便材料制作的个人防护器材，它在较短时间内能起到保护眼睛、呼吸道和全身皮肤免受某些毒物侵害的作用。如遇到对眼睛有刺激的有害气体，可以戴上与皮肤接触严密的游泳眼镜，这样可起到保护眼睛的作用。当然，人们出行时不可能将游泳眼镜随身携带，那么可用塑料袋包住头部，在鼻孔处开口，再戴上口罩。如果这样也难以做到的话，用手帕、餐巾纸之类捂住鼻口（湿的效果更好），抓紧时间离开现场。需要进行身体局部部位防护时，上肢及手可戴上橡胶手套，下肢可穿长筒雨鞋，也可以用塑料布、帆布包住下肢，若有困难，扎紧裤脚管，减少毒气进入身体。进行全身防护时，可利用雨衣（最好是军用或警用雨衣）、帆布、棉大衣、毯子等遮挡整个身体。必须指出，任何简易防护在离开染毒区后都必须进行认真洗消，所用防护器材必须严格消毒，不得将未消毒的器材随意乱扔，以免毒物扩散。

2. 集体防护

当地铁车站、车厢内（包括地下站、地面站和高架站）遭受毒气侵害后，应立即将人员转移出站或离开车厢，到上风未染毒的安全区域，但这些人员不得随意离开安全区域。转移至室内的，应关闭门窗、空调，室内不得吸烟，等待救援。洗消人员到达后，进行洗消救护，中毒者都必须送往医院检查救助。

3. 染毒后的洗消

有毒气体对车站建筑物、轨道车辆影响不大，但须进行消毒和通风处理，而地下车站隧道内的消毒则较为重要，因隧道在列车停止运营的情况下通风条件较差，导致有毒气体难以排出。通常的洗消方法是用化学消毒剂如漂白粉、碱性溶液直接喷洒在有毒物质上，通过氯化、氧化及发生水解或中和作用改变毒物性质，使之成为无毒或微毒的物质。也可以用焚烧的办法破坏毒物的毒性。用沾满汽油、酒精的棉花或毛巾在染毒物品的表面上擦洗，迫使毒性改变或挥发。最简单的办法是在轻微染毒的情况下进行日晒、雨淋、风吹，导致毒物自然分解，在气候条件不允许时，应用自来水反复冲洗，并用碱性肥皂擦洗，然后再冲洗。

第9章 城市轨道交通公共安全防范

9.1 城市轨道交通公共安全防范概述

9.1.1 安全防范的概念

安全防范的概念有广义和狭义之分。安全防范的广义概念是指社会组织、社会成员采取戒备措施，以避免、减少或减轻治安危害的活动。它包括避免治安危害发生的危害前防范，即科学预见和有效戒备治安危害；减少或减轻治安危害程度的危害中防范，即有效禁阻还在发生中的治安危害；避免或减少同类治安危害再度发生的危害后防范，即科学分析已经发生的治安危害的成因和演化过程，化解治安危害形成和扩大的因素。安全防范的狭义概念是指社会组织、社会成员采取戒备措施，控制、降低、解除治安危险，以避免、减少或减轻治安危害的活动，即危害前的防范。

9.1.2 城市轨道交通公共安全防范内容

1. 防范威胁

在非传统安全形势下，公共安全防范的威胁为：企图以大量人员伤亡和财产损失，破坏运营秩序或危害社会，以造成重大影响或达到某种目的。常见威胁类型及其伤害情况见表9.1。

表 9.1　威胁类型及其伤害情况

威胁类型	平均受影响人数/人
纵火	350(韩国大邱地铁纵火事件)
化学毒剂	5000
生物毒剂	1500~5000(日本东京地铁沙林毒气事件)
放射性物质	1500~5000
爆炸物/燃烧物	50~3000(美国世贸大厦、西班牙马德里、英国伦敦、印度孟买袭击事件)
核袭击	50000
武装袭击	10~100
劫持/劫持人质	10~100
断电	250 000~450 000
网络/信息安全	未知

2. 防护对象

城市轨道交通系统的公共安全特性要求形成人与城市轨道交通系统及其安全需求和所处位置的整体防护。直接体现为对城市轨道交通系统内的人员，包括乘客和工作人员（服务及管理人员，技术、施工和来访人员），以及财产（包括设备和设施）的安全。

3. 防范区域

城市轨道交通防范区域分为社会公共区域和内部工作区域及部位。对于站厅、站台等社会公共区域，其公共安全防范重点是乘客及其行为的监控；内部工作区域（如行政管理区）以及部位（如风井）的安全防范主要方式是身份识别和访问管理控制（图9.1）。

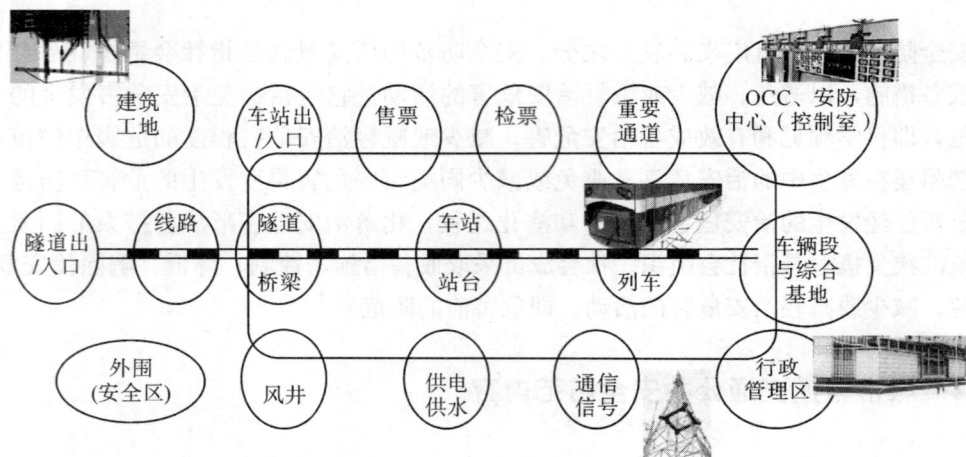

图 9.1　城市轨道交通安全防范关键区域和部位

9.1.3　城市轨道交通公共安全防范策略

由于资金和技术的限制，应对安全威胁不能做到面面俱到，需要通过采用不同防范策略和选择相适应的技术应对不同的威胁。

（1）全面覆盖：安全防范技术全面覆盖整个城市轨道交通系统，达到无缝隙、无漏洞。

（2）纵深防护：根据防护对象的公共安全风险等级和安全特点，从外向内形成逐步增强的防护体系，或将不同风险等级的防护对象置于多重防护技术系统中不同的位置。最高等级的防护对象置于最严密的防护中心，不同位置的乘客和人员处于相应的防护之中。

（3）部位防护：对于具有特性安全需求的设施和设备部位，如通风井口、自动售检票系统、独立无人值守的通信设施等，采取专门的安全防护措施。部位防护还应该与纵深防护相配合，以提高防护效果，减少安全投入。

（4）综合防护：根据防护对象的安全需求和防范技术的不同特点，将技术防范、实体防范和人力防范进行综合设防，形成由不同的专用技术组成的综合防护体系（图9.2）。

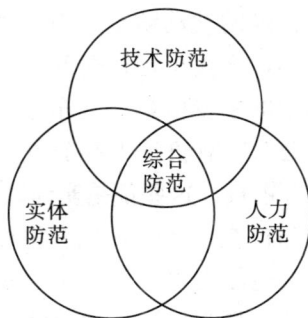

图 9.2　城市轨道交通综合防护体系

（5）系统集成：通过规划设计将各种防范技术、措施和安全运营信息集成为一个整体信息和控制系统，形成内外协调一致运行的安全体系。

9.1.4　城市轨道交通公共安全防范手段

安全防范是公共安全工作的重要内容。就防范手段而言，安全防范主要包括人力防范、实体防范和技术防范三个范畴。

1. 人力防范

人力防范由执行安全任务且具有相应素质的人员群体所组成，包括警卫、运营管理人员、安全经理等。基础的人力防范手段是利用人自身的传感器（眼、耳等感官）进行探测，发现妨碍或破坏安全的目标，并作出反应。用声音警告、恐吓、设障、武器还击等手段来延迟或阻止危险的发生。在自身力量不足时还要发出救援信号，以作出进一步的反应，制止危害的发生或处理已发生的危害。目前轨道系统中的重要部位，如行政办公大楼、列车停车库、各工作基地的大门、控制中心大楼等部位，都派有保安人员 24 小时值守，并在夜间进行巡逻检查，这些都是人力防范的一种形式，以确保这些部位的安全。

人力防范的力量是有限的，一方面，由于受经济条件和其他多种社会因素的制约，不可能无限地投入大量保卫力量来进行人力防范，而且人力防范有其自身的缺陷，不可能在防范现场的每一处、每一个角落都安排人力来守卫，守不到、看不到的地方就可能使犯罪分子有机可乘。另一方面，人力防范往往受到时间、地域、人员素质和精力等因素的影响，难免会出现漏洞和失误，导致安全防范工作出现问题。例如，人眼的视觉灵敏度在夜间或照明条件较差时会大大降低，人的视野有限，无法看清百米以外的防范现场。不仅如此，人的精力也是有限的，如工作时间过长可能会导致因疲劳困倦而精力不集中，如果安全防范人员的素质不高、不负责任，也将造成工作中的漏洞。

2. 实体防范

实体防范也称为物防，是一种主要依靠具有防范功能的物质组成的屏障，用以抵御外来侵害，包括建（构）筑物、屏障、设施、设备、安全照明、警告和警示标志等，都属于实体防范。实体防范的主要作用在于推迟危险的发生，为"反应"提供足够的时间。

现代的实体防范已不是单纯物质屏障的被动防范，而是越来越多地采用科技手段，一方面使实体屏障被破坏的可能性变小，增大了延迟时间；另一方面也使实体屏障本身增加了探测和反应的功能。轨道系统中的主变电站、列车停车库、检修库、备品仓库、危险品仓库、信号楼、调度中心及财会室、有价证卡存放处、技术档案室等部位的门窗都安装有防盗栅栏，财会室的门都装有钢板，这些都是实体防范的形式。在实际使用过程中，要经常对实体防范设施进行养护和检查，及时发现有损坏、松动和缺失的部位，并及时进行修复，杜绝漏洞和死角，不给违法犯罪分子可乘之机。对管理人员来说，要加强责任心，要用制度来确保工作的落实，自觉、认真地对实体防范设施进行检查和养护，确保重要部位的安全。

3. 技术防范

技术防范是应用科学技术手段和设备，对需要进行安全防范的单位和场所进行有效的控制、管理、守卫，预防和制止违法犯罪及重大治安事件，维护公共安全的活动。技术防范手段是人力防范手段功能的延伸和加强，是对人力防范和实体防范在技术手段上的补充和强化，随着科学技术的发展，犯罪分子往往利用先进的科学技术来进行各种犯罪活动，其手段更加复杂化、智能化和技术化。作案工具和作案手段逐步升级，隐蔽性也更强。因此必须将技术防范融入人力防范和实体防范之中，使人力防范和实体防范在探测、延迟、反应三个安全防范的基本要素中不断地增加高科技含量。例如，利用先进的电子技术、传感技术、电视技术、计算机技术等，研制、生产各种先进的安全防范设备和系统并应用于安全防范工作中。只有这样，才能更有效地防范和制止各种危害活动，维护轨道交通系统的公共安全。目前，城市系统轨道交通公共安全技术防范手段主要包括闭路电视监控、危险品和有毒物质探测及检测系统、传感器系统（包括活动、触动等传感器）、网络和通信系统、安全管理信息系统等。

技术防范的作用是多方面的，主要表现在：①技术防范的应用范围广泛；②技术防范设施可及时发现案情，提高破案率；③技术防范系统具有快速反应能力；④技术防范设备协助人防担任警戒和报警任务，可节省大量的人力和财力；⑤可预防火灾等突发性事故的发生，将突发性事故造成的损失降到最低。

9.2 城市轨道交通公共安全防范系统

9.2.1 安全分析

安全分析是确定防护对象安全需求的基本方法，可以通过风险分析的方法评估防护对象的风险等级。

（1）危害识别：识别城市轨道交通各组成部分受到安全威胁时可能造成的负面影响（程度），可定义安全危害等级，通常包括经济损失。安全危害等级可分为灾难性的、严重性的、一般损失和轻微损失。

（2）风险估计：用防护对象受威胁的可能性表示风险，代表防护对象的容易接近程度和抗破坏能力。根据定性或定量判断，采用 5 级威胁可能性等级（A 非常容易，B 相对容易，C 困难，D 很困难，E 非常困难甚至几乎不可能）。

（3）风险评估：根据危害识别和风险估计的成果，建立防护对象的公共安全风险等级评估矩阵，用风险等级表示防护对象安全威胁的严重程度（见表 9.2）。

表 9.2　公共安全风险等级评估矩阵

受威胁的可能性等级	安全危害等级			
	灾难性的	严重的	一般损失	轻微损失
A	H	H	S	M
B	H	H	S	M
C	H	S	M	L
D	S	M	M	L
E	M	M	M	L

注：H 为非常严重，S 为需认真对待，M 为一般风险，L 为低风险。

（4）确定可能的威胁：根据风险分析的结果，进一步分析针对不同防护对象的威胁，识别威胁的类型。表 9.3 列出了车站和信号系统可能面临的威胁示例。

表 9.3　城市轨道交通车站和信号系统威胁分析示例

分项	公共安全风险等级	最可能的威胁
车站	H	站外高爆汽车炸弹
		站内爆炸物
		武装劫持
		站内设置障碍
		站内释放化学、生物和辐射性物质
		针对紧急响应救援人员的二次爆炸
信号系统	H	轨道线路触发式爆炸装置
		蓄意干扰，篡改信号

（5）防范措施：根据防护对象的安全需求和最可能的威胁，有针对性地采用安全措施。

9.2.2　城市轨道交通公共安全技术防范体系

9.2.2.1　公共安全技术防范总体系统

城市轨道交通公共安全技术防范系统是一个实时的、集成的、综合的、互操作的、设备间兼容的、网络化的系统，连接了所有的功能技术模块（图 9.3）。

访问控制	探测、检测系统	CCTV监控
公共信息网	公共安全防范中心	应急响应系统
数据库系统		决策支持系统
网络、通信系统		
标准规范体系		

图 9.3 公共安全防范技术系统

（1）公共安全防范中心：是一个集成式计算机系统，连接系统的所有技术设备，达到互联互通、功能互用互补，并建立与外部相关机构的实时通信联系。

（2）访问控制：包括视频安防监控系统（包括人脸识别技术），身份识别卡和对讲设备，周边区域防护和隔离设施、设备，入侵探测系统，灯光照射技术等。

（3）探测、检测系统：包括炸药探测系统、易燃易爆化学物质探测仪、武器和金属探测仪、毒气探测仪、生物毒剂探测仪、放射性物质探测仪等。

（4）CCTV 监控：包括固定和可控摄像机，在无人区域采用能配合传感器入侵触发和灯光控制的 CCTV 监控摄像机。在某些部位，摄像机可以安装在明显位置，以产生威慑作用。

（5）公共信息网：包括固定电话和移动通信系统，紧急情况下应能发挥救援、通报信息等稳定人心的作用。

（6）应急响应系统：可由计算机系统直接生成应急行动措施，以减少事件的影响，拯救生命，保护财产和基本生存需要，包括疏散人员、安全避难、控制空调和通风系统（防止危险扩散）、检查和报告现场情况、救援派遣等。

（7）数据库系统：收录雇员身份数据、安全事件数据、犯罪事件数据、罪犯数据以及其他公共安全相关数据。

（8）决策支持系统：包括安全威胁评估、威胁影响评估、系统脆弱性评价、应急预案评估，以及地铁内空气流动和扩散模型、人员疏散和逃生模拟、安全警力分布模型等。

（9）网络、通信系统：包括无线系统、有线系统、公共通信系统，以及系统之间的互联互通，以保证运营控制中心、安防中心、车辆、乘客、设施和相关机构之间的联系，以及安防设备之间的通信。系统是有线、无线相互备份的双备份系统，具备在发生安全事件时使用独立（或专用）系统建立通信联系的功能。

（10）标准规范体系：包括技术设备产品标准，如探测仪、摄像机、通信系统等的技术要求标准；防范工程建设标准，如规定探测仪的位置、数量、范围、测试和验收等的要求；技术集成标准，如系统设计、系统构架、设备兼容、数据交换、系统测试等；安全管理标准，如乘客安全检查流程、职工安全检查流程、车辆安全监控标准、设施安全监控标准等，以及符合技术设备特性的操作和管理规范。

9.2.2.2　巴黎、赫尔辛基、香港城市轨道交通公共安全技术防范系统

1. 城市轨道交通概况

　　巴黎城市轨道交通现有 14 条线路(7 条地铁和 7 条轻轨),运营里程总长 210 km,列车 120 列,日均客流量约 500 万人次,由公交总公司(国有占股,私有股份通过上市分配)负责经营管理,由泰拉斯公司提供安全技术防范系统设计和技术设备、设施。

　　赫尔辛基地铁有 20 多年的运营历史,运营里程总长 26 km,列车 62 列,日均客流量约 20 万人次,由依维公司提供安全技术防范系统设计及技术设备、设施。

　　香港地铁现有 7 条线路,运营里程总长超过 100 km,日均客流量 300 多万人次,其安全技术防范系统为港铁公司(政府占股,私人股份通过上市分配)自行设计。

2. 系统构成

　　赫尔辛基城市轨道交通的安全防范系统由集约化视频安防监控系统、出入口控制系统、入侵报警系统、防尾随联动系统、放射性物品探测系统、毒气毒物探测系统等组成。分二级分控,即设安防分控点(各车站)和安防控制中心。日常操控由地铁公司工作人员负责,警方只收备份资料和届时接管,这点与巴黎、香港地铁公司相同。

　　巴黎、香港轨道交通安防体系由集约化视频安防监控系统、出入口入侵报警系统、防尾随联动系统等组成,分控点均设在每个车站的车控室。其中巴黎设二级分控,香港设三级分控(分控点、分控中心、控制中心),系统运行记录保存在分控室(点)。赫尔辛基、巴黎和香港地铁公司平时的所有安全技术防范系统的信息、事件,均由设在各车站车控室的管理人员和受过专门训练的安保人员进行处理,各车站(不分线路)分控中心(点)的信息传输至设在运营公司的控制中心。在巴黎,各分控中心(点)的信息还传输至设在警方管理部门的安防控制中心。遇到重大突发事件时,警方接管整个轨道交通安全防范系统的控制。

　　有关布局情况是:巴黎、赫尔辛基和香港各轨道交通车站内视频安防监控系统均采用固定方向和焦距的摄像机(枪机),昼夜不间断录像。在车控室(安防分控点)无电视墙,只有若干台式显示屏。显示屏平时无人监看,当发生报警(启动紧急按钮)事件时,即刻自动显示报警区域的图像和现场声音。同时,软件系统提供事发(灾害)趋势、事件处置预案、消洗处置配套方案等信息。图像资料通过光缆系统传输至分控中心或控制中心。

　　有关设点情况是:巴黎和赫尔辛基,小到只有一个出入口的站点(10 个摄像机),大到枢纽中心多线换乘站,如苔芳斯站和戴高乐站(300 个摄像机),摄像机(大部分为固定式)图像基本覆盖了车站所有出入口、闸机口、通道和电扶梯。云台旋转式摄像机(球机)仅起辅助用。目前巴黎轨道交通已安装 11 000 余个摄像机,还计划再增加大量摄像机。上海轨道交通目前安装摄像机数量已达 20 000 个。

　　此外,香港轨道交通车站内视频监控系统主要是在通道处安装固定方向的摄像机。在图像记录方式上,巴黎、赫尔辛基采用 25 帧/s(带音频记录)的硬盘录像,画面比较清晰。香港仍在使用磁带录像记录图像(考虑新线即迪士尼线改硬盘录像),画面不够清晰。

在记录时间上，巴黎保存 72 h，赫尔辛基为 7 天，香港为 1 个月。赫尔辛基轨道交通线和巴黎轨道交通 14 号线还在每节列车两端封闭面离底板 1.5 m 高处安装了摄像机。车厢内情况的图像资料记录保存在列车上，也可采用无线传输方式传输至车站车控室(分控中心)和地铁公司安防控制中心。

巴黎、赫尔辛基和香港的轨道交通车站的所有设备机房均装有读卡式出入口控制。其中巴黎的车站车控室和安防控制中心还同时安装了防尾随联运互锁安全门和配有入侵报警系统的被动红外入侵探测器。这些场所未经授权不能进入。

9.2.2.3　城市轨道交通公共安全防范系统信息安全管理体系的架构

城市轨道交通企业的运营由越来越多、越来越复杂的各类信息系统所支撑，因而信息系统本身的安全防护和管理将成为一个关键。信息系统一旦发生安全事件，造成系统、网络、应用的瘫痪，轻则影响轨道交通的正常运营，严重的可能会引发线路所在城市区域的重大事件，损失不可估量。城市轨道交通企业已经意识到信息系统安全问题的重要性，并采取了一些措施，如配置杀毒软件、加强网络管理、定期更换口令等。但这些措施仍然处在一个"头痛医头、脚痛医脚"的初级阶段。

城市轨道交通企业有必要站在信息技术治理的最高层面上，明确企业整体的信息技术目标、方向和策略，建立一个完整的、具备弹性的信息技术内部控制体系，应对各种风险挑战和意外事件。在此基础上，着手建立一个符合主流标准的、健全的信息安全管理体系(ISMS)，提高企业和员工的信息安全意识，提升企业信息安全的管理水平，增强企业及时响应和处理灾难性事件的能力，也是城市轨道交通企业信息化建设中的一个不可忽视的重要环节。同时，通过 ISMS 的建设，最终达成一个遵循标准的、适合企业的、与时俱进的管理、控制规则和流程集合。这将有效提高对信息安全风险的管控能力，并和系统建设与改造、系统运维、设备与人力资源配置、等级保护、风险评估、信息系统审计等各项工作接续起来，满足企业整体信息技术治理的需要。

ISMS 领域最重要的标准是 ISO/IEC27001：2005 和 ISO/IEC27002：2005，对应的国标为《GB/T22080—2008 信息安全管理体系要求》和《GB/T22081—2008 信息安全管理实用规则》。其中，ISO27001 是 ISMS 框架，ISO27002(替代了 ISO17799)是实践指南，细化了 ISO27001 的各种控制措施。该标准系列均源自于英国的 BS7799 标准，是在广泛收集各界组织、企业、机关的信息安全实践的基础上提炼出来的安全标准。在当前的信息安全实践中，ISO27001 是最适应实际需求的标准，因而也是传播范围最广、使用最多的标准。ISO27001 具备的可认证性以及很好的实践能力也是其被重视的主要原因。也正因此，新的《城市轨道交通公共安全防范系统工程技术规范》(征求意见稿)中关于安防系统的 ISMS 就是引用了该系列标准。

虽然公共安全防范系统是城市轨道交通企业所有信息系统中相对简单、相对独立的一个子系统，但实践已经证明，ISMS 的建立和完善对于安防系统同样重要。

1. 信息安全架构的总体需求

参照相关标准，对于 ISMS 采用 PDCA 模型的指导思想，全方位、全周期、多层次地架构安防信息系统的安全防御和事件响应。PDCA 是指规划（plan）、实施（do）、检查（cheek）和处置（act）。信息安全架构的总体需求是：

（1）整体设计符合"事前防御，事中控制，事后追查"的要求。

（2）分层次、分重点地进行全周期的立体防御。

（3）防御基本遵循 PDCA 安全模型，采取风险、访问控制和入侵检测技术相结合的结构，同时构建安全事件的预警和响应机制，结合安全审计的手段包括定期不定期的内审和外审的过程分析，强化现有的信息安全配备，保持最佳的安全防御状态。

（4）立足从使用价值角度考虑信息安全建设，给出符合实际的整体 ISMS 及安全防护系统的建议。

城市轨道交通安防防范系统的信息安全应纳入 ISMS 的建设，制定灵活可行的安全策略，在一定的信息安全管理组织架构的保障下，把对系统安全的静态防范、被动防范和分散防范，转变成动态防范、主动防范和集中整体防范。同时建立内部系统完备的防范、检测与响应的动态安全机制，特别针对监控业务运营管理的网络视频系统，要采用较为完善的安全性机制，真正保证系统和网络的安全性。

城市轨道交通安全防范系统的信息安全防范，首先要防范网络病毒，应在安防系统网络和系统中所有可能的病毒攻击点或通道中设置对应的主动式防病毒软件，通过这种全方位的、多层次的防毒系统配置，使企业网络免遭所有病毒的入侵和危害。其次，则需要一个漏洞扫描和补丁管理的工具平台和策略，因为漏洞和补丁遗忘是病毒和木马的温床。城市轨道交通安防系统的信息安全防范应具备防病毒、防非法侵入等基础要求，需要保证只有合法的用户才可以访问和使用各类安防系统（如网络视频监控系统）提供的服务，管理和使用自己的前端设备，查看有权限使用的监控点的视频监控图像和相关文件。因此，统一的用户认证系统或多元素认证系统的引入很有必要。

城市轨道交通安防系统虽然主要是内部网路，但是调查表明，大部分的信息系统故障是与企业内部人员相关的，因此用户行为监控也是一个需要部署之处。配合入侵检测，可以进一步加强信息安全的防范等级。系统可以用于监视服务器和终端开机后的所有操作情况，能够全程管理和监控内网电脑的全部设备、端口和过程，并提供统一集中的审计报告。

2. 信息安全管理组织架构

（1）信息安全主管：本线路或区域信息安全工作的主要执行者，对线路或区域主管领导负责；负责管理、督导和协调所辖范围内各级组织的信息安全工作，确保所辖范围 ISMS 的合规；管理所辖范围内的各种信息安全防护和响应系统的运转，及时处理安全事件。

（2）系统管理员：对所管范围的计算机系统问题负责（不仅是安全问题），接受信息安全主管的督导和协调；参与主机系统安全策略、计划和事件处理流程的制定；负责主机操作系统的安全配置和日常审计，从系统层面实现对用户与资源的访问控制；制定主机操作系统的安全配置规则，并落实执行；负责主机设备的日常管理与维护，保持系统处于良好的运行状态；提供完整、准确的主机系统运行活动的日志记录；在主机系统异常或故障发生时，详细记载发生异常时的现象、时间和处理方式，并及时上报；与网络管理员进行负责任的有效合作，共同承担信息安全事件的响应和处理。

（3）网络管理员：对所管范围的网络系统问题负责（不仅是安全问题），接受信息安全主管的督导和协调；参与网络系统安全策略、计划和事件处理流程的制定；负责网络的部署以及网络产品、网络安全产品的配置、管理与监控，并对关键网络配置文件进行备份；制定网络设备安全配置规则并落实执行；提供完整、准确的记录重要网络设备和网站运行活动的运行日志；在网络及设备异常或故障发生时，详细记载发生异常时的现象、时间和处理方式并及时上报；承担信息安全事件的响应和处理。

（4）终端管理员：接受信息安全主管的督导，负责终端 PC 的管理，确保终端 PC 安全配置符合安全策略要求，处理终端 PC 相关的用户问题。

（5）数据管理员：对所管范围的数据及数据库系统问题负责（不仅是安全问题），接受信息安全主管的督导和协调；对数据库系统进行安全配置，修补已发现的漏洞；负责数据库系统的用户账号管理，对系统中所有的用户进行登记备案；对数据库系统的用户、口令的安全性进行管理；对数据库系统登录用户进行监测和分析；负责业务数据及系统其他重要数据的备份与备份数据管理工作；提供完整、准确的数据库系统运行活动的日志记录，详细记载发生异常时的现象、时间和处理方式，并及时上报；在发生安全问题导致数据损坏或丢失时进行数据的恢复；根据业务发展的需求，提交数据存储介质购买或存储系统容量计划。

（6）车站安全员：接受信息安全主管的督导，负责各车站级别内的信息安全管理协调工作，同时在各车站担任资产管理、符合性检查等方面的工作。

（7）信息安全员：接受信息安全主管的领导，执行所辖范围内的各种信息安全防护和响应系统的运转，及时处理安全事件，如负责病毒系统、防火墙系统、入侵检测系统、系统补丁分发等工作。

（8）信息安全审计员：此处定义的信息安全审计员是上级部门或同级其他部门的内审员，负责定期对主机系统、网络产品、安全产品、应用系统的日志文件进行分析审计，发现问题及时上报；负责对信息安全管理活动、信息安全策略的遵循性进行独立的监督，提供内部独立的审计和评估工作；根据需要，可以协同外部审计评估机构进行评估和认证，为信息安全主管提供信息系统和信息安全保障执行状况的客观评价。

3. 信息安全防护系统架构的组成

1）企业级网络防病毒系统

该系统根据网络当前防毒现状，从宏观上对整个网络的防病毒系统作相应要求，同时建立其他相关的系统来保证综合和整体的信息安全。从病毒入侵途径（网关、客户机等）、病毒驻留场所（群邮件服务器、文件服务器等）、整个病毒生命周期（前期预防、中期检测、后期清杀）等方面进行综合防范。该系统的具体功能如下。

（1）全面防毒能力：要求全网络计算机配备杀毒软件，杀毒软件涵盖所有操作系统，专用平台使用专门的防毒系统（如邮件系统）等；同时，反病毒软件还必须具备最新防病毒技术、病毒代码库，以获得对新病毒的及时查杀，从而能够抵御各个环节的病毒入侵和传播。

（2）基于广域网、局域网的多级防病毒管理：对于大型网络防病毒系统，可以对整个网络进行多级管理，总控、分控监管不同层面的局域网；整个网络防病毒策略统一定制、统一配发，病毒日志统一审计，总部管理人员能够全面了解全域内网络病毒的发生状况。

（3）防病毒系统可控：构架庞大的防病毒体系需要达到能够对各防病毒子系统有效管理控制的能力，网络子单元能够统一接受防毒指令，如统一杀毒、统一实施策略等；实施对各防毒子系统的防毒软件安装审查、版本审查等。

（4）集中预警响应：网络防病毒系统需要针对病毒入侵进行有效的预警，对可能出现的病毒扩散进行提前预警，能够定位出病毒入侵来源；对病毒感染源进行有效隔离，进行针对子网和全网的病毒风险审计。

（5）软件使用智能简便：网络防病毒软件必须界面简单，易于操作，无论是终端防毒还是服务器防毒都要求能够使用方便，同时应当具有智能化行为、自适应能力等。

（6）系统自动升级、动态更新：防病毒系统能够支持全网统一代码库升级，升级应该是智能更新无需人工干预；能提供推拉两种方式，在出现紧急病毒事件时需要立刻灌入升级代码，并且升级时要求对网络资源占用很小。

（7）良好的系统扩展性：防病毒系统要求扩展性好，能够按需要升级防病毒部件，而不影响原有系统的性能和管理能力。

（8）系统抗干扰性和高稳定性：防病毒系统要求能够在各种系统上与不同应用软件兼容运行，抵抗外部因素对防毒模块的干扰；并且防病毒系统对网络运营影响应尽量小，杀毒软件系统资源占用率低，使得整个防病毒系统稳定地运行于局域网和广域网网络。

2）漏洞扫描及集中补丁系统

补丁分发管理主要完成客户端的补丁检测和安装，强化客户端自身健康。允许管理员自定义软件分发，完成用户自由系统的补丁管理。可以远程进行软件分发，可以深入结合对客户端防病毒程序安装和运行情况的检测，为安全接入管理系统提供授权认证凭据。对于服务器的补丁检测和安装则应采取谨慎和手动的策略。该系统的具体功能如下。

（1）网络漏洞扫描：提供网络扫描与主机扫描两种模式，扫描完成后可以根据扫描结果自动对系统漏洞下发补丁并报警。

（2）补丁分发：客户端集成本机扫描功能，通过进行本机扫描，可以根据终端上存在的安全漏洞，分析到对应的补丁，并下发至终端进行安装；分发支持强制安装和通知安装两种方式，安装支持静默安装和非静默安装两种方式，补丁下载器功能提供补丁高效下载。

（3）补丁完整性和兼容性测试：可以利用补丁的数字签名等信息验证补丁来源的可靠性和完整性；可以挑选网络中典型应用的主机进行补丁兼容性测试，在确认补丁无兼容性问题后再进行全网分发。

（4）自定义补丁管理：系统允许添加自定义补丁文件，并对添加的自定义补丁文件进行管理；自定义补丁的管理支持添加、删除、查询、信息修改等操作。

（5）自动补丁分发策略制定管理：可以设置自动补丁分发策略，实现对终端补丁的自动分发管理；也可以按照终端缺少补丁的风险级别，分别制定不同的分发和安装策略（管理员可以对现有的进行更改）；支持点对点的文件传输，支持补丁分发和软件分发等各种文件传输过程，利用断点续传特性，防止大规模补丁分发时占用过多网络带宽，影响正常业务使用。

3）统一用户身份认证系统

统一用户身份认证系统具有用户的统一管理、统一注册、统一认证、单点登录、多元素认证、整合系统的用户等管理功能，实现所有用户都经过基于策略的统一用户管理系统进行身份认证、授权，可以一次性地通过统一服务门户登录到多个不同的应用系统当中。使用成熟的商业平台产品来实现强大的以用户身份为中心的安全管理功能，提供跨域的用户管理、单次登录和访问控制功能，主要从以下几个方面考虑：首先是多个应用的用户统一认证、多元素认证和单点登录问题，同时需要解决已有的不同应用间的用户认证系统迁移或同步；另一方面是需要建立一种自动化的用户管理系统，来解决用户的全周期和多应用间的自动定制维护的工作，将系统管理员解放出来；最后要考虑将已有的和未来建立的各种不同的安全管理系统集成为一个统一的安全管理系统，避免安全管理的漏洞，减少安全管理的孤岛。

一种可供考虑的选择是以 PKI（公钥基础设施）为基础，基于公开密码体系，完成信息的保密性、完整性、不可否认性和身份认证功能；完成用户的统一管理和统一认证，提供一个安全可靠的认证服务和平台，同时自带一个独立的电子商务认证中心（certificate authority，CA），帮助用户进行证书管理和密钥管理。应用系统开发商不必了解密码技术及复杂的 PKI 协议，通过调用基础密码安全服务提供的简单的 API 函数就可以为应用系统提供密码安全保护，增强应用系统的安全性。统一用户身份认证系统的具体功能如下。

（1）认证管理 CA 中心：管理数字证书和加密密钥，管理用户数字证书、证书吊销列表和加密公私钥对。

（2）用户管理：从 CA 中心获得基本用户信息，并分解成用户所在的行政区划、单位信息，配置用户所属部门、职务、岗位、组织机构代码（身份证号码）、级别、秘密等级等用户信息。

（3）单点登录系统：实现统一身份认证，对用户登录应用系统进行基于 PKI 密码技术的强认证。

（4）数字签名服务：进行业务数据数字签名应用安全服务，确保业务数据和文档的真实不可否认性，防止对业务数据的篡改。

4）入侵检测和行为监控系统

城市轨道交通安防网络的入侵检测和行为监控系统，是依据业内通常的 PDCA 安全模型的具体体现。它在整体的安全策略（policy）的控制和指导下，综合运用防护工具（protection），如防火墙、防病毒等手段的同时，利用检测工具（detection），如漏洞扫描、入侵检测等了解和评估系统的安全状态，通过适当的安全响应（response）将系统调整到最安全和风险最低的状态。该系统的具体功能如下。

（1）文件、应用的监控与审计：杜绝文件操作不留痕迹现象，记录在某个时间对某个文件进行的某些操作；杜绝信息复制的无管理状态，通过对设备的开关管理，对信息传输途径进行统一管理，包括相关通信设备（如软驱、光驱、刻录机、磁带驱动器、USB

存储设备等)及存储设备(如串口、USB、e-SATA、1394 总线等端口);实施网络保护,将服务器和工作站置于保护之中,防止外来电脑侵入公司网络,有效保护终端电脑的共享文件夹和系统安全。

(2)网络行政监管:屏幕监控,可以对特定的操作屏幕进行及时监控和录像,防止违规操作;应用程序报告及程序日志对用户操作的应用程序进行统计分析;浏览器报告及浏览日志。

5)综合审计系统

构建一个综合审计系统平台,集中解决城市轨道交通公共安全防范系统的敏感数据安全审计问题,实现集中安全审计管理,收集、记录用户对信息系统关键重要资源的使用情况,统计对资源的访问;在出现安全事故时,可以责任追踪;对人员的登录过程、操作行为等进行审计和处理。

可以对不同的产品和系统的日志进行信息收集,如安全产品(如防火墙、IDS 等)、网络产品(如路由器、交换机)、应用系统(如 Web、Mail)、操作系统(如 Windows、Linux、Unix)等。可以集中审计不同的产品和系统,对不同产品和系统的日志格式兼容,支持 4 个层面的各种日志(操作系统日志、安全产品日志、网络设备日志、各种服务和应用系统日志)审计。通过对不同产品和系统的日志进行综合审计分析,能够有效洞悉隐患并提供种类丰富的报表,便于分析报告。鉴于对系统性能的影响,宜采用非实时和依据一定时间窗口的离线的日志提取和审计分析。

4. 信息安全防护系统的部署

根据城市轨道交通公共安全防范系统目前的网络架构,信息安全防御应考虑以下部署架构。

1)中央级系统区域

(1)安防服务器区:包含各种安全设备,如防火墙、入侵监测、一级防病毒服务器、统一认证、漏洞扫描、行为监控、补丁分发服务器等,形成纵深的安全防护层次,重点保障了业务的安全性、可持续性。

(2)应用服务器区:各种应用服务器与应用区防火墙。

(3)数据中心:各应用系统和用户数据存储区、数据备份系统、安全审计系统。

2)车站级系统区域

(1)安防服务器区:包含各种安全设备,如防火墙、入侵监测、二级防病毒服务器、统一认证代理、补丁分发代理等。

(2)应用服务器区:应用服务器与应用区防火墙。

(3)数据区:各应用数据存储区、备份系统、安全审计系统。

(4)操作终端区:用户行为监控代理。

3)网络系统区域

网管区:防火墙、入侵监测、漏洞扫描、防病毒网关等管理终端。

即使企业的 ISMS 采用了信息安全技术相关的标准,并进行认证已经通行,但构建ISMS 仍不是一蹴而就的,也不是每个企业都可以使用统一的模板。不同的组织在建立与完善 ISMS 时，应根据自身的特点和具体情况，采取不同的步骤和方法。城市轨道交通企业在从无到有的过程中需不断摸索、总结。

目前城市轨道交通领域的许多信息系统本身就不是按照信息安全标准的要求来设计的，因此，仅依靠技术手段来实现信息安全有很大局限性。信息安全的实现必须具备一个全局的治理体系，得到管理和控制流程的支持。信息安全管理至少需要组织中的绝大部分雇员的理解和配合，此外，还需要供应商、服务商以及信息安全专家的参与。

9.2.3　城市轨道交通区域防护

区域防护是在空间上逐层设防实现纵深防护战略，即以禁区安全为中心，从外(周界、监视区、防护区)到内(禁区)逐层使用安全措施。以车站为例的区域纵深防护如图 9.4所示。

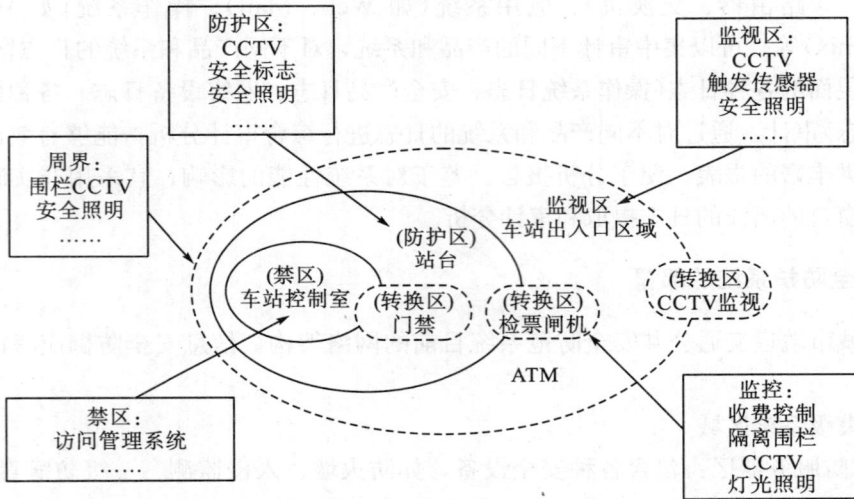

图 9.4　车站区域纵深防护示意图

1. 周界的防护

周界是防护对象最外层的监视(控)防范措施，通过物理和心理的阻止和威慑作用，提示进入设防区域。

(1)周界是由访问管理系统、入侵探测系统、安全照明系统等技术措施，实体防范设施以及人力防范等构成的一条连续闭合的安全警戒隔离线(带)。

(2)防护原则：①城市轨道交通系统在地面所有可能被进入的区域(如出入站口、变电站、地面线路两侧、高架结构周围)、独立设施(如通风口、通信设施、办公和管理建筑物等)和设备以及进入地下设施的部位(如风井、车辆进入地下的入口等)，均应设置周界防护；②周界防范应组成完整的体系，不能存在未设周界的部位和区域；③周界应构成连续无间断的、闭合的警戒线或警戒带；④可利用水体、建筑物、围墙和相邻周界等。

2. 监视区的防护

监视区是监视(控)、警戒周界以内和防护区之间的带状区域，是系统根据安全需要划出的闭合线围成的带状区域，为非通过区域。

(1)监视区的防范技术组成：CCTV 系统构成监控带(面)，非通过区域应设置触发传感器和触发安全照明。

(2)防护原则：①在周界内侧划出监视区，监视区域覆盖周界及其外侧区域；②监视区应独立构成完整的防范体系(功能)；③监视区与周界和防护区的界限划分应倾斜，可利用具有明显特征的地物与标记来区分不同的区域。

3. 防护区的防护

防护区是设置于监视区内侧线和禁区外侧线之间的城市轨道交通乘客公共活动区域，并划分为付费区域和非付费区域。

防护区防范技术的组成：由 CCTV 系统构成监视面，并设置警告标志及应急报警装置；通过禁区的进入点应设置转换区，用隔离设施、入侵设施、入侵探测装置、访问管理系统等进行监控。

防护的原则：①采用 CCTV 进行全覆盖监控，没有缝隙；②防护区与禁区和监视区的界限划分应清晰，可利用具有明显特征的地物和标记区分，防护区和禁区之间应采用实体隔离防范；③防护区的技术防范应独立构成完整的防范体系(功能)，监控技术能独立操作；④付费区域与非付费区域由栏杆、建筑物和收费设施分割，进行出入控制。

4. 禁区的防护

禁区是城市轨道交通运营管理的内部区域，其外侧是防护区或监视区，禁止未经授权的人员、车辆和物资出入。这是根据安全需要划出的最高安全级别的区域。

禁区防范技术的组成：由 CCTV 监控系统、访问管理系统、入侵探测系统以及实体防范组成。

防护原则：①禁区与其他安全区的界限应划分清晰，没有产生交叉重叠；②禁区防范技术应构成整体运营的防范体系；③无人值守的区域和部位应在进入通道或区域设置CCTV 监控系统、访问控制系统、传感器等。

5. 转换区的防护

在各个防范区域之间，为便于监控和管理，应设置转换区，形成一个监视区域并进行监控。

9.2.4　城市轨道交通部位防护

部位防护对象是可能被接近并形成威胁的局部区域或部位，包括土建工程设施、运营装备系统等。根据不同的安全风险水平，部位防护分为禁止部位防护和监视部位防护两种。

（1）禁止部分防护：禁止部位是禁止乘客和非职责工作人员接近的部位，采用 CCTV 系统、入侵探测系统、访问管理系统等进行监控和管理，根据需要设置围栏、警示标志等隔离措施。如控制中心入口、供电设施和设备、通风空调设施及其通风口、风井、隧道入口、桥墩、排水口等部位，都属于禁止部位。禁区内的高风险禁止部位还应采取附加安全措施。

（2）监视部位防护：监视部位包括乘客可以接近或操作的部位（如自动售票机）和非紧急情况下不能触动的部位（如安全按钮），可采用 CCTV 系统进行监控，高价值部位（设备）还可以采取附加安全措施（如防撬传感器等）。

部位防护应结合区域防护设置，如将 ATM 机安装于监视区内就可以减少防范措施费用，增强防护水平。

第 10 章　城市轨道交通反恐安全

10.1　城市轨道交通恐怖活动的综述

10.1.1　恐怖活动的概念

恐怖活动是指以制造社会恐慌、胁迫国家机关或国际组织为目的，采取暴力、破坏、恐吓或其他手段，造成或意图造成人员伤亡、重大财产损失、公共设施损坏、社会秩序混乱等严重社会危害的行为。煽动、资助或以其他方式协助实施上述活动的，也属于恐怖活动。

10.1.2　城市轨道交通恐怖威胁的主要类型

地铁作为人流量特别密集的运输载体，具有防护措施薄弱、人流量大、公众关注程度高等特点，所以日益成为恐怖分子以及对社会心怀不满人员的最佳施爆地点。一般来讲，针对地铁的恐怖袭击威胁主要有以下三种。

1. 爆炸活动

爆炸活动表现为恐怖分子故意在地铁安置炸弹，伤害生命，形成政治影响，给有关方面施加压力。爆炸是最常见的恐怖袭击方式。1968 年以来发生的所有国际恐怖主义袭击中，爆炸占到 46%。1995 年，恐怖分子在法国巴黎制造了一系列爆炸案。1995 年 7 月 25 日，恐怖分子在巴黎地铁快线 B 线圣米歇尔站引爆炸弹，造成 8 人死亡，150 人受伤；10 月 6 日，在白宫站附近引爆炸弹造成 18 人受伤；在地铁快线 C 线奥塞博物馆站引爆炸弹，造成 30 人受伤。2003 年 11 月 26 日上午，美国纽约地铁发生一起爆炸事件，不明物爆炸后放出恶臭气体，熏倒了 6 名地铁员工。2004 年 2 月 6 日上午，俄罗斯莫斯科地铁发生一起自杀式恐怖袭击，爆炸引发了大火。2005 年 7 月 7 日，英国伦敦 6 处地铁站遭遇恐怖爆炸袭击，造成多人伤亡，再次震惊世界。

2. 生化及放射性恐怖袭击

生化及放射性恐怖袭击表现为不法分子及邪教分子施放化学毒剂、投放放射性材料或使用"脏弹"制造袭击事件。美国政府部门及相关研究机构发布的全球恐怖活动的统计数据与今后发展形势预测报告一致指出：今后的恐怖袭击活动除传统的爆炸方式外，生化及放射性恐怖袭击将成为世界恐怖主义发展的新趋势。1995 年 3 月 20 日，日本东京地铁站发生一起恶性事件。邪教组织奥姆真理教成员向东京地铁内投放了沙林毒气，造成 12 人死亡，约 5500 人中毒，1036 人住院治疗。事件发生的当天，日本政府所在地及国会周围的几条地铁主干线被迫关闭，26 个地铁站受到影响，东京交通陷入一片混乱。2001 年 9 月 2 日晚，加拿大蒙特利尔市中心地铁车站发生毒气袭击事件，40 多名乘客受伤。2001 年 9 月 26 日，美国洛杉矶一些乘坐地铁的乘客感到头晕眼花、眼睛刺痛，当局立即对该市最繁忙的一条地铁线进行了疏散，还封锁了一条大街。

3. 纵火

纵火表现为不法分子在地铁车厢内故意纵火，酿成严重社会后果。韩国大邱市地铁纵火案中地铁设备及安全装置的缺陷和隐患是导致人员伤亡惨重的一个重要原因。大邱市地铁车站虽然安装了火灾自动报警装置、自动淋水灭火装置、除烟设备和紧急照明灯，但是列车车厢内没有安装自动淋水灭火装置，这种消防装置也只设在地下 2 层的站区内，却没有设在站台上。车站通风设备容量不大，只能保障日常空气流通，在发生严重火灾时空气不流通。车厢内的座椅、地板和墙壁虽都是耐燃材料，但经受不住猛烈火焰的炙烤，释放出大量毒气，导致人员窒息死亡。此外，恐怖分子也可能利用地铁安全措施不完善，阻塞轨道制造混乱等手段发动突然袭击。

10.1.3 城市轨道交通恐怖事件的特征

在地铁营运区域内发生恐怖暴力事件，其影响大、处置难，极易造成群死群伤的严重后果。群众安全感因此大幅降低，且长期难以消除心理阴影，不仅影响到城市安全指数评价，甚至影响到群众对政府的信任度。从 2004 年全球十大恐怖袭击事件来看，发生在地铁区域的占到 20%，其中，马德里火车连环爆炸案共造成至少 191 人死亡，1800 余人受伤，是西班牙历史上最严重的恐怖袭击事件，其规模和在全球范围内造成的影响仅次于 9·11 事件。2005 年 7 月 7 日和 7 月 21 日，恐怖分子两次在伦敦地铁制造恐怖爆炸事件，导致人员伤亡，在世界多个国家引起恐慌。地铁交通之所以成为恐怖分子和对社会心存不满人员制造恐怖事件和发泄不满的重要袭击目标，是与地铁的特殊性密切相关的。

(1)群体性。在地铁车站候车的人多，有的地铁站厅还兼做繁华闹市区的地下过街通道，人流量大。地铁列车运乘量大，如南京地铁一号线采用世界上最先进的 A 型宽体列车，整列车正常载客 1886 人(客运高峰 2496 人)。如果恐怖分子在地铁里犯罪，极易造成群死群伤，导致严重的经济损失和恶劣的社会影响。

(2)全线性。地铁列车依赖于单一轨道连续运行，如果线路上发生恐怖袭击事件，会造成整条线路运营中断，甚至影响其他线路的正常运行，事件影响的涉及面很大。

(3)连带性。地铁客流量大，而且客流在一定时间内封闭在有限的区域中，一旦发生恐怖事件，除了极易造成车站、车辆和其他设施的毁坏外，列车上和站厅的乘客还可能遭受重大伤亡。

(4)局限性。由于地铁突发事件发生在有限的空间里，要在短时间内完成地铁系统的排烟、排毒气作业以及开展救援工作的难度大。如果引发火灾，地铁区间通道和站台普遍没有安装自动淋水灭火装置，站厅、站台也没有阻火闸门，且地铁通道狭窄，不利于对火势进行控制。

10.2　城市轨道交通恐怖活动防范

10.2.1　恐怖活动防范策略

（1）威慑、阻止策略：其目的是使恐怖分子丧失信心。利用预防犯罪的措施，如确定防护区域、使用（可见的）监控系统、安全照明和警示灯光、美化环境等，通过威慑降低袭击发生机会。利用进入检查和控制技术，通过对进入关键部位的工作人员和外部人员的识别，以及外来车辆的识别和携带物品的检查，阻止非法进入。

（2）安全探测、监控策略：使用探测器发现和识别恐怖袭击企图，监控未授权人员或车辆以及乘客擅自进入限制区域和无人值守区域。

（3）威胁最小化策略：在不可能完全避免恐怖袭击的情况下，采取降低袭击损害的措施，包括加固设施设备、采用弹性材料、设置安全距离和分散布局关键设备设施等。

（4）响应和恢复策略：是系统能够恢复到正常操作的措施。响应措施包括：疏导人员迅速离开或进入防护区域，设计独立的供电、应急灯光和通信系统，设置自动探测和报警系统等。为应对化学、生物、核污染袭击，在建筑设计或改建装修中，尽可能采用易清除污染的材料和不渗透材料。

10.2.2　恐怖活动防范对策

1. 建立高效的地铁反恐应急体系和协调机制

伦敦 7·7 爆炸案后几个小时内，英国反恐应急系统迅速启动，被炸地铁线路部分恢复运营，政府反应迅速，英军随即进入战时戒备，以防首都遭受袭击，警察、消防人员、医疗人员等进入完全戒备状态，伦敦警察厅增派人员监控和协调应急反应，由爆炸和法庭科学专家组成的专家小组也应召待命，伦敦 7 家医院进入重大事件运行模式，急救部门的 100 多辆救护车把伤员送往医院。

我国城市轨道交通隶属于交通部门，一旦发生恐怖事件，则涉及公安、消防、医疗、交通等多个部门。我国应建立和完善地铁反恐应急体系，通过立法，以法律形式明确各级部门在处置突发事件中的权限、职责和突发事件的通报程序及其相互的协调和保障。一般应由地铁所在地的政府设立反恐领导机构和现场调度指挥机构，全面负责地铁反恐的领导和现场指挥。

地铁反恐应急体系可分为两个层次：第一层次是公安机关和地铁交通运营企业成立的应急机构，负责现场抢救和救援的前期工作；第二层次是专业抢险和救援机构，由公安、消防、医疗、交通、环保、卫生、通信、民政、新闻等多个部门组成，成立危机处置联动机制，在现场指挥部的统一指挥下，完成救援任务。

2. 制定地铁反恐应急预案及预案演练

周密的预案是危机应急机制高效运转的关键。各大城市通过分析本地区发生恐怖事件的可能性和恐怖分子可能采取的手段、时机、场合制定地铁反恐预案。预案包括地铁恐怖预防、应对准备、执行应急措施、灾后恢复等子系统，其中地铁恐怖预防子系统是预案的关键。根据地铁恐怖袭击的特点，制定《地铁爆炸应急预案》、《地铁疫情应急预案》、《地铁火灾处理预案》等应急预案。预案的实施由各大城市专门的机构负责。通过预案演练，训练强力部门的快速反应和协调一致的行动，在发生恐怖袭击时，相关部门和工作人员能够按照预案程序进入工作环节，培养公众的危机反应素质。

3. 切断恐怖分子的危险物品来源

在我国，由于少数单位内部以及流散在社会上的易燃易爆物品管理不力，控制不严，私造私卖，非法买卖爆炸物品的现象严重，为恐怖犯罪提供了客观条件。因此，切断恐怖分子危险物品来源是预防和减少恐怖活动必不可少的重要环节。

（1）大力提高对爆炸物品的监管水平，抓住源头，严格执行爆炸物品生产、运输、销售、购买、清退制度，杜绝非法买卖爆炸物品，切实控制住爆炸物品的流入渠道，严格控制爆炸物品在社会上的流通和使用。

（2）健全省、市、县三级爆炸物品管理机构，建立爆炸物品管理的长效机制，对爆炸物品进行信息化管理，建立爆炸物品公安机关管理信息网络，对爆炸物品的生产、销售、储存、使用各个环节实行严格的登记、跟踪制度，全程监控。完善炸药跟踪系统，提供所有立案的爆炸案件信息和国内所有民用爆炸物品生产厂家的信息，为各级公安机关加强涉爆物品的监管提供准确的信息。

（3）充分利用国际刑警组织的信息平台，在全球范围内防范恐怖犯罪。

4. 提高地铁反恐技术

（1）建立反生化恐怖的监测体系。对可能发生生化恐怖袭击的地铁区域进行流动侦测，一旦发生恐怖袭击，能够对毒气施放的源头进行快速鉴别，对污染区域进行撤离步骤提示，实施有效的疏散。

（2）针对地铁爆炸恐怖袭击，要充分估计各类爆炸恐怖事件中可能出现的复杂情况，加强爆炸物检测手段和反爆炸技术装备研究，研究早期探明爆炸物藏匿地点的技术手段，如卫星探测仪、高清晰度扫描仪等先进技术。

（3）针对地铁纵火恐怖袭击，要加强城市地铁消防硬件建设。在建筑设计上要有利于疏散直达室外的救援疏通方案，车站设施一律采用耐高温阻燃材料，完善地铁车站的应急照明体系和醒目的出口指示灯以及进出闸机的紧急开启装置。

（4）保障地铁设备、设施的安全。通信保障是实施救援的重要手段，在恐怖袭击发生后要确保通信系统畅通，保障救灾调度指令和灾情信息能及时上通下达。遭受遇恐怖袭击时,在不能提供正常照明的情况下,应确保应急照明系统的启动机制和预案能迅速启用;在发生恐怖袭击后,应确保能迅速开启通风系统、排烟系统、自动喷水系统或水幕系统等;制定及时封闭区间隧道,启用隔断设施直至封站的预案。

5. 加强安全防范和检查

密切关注恐怖组织、恐怖分子、危险犯罪分子的动向,严密做好防范工作,坚决防止极端恐怖行为的发生。在传统节日、庆典、重大政治事件、国际会议、重要外交访问、重大赛事等特殊日子加强监控和安全检查。

6. 提高民众防范和应对恐怖袭击的能力

我国应在城市居民中建立一种安全文化,这种安全文化的传播一方面可以通过政府、媒体途径进行,另一方面可以凭借我国较为深厚的社区资源,以民众喜闻乐见的形式进行教育,培养民众的灾难意识,树立防范地铁恐怖袭击的意识,在面对恐怖袭击时能够临危不乱,学会自救和逃生。

10.2.3　恐怖活动先进技术防范手段

针对地铁面临的主要恐怖威胁,地铁的安全防范不能仅仅停留在视频监控、报警等传统的技术防范系统上,应积极将新的技术防范手段应用于地铁的日常防范中,比如放射性物品探测系统、易燃易爆化学物品探测系统、毒气探测系统、传感探测系统、人脸识别系统、无线网络系统等。其中,传感探测系统包括固定式违禁物探测系统、便携式违禁物探测系统、人脸识别系统三部分。传输网络包括有线网络和无线网络,人脸识别网络为有线网络,可选用视频电缆或网线传输,固定式探测器可选择网线传输或无线传输,便携式设备全部通过无线传输,控制中心内部信息交换则全部为有线网络传输。所有子系统的设备都将通过有线或无线网络与安防分控点(设备机房)和安防分控中心进行连接,并预留上传接口。

1. 无线网络系统

为避免对轨道交通的运营产生影响,传感器信号传输应尽可能使用无线网络,包括固定式探测器和便携式移动探测器两类。无线网络将覆盖整个实验站点,包括站台层和站厅层任意位置,所有带有无线通信节点的传感器通过统一的无线网络系统将信号传送到指挥中心,对于具备有线网络条件的布点,固定式探测可以选用有线网络。实验同时兼顾无线和有线相互备份功能,防止犯罪分子事先将有线网络切断而造成现场信息的中断,充分保障系统的可靠性。目前市面可用的违禁物探测传感器价格昂贵,每个站点大规模布设的条件有限,而且对于已经建设完毕的站点再度进行布线会带来诸多的不便以及费用的增加,因此无线网络将具有较大的优势。

无线网络由站内基站、站为无线自组织端机、便携式毒气探测传感器、便携式易燃易爆化学物品探测传感器、便携式放射性物品探测传感器、便携式炸药探测传感器组成。

各便携式探测传感器可以自动组成网络，然后通过站内基站和站内中继与安防室连通。在发生应急情况的时候若出现和指挥中心有线通信被切断，也可以通过无线移动探测网络直接与指挥车进行通信。

2. 放射性物质探测系统

放射性探测子系统用于连续监测 γ 辐射剂量率值，可在测量范围内任意设置报警阈值。当监测点的 γ 剂量率超过所设定阈值时，系统自动输出声光报警信号，同时将报警信息发送至监控室。根据需要可以增设便携式核素识别设备。固定设备主要安装在地下车站出入口的电源附近，并以无线网络来传输检测数据。便携式设备则随机抽取测试地点。

3. 易燃易爆化学物品探测系统

本探测子系统是对地铁站站点主要出入口、设备机房、安防控制室或分控室以及人流密度较集中的区域进行易燃易爆化学物品的探测，以确保及时发现隐患并能够及时采取相应措施避免事故的发生。固定设备主要安装在站厅层闸机内侧和站台层候车区域的柱子上，选择离电源比较近的地方，以无线网络来传输检测数据。便携式设备则随机抽取测试地点。

4. 炸药探测系统

本探测子系统是整个安防系统的重要组成部分之一。设备性能须满足且高于系统要求。设备的布点选择在人流必经且量大的地方。便携式炸药探测设备则随机抽取测试地点，以无线网络来传输检测结果。

5. 毒气探测系统

本探测系统是对地铁站点主要出入口以及人流密集的地方进行毒气的探测，以确保及时发现并采取相应措施疏散人群。所安装的探测设备能够对站点进行全方位监控，并将现场情况和状态信息进行传输和记录，监控中心收到警报的同时发出声光报警信号，并采取相应措施。毒气探测以固定设备为主，主要安装在出闸机内侧、站台层候车区域的柱子上和新风输出口、回风口处，选择离电源比较近的地方，以有线、无线网络来传输数据。便携式设备可根据需要配备。

6. 人脸识别系统

出于反恐的目的，轨道交通中仅仅依靠人工干预从海量的视频数据中挖掘有效信息是远远不够的。人脸识别布控系统正是解决这一难题的利器。采用人脸实时检测技术，可以不引起注意地快速清晰记录人员的脸部照片，并进行高精度的存储。输入目标人员照片信息，由摄像头采集的视频通过视频线直接接入脸部特征视频盒，脸部特征视频盒对输入的视频图像进行实时的人脸检测搜索，最终找到对应的照片信息。大量人脸数据长期保存以供利用，这些都提供给系统用户远超出普通监控的功效和价值。本子系统从人脸采集与识别，到最终预警提示，延迟时间要求小于两秒，同时可以和监控系统实现连动，提供准确直观的报警信息，从而为用户提供了快速反应的可能。人脸识别系统的主要安装点在乘客进出的闸机口，根据人脸识别系统的要求，需要对摄像机的参数和安装进行必要的调整。

10.3　城市轨道交通防(反)恐体系构建

地铁反(防)恐体系主要包括反恐立法、反恐宣传、安检措施、排爆措施、损失评估、应急救援、职能部门等。

该体系的各个组成部分相互影响、相互促进，是一个有机的、动态的整体。我国的地铁反恐体系组成见表 10.1。

表 10.1　我国地铁反恐体系

分类	组成	内容
反恐立法 反恐宣传 情报收集	全国人大、地方人大、政府宣传部门、地方及军队情报部门	制定反恐法律、法规和政策；加强反恐宣传，努力消除不稳定因素；有针对性地搜集有关恐怖主义的情报，做到有的放矢
安检措施	人工检测、动物嗅、识仪器探测、化学分析	尽可能地完善各种安检措施，但又要做到简单便捷
排爆措施	排爆工具箱、排爆机器人、防爆眼	不断完善各种排爆设施和设备，增强排爆能力
损失评估	纵火、毒气、爆炸、其他	研究各种恐怖形式带来的后果，为应急救援提供技术和数据支持
应急救援	公安、消防、医疗、宣传	建立和完善各职能部门组成的联合应急救援体系，使之高效运转
职能部门	公安防恐局、地铁运营公司、市政府相关部门	确定各相关职能部门的职责

10.3.1　反恐立法、反恐宣传、情报分析

我国全国人民代表大会于 2001 年 12 月 29 日通过了《中华人民共和国刑法修正案(三)》。其中专门规定了组织、领导、参加恐怖组织罪和其他反恐怖活动条款，以遏制、打击和消除恐怖活动。2011 年，十一届全国人大常委会第二十三次会议通过了关于加强反恐工作有关问题的决定。这是中国第一个专门针对反恐工作的法律文件，意味着中国在反恐领域的立法已迈出第一步。

在拥有反恐立法保障的同时，民众的消防和反恐意识也必须提高。大部分地铁乘客不仅反恐警觉性较差，而且自救、互救的意识和能力也相对不足。2004 年 4 月，上海地铁总公司在轨道交通 3 号线的赤峰路、江湾镇、中山公园、上海火车站、虹口体育场、虹桥路站随机对乘客进行了问卷调查，共发放问卷 1500 份，回收有效率为 94%。其中，有 59% 的乘客不了解地铁列车运营的基本状况，缺乏乘车安全的基本常识。而研究表明，一个人是否接受过安全方面的教育和培训，在灾害发生时的反应是完全不一样的。北京地铁 5 号线某电梯突然发生异常响动，乘客纷纷逆向逃离，这一突发情况导致部分

乘客摔倒，恐慌的乘客发生踩踏，至少造成13名乘客受伤。在韩国大邱地铁事件中，一些在车厢内的乘客由于懂得消防知识，及时打开列车安全门，靠着手机的光亮，沿着铁轨走到安全地带，而其他很多车厢的乘客，在紧急状况下连列车的安全门如何打开都不会，最后被浓烟活活熏死。因此应当加强反恐宣传教育，积极引导社会舆论，广泛发动一切社会力量，共同确保城市轨道交通安全。轨道交通反恐工作应坚持专门工作与群众工作相结合的形式，轨道交通运营单位和警方加强合作，制定全面的轨道交通安全教育计划，广泛动员一切社会力量，共同确保城市轨道交通安全。因此，轨道交通反恐宣传教育工作必须要首先提高社会公众对轨道交通反恐工作的知晓度和参与度，增加民众个人的心理承受能力和自我应急救助能力。

(1)加强乘车安全宣传教育工作，充分发挥乘客的监督举报作用，有关反恐职能部门要与轨道交通运营单位密切合作，经常性地通过公益广告、宣传标语、动漫视频等多种形式，在站台或车厢内醒目处，重点加强对市民的防爆、防火、紧急逃生等乘车安全知识的教育。同时，充分发挥乘客的安全监督作用，积极鼓励群众对各类可疑现象或可疑人员进行举报，有效防范轨道交通区域内随时可能发生的恐怖袭击。

(2)轨道交通运营单位要树立"安全第一、预防为主、抓小防大、管理取胜"的理念。加强轨道交通安全管理体系建设，具体内容包括运营企业安全管理制度、行车组织安全管理、设备安全管理、人力资源安全培训等，形成"防、控、救"的安全控制体系。建章立制，深入持久地对轨道交通工作人员开展法制教育、技术教育、安全教育和职业道德教育。

(3)轨道公安机关应主动与轨道交通运营单位建立起良好的协作关系。虽然二者没有行政隶属关系，但是在城市轨道交通反恐安全合作上，双方是唇齿相依的关系。一是建立良性的信息与情报通报制度。轨道公安机关与轨道交通运营单位之间建立定期召开联席会议的制度，即时掌握了解各方信息情报。二是加强各类突发事件应急联动机制建设。轨道交通运营单位要加强各项安全防范措施，落实好防范责任制，增强员工反恐参与意识和自我防范能力，公安机关则应认真履行自己的职责，积极做好对轨道交通运营单位内保工作的指导、监督。

在恐怖主义活动日趋智能化、恶性化、集团化和国际化的趋势下，情报就是战斗力。情报是防范和打击恐怖活动的关键，情报主导着反恐怖工作的方向。及时和准确的情报构筑了轨道交通反恐工作的最重要防线。某种意义上说，反恐情报的失败即意味着反恐工作的失败。反恐情报搜集工作要坚持利用现有犯罪信息和收集专门信息并重的原则进行，要充分利用公安系统已有的犯罪信息数据库中的资源，同时，也要根据反恐工作的特点，由侦查人员在工作中有意识地收集相关的反恐情报，并将其存储于专门的反恐情报数据库中。

1. 反恐情报内容

反恐情报搜集的内容主要包括4个方面。①恐怖组织的基本信息：恐怖组织的名称，恐怖组织的意识形态(包括宗教信仰、政治观点等)，恐怖组织的形成历史，恐怖组织的重要事件及发生的日期，恐怖组织中的主要头目被杀或被囚禁的日期(恐怖组织往往会在这些日期发动恐怖袭击），恐怖组织的纲领或宣言的内容。②恐怖组织的经济财政信息：恐怖组织的资金来源，恐怖组织从犯罪活动中获得收益的情况，恐怖组织的银行账户(银行账户中资金突然大量流动一般会预示着恐怖组织在为恐怖行动做准备，通过银行账户也能查明谁是恐怖组织资金方面的支持者)，恐怖组织的资金支持者。对资金支持者的分析非常重要，有时可以通过对其的分析发现其他恐怖组织。③恐怖组织成员的个人信息：恐怖组织中领导成员的结构图(包括最新的变化)，恐怖组织中成员的结构图(包括以前的成员)，恐怖组织中成员之间的联系及与其他有相同意识形态的恐怖组织的成员之间的联系，恐怖组织中成员的技能情况(武器使用的训练、电子学方面的技能等)，对组织成员技能的了解有助于对恐怖活动危害后果进行估测，恐怖组织中领导者的家庭背景和成长经历，因为对领导者的家庭背景和成长经历的了解可以预测其激进行为的模式和目标，恐怖组织的结构，在组织结构中相互之间的联系方式，领导和成员之间的结构模式等。④恐怖组织的地域信息：恐怖组织指挥部的位置，恐怖组织的"安全"处所(一般由组织中的权威者所有)，恐怖组织的仓库(一般用于存放实施恐怖活动的武器、弹药、爆炸物品和其他物品等)，攻击恐怖组织的仓库是反恐工作中经常使用的一项重要技巧，恐怖分子用于逃跑的紧急出口，如地下的暗道等。

2. 反恐情报格式

反恐情报必须要有一定格式，以便于查询和检索。反恐情报一般应以报告表的格式出现，由专门的情报人员根据原始的材料进行整理后，按要求填写或通过网络录入到专门的反恐情报数据库中。报告表应当包括以下内容：反恐情报来源，反恐情报来源的可信度分级(可分为四级)，反恐情报来源的价值效力分级(可分为四级)，反恐情报报告表编号，反恐情报报告时间，反恐情报提供者姓名，反恐情报标题，反恐情报内容，备注，复核人姓名等。

3. 反恐情报分析的步骤和内容

1)反恐情报分析的目标和步骤

对反恐情报的分析主要包括两大目标：一是得出推理和结论，包括什么人、什么事件、什么时间、什么地方、为什么、过去是怎样的等一系列结论，据此推断出目前和将来恐怖犯罪活动的发展趋势，并描述出恐怖集团和恐怖组织的结构及特征；二是给反恐决策机构提供如何利用现有资源打击恐怖犯罪和抑制恐怖犯罪的行动计划。在分析过程中，情报分析人员必须运用归纳推理和演绎推理，以得出一些结论。分析的步骤是：①比较和审查所有有价值的犯罪信息；②构建各种图表；③得出初步的推论；④复查犯罪信息是否全面；⑤如果没有不完全之处，则得出最后的推论并制定行动计划；⑥如果有不完全之处，则制定重点收集计划，进一步收集信息，根据旧信息对新信息进行评估，再制作图表和图形，最后重新评价并修改推论，直至得出较为准确的结论，制定出行动计划。

2)反恐情报分析的内容

反恐情报分析能在较大的范围内为反恐部门提供各种战略和战术(操作)方面有价值的指导。反恐情报分析的内容见表 10.2。

表 10.2　反恐情报分析内容

	反恐战略情报	反恐战术情报
恐怖事件	恐怖犯罪类型分析	单个恐怖事件分析
		多个恐怖事件分析
恐怖组织成员	恐怖组织成员的一般特征分析	恐怖组织整体分析
		恐怖组织成员的特殊特征分析
反恐途径	反恐途径分析	反恐行为评估

(1)对恐怖犯罪活动的分析：①恐怖犯罪活动的类型分析，主要利用图表、地图、统计表、结构报告进行分析；②恐怖犯罪活动的个案分析，主要利用流程图、事件图、行动图、案件分析图、结构报告进行；③系列性恐怖活动的并案分析，主要利用在电脑中的档案进行系统搜索、比较、可能性评估、结构报告等。

(2)恐怖犯罪活动中犯罪嫌疑人的分析：①一般特征的分析，通过分析，发现实施同类恐怖犯罪活动行为的犯罪嫌疑人的不同特征，主要通过统计和结构报告进行；②恐怖犯罪活动的犯罪群体分析，对一个已知的恐怖犯罪组织的所有信息进行组织分析，构建恐怖犯罪组织的内部结构，搞清恐怖犯罪组织内每名成员的角色，主要利用关系图、流程图、事件图、行动图、隐蔽收入估算、结构报告进行；③特殊特征分析，在恐怖犯罪活动的特点和其他背景资料的基础上，提出某一恐怖犯罪活动中的犯罪嫌疑人的特征。

(3)反恐途径的分析：①反恐途径，评估在几起恐怖犯罪案件侦查过程中有良好效果的侦查途径；②侦查分析，评估在侦查过程中正在执行或已被执行的侦查行为，用以达到指导侦查的目的。

10.3.2　安检措施

地铁安检是进入地铁的人员必须履行的检查手续，是保障旅客人身安全的重要预防措施。事关所有进入地铁旅客的人身安全，所有进入地铁的旅客都必须无一例外地经过检查后才能进入。地铁安检的内容主要是检查旅客及其行李物品中是否携带枪支、弹药、易爆、腐蚀、有毒、放射性等危险物品，以确保地铁及乘客的安全。地铁安检必须在旅客进入地铁前进行，拒绝检查者不准进入地铁，情节严重者可转交警方处理。目前地铁安检所使用的安检设备主要有通道式 X 光机、炸药探测器、液体危险品探测仪和手持金属探测器 4 种。安检一般有三种检查方法：一是 X 射线安检设备，主要用于检查旅客的行李物品；二是探测检查门，用于对旅客的身体检查，主要检查旅客是否携带禁带物品；三是磁性探测器，也叫手提式探测器，主要用于对旅客进行近身检查。

常规的安检程序为：①行李物品检查，旅客进入地铁大厅时首先将行李物品放入 X 射线安检设备的传送带上，工作人员通过显示器检查，如发现有异物，须由检查人员开包检查，若存在违禁物，安检人员有权利要求旅客转乘其他交通工具或将违禁物遗弃，公安机关明令禁止的违禁物可进行查收，并做好相关记录，拒不服从且情节严重者可转交公安机关处理；②旅客身体检查，旅客通过特设的探测门进行身体检查；③通过检测门发出报警声，需用手持式金属探测器再查，将可能发出报警声的钥匙、香烟、打火机等金属物品掏出来，直到检查时不再发出报警声为止。

10.3.3　排爆措施

应对突发性的爆炸事件主要依靠先进的安检排爆设备的应用，地铁车站都配备有专用的排爆设施和设备，以增强排爆能力。JOT-1.5 型防爆罐、JBG 系列球形防爆储运罐以及 FBT-R(08) 型防爆毯，这些国际先进的排爆器材主要用于移动爆炸物，几公斤的爆炸物能炸毁一幢楼房，但在防爆罐里面爆炸却伤不了它，并且不会给人及周围的建筑造成任何伤害。防爆毯、防爆罐这种专业的排爆器材已经成为地铁安检排爆的必备装置。

10.3.4　损失评估

地铁作为世界上各大城市的重要交通工具，一直是恐怖分子袭击的重要目标。如 2004 年，莫斯科地铁车站恐怖袭击爆炸案造成 10 人死亡、51 人受伤；2005 年，恐怖分子对伦敦 6 处地铁站实施了爆炸袭击，造成 50 多人死亡、700 多人受伤、伦敦全部地铁线路暂停运营的严重后果。

地铁近年来频频遭受恐怖分子袭击是与地铁交通全线性、连带性、局限性及群体性密切相关的。因此，对地铁恐怖袭击的损失评估也应该从这几个方面去考虑。全线性是指地铁列车依赖于单一轨道连续运行，在线路上发生恐怖袭击事件，会造成整条线路的运营中断，甚至影响其他线路的正常运行，而且在一定时间内难以恢复正常运行；连带性是指地铁客流量大，而且客流在一定时间内封闭在有限的区域中，发生恐怖事件时，除了乘客可能受到直接伤害外，还极易造成车站、车辆和其他设施的毁坏；局限性是指由于地铁突发事件地点空间的限制，在很短的时间内完成地铁系统的排烟、排毒气作业以及开展救援工作的难度很大；群体性是指在地铁车站，单位面积人数多，恐怖分子在地铁系统纵火、引爆炸弹、施放毒气或生物制剂，极易导致群死群伤，造成严重的经济损失和恶劣的社会影响。

城市轨道交通恐怖袭击损失评估以评估诸如纵火、毒气、爆炸等恐怖事件的损失为目的，研究各种恐怖形式带来的后果，为应急救援提供技术和数据支持。

10.3.5　应急救援

地铁作为一个大的交通系统，从某种意义上说，出现事故和灾害几乎是必然的，不可能做到根本杜绝。但是积极而有效的应急救援可以极大避免和减少事故损失。预防为主是地铁安全正常运营的指导原则。凡事预则立，不预则废。要实现对地铁突发事件的有效防范，首先应建立统一、规范、有序、高效的应急救援指挥机构和抢险救援体系。根据事故影响范围和事故后果的严重程度，分别由不同层次的应急救援部门负责救援工作的组织实施，市、区两级民防、消防、公安、卫生、交通、生化防护等单位及地铁公司要相互协调，各负其责；其次是要建立和完善先期应急处置和突发事件救援工作预案，针对不同的事故类型制定多套不同的应急预案，从各类事故发生的时间、地点、原因等方面进行全面、系统的总结和归纳，形成一套完整的安全预防、检查、处理机制，详细量化预案反应时间，明确分工，落实责任。事实证明，迅速的反应和正确的措施是处理紧急事故和灾害的关键。

在应急救援指挥机构设置方面，国外的经验值得借鉴。美国、英国、法国、日本、瑞典等发达国家都由民防部门承担紧急事务或突发公共事件的应急救援任务。目前，我国已建立了不少应对各种突发公共事件的部门、组织以及相关的救援队伍，国内各重点城市的民防应急指挥体系也逐步建立起来，已经建成了地下、地面和移动指挥所，搭建了有卫星、有(无)线、短波、超短波等指挥通信手段的信息平台，具备了建立民防综合指挥信息平台的初步条件，各种人防专业队伍力量日益强大。在地铁应急救援方面，可以考虑以各级民防部门为基础，以消防部队为骨干，将各部门的有关信息逐步引入民防综合信息平台，实行信息资源共享，逐步建立统一指挥、协调有序、运转高效的应急救援指挥体系。

实践出真知，适当的演练是检验预案是否科学合理的关键。为了提高处置地铁突发事件的应急救援能力，检验地铁应急处置新装备、新技术的应用效果，各级应急指挥机构应会同地铁公司，在科学设置地铁火灾和突发事件演练场景的基础上，由地铁内部员工、沿线各主管专业救援机构等进行实兵实装演练，研究处置地铁发生生化恐怖袭击、爆炸、火灾的新战法和预案的实效性，增强地铁突发事件现场多种救援力量的联动机制及协同配合能力。通过演习使各专业处置力量能够熟悉地铁内部环境，在预案制定、处置程序、现场通信以及突发事件的信息报送、逐级指挥等方面形成无缝对接，为今后应对地铁灾害事故做好充分准备。

在遇到自然灾害及重大事故时，除了严密的管理制度和反应迅速的危机管理机制以外，具备扎实业务知识、良好应变能力和反应能力的一线人员显得尤为重要，他们可以大幅提高疏散和救援效果，最大限度地减少人员伤亡。莫斯科地铁爆炸案中，地铁公司、消防、警方和医院的表现非常出色，除了被炸死伤的人外，没有发生因拥挤死伤的事，数百名乘客在很短的时间内就被成功疏散了。地铁公司务必加强对工作人员的法制教育、技术教育、安全教育和职业道德教育，工作人员要牢记安全第一的运营准则，任何时候都不能麻痹大意。伦敦地铁公司规定员工每两年必须强制参加一次火警安全培训，国内一些地铁公司专门将专业骨干送往伦敦等地进行运营岗位培训，并且将运营安全和应急应变能力作为重点考核科目。

在地铁反恐措施方面，应将"打防结合，重在防范"视为地铁反恐的治本之策。对于恐怖主义犯罪，在严厉打击的同时更要注意建立有效的防范措施，实现"打防结合"。作为预防地铁恐怖袭击的有效手段，一种新型智能监控和报警系统正越来越受到人们的重视。这种技术主要运用在车站内随处可见的探测和报警装置，通过设置程序自动寻找可疑的行为模式，如一个人在同一个地方站立的时间过久，或者某个包裹被长时间留在地铁里无人认领等。程序自动对可疑目标进行重点监测并通知工作人员现场排查。建立和健全地铁安检系统可以有效拦截违禁物品进站上车，并且对恐怖分子形成较大的心理压力。目前北京地铁已经建立了安检员、站内服务员、志愿者、AFC 闸机服务员 4 道安检防线，对净化地铁乘车环境起到了良好的作用。对于生化恐怖袭击，国外有的城市在一些重点车站内设置固定或移动式生化袭击探测装置。美国还准备将生化探测仪装入手机，可以方便民众对周围可疑目标进行探测并通过手机导航功能将目标定位和追踪，将可能发生的恐怖袭击扼杀在萌芽状态。需要强调的是，对生化袭击危险源的检测、防护、洗消和伤员救护技术含量高、专业性强，必须由相关专业救援机构采用专业设备来处理，未经专门训练的人员不宜盲动。

10.3.6　职能部门

涉及地铁(防)反恐安全的职能部门主要包括公安部防恐局、地铁运营公司及市政府相关部门。各个职能部门都拥有自己的职能分工，必须明确各自职、权、利关系，避免条块分割。其中，公安局反恐局作为突发公共事件应急先期处置的职能机构和指挥平台，在面临突发事件时，应通过组织、指挥、调度、协调各方面资源和力量，采取必要的措施，对轨道交通恐怖事件进行先期处置。同时，轨道公安机关应主动与轨道交通运营单位建立起良好的协作关系。虽然二者没有行政隶属关系，但是在城市轨道交通反恐安全合作上，双方是唇齿相依的关系。

第四篇　城市轨道交通事故处理及应急管理

第 11 章　城市轨道交通安全事故处理

11.1　城市轨道交通安全事故调查

11.1.1　城市轨道交通安全事故调查目的及意义

在安全管理工作中，对已发生的事故进行调查处理是极其重要的一环。根据事故的特性可知，事故是不可避免的，但可以通过事故预防等手段减少其发生的概率或控制其产生的后果。事故预防是一种管理职能，而且事故预防工作在很大程度取决于事故调查。通过事故调查获得的相应的事故信息对于认识危险、抑制事故起着至关重要的作用。事故调查与处理，特别是重特大事故的调查与处理会在相当的范围内产生很大的影响。因此，事故调查是确认事故经过、查找事故原因的过程，是安全管理工作的一项关键内容，是制定最佳事故预防对策的前提。

所谓事故调查，可定义为在事故发生后为获取有关事故发生原因的全部资料、找出事故发生的根本原因、防止类似事故的发生而进行的调查。

事故调查是一门科学也是一门艺术。说它是一门科学，是因为事故调查工作需要特定的技术和知识，包括事故调查专门技术的掌握。说它是艺术，是因为事故调查工作需要具有丰富的经验及综合处理信息并加以分析的能力。这些并不是简单的教育培训所能达到的。因而，真正掌握事故调查的过程及方法，特别需要理论与实践的紧密结合才能实现。

1. 城市轨道交通事故调查与安全管理

城市轨道交通事故是安全生产事故的一种，其事故调查工作对于城市轨道交通安全管理的重要性体现在如下几个方面：

（1）事故调查是最有效的城市轨道交通事故预防方法。城市轨道交通事故的发生既有它的偶然性，也有必然性。即如果潜在的事故发生的条件（一般称之为事故隐患）存在，那么什么时候发生事故是偶然的，但发生事故是必然的。因而，只有通过事故调查的方法才能发现事故发生的潜在条件，包括事故的直接原因和间接原因，找出其发生发展的过程，防止类似事故的发生。

（2）城市轨道交通事故调查为制定安全措施提供依据。任何事故的发生都有其因果性和规律性，事故调查是找出发生在城市轨道交通运营生产活动中所发生事故的因果关系和事故规律的最有效的方法。只有掌握了这种因果关系和规律性，才能有针对性地制定出相应的安全措施，包括技术手段和管理手段，达到最佳的事故控制效果。

（3）事故调查可以揭示城市轨道交通运营中新的或未被人注意的危险。城市轨道交通是新设备、新工艺、新产品、新材料、新技术集中运用的复杂系统，各子系统及各系统之间在一定程度上存在着某些我们尚未了解和掌握的或被我们所忽视的潜在危险。事故的发生给了我们认识这类危险的机会，事故调查是我们抓住这一机会的最主要途径。只有充分认识了这类危险，才有可能防止其产生危害。

4)事故调查可以确认城市轨道交通管理系统的缺陷

如前所述，事故是城市轨道交通管理不佳的表现形式，而管理系统缺陷是城市轨道交通事故发生的根源，直接影响到人民群众的生命财产安全，以及运营企业的形象和经济效益。事故的发生给了我们教训，须要及时吸取教训总结经验，通过事故调查发现管理系统中存在的问题，加以研究和改进，防止此类事故的再次发生，提高企业安全运营管理水平。

(5)事故调查是城市轨道交通高效的安全管理系统的重要组成部分。城市轨道交通安全管理工作主要是事故预防、应急措施和事故控制手段的有机结合，且事故预防和应急措施更为重要。既然事故调查的结果对于进行事故预防和应急计划的制定都有重要价值，那么城市轨道交通安全管理系统中当然要具备事故调查处理的职能并真正发挥其作用，否则城市轨道交通安全管理工作的目的和对象就会在我们的头脑中变得模糊起来。

2. 事故调查的目的

进行事故调查必须首先明确的是，无论什么样的事故，一个科学的事故调查过程的主要目的就是防止此类事故的再发生。也就是说，根据事故调查的结果，提出整改措施，控制事故或消除此类事故的隐患。很多事故案例充分说明，只有通过深入的调查分析，查出导致上述事件发生的深层次原因，特别是管理系统的缺陷，吸取事故教训，提出预防措施，才能防止类似事故再次发生。这是事故调查分析的最终目的。

查清事故发生经过。即通过现场留下的痕迹，空间环境的变化，对事故见证人及受伤者的询问，对有关现象的仔细观察以及必要的科学实验等方式或手段来弄清事故发生的前后经过，并用简短的文字准确表达出来。

找出事故原因。即从人的因素、管理因素、环境因素、机器设备的本质安全因素等方面进行综合分析，找出事故发生的直接原因和间接原因。找出事故原因是事故调查分析的中心任务。

分清事故责任。通过事故调查，划清与事故事实有关的法律责任，并对有关责任者提出处理建议，包括行政处分和经济处罚。构成犯罪的，由司法机关依法追究刑事责任。对于重、特大事故，事故调查还需满足法律要求，提供违反有关安全法规的资料是司法机关正确执法的主要手段。这里当然也包括确定事故的相关责任，但这与以确定事故责任为目的事故责任调查过程存在本质的区别。后者仅仅以确定责任为目的，不可能控制事故的再发生；前者则要分析探讨深层次的原因，如管理系统的缺陷，为控制此类事故奠定良好的基础。

通过事故调查可以描述城市轨道交通运营中事故的发生过程，鉴别事故的直接原因与间接原因，从而积累事故资料，为事故的统计、分析、监控等系统的设计与管理提供信息，为城市轨道交通安全管理工作提供依据。

3. 事故调查的对象

从理论上讲，所有事故，包括无伤害事故和未遂事故都在调查范围之内。但由于各方面条件的限制，特别是经济条件的限制，要达到这一目标几乎是不可能的。对于城市轨道交通来说，要进行事故调查并达到最终目的，选择合适的事故调查对象也是相当重要的。

(1)重大事故。所有重大事故都应进行事故调查，这既是法律的要求，也是事故调查的主要目的所在。因为如果这类事故再发生，其损失及影响都是难以承受的。重大事故不仅包括损失大的、伤亡多的，还包括那些在社会上造成重大影响的事故。

(2)未遂事故或无伤害事故。有些未遂事故或无伤害事故虽未造成严重后果，甚至几乎没有经济损失，但如果其有可能造成严重后果，也是事故调查的主要对象。判定该事故是否有可能造成重大损失主要依靠安全管理人员的能力与经验。

(3)伤害轻微但发生频繁的事故。这类事故伤害虽不严重，但由于发生频繁，对劳动生产率会有较大影响，而且事故频繁发生，即说明管理或技术上有问题，如不及时采取措施，累积的事故损失也会较大。事故调查是解决这类问题的最好方法。

(4)可能因管理缺陷引发的事故。如前所述，管理系统缺陷的存在不仅会引发事故，而且也会影响运营效率。因此，及时调查这类事故，可以防止事故的再发生，提高企业的运营效益，保证运营安全。

(5)高危险工作环境的事故。由于高危险环境中极易发生重大伤害事故，造成较大损失，因而在这类环境中发生的事故，即使后果很轻微也值得深入调查。只有这样才能发现潜在的事故隐患，防止重大事故的发生。

(6)适当地抽查。在城市轨道交通事故调查中，除上述诸类事故外，还应通过适当抽查的方式选取调查对象，及时发现新的潜在危险，提高系统的总体安全性。这是因为有些事故虽然不完全具备上述 5 类事故的典型特征，但却有发生重大事故的可能性，适当地抽样调查会增加发现这类事故的可能性。

11.1.2　城市轨道交通安全事故调查原则

事故是可以查清楚的，这是事故调查的最基本原则，也是进行事故调查的基础。根据《企业职工伤亡事故调查分析规则》(GB 6442—1986)、《企业职工伤亡事故报告和处理规定》(国务院令第 75 号)、《安全生产法》、《国务院关于进一步加强安全生产工作的决定》(国发〔2004〕2 号，2004 年 1 月 9 日)，《特别重大事故调查程序暂行规定》(1989 年国务院令第 34 号)等法规、标准，事故调查处理应坚持下列 4 个原则。

(1)坚持逐级上报，分级调查处理的原则。目前我国伤亡事故调查基本原则是逐级上报，分级调查处理。伤亡事故调查的原则和程序，事故调查组的人员组成、工作程序、任务、责任、权利等，在国家的有关法规、标准中有详细的规定。

(2)坚持实事求是，尊重科学的原则。事故调查处理是技术性、政策性都很强的工作，以事实为依据、以法律为准绳是做好事故调查处理的关键。因此，必须坚持实事求是，重证据、重事实、重调查研究，采取严肃、认真、负责的态度，客观公正地查清事故发生的真相。

(3)坚持公正、公开、及时通报的原则。为了使事故原因水落石出，事故责任人得到应有处理，防止事故再次发生，就必须秉承公正公开及时通报的原则，实事求是，吸取教训，接受广大人民群众和社会的监督。

(4)坚持"四不放过"的原则。"四不放过"是 2004 年初温家宝总理为遏制重大生产事故的接连发生，在原来的"三不放过"基础上提升的处理安全事故的新原则，即"事故原因不查清不放过，事故责任者得不到处理不放过，整改措施不落实不放过，教训不吸取不放过"。"四不"相比"三不"，强调了"事故责任者得不到处理不放过"，增加了"教训不吸取不放过"。更加明确、强化对事故责任者处理和教训的吸取，直指当前事故责任处理的欠缺和不足。

11.1.3 城市轨道交通安全事故调查分析方法

事故分析方法有很多，如 CCA、ETA、PHA 等，对于城市轨道交通事故分析，这里主要介绍事故原因树和 FMECA 两种方法。

11.1.3.1 事故原因树

事故原因树是由法国国家安全研究所(INRS)蒙杜(M. Monteau)教授及其同事开发的，在欧洲国家得到实际应用，被一些国家的大学作为安全专业的教材，并成为《职业安全卫生百科全书》"事故与安全管理"部分"事故调查"条目的主要内容。

事故原因树将各种事故因素及其链接关系的逻辑机理清晰地表现出来，是事故调查分析的有力工具，能籍以研究和选择适当的预防措施。

该方法避免了凭经验进行事后分析的三个缺点：

(1)只找出直接造成人受伤害的原因。

(2)将事故事实的收集和解释两个阶段混淆起来。

(3)在人的因素和技术因素(或物的因素)间引入二分法分割开来。

该方法不像 FTA 那样需要专门的数学知识，故适合于各种文化层次的人，简单易用。

1. 概念

整个工作活动是一个系统，在系统中，每个人在一个机械的帮助下，在一个他所处的工作地点的环境中执行一项任务。这 4 个要素或成分构成了结果。

企业：由个人组合成的为实现一个经济目的而协作的群体。因此，企业构成了一个系统，是为实现一个目标而形成的相互依赖、合作的各部分组合成的总体。

事故：系统机能发生障碍的表现，是系统存在的"病理"特性及其作用的显示。

活动：某个人对他那部分工作任务的承担，是系统分析的单元，是 4 个要素或成分的组合。

说明：每个人都有其自己的活动，相当于他所承担的那部分工作任务。因此，事故可能涉及若干个活动，这些活动紧密相关，特别是当几人共同工作时。

人（I）：在其职业岗位上工作时的生理和心理的人（即带着职业以外因素的影响）。包括受伤害者和其他有关人员。说明：人的因素只在这样的范围内通过生理和心理标准可以估价的纯属个人的特征。

任务（T）：参加创造财富（或提供服务）的部分或全部生产的人的活动方式。说明：任务的概念包括工作期间所有可观察到的行动，包括人的行动、工作方法、安全防护等。

机械（Ma）：全部技术手段、原材料、人为完成其任务所使用的产品。

场所（Mi）：人执行其任务所在的工作场所及其物理、社会环境。说明：社会环境方面的问题，如果可以被简明地定义，则属于地点（Mi）这个成分。否则，在人（I）中考虑，即反映对人心理上的影响。

事件：所有对事故的发生起了作用的事实也称事故因素。

造成伤害或损坏的前导事件有两种：对正常的工作过程来说，是非正常性质的前导事件，即"变化"；惯常性前导事件，通过非正常性质的前导事件或与其相结合，在事故发生过程中起了重要作用。

例如，操作者进入危险区域去处理某故障（非正常前导事件），则机械防护不充分（惯常性前导事件）可以成为引发事故的因素。

变化（反常性事件）的例子：

人（I）：工人得病；以另一工人代替原工人。

任务（T）：不习惯的或未曾干过的任务；执行任务时忽略了必要的基本操作。

机械（Ma）：常用机器故障；对工人而言是新机器。

地点（Mi）：工人处于不习惯的车间；场地交通阻塞。

2. 构造原因树

构造原因树的步骤如图11.1所示：

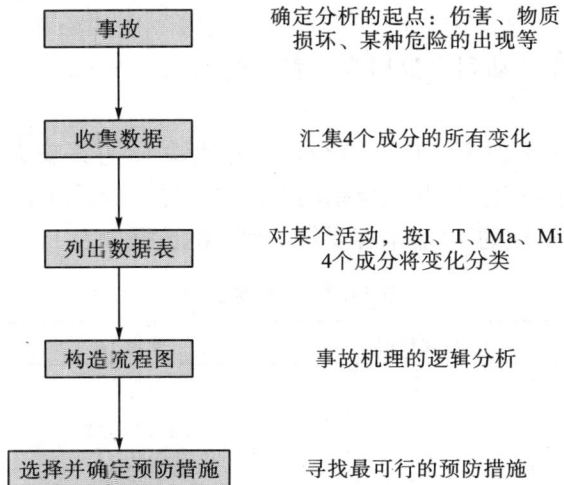

图 11.1　原因树构造步骤图

1)确定分析的起点

分析的起点是某种不期望的事件，如伤害、物质损毁、某种危险的出现等。将其作为最后的事件。

2)收集数据

收集数据就是收集导致最后的事件发生的所有前导事件(事实)。

收集数据要恪守客观性原则：只收集事实，而不是解释这些事实。

收集数据基本上是通过询问，有时辅以技术鉴定。如可能，从受伤害者的证词开始，并听取证人、现场目击者、同伴、各级负责人的谈话，目的是得到关于全部过程的详细描述，而不仅仅局限于最后的事件(如伤害)发生的情况。

在收集数据中，首先要努力发现反常的事件——变化，并通过各种证词探究这些事实间的逻辑关系。在这样做的同时，发现那些对事故的发生起了作用的惯常性事件。这样，就会被引导而追溯到导致最后的事件发生的那些前导事件的最上游。

在收集数据时，在思路上应当依次考虑：人(谁)、其任务(他们做什么)、他们使用的机械和地点(他们活动的现场)。将收集到的所有事实按 4 个成分进行分类，而不必区别人的因素和技术的因素或物的因素。这样，就使得交混了人和技术两个方面的复杂整体容易被理解，使数据变得清晰。

表 11.1 是为了引导数据收集，给出变化的例子，以及关于这些变化的问题的例子。

表 11.1 变化及关于这些变化的问题例表

变化类型	变化例	问题例(与工作岗位相关的问题)
人(心理变化)	忧虑、不悦	他正操心于工作还是某些个人问题？
	警惕性降低	是否某种危险变得不严重了或刚被消除？
	……	……
任务(关于操作方式)	取消了某种常见的或预定的操作	是否注意了操作之间的链接？是否忽略了某种操作？
……	……	

3)列出数据表

针对每个人的工作活动列出数据表，表中按 I、T、Ma、Mi 4 个成分将变化分类。(人、任务、机械、地点)

案例 1 2011 年 9 月 27 日 14 点 10 分，上海地铁 10 号线新天地站信号设备发生故障，交通大学至南京东路上下行采用电话闭塞方式，导致豫园到老西门下行区间 1005 号车与 1016 号线相撞，造成约 40 名乘客受伤。列出的数据如表 11.2 和表 11.3 所示。

表 11.2 变化数据(1)

成分	变化标记	变化	变化的时序
I	I	乘客受伤	4
T	T_1	采用人工调度	2
	T_2	列车相撞	3
Ma	Ma	信号设备故障	1

成分	变化标记	变化	变化的时序
Mi	Mi	电话闭塞方式	1 乙

表 11.3　变化数据(2)

成分	变化标记	变化	变化的时序
I			
T		供电公司作业未采取防范措施	1 甲
Ma			
Mi			

4)构造原因树

原因树是事故发生的动态图景,展现了引起事故的全部事件,并展现了把这些事件聚合起来的逻辑上的联系。换言之,原因树展现了直接或间接引起伤害的事故因素链。

构造原因树从最后的事件伤害(或物质损毁,或某种危险的出现)开始,对收集到的每个事件 Y 提出下列简单问题:

(1)事件 Y 的前导事件 X 是什么?

(2)对 Y 的发生,X 是必要的吗?

(3)对 Y 的发生,X 是充分的吗?如否,对 Y 的发生,还有其他的前导事件也是必要的吗?

这组问题可以揭示出事件之间的三类逻辑联系如表 11.4 所示。

表 11.4　原因树中的逻辑关系

	链	分叉	组合
意义	一个前导事件(Y)只有一个直接起因(X)	两个或几个前导事件(Y₁、Y₂)有一个共同的直接起因(X)	一个前导事件(Y)有几个直接起因(X₁、X₂)
图示及例	对单独一个操作者,工作方法困难　前臂放在机器下面	需要协作者 单独工作 工作方法困难	无协作者 单独工作 工作任务紧急
特点	对 Y 的发生,X 是必要且充分的	对 Y_1、Y_2 的发生,X 是必要且充分的	对 Y 的发生,X_1、X_2 都是必要的,但任何一个都不充分,两者结合才是充分的

如此这般,一步步、一层层地反向追溯,就会找出导致最后的事件能够发生的所有前导事件和它们之间的逻辑关系网络(排列组合),重构了事故流程图。

构造原因树时反向追溯,但检查原因树的逻辑严密性可正向进行:

(1)如果 X 没有发生,Y 依然会发生吗?(X 的必要性)

(2)为使 Y 发生,仅仅 X 是必要的吗?(X 的充分性)

案例 l 的事故流程如图 11.2 所示(图中数字的含义见表 11.2 和表 11.3)。

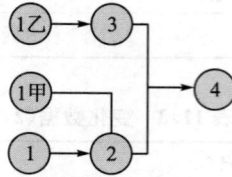

图 11.2　受伤事故原因树流程图

11.1.3.2　FMECA

FMECA 是以故障模式为基础,以故障影响或后果为目标的分析技术。它通过逐一分析各组成部分的不同故障对系统工作的影响,通过分析系统所有可能的故障模式来确定一个故障对系统安全、任务成功、系统性能、维修性要求等的潜在影响,并按照其影响的严重程度及其发生概率对故障模式进行分类,鉴别设计上的薄弱环节,以便采取适当措施,消除或减轻这些影响,并为评价和改进系统设计的可靠性提供基本信息。

FMECA 对软件的可靠性分析效果不明显。因为 FMECA 属于静态分析,需要有明确的物理对象。而软件没有明确的物理对象,语句编制时的逻辑错误(设计错误)一般需要用动态分析或测试的方法来发现。除了程序中的逻辑错误,软件在运行过程中也会产生输出错误,一种是输入错误所激发(如数据位码溢出等)的错误输出,一种是环境(过热、电磁辐射导致芯片电平波动)激发的偶发性错误输出,这些都属于偶发错误。用 FMECA 寻找软件偶发错误的原因效果也不好。

对于城市轨道交通系统,由于采用了大量的系统软件及各种控制模块,所以用 FMECA 分析到具体控制或信息处理模块时将无法继续寻找进一步的故障原因,这在对通号子系统进行分析时特别明显。但这并不影响对整个系统 FMECA 分析的有效性。

FMECA 是针对系统所有可能的故障,并根据对故障模式的分析,确定每种故障模式对系统工作的影响,找出单点故障,并按故障模式的严重度及其发生概率确定其危害性,FMECA 可运用于城市轨道交通各种设备的故障分析。所谓单点故障指的是引起产品故障的,且没有冗余或替代的工作程序作为补救的局部故障。FMECA 包括 FMEA 和 CA。

1. FMECA 的任务

(1)列出系统所有零件的全部故障模式和产生原因。

(2)根据系统的可靠性逻辑关系,用归纳推理的方法,分析上述故障模式对系统各功能级别造成的影响和后果。

(3)判断每种故障对系统各功能级别造成的故障影响的严重等级。

(4)估计上述故障影响产生的概率。

(5)根据故障影响的严重等级和发生概率估计出相应的危害性。

(6)从上述分析中提取出那些后果严重的故障影响的有关信息,制成"致命故障报告表",便于及时采取综合措施,将潜在的可能导致严重后果的故障模式尽早消除。

2. FMECA 所需资料

(1)与系统结构有关的资料。必须知道组成系统的各个部件的特性、功能及它们之间的关系。

(2)与系统启动、运行、控制和维护有关的资料。必须知道系统启动的步骤、运行方式、运行的额定参数、参数的允许变化范围以及各种运行方式的转换操作程序和控制。

(3)与系统所处环境有关的资料。环境包括两部分：外界环境和装置中其他系统引起的环境。上述资料在系统设计阶段，通常还不能全部掌握，此时应作某些假设，随着工作的开展，资料将逐步充实，应及时修正原来不合理的假设。

(4)可靠性数据。确定可能的故障模式，需要对用于执行各种系统内部功能的产品的可靠性数据进行分析。应当采用在与系统使用条件一致的条件下利用专门设备所进行的可靠性试验的数据。当没有这些数据时，可以采用有关的可靠性数据或类似产品在相似条件下使用的经验数据和可靠性数据。

3. 故障模式

彻底弄清楚部件及系统各功能级别的全部可能的故障模式是至关重要的，因为整个 FMECA 的工作本质就是建立在这个故障模式清单上。这里强调的是全部故障模式。

4. 危害度分析

危害度包括故障影响严重程度等级和导致这种故障影响的故障模式的发生概率。

(1)故障影响严重程度的等级。根据城市轨道交通运营的特点，将故障影响严重程度划分为三个等级地，如表 11.5 所示。

表 11.5　故障运行严重程度及其登记表

等级	严重程度
Ⅰ类(灾难性的)	可能造成人员伤亡和重大经济损失
Ⅱ类(临界的)	可能造成人员的轻度伤害和一定的经济损失
Ⅲ类(轻度的)	不足以造成人员伤害和一定的经济损失，但会导致非计划性的维护或修理

(2)概率。在得不到系统技术状态数据或故障率数据的情况下，可以按照故障模式发生的概率来评价 FMECA 中确定的故障模式。此时，将故障模式的发生概率按一定的规定分成不同的等级，其概率值表示在系统工作期间，某一故障模式的发生概率占该系统在这段时间内的总的发生概率的比值，如表 11.6 所示。

表 11.6　发生概率的范围及等级表

等级	概率值(α)范围
A(经常发生)	$\alpha \geqslant 0.2$
B(有时发生)	$0.1 \leqslant \alpha < 0.2$
C(偶尔发生)	$0.01 \leqslant \alpha < 0.1$

等级	概率值(α)范围
D(很少发生)	$0.001 \leqslant \alpha < 0.01$
E(极少发生)	$\alpha < 0.001$

5. 实施步骤

(1)弄清系统的全部情况。主要包括系统的功能、可能具有的工作模式及其变化规律、所处的环境及其变化、故障判断和相应的可靠性框图等。

(2)正确划分系统的功能等级。一般大致分为 5 个功能级,即回路级、单元级、组件级、子系统级、系统级。前一级的故障影响就是后一级的故障模式。功能级的划分是相对的。

(3)根据要求建立所分析系统的故障模式清单。

(4)分析造成各种故障模式的原因。

(5)分析各种故障模式可能造成的影响。

(6)研究故障模式及其故障影响的检测方法。

(7)确定各种故障影响严重程度等级。

(8)确定各种故障模式的发生概率。

(9)估计危害度。

(10)在认真分析的基础上,提出可能的预防措施和改进措施。

6. 注意问题

(1)明确分析对象。找出零部件所发生的故障与系统整体故障之间的因果关系是 FMECA 的工作思路,所以明确 FMECA 的分析对象,并针对其应有的功能找出各部件可能存在的所有故障模式,是提高 FMECA 可靠性和有效性的前提条件。

(2)时间性。FMEA、FMECA 应与设计工作结合进行,在可靠性工程师的协助下,由产品的设计人员来完成,贯彻"谁设计、谁分析"的原则,并且分析人员必须有公正客观的态度,包括客观评价与自己有关的缺陷,理性分析缺陷的原因。同时 FMEA 必须与设计工作保持同步,尤其应在设计的早期阶段就开始进行 FMECA,这将有助于及时发现设计中的薄弱环节并为安排改进措施的先后顺序提供依据。如果在产品已经设计完成并且已经投产以后再进行 FMEA,则设计的指导意义不大。一旦分析出原因,就要迅速果断地采取措施,使 FMEA 分析的成果落到实处,而不是流于形式。

(3)层次性。进行 FMECA 时,合理的分析层次确定,特别是初始约定层次和最低约定层次能够为分析提供明确的分析范围和目标或程度。此外,初始约定层次的划分直接影响到分析结果严酷度类别的确定。一般情况下,应按以下原则规定最低约定层次:①所有可获得分析数据的产品中最低的产品层次;②能导致灾难的(Ⅰ类)或致命的(Ⅱ类)故障的产品所在的产品层次;③定或预期需要维修的最低产品层次,这些产品可能导致临界的(Ⅲ类)或轻度的(Ⅳ类)故障。

（4）FMECA 团队协作和经验积累。FMECA 往往都采用个人形式进行分析，但是单独工作无法克服个人知识的思维缺陷且缺乏客观性。因此最好从相关领域选出具有代表性的个人，共同组成 FMECA 团队。通过集体的智慧，达到相互启发和信息共享，就能够较完整和全面地进行 FMECA，大大提高工作效率。FMECA 特别强调程序化、文件化，并应对 FMECA 的结果进行跟踪与分析，以验证其正确性和改进措施的有效性，将好的经验写进该运营企业的 FMECA 经验反馈里，积少成多，形成一套完整的 FMECA 资料，使一次次 FMECA 改进的量变汇集成运营企业整体设计制造水平的质变，最终形成独特的企业技术特色。

11.1.4　城市轨道交通安全事故调查程序

1. 伤亡事故处理

城市轨道交通一旦发生死亡、重伤事故，可按如下要求进行调查。轻伤事故的调查，可参照执行。

1）现场处理

（1）事故发生后，应救护受伤害者。采取措施制止事故蔓延扩大。

（2）认真保护事故现场。凡与事故有关的物体、痕迹、状态不得破坏。

（3）为抢救受伤害者需要移动现场某些物体时，必须做好现场标志。

2）物证搜集

（1）现场物证包括破损部件、碎片、残留物、致害物的位置等。

（2）在现场搜集到的所有物件均应贴上标签，注明地点、时间、管理者。

（3）所有物件应保持原样，不准冲洗擦拭。

（4）对健康有危害的物品，应采取不损坏原始证据的安全防护措施。

3）事故事实材料的搜集

（1）与事故鉴别、记录有关的材料。①发生事故的单位、地点、时间；②受害人和肇事者的姓名、性别、年龄、文化程度、职业、技术等级、工龄、本工种工龄、支付工资的形式；③受害人和肇事者的技术状况，接受安全教育情况；④出事当天，受害人和肇事者什么时间开始工作、工作内容、工作量、作业程序、操作时的动作（或位置）；⑤受害人和肇事者过去的事故记录。

（2）事故发生的有关事实。①事故发生前设备、设施等的性能和质量状况；②使用的材料，必要时进行物理性能或化学性能实验与分析；③有关设计和工艺方面的技术文件、工作指令和规章制度方面的资料及执行情况；④关于工作环境方面的状况，包括照明、湿度、温度、通风、声响、色彩度、道路、工作面状况及工作环境中的有毒、有害物质取样分析记录；⑤个人防护措施状况，应注意它的有效性、质量、使用范围；⑥出事前受害人或肇事者的健康状况；⑦其他可能与事故致因有关的细节或因素。

4）证人材料搜集

要尽快找被调查者搜集材料。对证人的口述材料，应认真考证其真实程度。

5)现场摄影

(1)显示残骸和受害者原始存息地的所有照片。

(2)可能被清除或被践踏的痕迹，如擦刮痕迹、地面和建筑物的伤痕、火灾引起损害的照片、冒顶下落物的空间等。

(3)事故现场全貌。

(4)利用摄影或录像，以提供较完善的信息内容。

6)事故图

报告中的事故图，应包括了解事故情况所必需的信息。如事故现场示意图、流程图、受害者位置图等。

(1)事故原因分析。采用适当的事故原因分析方法进行事故分析，查处事故原因和责任人。

(2)事故调查报告编写。按照有关规定和程序编写事故调查报告。

(3)事故调查结案归档。事故调查结束后，要进行档案整理与保存，为以后类似事故调查或制定相应措施提供有效依据。

2. 美国铁路事故调查

事故发生后对事故起因的调查分析结果是划分事故责任的根据，也为有关部门加强安全防范工作提供了科学的依据。因此事故起因的调查分析是运输安全管理中的重要一环。我国城市轨道交通建设尚处于起步阶段，有关事故调查分析和安全管理技术的研究还很不完善，因而借鉴国外有关轨道交通事故调查分析的经验来提升我国城市轨道交通的安全管理水平具有一定的现实意义。这里介绍美国铁路事故调查分析方面的有关情况。

1)一个超越铁路公司的事故调查机构

美国政府设有一个国家运输安全委员会，设主席、副主席各一名，各方面的权威专家若干名，委员会下设调查机构，由各方面技术专家、工程师组成，还设有各种试验室，可以直接掌握第一手资料。对发生的重大运输事故，均由安全委员会派员及时赴现场调查，并提出由安全委员会主席、副主席和有关委员签署的事故报告。发生事故的铁路公司仅有责任向调查人员提供资料和回答听证询问。

2)一套科学的事故调查分析程序

经过几十年的不断探索和完善，美国运输安全委员会已形成一套较科学的事故调查分析程序，事故报告的一般内容包括：

(1)事故概况。

(2)调查。①事故发生的具体经过；②人员伤亡情况；③造成事故的可能原因。

(3)分析。

(4)结论。

(5)建议(提出修改规章、改进及开发新技术的建议)。

3)以事实为依据，以科学技术为手段的调查分析方法

(1)十分强调书面记录资料。要求运输部门的技术人员对每一项工作都要有详细的记录，尤其是行车记录、安全记录。

（2）重视科学试验。科学试验是美国铁路分析事故原因的重要手段，主要有制动距离试验、材料试验、瞭望距离试验、人员疲劳试验等。

（3）应用系统工程、管理心理学、行为科学等理论。从系统观点出发，把事故看成是综合因素的结果，多方面分析事故发生的可能诱发因素。

11.2　城市轨道交通安全事故类型及成因

11.2.1　城市轨道交通运营安全状态

按照运营的安全水平，城市轨道交通系统运营状态可以分为正常运营、非正常运营和紧急运营三种情况，如图 11.3 所示。

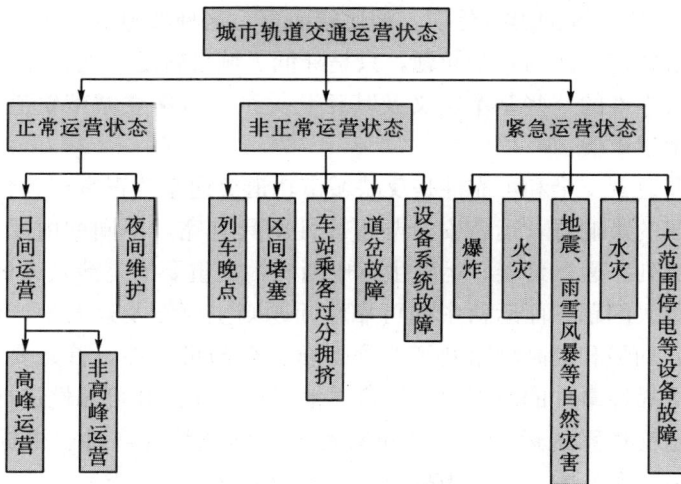

图 11.3　城市轨道交通运营安全状态图

正常运营状态是指列车白天和夜晚的运营与运行图基本相符的状态，是按照排定的运行图和工作秩序进行运营的状态；系统正常，运输需求和系统的供给能力相配，系统状态较为稳定。正常运营状态又分为高峰时段和非高峰时段，对这两种运营状态，城市轨道交通系统又采取了不同的客运行车组织方案和运营模式管理。

非正常运营状态指因各种原因造成了列车晚点、区间堵塞、车站乘客过度拥挤、道岔故障、列车故障、沿线设备故障等影响到正常的运营秩序的情况。经行车指挥系统按照对应方案及时进行调整可在较短时间内使运营恢复正常，不会对乘客的人身安全造成影响。

紧急运营状态指城市轨道交通系统自身出现较为严重的机械、运行、服务故障，或遭受到严重的内、外部灾害影响，从而导致系统的运营能力减弱或停止，严重影响到系统的稳定性和乘客的人身安全。发生火灾、爆炸、水灾、地震、雨雪风暴等自然灾害或设备故障导致大范围停运等，或使部分区间或全线无法运营的情况。在这种状态下，有可能出现人员伤亡的严重后果，必须采取紧急事故抢险措施自救、减灾和抢险。

11.2.2　事故、故障和突发事件

影响城市轨道交通系统运营安全和可靠性的因素，根据其发生的原因、特点以及造成的后果和影响，可以分为事故、故障和突发事件三类。安全同事故及突发事件相对应，而故障同可靠性相对应。一般来说，有些故障是无法避免的，但是可以通过日常保障及维护来降低它的发生率。就事故和突发事件而言，理论上是可以通过规章制度以及处置措施予以防范和杜绝的。

城市轨道交通日常运营管理中，涉及运营安全和可靠性的事件主要体现在两方面。一是由于恐怖袭击、自然灾害、人为破坏等原因发生的火灾、爆炸等灾难性重大事件，造成生命和财产的重大损失。一般情况下，发生突发事件的概率很低。二是由于客流波动、技术设备故障、运营组织等原因，引起列车运行延误、列车运行中断等列车运行"大间隔"故障，造成乘客的出行延误。相比较而言，这种故障的发生率是很高的，但是一般不会引起城市轨道交通的安全问题，只是降低了城市轨道交通运营的可靠性。因此，理清运营安全和可靠性的一些基本定义及其相互关系，对确立城市轨道交通系统运营安全和可靠性的对策很重要。

城市轨道交通运营安全和可靠性是反映城市轨道交通系统正常运营情况的总体概念。然而从后果及造成的影响看，运营安全与可靠性则具有完全不同的内涵。运营中发生的安全问题除了造成列车运行延误、运营生产中断外，更重要的是涉及人民生命财产损失、设施设备破坏等重大问题；而运营中的可靠性问题则主要涉及运营生产的稳定和运输质量的好坏。因此，加强和提高城市轨道交通运营安全与可靠性，首先要从引起城市轨道交通运营安全与可靠性事件的原因出发，科学地对运营安全和可靠性进行定义。

影响城市轨道交通系统运营安全和可靠性的因素统称为事件。根据其发生的原因、特点以及造成的后果和影响，可分为故障、事故和突发事件三类。

（1）故障是因设备质量原因或操作不当导致设备无法正常使用，须人工干预或维修的事件，根据表现和影响程度可分为轻微故障、一般故障和严重故障。轻微故障可以迅速排除，一般不会影响运营可靠性；一般故障将造成短时间的列车运行秩序混乱，部分列车运行延误；严重故障则会导致较长时间的运营中断，严重影响系统运营可靠性。按照设备类型和原因，故障又可分为列车车辆故障、线路故障、供电系统故障、通号系统故障、环控设备故障、车站客运设施故障等。

（2）事故是因故障或工作人员操作不当而造成人员伤亡、设备损坏，影响可靠性或危及运营安全的事件。事故根据其表现、影响程度与范围，可分为一般事故、险性事故、大事故、重大事故等；按其专业性质可分为行车事故、客运组织事故、电力传输事故等。

（3）突发事件是指由故障、事故或其他原因（人为、环境、社会事件等）引起的、突然发生的、严重影响或可能影响运营安全与秩序的事件。突发事件根据其影响程度与范围可分为一般突发事件、险性突发事件、大突发事件和严重突发事件；根据其引发原因又可分为运营引发突发事件、外来人员引发突发事件、环境引发突发事件等。

故障、事故和突发事件的关系如图 11.4 所示：

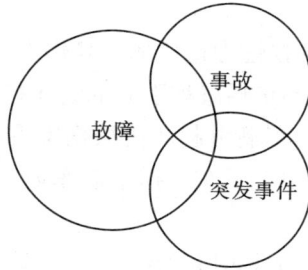

图 11.4　故障、事故和突发事件的关系图

事故中，有部分是由于故障引起的，突发事件中又有部分是由故障和事故所引起。一般的，故障、事故、突发事件在城市轨道交通系统日常运营过程中的发生概率有很大差别。故障可以认为是多发事件，大部分故障不会对运营安全造成很大影响，但会影响运营的可靠性，降低运营质量。事故和突发事件发生概率较小，严重的事故和突发事件可以认为是小概率事件，但是事故和突发事件会对运营安全造成极大危害，甚至造成重大的人员伤亡和财产损失。因此，在处置和预防不同的事件种类时，应有相应的侧重点。对于一般性的故障，应侧重于设备的维护与保养、运营管理的优化等；而对于可能造成重大人员伤亡和财产损失的严重事故或突发事件，则应侧重预防和应急处置。

11.2.3　城市轨道交通安全事故典型类型

1. 按事故属性划分

按事故的属性不同，事故可分为两大类，一类为生产事故，另一类是非生产事故。

1)生产事故

生产事故是指人们在生产活动的过程中，突然发生的伤害人体、损坏财物、影响生产正常进行的意外事件，城市轨道交通事故即属于生产事故。生产事故按人和物的伤害与损失情况可分为以下三种。

(1)伤亡事故。伤亡事故是指人们在生产活动中，接触了与周围条件有关的外来能量，致使人体机能部分或全部丧失的不幸事件。

(2)设备事故。设备事故指人们在生产活动中，物质和财产受到破坏、遭到损失的事故。如建筑物倒塌、机器设备损坏和原材料、产品、燃料、能源的损失等。

(3)未遂事故。也叫险肇事故，这类事故发生后，人和物都没有受到伤害和造成直接损失，但影响生产正常进行。

2)非生产事故

非生产事故是人们在非生产活动的过程中发生的事故，例如人们在旅行、狩猎、居家等非职业活动中发生的事故。

2. 按事故类别划分

依据我国《企业职工伤亡事故分类标准》，按事故类别来分，伤亡事故可分为如下

20 种类型：

(1)物体打击。指失控物体的惯性力造成的人身伤害事故。如落物、滚石、锤击、碎裂、崩块、砸伤等造成的伤害，不包括爆炸引起的物体打击。

(2)车辆伤害。指本企业机动车辆引起的机械伤害事故。如机动车辆在行驶中的挤、压、撞车、倾覆等事故，在行驶中上下车、搭乘矿车或放飞车所引起的事故，以及车辆运输挂钩、跑车事故。

(3)机械伤害。指机械设备与工具引起的绞、碾、碰、割、戳、切等伤害。如工件或刀具飞出伤人、切屑伤人、手或身体被卷入、手或其他部位被刀具碰伤、被转动的机构缠压等。但属于车辆、起重设备的情况除外。

(4)起重伤害。指从事起重作业时引起的机械伤害事故。包括各种起重作业引起的机械伤害，但不包括触电、检修时制动失灵引起的伤害、上下驾驶室时引起的坠落式跌倒。

(5)触电，指电流流经人体造成生理伤害的事故。适用于触电、雷击伤害。如人体接触带电的设备金属外壳或裸露的临时线、起重设备误触高压线或感应带电、雷击伤害、触电坠落等事故。

(6)淹溺。指因大量水经口、鼻进入肺内，造成呼吸道阻塞，发生急性缺氧而窒息死亡的事故。适用于船舶、排筏等设施在航行、停泊、作业时发生的落水事故。

(7)灼烫。指强酸、强碱溅到身体引起的灼伤，或因火焰引起的烧伤，高温物体引起的烫伤，放射线引起的皮肤损伤等事故。适用于烧伤、烫伤、化学灼伤、放射性皮肤损伤等伤害。不包括电烧伤以及火灾事故引起的烧伤。

(8)火灾。指造成人身伤亡的企业火灾事故。不适用于非企业原因造成的火灾，比如居民火灾蔓延到企业。此类事故属于消防部门统计的事故。

(9)高处坠落。指由于危险重力势能差引起的伤害事故。适用于脚手架、平台、陡壁施工等高于地面的坠落，也适用于山地面踏空失足坠入洞、坑、沟、升降口、漏斗等情况。但排除以其他类别为诱发条件的坠落。如高处作业时因触电失足坠落应定为触电事故，不能按高处坠落划分。

(10)坍塌。指建筑物、构筑、堆置物等倒塌以及土石塌方引起的事故。适用于因设计或施工不合理而造成的倒塌，以及土方、岩石发生的塌陷事故。如建筑物倒塌，脚手架倒塌，挖掘沟、坑、洞时土石的塌方等情况。不适用于矿山冒顶片帮事故，或因爆炸、爆破引起的坍塌事故。

(11)冒顶片帮。指矿井工作面、巷道侧壁由于支持不当、压力过大造成的坍塌，称为片帮，顶板垮落称为冒顶。二者常同时发生，简称为冒顶片帮。适用于矿山、地下开采、掘进及其他坑道作业发生的坍塌事故。

(12)透水。指矿山、地下开采或其他坑道作业时，意外水源带来的伤亡事故。适用于井巷与含水岩层、地下含水带、溶洞或与被淹巷道、地面水域相通时涌水成灾的事故。不适用于地面水害事故。

(13)放炮。指施工时放炮作业造成的伤亡事故。适用于各种爆破作业，如采石、采矿、采煤、开山、修路、拆除建筑物等工程进行的放炮作业引起的伤亡事故。

(14)瓦斯爆炸。是指可燃性气体瓦斯、煤尘与空气混合形成了达到燃烧极限的混合物，接触火源时引起的化学性爆炸事故。主要适用于煤矿，同时也适用于空气不流通、瓦斯和煤尘积聚的场合。

(15)火药爆炸。指火药与炸药在生产、运输、贮藏的过程中发生的爆炸事故。适用于火药与炸药生产在配料、运输、贮藏、加工过程中，由于振动、明火、摩擦、静电作用或因炸药的热分解作用，贮藏时间过长或因存药过多发生的化学性爆炸事故，以及熔炼金属时废料处理不净，残存火药或炸药引起的爆炸事故。

(16)锅炉爆炸。指锅炉发生的物理性爆炸事故。适用于使用工作压力大于0.07 MPa、以水为介质的蒸汽锅炉(以下简称锅炉)，但不适用于铁路机车、船舶上的锅炉以及列车电站和船舶电站的锅炉。

(17)容器爆炸。容器(压力容器的简称)是指比较容易发生事故，且事故危害性较大的承受压力载荷的密闭装置。容器爆炸是压力容器破裂引起的气体爆炸，即物理性爆炸，包括容器内盛装的可燃性液化气在容器破裂后立即蒸发，与周围的空气混合形成爆炸性气体混合物，遇到火源时产生的化学爆炸，也称容器的二次爆炸。

(18)其他爆炸。凡不属于上述爆炸的事故均列为其他爆炸事故，如可燃性气体(如煤气、乙炔等)与空气混合形成的爆炸；可燃蒸气与空气混合形成的爆炸性气体混合物引起的爆炸(如汽油挥发气引起的爆炸)；可燃性粉尘以及可燃性纤维与空气混合形成的爆炸性气体混合物引起的爆炸；间接形成的可燃气体与空气相混合，或者可燃蒸气与空气相混合引起的爆炸(如可燃固体、自燃物品，当其受热、水、氧化剂的作用迅速反应，分解出可燃气体或蒸气，与空气混合形成爆炸性气体)。遇火源爆炸的事故、炉膛爆炸、钢水包爆炸、亚麻粉尘爆炸等均属于其他爆炸。

(19)中毒和窒息。指人接触有毒物质，如误吃有毒食物或呼吸有毒气体引起的人体急性中毒事故，或在废弃的坑道、暗井、涵洞、地下管道等不通风的地方工作，因为氧气缺乏，有时会发生人突然晕倒，甚至死亡的事故称为窒息。两种现象合为一体，称为中毒和窒息事故。不适用于病理变化导致的中毒和窒息的事故，也不适用于慢性中毒的职业病导致的死亡。

(20)其他伤害。凡不属于上述伤害的事故均称为其他伤害，如扭伤、跌伤、冻伤、野兽咬伤、钉子扎伤等。

3. 按伤害程度划分

国家标准 GB/T6441—1986《企业职工伤亡事故分类》把事故分为三类：轻伤事故、重伤事故和死亡事故，又把死亡事故分为两类：重大伤亡事故(指一次死亡 1~2 人的事故)和特大伤亡事故(指一次死亡 3 人以上的事故)。

4. 按事故等级划分

根据《生产安全事故报告和调查处理条例》国务院令第 493 号规定，根据生产安全事故(以下简称事故)造成的人员伤亡或者直接经济损失，事故一般分为以下等级：

(1)特别重大事故。是指造成 30 人以上死亡，或者 100 人以上重伤(包括急性工业中毒，下同)，或者 1 亿元以上直接经济损失的事故。

(2)重大事故。是指造成 10 人以上 30 人以下死亡，或者 50 人以上 100 人以下重伤，或者 5000 万元以上 1 亿元以下直接经济损失的事故。

(3)较大事故。是指造成 3 人以上 10 人以下死亡，或者 10 人以上 50 人以下重伤，或者 1000 万元以上 5000 万元以下直接经济损失的事故。

(4)一般事故。是指造成 3 人以下死亡，或者 10 人以下重伤，或者 1000 万元以下直接经济损失的事故。

以北京地铁为例，北京地铁安全运营事故定级如表 11.7 所示：

表 11.7　北京地铁安全事故定级表

事故等级　危害程度	人身伤亡	直接经济损失	行车事故
特别重大事故	死亡 30 人及以上	1000 万元及以上	—
重大事故	死亡 3 人以上或重伤 5 人及以上	500 万元及以上	中断行车时间 180 min 及以上
大事故	死亡 1～3 人或重伤 3 人及以上	100 万～500 万元	中断行车时间 60 min 及以上
险性事故	—	—	1.列车冲突、脱轨、分离或运行中重要部件脱落；2.列车冒进信号、擅自退行或溜车；3.向占用闭塞区段发车；4.列车错开车门、夹人走车、开门走车或运行中开启车门；5.线路或车辆超限界
一般事故	重伤 1～2 人	1 万元及以上	20 min

5. 城市轨道交通事故类型

前面已经提到，城市轨道交通事故按照其专业性质可以分为行车事故、客运组织事故、电力传输事故、客伤事故、因工伤亡事故、运营严重晚点事故等。列车安全运行是城市轨道交通安全运营的首要基本条件，行车事故也是城市轨道交通事故管理的重点。凡在行车工作中，因违反规章制度，违反劳动纪律，技术设备不良及其他原因，在行车中造成人员伤亡、设备损害、经济损失、影响正常行车或危及行车安全的，均构成行车事故。

城市轨道交通在施工和运营期间可能发生的安全事故按其发生原因可分为两大类：自然事故和人为事故。自然灾害主要有洪涝、水淹、雪灾、台风、泥石流等；人为事故主要有战争（炮弹、炸弹、核弹、生化武器等）、交通事故、火灾、泻毒、化学爆炸、环境污染、工程事故（在靠近城市轨道交通车站或隧道打桩、开挖深大基坑、抽取地下水等造成的事故）、运营事故等。大的灾变往往同时伴随一种或几种次生灾害，如大的地震往往伴随着大范围的火灾、暴雨，核武器爆炸将引起火灾、放射性灾害。从世界城市轨道交通 100 多年的历史看，安全事故中发生频率最高的是火灾。

虽然各类事故表现形式不同，其共同的特点是空间分布有限性、潜在性、突发性和发生事故的时间、空间及强度随机性。对其发生的规律和机理人们还缺少充分认识，因此造成事故往往无法避免。随着人们认识的提高，许多自然灾害在未来将逐步得到抑制，而人为造成的灾害往往因失控而增长。各种自然事故之间、人类活动与灾害之间以及原生事故、次生事故、衍生事故之间有着必然的联系。事故作用和破坏极其复杂,我国抗灾减灾经验不足,相关的研究远远不能适应我国城市轨道交通工程的迅速发展,所以对于安全事故的防护应该予以足够重视。

各种灾害对城市轨道交通系统人员、设备、设施破坏状况见表 11.8:

表 11.8　城市轨道交通灾害破坏表

分类	灾害名称	土建工程				设备安装工程					人员
		地下车站	隧道	高架桥	轨道结构	车辆	电气	环卫	通信	信号	
自然灾害	地震	1	1	3	2	2	1	1	1	1	3
	洪涝	1	1	1	1	1	3	3	3	3	1
	暴风	0	0	3	0	0	0	0	0	0	2
	泥石流滑坡	1	3	3	1	0	0	0	0	0	1
	沼气瓦斯	1	3	0	0	3	3	3	3	3	3
	雷击	1	1	1	2	2	3	2	3	3	3
战争灾害	核武器	1	1	3	1	2	1	1	3	3	3
	常规武器	1	1	3	2	1	1	1	1	1	1
	生化武器	3	3	0	0	0	0	0	0	0	3
工程事故	火灾	0	0	0	2	3	3	3	3	3	3
	碰撞追尾	0	0	0	1	3	2	2	2	2	3
	环境扰动	1	1	1	1	0	0	0	0	0	0
	渗漏水	1	1	0	2	2	1	2	1	1	2
备注		0. 基本无损害;1. 轻微损害;2. 一般性破坏;3. 严重破坏									

11.2.4　城市轨道交通安全事故原因分析

11.2.4.1　事故因素分析

对城市轨道交通运营安全问题而言,就是要尽可能地保证乘客在候车和乘车时生命财产不受损害,并在一定时间内到达目的地。城市轨道交通突发事件可以看做城市轨道交通运营系统 4 要素之间关系不和谐导致的出乎人们意料的和不希望发生的破坏性事件。要避免城市轨道交通突发事件的发生,就应该从这 4 个方面出发进行事故原因分析,从而为城市轨道交通风险评价提供基础,进而采取相应的风险减缓措施,确保城市轨道交通运营安全。

图 11.5 至图 11.8 所示为北京地铁近年来事故延误原因统计:

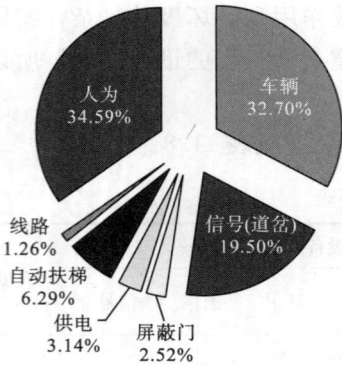

图 11.5　2008 年北京地铁延误原因图

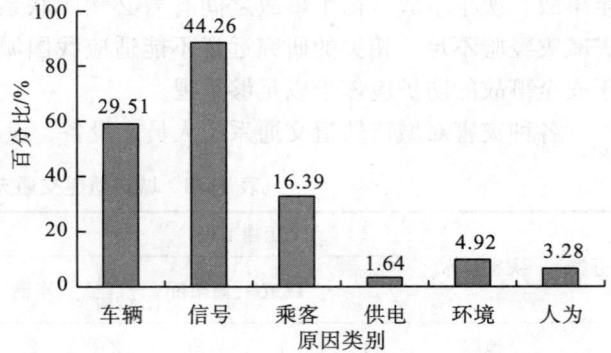

图 11.6　2009 年北京地铁延误原因图

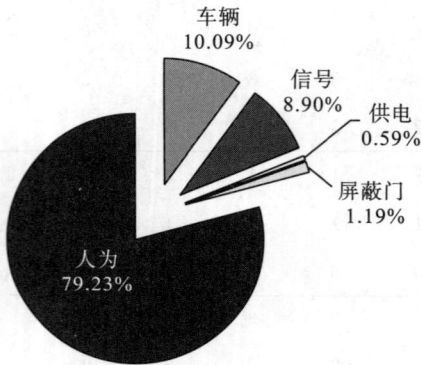

图 11.7　2010 年北京地铁延误原因图
（折合 A 类一般事故）

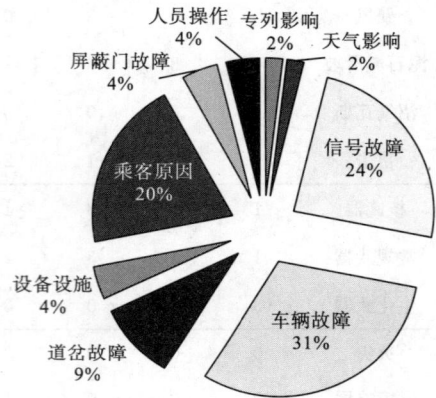

图 11.8　2010 年北京地铁延误原因图

1. 人的因素

人的因素是导致城市轨道交通突发事件的重要原因。当突发事件发生时，人的要素对于降低损失尤为重要。城市轨道交通运营系统中的人包括乘客和城市轨道交通工作人员，下面就分别从这两个方面对其风险进行分析。图 11.9 所示为可能引起城市轨道运营事故的人员素质因素图。

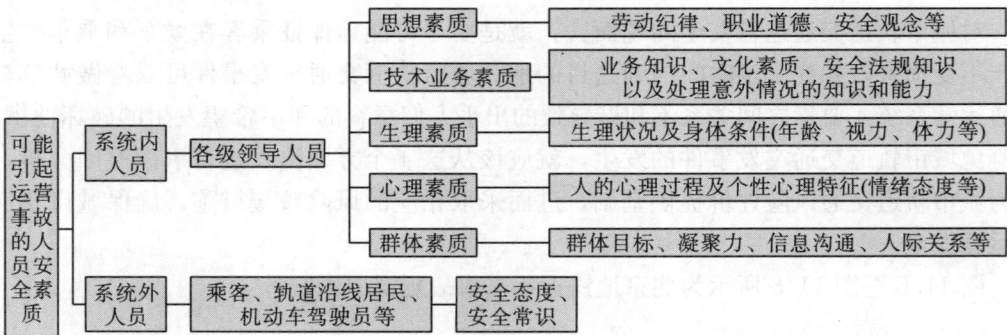

图 11.9　可能引起城市轨道交通运营事故的人员素质因素图

1) 乘客因素

导致城市轨道交通突发事件的乘客因素主要为未遵守乘客守则。部分乘客无视城市轨道交通运营安全管理的要求，擅自携带易燃、易爆、有毒危险物品乘车，给城市轨道交通和广大乘客的安全造成了各种潜在事故隐患。尤其是春节期间，携带烟花爆竹直接进入城市轨道交通，极易引起火灾爆炸事故。部分乘客在列车运行期间，有拉门、砸窗、跳车等危险行为。因此，乘客应该严格遵守城市轨道交通乘客守则，严禁携带危险物品进入城市轨道交通站。

（1）人为故意破坏。由于城市轨道交通的客流量大、空间封闭、疏散困难，少数敌对分子、恐怖组织或对社会不满的人，为造成轰动效应，选择在城市轨道交通内搞破坏。如 1995 年日本东京的城市轨道交通毒气事件、法国巴黎的城市轨道交通爆炸事件。因此，当有人纵火制造事端或蓄意破坏城市轨道交通设施时，乘客应能挺身而出，同心协力，勇敢而坚决地予以制止。

（2）无应急技能。如果乘客平时缺乏应急技能以及心理素质的培养，将会加重突发事件的后果。乘客在平时乘坐城市轨道交通时要注意熟悉环境及城市轨道交通的消防设施和安全装置，灾害发生时，取出列车座位底下的灭火器进行灭火并积极配合城市轨道交通工作人员的指挥，采取有效自救措施，留意车上广播，在司机的指引下，沉着冷静、紧张有序地通过车头或车尾疏散门进入隧道，往临近车站撤离。

2) 工作人员因素

城市轨道交通工作人员应该通过上岗前考核且最新考核在有效期内。工作人员如果缺乏安全意识的培养，缺乏对易燃易爆危险物品的识别能力和自身处理各类突发事件的能力，将会导致重大突发事件。突发事件发生时，工作人员应有条不紊地紧急处理，司机应尽可能将列车开到前方车站停靠，这样可以依靠车站的消防力量进行救灾。遇紧急情况，列车在隧道内无法运行且需要在隧道内疏散乘客时，控制中心及司机应根据列车所在区间位置、火灾位置、风向等综合因素确定疏散方向，并迅速通知乘客，组织疏散。

2. 物的因素

城市轨道交通运营功能的实现，除了要依靠城市轨道交通车辆外，还需要依靠城市轨道交通沿线设置的大量设备系统，主要包括供电系统、通信系统、信号系统、通风排烟系统以及其他辅助设备系统，这些设备在运营过程中都存在一定的风险。

1) 城市轨道交通供电系统

城市轨道交通供电系统一般由外部电源、主变电站、牵引供电系统、车站及区间动力照明供电系统、防雷接地系统等部分组成。城市轨道交通供电系统的主要危险是电气火灾和触电。

电气火灾的原因包括：当电路发生短路时，电流可能超过正常时的数十倍，致使电线、电器温度急剧上升，远远超过允许值，而且常伴有短路电弧发生，易造成火灾；线路、电动机、变压器超载运行均将导致其绝缘材料过热起火；导线接头连接不牢或焊接不良均会使接触电阻过高，导致接头过热起火；接触不良的电线接头、开关接点、滑触线等还会迸发火花，引燃周围易燃、易爆物质；电动机、变压器均配备有散热装置，如风叶、散热器等，风叶断裂或变压器油面下降均会导致散热不良，使热量累积起来；电缆沟内电缆过密，散热不良亦会引起火灾；照明、电热器具安置或使用不当，如灯泡过于靠近易燃物等均易引起火灾。

引起触电事故的主要原因，除了设备缺陷、设计不合理等技术因素外，大部分是由于违章作业、违章操作。

2）城市轨道交通车辆系统

城市轨道交通车辆在运营时可能存在的危险因素有：列车失控、轨道损伤或断裂、列车脱轨，都可能造成严重的伤亡事故；城市轨道交通车门的安全标志不清，可能造成机械伤人事故，并且在事故发生后，不利于应急救援和人员疏散；城市轨道交通列车内的座椅等材料选择不当，易引起火灾，且会产生有毒烟气，加重事故后果；城市轨道交通列车内的高压电器设备的安全防护措施不当，可能引起人员伤亡事故。

3）城市轨道交通通风排烟系统

与地面建筑相比，城市轨道交通工程结构复杂，环境密闭，通道狭窄，连通地面的疏散口少，逃生路径长。发生火灾，不仅火势蔓延快，而且积聚的高温浓烟很难自然排除，并迅速在城市轨道交通隧道、车站内蔓延，给人员疏散和灭火抢险带来困难，严重威胁乘客、城市轨道交通职工和抢险救援人员的生命安全，这是造成城市轨道交通火灾人员伤亡的最大原因。因此，城市轨道交通通风排烟系统是整个城市轨道交通安全运营中相当重要的设施。城市轨道交通中通风系统故障的原因有：在通风系统管理上存在缺陷，妨碍了通风系统的正常工作（如有的风亭成了仓库，风亭进出口外侧盖商店和自行车管理室，把原可作为风道的行人出入口长期封闭起来等）。

4）城市轨道交通给排水系统

城市轨道交通给排水系统在运行期间可能存在的危险因素有：城市轨道交通中的排水系统设置不完善，污水乱排以及污水、垃圾排入城市轨道交通隧道等会影响城市轨道交通内环境卫生；给排水管道的防腐、绝缘效果不佳，发生渗漏现象等；隧道内排水系统不完善，隧道防水设计等级过低，导致涝灾或地表水侵入；地面车站的地坪高度低于洪水设防要求；城市轨道交通给排水管道及设备有被杂散电流腐蚀的危险；由于设计、施工、材料等方面的原因，混凝土结构本身往往会产生各种裂缝或密实度不够而导致地下水的漏入或渗入。

5）城市轨道交通通信、信号系统

城市轨道交通专用通信系统是直接为城市轨道交通运营、管理服务的，是保证列车及乘客安全和列车快速、高效运行的一种不可缺少的信息传输系统。当发生异常情况时，通信系统应能迅速转变为应急通道，为防灾、救援和事故处理提供方便。因此，城市轨道交通通信应适应城市轨道交通运输效率、保证行车安全、提高现代化管理水平和满足传递语音、数据、图像、文字等各种信息的需要，做到系统可靠、功能合理、设备成熟、技术先进、经济实用。若遇到通信系统的电源发生故障或通信设备本身发生故障等问题时，各种行车信息及控制信息不间断地可靠传输就得不到保证，从而引发事故。

信号系统是整个城市轨道交通自动控制系统中的重要部分，它保证列车和乘客的安全，实现快速、高密度、有序运行的功能。城市轨道交通信号系统应由行车指挥和列车运行控制设备组成，并应设置必要的故障监测和报警设备。城市轨道交通信号设备通常由闭塞、联锁、行车指挥和列车运行控制等设备组成。闭塞、联锁及列车运行控制系统中的自动停车、列车超速防护等设备，直接维系着行车安全，一般定义为安全系统。而行车指挥和列车运行控制系统中的列车自动驾驶或无人驾驶系统一般不维系行车安全，定义为非安全系统。若城市轨道交通信号系统不完善或城市轨道交通信号系统设备故障，就不能保证列车和乘客的安全，从而引起重大事故的发生。

6）公用工程及辅助设施

城市轨道交通站台、站厅设施可能存在的危险因素有：车站地面材料不防滑或防滑效果不明显存在安全隐患，人员较多时，可能导致踩踏事件；地下车站站厅乘客疏散区、站台、疏散通道、城市轨道交通地下商业等公共场所存在发生火灾的危险，且会发生连锁火灾事故，不利于事故救援，使火灾事故范围扩大；地下车站站厅乘客疏散区、站台及疏散通道内有妨碍疏散的设施或物品，不利于事故救援，造成人员拥挤，使事故后果加重；车站内建筑的装修材料选用不当，会发生火灾，且产生有毒烟气，加重事故后果；地下车站安全出口的设置不当，会造成人员拥挤，引发意外事故，且事故发生后不利于事故救援和人员疏散，使事故范围扩大。

在地下车站站台边设置的全封闭式屏蔽门可以保证乘客安全，降低空调系统运营能耗，对提高站内环境舒适度都有明显作用。屏蔽门/安全门的设置应适应各种运营模式的要求，正常运营时为乘客上下车通道，火灾事故时配合城市轨道交通运营模式要求为乘客提供疏散通道。城市轨道交通在运营过程中屏蔽门可能存在的危险因素有：由于城市轨道交通车门的安全标志不清，可能会造成的机械伤人事故，并且在事故发生后，不利于事故救援和人员疏散。如果城市轨道交通采用三轨受电方式，站台仍存在电位层，站台边 2 米宽度范围内需做绝缘层。屏蔽门/安全门与轨道连接，使屏蔽门/安全门与轨道等电位。因此在城市轨道交通屏蔽门处由于绝缘和接地的问题，可能发生人员触电事故。

3. 环境因素

1）自然环境

城市轨道交通在运营期间可能发生台风、洪涝水淹、地震等自然灾害，这些灾害将对城市轨道交通运营造成影响，而且自然灾害还会引发次生灾害从而造成更大的损失。

台风。根据对国内外城市轨道交通事故的分析，台风对城市轨道交通上面的建筑物有一定的影响，并且其破坏程度较高。

水灾。城市轨道交通车站和隧道大都处于地面标高以下，一方面受到洪涝灾害积水回灌危害，另一方面受到岩土介质中地下水渗透浸泡危害。地下水或地表水进入城市轨道交通车站和隧道，可以使装修材料霉变，电气线路、通信元件受潮浸水损坏失灵，造成事故。

地震。城市轨道交通车站和隧道包围在围岩介质中，地震发生时地下构筑物随围岩一起运动，与地面结构不同，围岩介质的嵌固改变了地下构筑物动力特征。一般认为地震对地下结构影响较小。但 1995 年日本阪神地震后，人们才改变了以往的看法，地下结构也存在地震破坏的可能性。

地质条件。如果城市轨道交通的某些区域内软弱地层类型多，分布不稳定，横向变化特别大，且规律性不强，将难以进行层位判别与对比，局部地段受构造影响，存在不良地质异常体和软弱夹层，这些问题必须在城市轨道交通运营中予以重视，考虑防范措施。

雷电。应该根据城市轨道交通所在地的气象资料，对其雷电防护设备设施进行检查，并制订相应的安全对策措施。

2）社会环境

任何灾难的发生都不是孤立的偶然事件，它是在各种内在的或外在的因素共同作用下发生的。因此，防止突发事件必须进行综合整治。国际上，在城市轨道交通内已发生多起恐怖主义炸弹袭击事件。社会竞争日益激烈，生活空间日益狭窄，有些人不免产生悲观厌世的心理。近年来，城市轨道交通已经成为某些自杀者的首选场所。更有甚者，失望之余产生报复社会的心理，在城市轨道交通内制造灾难事故。韩国大邱城市轨道交通火灾的纵火犯就是一位患有精神病的二级残疾人。因此，需要全社会动员起来关心弱势群体。印度政府已决定在加尔各答城市轨道交通的车站播放古典轻音乐，以防止乘客自杀。图 11.10 所示为可能引起城市轨道交通运营事故的环境因素图。

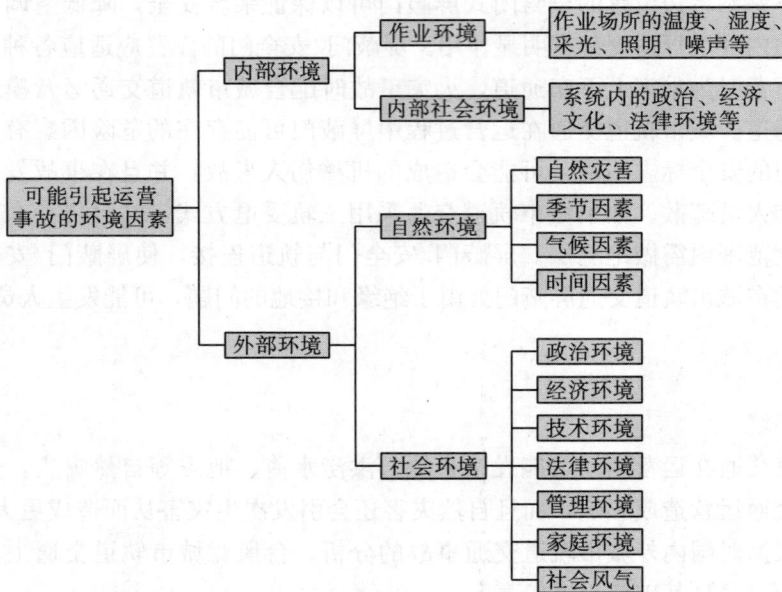

图 11.10 可能引起城市轨道交通运营事故的环境因素图

4. 管理因素

如果管理上存在缺陷，同样会导致突发事件的发生。影响城市轨道交通安全的管理因素有安全组织、安全法制、安全技术、安全教育、安全信息、安全资金等。目前，从保障城市轨道交通安全运营的实际情况来看，城市轨道交通运营安全管理机构职责和安全投入是确保城市轨道交通运营安全的重要管理手段。图 11.11 所示为可能引起城市轨道交通运营事故的管理因素图。

1)管理机构职责

为了保持城市轨道交通系统长周期地正常运行,要求设立专门的安全管理机构,并配备足够的专、兼职安全管理人员,并明确规定他们各自的职责。管理人员只有在经过相应的安全培训后才能持证上岗,规范、完备的安全管理制度是实现城市轨道交通运营安全的基础。为方便乘客,城市轨道交通从早上一直运行到晚上,工作人员白天管理力度较强,而早晚管理力量相对较弱,易于发生事故。安全教育是安全管理中的一项重要工作。就我国现状而言,亟待加快对乘客进行城市轨道交通安全教育工作的步伐。应深入宣传"城市轨道交通安全人人有责"的观点,努力提高乘客的安全防范和自救水平。

2)城市轨道交通安全投入

城市轨道交通运营公司应该具备安全生产条件所必需的资金投入。每年投入相当数量的安全专项资金,安排用于配备劳动防护用品及进行安全生产培训,依法参加工伤保险,为从业人员交纳保险费,从而最大限度地减少事故损失。

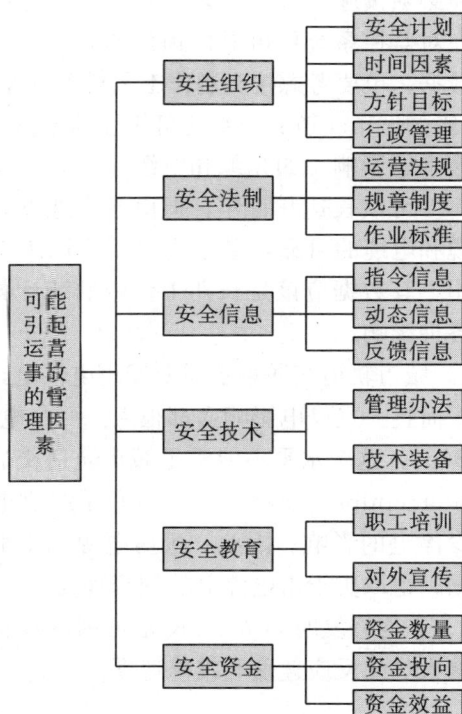

图 11.11　可能引起城市轨道交通运营事故的管理因素图

11.2.4.2　影响城市轨道交通各系统设备可靠性因素分析

城市轨道交通系统设备要运到可靠性设计要求,进行可靠性的分析,必须对其可靠度进行度量和计算。有几个方面的因素或参数会影响系统设备可靠度数值。在做系统设备可靠性计算时,不应该只取厂商给出的固有可靠性参数,还要考虑外界环境条件因素产生的使用可靠性。在此,综合下面列出的这些因素后,可得到实际运行的可靠性统计数据。

(1)设备本身的可靠性。所有的设备都有它的可靠性指标，也就是平均无故障工作时间，也叫平均故障间隔时间，即 MTBF。一个设备 MTBF 的确定有两方面的数据来源，一是根据设备内所有元器件的可靠性数据，按照可靠性理论计算出来，二是经过标准的可靠性试验程序对一定数量的设备进行一段时间的可靠性试验得出实际的可靠性数据。结合这两方面的数据就可以确定一个设备的可靠性指标。现在国外一些正规厂商的机电设备在出厂时已经给出了可靠性的指标。还有一些设备，国家标准或行业标准都有明确的可靠性指标要求，我们在做系统的可靠性预计的时候，可以参照标准提供的数据和厂家提供的数据。

(2)设计和施工质量。城市轨道交通系统的可靠性最重要的环节是可靠性设计。所以在系统设计时，要充分考虑可靠性的因素，要对可靠性进行预计和计算。每个设备的选型要满足总体可靠性的要求，如监控系统在信号工程余量的预留、供电功耗的预留、电缆长度的预留等方面要满足调试方便和维修方便的要求。施工质量严重影响系统的可靠性，各种设备、电缆、光缆必须按施工规范安装。施工质量对系统可靠性影响最大的是电缆接头的制作，因此，在对监控系统作可靠性预计的时候，对接头等设备不仅要参考标准或厂商提供的可靠性数据，也要考虑接头制作工艺对可靠性的影响。

(3)环境影响。环境是影响城市轨道交通系统可靠性的重要因素，由于大部分设备都埋在地下，受很多不可控因素的影响。如光缆和电缆在没有外在因素的情况下，其可靠性是非常高的，每公里可靠性可以长达几百年，但由于在地下，环境的复杂性使它的可靠性大打折扣。因此，光缆和电缆的可靠性参数主要不是取决于它本身的 MTBF，而是取决于环境对它的破坏作用，其数据应该是长期工作中的统计数据。其他设备的可靠性参数也都或多或少会受到各种影响。

(4)市电供电的稳定性。城市轨道交通系统需要城市电供电，如果城市市电因某种原因断电，设备就不能工作，而且一旦停电影响面都很大。一个电力供应较为正常的城市，电力系统的可用度大约为 90%，这个水平不能满足城市轨道交通系统的要求，可以通过加装不间断电源 UPS(uninterruptible power system)和干线供电器接双路由市电、可移动性发电车及时发电来减少停电的影响。因此，机房电源和供电器的可靠性参数不仅取决于厂家提供的可靠性数据，也取决于市电停电的频繁程度。

(5)故障后修复的速度。平均修复时间 MTTR 是可用度计算中的重要环节。MTTR取决于设备可更换性、维修人员的反应速度和维修速度。

11.3 城市轨道交通安全事故预防方法措施

11.3.1 事故预防的基本要求和方法

1. 事故预防对策的基本要求

采取事故预防对策时，应能够：①预防生产过程中产生的危险和有害因素；②排除工作场所的危险和有害因素；③处置危险和有害物并降低到国家规定的限值内；④预防生产装置失灵和操作失误产生的危险和有害因素；⑤发生意外事故时能为遇险人员提供自救条件的要求。

2. 按事故预防对策采用的事故预防方法

(1)消除。通过合理的设计和科学的管理，尽可能从根本上消除危险和有害因素，如采用无害工艺技术、生产中以无害物质代替有害物质、实现自动化作业及遥控技术等。

(2)预防。当消除危险、有害因素有困难时，可采取预防性技术措施，预防危险、危害发生，如使用安全阀、安全屏护、漏电保护装置、安全电压、熔断器、防爆膜、事故排风装置等。

(3)减弱。在无法消除危险、有害因素和难以预防的情况下，可采取减少危险、危害的措施，如安装局部通风排毒装置，生产中以低毒性物质代替高毒性物质，采取降温措施，安装避雷装置、消除静电装置、减振装置、消声装置等；

(4)隔离。在无法消除、预防、减弱的情况下，应将人员与危险、有害因素隔开和将不能共存的物质分开，如遥控作业，采用安全罩、防护屏、隔离操作室、安全距离、事故发生时自救装置(如防毒服、各类防护面具)等。

(5)连锁。当操作者失误或设备运行一旦达到危险状态时，应通过连锁装置终止危险、危害的发生。

(6)警告。在易发生故障和危险性较大的地方，配置醒目的安全色、安全标志，必要时设置声、光或声光组合报警装置。

11.3.2　城市轨道交通安全事故预防措施

预防计划的目的在于有针对性地预防损失的发生，其主要作用是降低安全事故发生的概率，在许多情况下也能在一定程度上降低损失的严重性。其具体措施包括技术措施、组织措施和管理措施。

11.3.2.1　技术措施

1. 设计阶段安全保障技术措施

设计阶段是确定轨道交通功能、技术指标的关键阶段，设计质量的好坏直接决定轨道交通在施工和运营阶段的安全持性。

1)线路平面设计要求

城市轨道交通平面设计是一项综合性的复杂任务，首先根据设计线路在路网中的地位和作用以及所担负的客货运量确定线路的类别，然后以线路类别为基础，结合地形、地质等自然条件，选择线路走向和主要技术标准(如限制坡度、最小曲线半径等)。

在城市轨道交通平面设计中，不仅需要考虑地形地质等自然条件，尽可能避开不良地质，同时要考虑轨道交通线路与地面建筑物之间的安全距离。

(1)地下线与地面建筑物之间的安全距离。为了确保地下线施工时地面建筑物的安全，轨道交通线路与建筑物之间应留有一定距离。它与施工方法和施工技术水平有密切关系。采用放坡明挖施工时，其安全距离应大于土层破坏棱体宽度。

（2）高架线与建筑物之间的安全距离。轨道交通高架线与建筑物之间的安全距离由防火安全距离与防止物体坠落轨道交通线路内的安全距离确定。前者参照建筑物防火与铁路防火规范执行，后者暂无规定，可视具体情况确定。

2）防灾设计

（1）防灾系统设计原则。

防灾系统是地铁和轻轨运营管理的重要设施之一，应经常维修、检查、测试，使其处于良好的状态，不能有丝毫麻痹、松懈及侥幸心理。要严格执行国家、地方、行业颁布的抗震、防火、防洪排涝、抗风、民防和环境保护的设计施工规范和规程，吸收国外先进经验，因地制宜做好地铁与轻轨工程的防灾设计。防灾设计应贯彻国家"以预防为主，防消结合"的工作方针。地铁工程应建立良好的灾害预测、预报、评估及预警系统，定期对投入运营的工程进行诊断和抗灾可靠性评定，建立智能型修复系统。必须经常结合国内外地铁灾害进行案例分析，建立仿真模型和智能仿真，开发数字减灾、防灾综合信息系统。

防灾设计所采用的各种措施应确保运营期间的安全，一旦发生火灾或其他事故，应尽早发现，迅速扑灭或排除，使灾害事故造成的人员伤亡和经济损失减少到最低程度。地下铁道防灾设计能力宜按同一时间内发生一次火灾或其他灾害考虑。

当列车在区间隧道内发生火灾事故时，应尽早将列车牵引到车站使乘客安全疏散。也可利用区间隧道的联络通道，将乘客转移到另一条未出现灾情的隧道，快速安全疏散。车站人行道宽度、数量及出入口的通过能力，应保证远期高峰时客流量，在发生火灾或其他事故时，能在 6 分钟内将一列车乘客、候车人员和车站工作人员疏散到地面或其他安全地点。

地下铁道的车辆选型必须符合地下铁道防灾要求。地下铁道建筑结构的防灾设计必须采取安全可靠的防灾措施，并应设有完整可靠的消防和事故防排烟系统，还应设置先进可靠的火灾报警系统、防灾设备的监控及防灾通信系统。地下铁路的防灾系统与城市总体防灾系统联网，成为其中的一个组成部分。随时从城市总体防灾系统获取各类在编信息，一旦灾害发生，迅速向总体防灾系统报告，并得到城市防灾系统领导的指示和帮助。

（2）灾技术要求。

防灾技术要求包括以下几个方面：消防技术要求，车站防排烟系统设计，抗震设防技术要求，防空袭技术要求，防水灾技术要求，杂散电流的防护技术，综合监控系统设计要求，通信信号系统的安全技术措施。

3）对施工引发环境病害的防护要求

施工引发环境病害包括两个方面的内容：一是建设工程本身施工时的安全保障措施；二是沿线建筑施工（含后期在建地铁施工）对已建成轨道线路安全的影响。

2. 施工时的安全保障措施

从目前的施工过程安全状况来看，高架桥的施工由于操作空间大、技术已经十分成熟，在施工过程中很少发生安全事故。而隧道施工由于环境复杂、场地狭小、不可预见因素多，在施工过程中安全事故屡屡发生。因此，认真分析隧道安全事故原因并提出改进措施显得尤为重要。

1)隧道安全事故分析

隧道施工过程中，特别是在软弱地层中施工，由于地质条件的多样性和复杂性，工作面狭小以及火工品的频繁使用，其施工事故发生率比其他岩土工程高且严重。一般来说，引起隧道安全事故的原因有爆破、塌方、落石、触电、火灾、机械撞击、搬运、装卸等。隧道安全事故轻则停工、停产，重则造成人员伤亡。

2)改进措施

(1)树立"质量、安全就是效益"的企业安全文化思想。

(2)建立健全安全管理体系和安全制度文化。

(3)采用新的隧道施工工艺和方法。

(4)制定机械施工安全规章制度。

(5)设立专职安全员。

(6)改善隧道施工环境。

3. 地铁沿线建筑施工(含后期在建地铁施工)对已建成地铁安全的影响

地铁沿线建筑施工(含后期在建地铁施工)对已建成地铁的环境保护而言，在于提供更完善的制定地铁隧道沿线范围合理尺寸及其有关技术的标准和根据。结合各地已建地下工程质量及工程地质条件，对正在运营的地铁工程进行长期监测、变形控制和工程的保护，以免发生人为工程活动引发的灾变损失。

4. 地铁反恐

地铁作为世界上大城市的重要交通工具，一直是恐怖分子袭击的重要目标。2005 年7 月 7 日，发生在伦敦地铁的连环爆炸案就是一起典型的地铁恐怖事件。这是与地铁交通全线性、连带性、局限性及群体性密切相关的。

设施保障应根据具体情况，制定及时封闭区间隧道、启用隔断设施(如防火卷帘门)实施隔断直至封站的各种预案。并及时启动救援通道，保证救援人员和设备进入发生恐怖袭击事件的现场开展紧急救援工作。技术措施要点是指当地铁系统某一车站或区间发生恐怖袭击事件时，应根据发生地的具体情况，制定及时做好全线行车、电力、环控调度的应急预案。

恐怖袭击属于突发隐蔽性较强的事件，其发生地点、恐怖形式及时间一般很难准确预计，事件发生前防范困难较大。预防地铁恐怖袭击事件的发生是从根本上减少损失的重要途径之一，因此，在研究地铁交通的恐怖袭击实例并结合地铁特点制定发生地铁恐怖袭击事件后的应急措施的同时，制定预防发生地铁恐怖袭击事件的对策是非常必要的。同时，防止自杀事件造成的安全事故也是安全工作的重点。

5. 列车司机的健康问题

在安全事故中，有一部分是列车操作失误引起的，这一方面跟列车司机的技术水平有关，另一方面跟他们的心理健康也有很大的关系。最新调查表明，地铁司机的心理健康状况堪忧。

心理学家认为，一般 3~5 年，人们对普通工作都会产生懈怠，而地铁司机这样的工作岗位通常一两年就要面临这个问题。人总是忠于一种习惯，不确定的工作和生活状态容易让人觉得没有归属感，就好像开车却没有车闸，行为和情绪常常陷入一种无序和失控的状态，长此以往，将产生恐惧动荡的情绪。而无论恐惧强弱，其性质是一样的，那就是打破人的心理健康防线。列车司机在紧急状况下的操作规程，每人都能做到耳熟能详。尽管如此，在紧急状态下还会经常发生列车司机操作失误，这里为了深入剖析，找出问题的症结，从心理学角度分析其原因，地铁司机特殊的工作环境导致其心理健康状况差，在工作生活中表现为心理承受能力低，尤其在紧急状况下，外界的压力一旦超过其心理承受能力，心理防线就会崩溃，从而导致操作不符合规范，也就是所谓的操作失误。

解决这个问题的一个可行的方案是建立强制休假制度，比如一年带薪休假两个月。在这段时间内，司机们不能留在家里，必须出去走动。地铁公司内部可以实行轮岗制度，在做了一段时间司机后要换到其他岗位。另外，比较理想的是公司请固定的心理咨询师为司机排忧解难，使之成为福利的一部分。作为个人，司机应该有意培养多种兴趣，在工作之外转移自己的注意力。另外，运营企业在招聘列车司机时，要把好入口关，在进行体检、驾驶水平、应变能力测试的同时，要进行专门的心理测试。驾驶员上岗后，要对他们的工作状态和日常表现进行监督，发现问题及时整改，确保列车驾驶员的身心健康。

6. 利用宣传工具

充分利用宣传工具，一方面在企业内部宣传安全工作的重要性，引导每一名员工都来关心安全工作，做到齐抓共管；另一方面向乘客宣传安全常识，主要是发生事故时的自救措施。比如，可以向乘客讲述发生火灾时的逃生方法，可以将逃生要点制作成宣传画，张贴在站厅内的广告栏中，如下逃生要诀可供参考：①不要恐慌，不要争先恐后地向外挤，这样极易造成挤伤、踩伤事故；②在逃生时应采取低姿势前进，但不可匍匐前进，以免耽误逃生时机，不要做深呼吸，可能的情况下将手中矿泉水等饮料倒在织物上，用来捂嘴，防止烟雾呛入造成窒息，并逆风而跑；③逃生过程中要坚决听从工作人员的指挥，不能盲目乱跑，要依据安全疏散指示标志撤离，按照现场广播要求有序出站，不要惊慌；④万一疏散通道被大火阻断，应尽量想办法延长生存时间，等待消防队员前来救援；⑤可以从座位下有灭火标志的地方，根据提示取出灭火器进行自救；⑥若地铁在运行途中发生火灾并停运，乘客应及时打开列车安全门，靠着手机的光亮，沿着铁轨走到安全地带。疏散时切忌慌乱，应远离电轨，防止触电。

11.3.2.2 组织措施

组织是管理中的一项重要职能。建立精干、高效的城市轨道交通安全管理机构并使之正常运行，是实现安全管理目标、提高其可靠性的前提条件。

1. 组织和组织结构

所谓组织，就是为了使系统达到它特定的目标，使全体参加者经分工与协作以及设置不同层次的权利和责任制度而构成的一种人的组合体，它含有三层意思：①目标是组织存在的前提；②没有分工与协作就不是组织；③没有不同层次的权利和责任制度就不能实现组织活动和组织目标。

组织结构就是组织内部构成和各部分间所确定的较为稳定的相互关系和联系方式，其基本内涵是：①确定正式关系与职责的形式；②向组织各个部门或个人分派任务和各种活动的方式；③协调各个分离活动和任务的方式；④组织中权力、地位和等级关系。

2. 城市轨道交通安全管理体系构成

1) 组织机构

针对城市轨道交通综合安全管理体系的内容，借鉴其他行业安全管理工作的经验，城市轨道交通安全管理机构的组成及其相互关系如图11.12所示。

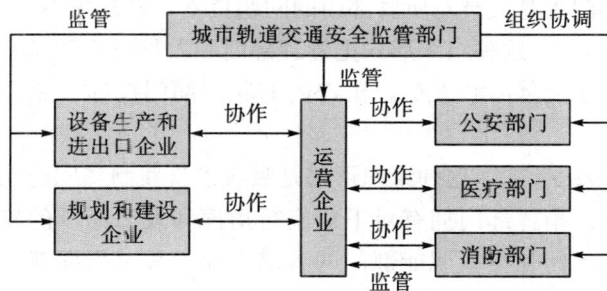

图11.12　城市轨道交通安全管理机构的组成及其相互关系

2) 各部门职能

(1) 国家和地方城市轨道交通安全监管部门。出台行政法规；制定行业安全管理政策和安全管理目标；依法对运营企业、规划建设企业以及设备生产和进出口企业实施安全监管；向运营企业颁发安全许可，向设备生产和进出口企业、规划建设企业颁发安全资质证书；指导运营企业建立内部安全管理体系，定期对运营企业的安全管理工作进行检查和评估；负责组织重大事故调查并提供事故调查报告；负责对公安、消防、医疗等部门的组织协调工作。

(2) 运营企业。建立健全企业内部各项安全管理制度；科学合理地设置企业内部安全管理部门；综合运用各种管理手段，围绕运营组织开展安全管理工作，主要包括行车安全管理、设备安全管理、人力资源安全培训等；在法律法规规定的范围内，对乘客行使安全管理职能；搜集、积累、分析城市轨道交通安全管理信息资料；接受监管部门的检查和评估，按要求向其提交安全工作报告及其他与安全管理工作相关的文件，协助其做好重大事故的处理和调查工作；加强与公安、消防、医疗等部门的联系与合作，确保部门间的协作达到城市轨道交通综合安全管理体系的要求。

(3) 公安、消防和医疗部门。负责各自职能范围内与轨道交通相关的安全管理工作，主要包括打击以城市轨道交通设施和乘客为目标或以城市轨道交通设施为主要场所的治安犯罪、火灾的预防和扑救以及救治各类事故中的受伤人员。另外，消防部门还对运营企业实施消防监管。

(4)规划建设企业。在规划和建设过程中贯彻有关安全规定；向城市轨道交通安全监管部门提交工程图纸或报告施工中有关安全设施的进展和完成情况。

(5)设备生产和进出口企业。按照有关安全要求组织产品的生产和进口；将产品送检或提供产品质量检验报告。

3. 城市轨道交通运营企业安全管理组织结构

城市轨道交通运营企业在安全管理体系中居核心地位，也是安全管理的直接责任单位，其安全管理的质量直接决定轨道交通的运营质量，而组织则是安全管理的基础和保障。因此，建立合理、高效、科学的运营企业安全管理组织对于轨道交通的安全运营至关重要。

(1)直线制组织形式。这种组织形式的特点是管理机构中的任何一个下级只接受唯一上级的指令，各级部门主管人员对所属部门的问题负责，机构中不再另设职能部门。

(2)职能制组织形式。这种组织形式把管理部门和人员分为两类：一类是直线指挥部门和人员；另一类是职能部门和人员。机构内的职能部门按(副)总经理授权有权对指挥部门发布指令。

(3)直线职能制组织形式。这种组织形式是吸收了直线制和职能制组织形式的优点而形成的一种组织形式。指挥部门拥有对下级实行指挥和发布命令的权利，并对该部门的工作全面负责。职能部门是直线职能部门的参谋，他们只对指挥部门进行业务指导，而不能对指挥部门直接进行指挥和发布命令。

鉴于城市轨道交通安全管理工作的特殊性，建议采用职能制组织形式。其组织结构设计如图11.13所示。

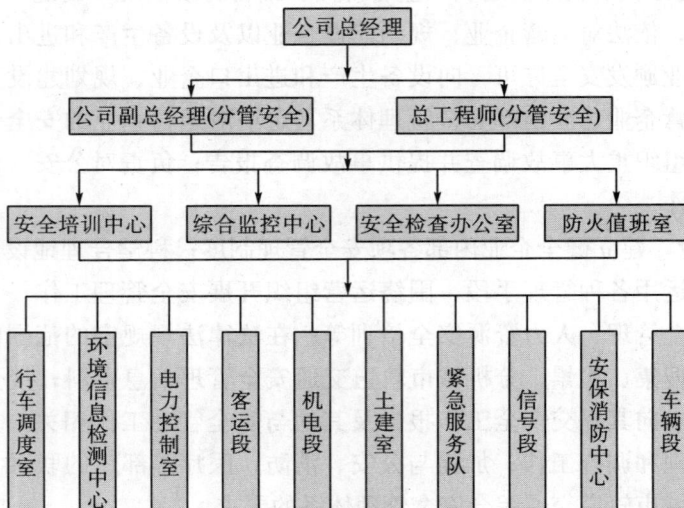

图 11.13 城市轨道交通组织结构设计图

11.3.2.3　管理措施

管理措施主要包括两个方面,即运营企业内部的管理措施和安全监管部门的监管措施。

1. 运营企业内部管理措施

(1)建立完善的灾害应急救援方案。为了减少火灾或其他事故的危害,尽可能使各种损失降到最低限度,针对隧道内可能出现的火灾和事故,不仅要有现代化的应急设施、完善合理的消防组织设施和防化组织,还要制定可行的协同作业预案。灾害发生后,为避免二次事故,确保人员和财产安全,监控中心在接到报警后,应立即按应急救援协同作业预案启动紧急救援系统,一方面通知各班组组织力量进行灭火等现场救援,另一方面立即与消防队和协议医院取得联系,请求给予足够的救援力量。另外,为了提高快速反应能力,并在处理事故的整个过程中做到有条不紊,应对可能出现的突发事件进行各种各样的事故预想,制定各种预案,定期组织管理人员进行实地救援演习,不断地对应急预案进行充实和完善,以达到最佳的实践效果。

(2)引进 ISO9002 质量控制体系,并严格执行,以提高管理水平。为确保系统处于良好的运营状态,为乘客提供安全、舒适的出行环境,对安全管理工作应实行目标化管理,即人员配备专业化、业务技能熟练化、设备管理规范化、设施运行正常化、日常养护制度化、事故救援快捷化、档案资料标准化、图表制度上墙化、安全管理目标化、安全服务人性化。同时,对安全管理的质量实行贯标,依据 ISO9002 质量体系,制定安全管理工作控制程序并严格执行。

(3)建立健全完善的管理机构及严格的管理制度。由于轨道交通日常养护工作的特殊性,管理人员应在接受专门培训并熟练掌握自己的业务技能后方可持证上岗,并且要求具备相应的应变能力和处理突发事件的能力。一般来讲,轨道交通日常养护机构应设置土建养护班、监控班、机电维修班、车辆维修班和安保消防中心。土建养护班负责土建结构日常检查、小修保养及病害处理工作;机电维修班负责机电设施检测维修工作;监控班负责监视控制列车运行、掌握运营状况以及出入口、站台等公共场所的实时状态,及时反馈信息,并向各基层单位下达指令,监督其实施情况;车辆维修班负责列车的日常养护和维修,确保列车安全运营;安保消防中心负责消防安全及紧急救援工作,其工作重点是预防事故发生和处理潜在隐患,以确保系统安全运营。

(4)建立全新的人才培养引进体制。人才是一个企业的灵魂所在,也是一个单位发展的源动力。目前系统一般采用旧的人才体制:初中级人才一般多从当地中(高)等专业学校引进,高层次人才向全国各地高校或社会公开招聘,这种传统的人才引进培养体制有着不可替代的许多优势,但也存在许多弊端,比如机电、管理、监控本身就是一个密不可分的整体,但目前各系统之间有比较深的行政壁垒,存在许多人为障碍,各系统之间资源、人才还未实现完全共享,人才来源范围还不够广泛,当地人占了绝大多数。为了提高管理水平,必须建立一个全新的人才培养引进体制,打破各系统间的行政壁垒,实现员工淘汰制,引进高级人才,鼓励人才实现创新。

2. 安全监管部门的监管措施

1)抓好"两个评价"

(1)开展对城市轨道交通建设工程项目安全设施与主体工程"三同时"的安全评价工作。安全预评价是安全生产监督管理的基础性工作,也是建设项目从源头上预防事故发生的重要保证之一。因此对新建、改建和扩建的城市轨道交通工程项目,从项目立项到竣工验收的全过程,都必须严格执行建设项目的安全设施与主体工程同时设计、同时施工、同时投入生产和使用的规定,并组织有关专家和专业机构进行安全评价和安全审查工作,严把项目开工建设和竣工验收的安全审查关。对经安全评价和安全审查不符合有关法律、法规和强制性安全标准规定要求的,不得开工建设和投入运营。同时,今后地铁建设项目的可行性研究报告应编制安全篇,以加强对城市轨道交通工程项目可行性研究报告及初步设计的安全审查和审批工作。建设项目安全设计的资金需求必须保证,并列入总投资概算,确保建设项目安全设施的资金投入。

(2)加强对城市轨道交通运营企业的安全评估工作。开展对企业的安全评估工作,是强化企业安全管理的基础,是保障城市轨道交通企业安全运营的重要措施之一。有关部门应尽快制定和实施《城市轨道交通运营企业安全评价标准和办法》,并以此为依据,开展企业安全评估工作。要通过安全评估查找隐患,划分企业的安全等级,实施分类指导,重点监控。对评估中发现的问题要立即整改。对需要一段时间整改的,要制定计划,落实责任,限期整改,并确保按期完成。对没有整改或经整改仍达不到安全要求的企业,不得继续运营。要将评估报告和处理意见报送当地政府,以督促有关部门及企业对事故隐患的整改,提高城市轨道交通运营企业的安全管理水平。有关城市的安全生产监督管理部门应会同相关部门建立对地铁运营安全的监督检查制度,督促地铁运营企业加强安全管理。

2)健全"两个体系"

(1)完善城市轨道交通安全标准体系。目前,我国城市轨道交通建设与管理的安全标准尚未完善。根据我国轨道交通发展的实际情况,应尽快修改和完善影响城市地铁交通系统安全的有关车辆、供电、消防、防灾、报警、监控、通风、排烟、应急照明、标志等的设计规范,建立轨道交通安全技术标准和安全审查规范,补充完善安全设计、安全施工、安全运营,防范特大安全事故以及爆炸、纵火、施毒、恐怖袭击等人为破坏,提高规划、设计和施工的安全标准,以提升城市轨道交通整体安全水平。

(2)建立健全城市轨道交通安全管理的法规体系。目前,城市轨道交通安全管理的立法滞后,缺乏对城市轨道交通安全生产进行监管的法律依据。因此,建立健全城市轨道交通安全管理的法规体系,是使其安全、正常和有效运行的基本保障。建议国家应尽快研究制定《城市轨道交通安全法》,有关城市也应尽快颁布和实施城市轨道交通安全管理的地方性法规,依法规范其设计、建设、制造、运营、管理及公众行为。要逐步将城市轨道交通安全管理工作纳入法制化、规范化轨道。

11.3.3　城市轨道交通安全事故管理控制

城市轨道交通系统一旦发生事故，将成为公众舆论的焦点，带来不利的社会影响，人员伤亡、车辆损毁所带来的经济损失也将十分严重。为提高城市轨道交通运营的安全，有效减少事故的发生和降低事故的损失，城市轨道交通事故控制可从事前预防对策和事后处理措施入手，并将重点放在事故发生前的预防方面和事故处理的及时性、高效性方面。这里所说的事故管理控制仅针对于事故管理，而安全管理控制则包括事故、故障和突发事件的管理。

1. 事故发生前的预防

1)加强对乘客和工作人员的教育

(1)乘客。由于乘客素质对城市轨道交通安全有很大的影响，所以应加强对市民的城市轨道交通安全乘车意识的教育，减少由于乘客的失误而产生的城市轨道交通运营事故。2004 年 4 月出台的《北京市城市轨道交通安全运营管理办法》中，对乘客的各种危害城市轨道交通安全运营的行为作了规定，并且明确了运营单位工作人员应当履行的安全管理职责，明确了要加强对乘客在紧急情况下逃生自救知识的宣传教育。

(2)工作人员。统计表明，几乎每一起重大事故都与城市轨道交通工作人员的失职有关。所以务必加强对工作人员的法制教育、技术教育、安全教育和职业道德教育。工作人员要牢记安全第一的运营准则，任何时候都不能麻痹大意。韩国大邱市地铁惨案的发生有一个重要原因就是平时的安全教育流于形式，没有落到实处。

2)先进的设备及其检测体系

城市轨道交通系统的运营涉及众多人员和设备，车辆因素、线路问题、信号标志等设备都直接关系到列车的安全运行。车辆所使用的阻燃材料是否合格、安全装置是否充足有效、车辆是否符合运行要求、车辆技术状况的好与坏等方面，都会直接影响到城市轨道交通的运行安全。在韩国大邱地铁事故中，车厢内为了防止触电未安装自动报警设备和自动淋水灭火装置，同时未采用先进的阻燃材料，易燃材料燃烧后产生了大量毒气和烟雾，导致了事故的扩大和蔓延。

配备事故监控设备有利于防止事故的发生，或减少事故带来的影响。上海城市轨道交通有两套自动防火设施，两级自动监控系统：车站监控和中央控制级监控。自动灭火喷淋系统设有水喷和气体喷两种，可以针对不同的火灾原因进行调控。地下隧道里还设有专门的排烟装置，一旦发生火灾，隧道内的事故风机系统就会启动，在最短时间内排出有毒烟雾，防止乘客产生窒息危险。

北京地铁设有双组变电站供电、紧急照明和应急通风设施，即使在出现两个主变电站同时停电、列车失去牵引动力最终停车的情况，也不会出现城市轨道交通"失控"现象。城市轨道交通的指挥系统，如调度电话、通讯系统等，为在失电情况下仍能正常使用，全部由蓄电池供电。

当在地下隧道或车站内发生意外导致紧急断电时，突如其来的黑暗状态使人员极易发生混乱，造成伤亡。因此在断电情况下能持续提供光源十分关键。自发光疏散提示系统就很好地解决了这个问题。这些安全标志在完全失去光源的情况下仍然能够利用自身的蓄能发光，以便乘客在黑暗中找到逃生的方向。

建立和完善设备状况计量检测体系，确保设备运作的安全度，对已出过的事故苗头、灾害险情要及时记录，用系统安全工程的方法进行评价，及时制定切实可行的整改措施，把工作落到实处，尽量把事故和灾害消灭在萌芽状态。

3)建立自动监视及自动报警系统

为了保证城市轨道交通的安全运行，每个城市轨道交通系统都应具备监测及自动报警系统 FAS。FAS 对于确保城市轨道交通的安全以及正常运营具有极其重要的作用，已成为城市轨道交通各系统中不可缺少的重要组成部分。受 FAS 系统保护的具体对象是全线车站、主变电所、车辆段及通信信号楼。城市轨道交通 FAS 系统必须是一个高度可靠的系统，接线简单，组网灵活，容易维修和扩展。控制中心（OCC）应有全线示意图，能监控全线的运行情况。

例如伦敦地铁在所有 115 个地下车站内安装了快速追踪的火灾探测与报警系统。该设备包括一个探测范围宽广的模拟可寻址烟雾与热量探测系统，以及遥控关门器、应急有线广播系统、防火阀控制装置、检票口等安全防火设施。每个车站内的电脑能对本区段内的消防设施予以监视和控制。通过预先编制的程序，对每个车站上的所有消防安全设施进行扫描，在连续不断地进行基础分类后，确认这些设备的特征、位置及所处的工作状态。

4)应急通信系统

应急通信系统应具备无线电通信设备和有线通信紧急电话，车站工作人员和城市轨道交通司机可通过无线系统、有线电话或站台内的 CCTV 视频传输系统向控制中心传递信息。车站内应装设全方位的监视器，实时收集站内各方位的视频信息，避免出现有城市轨道交通发生火灾、爆炸、毒气等紧急事件而控制中心不知情的情况。列车上还应配备有紧急报警按钮，发生火灾爆炸等意外事件时，乘客可迅速按压此按钮通知司机。

5)事故故障的预警

以历史的事故故障信息为基础，结合运营单位对安全及可靠性状况的要求，对运营中的事故故障建立界限区域，实施预警管理。在对预警指标进行量化分析之后，按照确定的预警信号区域边界（即预警界限），同时将各类预警指标转化为预警信号输出，直观反映当时的运营安全与可靠性状况及发展趋势。根据预警指标的数值大小划分成正常区域、可控区域和危险区域，以分别表示城市轨道交通运营的安全态、病害态和危机态。通过预先识别影响运营安全及可靠性的危险源和危险状态，对超出界限的事故故障进行识别和警告，保证轨道交通运营的有序、安全、可靠，有效降低事故故障率。

6)制定应急方案

事故和灾害是难以根本杜绝的，必须高度重视应急预案的制定，"预防为主"是城市轨道交通安全运营的原则。凡事预则立，不预则废。不同的事故，应急处理方法不同。只有事先制定多套突发事故应急方案，增强突发性事件的应急处理能力，才能把事故与灾害所造成的人员伤亡和财产损失降到最低程度，迅速的反应和正确的措施是处理紧急事故和灾害的关键。

应急预案是对日常安全管理工作的必要补充，主要内容包括：指挥系统组织构成、应急装备的设置（主要包括报警系统、救护设备、消防器材、通信器材等）和事故处理与恢复正常运行。

7）定期演练机制

对紧急状况进行定期演练，可以使人们对危险因素保持长时间的警觉性，增强人员安全生产意识，提高操作的熟练性，保持对紧急状态的敏感性及处理问题的正确性。使城市轨道交通运营系统长时间保持人、物、环境的相互适应、相互协调，逐步提高各有关专业和工种的应变能力、协同配合能力和对事故的综合救援能力。莫斯科地铁当局基本上每月进行一次指挥部训练，每季度至少一次出动百名员工以及车辆和设备进行"实战演习"。在马德里发生系列火车恐怖爆炸事件后，世界一些大城市，如纽约、巴黎、伦敦、东京等纷纷制定地铁恐怖防范计划，进行大规模"实战演习"。我国北京、上海、广州、香港等地的城市轨道交通管理部门，也多次会同消防及相关部门进行实战演练，以提高处理紧急事故的能力，但并非经常性的定期演练机制。

2. 事故发生后的处理

1）乘客的安全疏散问题

根据全世界轨道交通重大事故的经验和教训，如果事故发生后乘客没有得到快速、及时、安全地疏散，将会造成严重后果。乘客快速、及时、安全地疏散是整个城市轨道交通安全体系中极其重要的内容。完善的乘客安全疏散方案要尽可能详尽和具体，如城市轨道交通系统在 1～2 小时不能恢复正常运营的情况下，轨道交通运营企业应尽快联系地面公交部门，在各个轨道交通系统出口设立对应的公交线路有效疏导乘客。事故发生后，运营部门应担负起告知责任，不能以故障为借口，忽视甚至漠视乘客的知情权，导致乘客恐惧不安和混乱。

2）事故处理专家系统

城市轨道交通事故的分析和处理是一项复杂的、经验性很强的技术工作。城市轨道交通发生事故的原因很多，要求能快速、有效、准确地识别故障原因并采取有效措施及时恢复城市轨道交通正常运行。近年来，在安全科学领域中，计算机技术与安全管理、安全评价、风险分析预测等工程技术广泛结合，并且推动了安全科学发展的进程。利用计算机准确及高速度的科学计算功能进行安全分析、事故诊断、安全决策等任务。

专家系统内部含有城市轨道交通领域专家水平的知识与经验，利用专家的经验快速给出处理措施，辅助管理人员进行事故处理，提高城市轨道交通的安全运行水平。城市轨道交通事故处理专家系统就是建立在这样的基础上的。

3）事故的快速处理

一旦事故和灾害发生，在线路上运行的列车不能继续按照原先的计划运行图运行，中央控制室必须及时对所有列车运行作出科学正确的调整。韩国大邱城市轨道交通纵火案中正是由于中央控制室管理不力，没有及时阻止另一列列车驶入已经失火的车站，导致伤亡人员的增加，死亡人员多数也是第二列列车的乘客。

　　未来 ATC 系统中应包括针对发生紧急事故和灾害情况下的列车自动调度系统。这个自动调度系统应该是一个实时专家系统。在紧急情况下，可模拟调度专家的思维方式，根据事实库中的事实，调用规则库中的规则，逐步进行推理，自动调度系统将及时制定出新的列车运行方案，防止灾害的扩大化。

　　国际范围内恐怖主义的存在和国内社会竞争日益加剧，今后我国的城市轨道交通运营安全工作任务将十分繁重，面临的安全形势不容乐观，良好运营安全局面的开创需要全社会的共同努力，需要各部门的齐抓共管。具体来说，需要人的要素、物的要素、安全管理体制要素和社会环境要素几个方面的保障，只有把这些方面有机地结合起来，才能实现安全运营。

　　(1)人的要素是指乘客要有较强的安全防范意识，运营的管理者和作业人员要有高素质的职业道德和工作水平。

　　(2)物的要素是指系统装备功能完善，性能先进，防灾抗灾能力强。车站和区间隧道建筑结构设计合理，灾害发生时便于逃生。

　　(3)制度的要素是指实现安全运营的各种管理制度要规范完备。从保障我国城市轨道交通安全运营的实际情况来看，急需建立和完善地铁灾害应急处理制度、设施设备日常安全维护制度、紧急状况定期演练机制及国民安全教育计划。

　　(4)社会环境的要素是指城市轨道交通安全运营问题需要全社会的共同努力，进行综合整治预防灾难。

　　随着事故影响因素越来越多，越来越复杂，单独依靠城市轨道交通系统应对事故、尤其是大型、特大型事故变得越来越困难。城市轨道交通的事故救援组织工作应把地铁或轻轨视为一个开放系统，实行救援工作社会化。事故发生后，公司的事故紧急通报名单中，除了本公司有关领导及救援组织外，还应包括事故所在地的市政领导、公安局、消防总队和有关医疗机构，必要时还应包括电力、煤气、自来水公司等。各方面人员接到事故通报后，都应及时出动，分别进行伤亡人员救护，火灾补灭，车辆起复，线路信号整修，乘客疏散，事故现场保护，水、电、煤气防护等工作，形成一个救援工作的立体作战体系。如果只依赖公司内部力量，那么在救援上需要较长时间，在人力、物力上也受到限制，从而会扩大事故的损失。目前我国很多城市都成立了轨道交通抢险指挥中心，由市政府牵头，动用社会多方力量来共同处理大型事故。

第 12 章 城市轨道交通火灾事故处理

12.1 城市轨道交通火灾事故分类和特点

12.1.1 火灾事故分类

引起城市轨道交通火灾的原因是多方面的，按失火原因具体可归纳为以下几种：

1)电器设备故障引起的火灾

由于隧道或车站内的电器设备发生故障而引起火灾，主要是由于电线短路起火、电器开关发生打火、接触导线保养不良产生闪弧、电缆超负荷供电产生电火花、电缆敷设使用不当等原因所引起的火灾。

2)列车故障引起火灾

由于列车电网、电气系统故障产生电弧或火花，整流器触头在油中短路，动力电路短路等原因，导致列车起火。

3)乘客违章乘车引起火灾

乘客携带易燃易爆危险品进入车站、乘坐轨道交通工具，以及在城市轨道交通列车、车站内吸烟等引起火灾。

4)人为破坏引起火灾

由恐怖爆炸、投毒、纵火等人为因素引起的火灾。

5)自然原因

地震、滑坡等自然灾害也是诱发火灾事故的原因之一。引起城市轨道交通失火的原因不同，火势蔓延的速度不同，火灾表现的形式也不尽相同，但共同的特点是火灾的潜在性、突发性和随机性，对乘客心理造成的影响直接关系到事故的严重程度。城市轨道交通火灾事故按着火位置的不同，通常分为车站火灾和区间隧道火灾两种。

(1)车站火灾。车站火灾主要发生在各种设备用房、站务用房内以及车站内放置的垃圾箱、广告牌等处。人为纵火事件往往发生在车站。车站发生火灾时，由于距离出入口较近，可以通过合理的防排烟措施抑制烟气的扩散，保证乘客和工作人员安全撤离火灾现场。

(2)区间隧道火灾。区间隧道火灾主要是隧道设备和列车引起的火灾。由于区间隧道空间狭小，且无处进行紧急疏散，极易造成火灾事件中的人员恐慌和重大伤亡。

12.1.2　火灾事故的特点

由于城市轨道交通结构的特殊性，与地面建筑或其他地下建筑相比，城市轨道交通火灾有如下特点：

(1)浓烟积聚不散。地下车站、隧道与外界相连的通道较少，发生火灾多是缺氧燃烧，产生大量烟雾以及一氧化碳等有害气体，烟气的蔓延速度和范围超过火势的蔓延，疏散不及时将导致人员中毒或窒息死亡。

(2)火灾蔓延快。由于隧道空间狭长，受隧道净空限制，火焰向水平方向延伸，这将加速火灾的蔓延。如果发生火灾时未能及时控制通风设备，炽热气流可顺风传播很远，一旦遇到易燃物便很快燃烧，如列车着火点可从一节车厢跳转到另一节车厢。实验中观察到的最远引燃点可距着火点 50 倍隧道直径的长度。

(3)温度上升快。城市轨道交通地下车站密封条件好，火灾发生后热量不易散发，火势猛烈时，温度可达 1000 ℃以上，有时会造成气流方向的变化，对逃生人员威胁很大。

(4)救援和疏散困难。城市轨道交通出入口少，通道狭窄，疏散距离长，烟的扩散速度比人员逃生速度快。人员密集时，极易造成混乱，发生挤伤、踩伤事故。由于地下空间有限及浓烟、高温、缺氧、视线不清、通信中断等原因，指挥员很难了解现场情况，给现场指挥带来困难，大型灭火设备无法进入现场，且进入人员要特殊防护，故救人、灭火困难较大。

12.2　城市轨道交通消防管理措施

12.2.1　建筑工程管理

(1)履行法定申报义务。各单位有新建、改建、扩建、内部装修或变更使用性质的工程，应当依法向消防机构申报消防设计审核，经审核合格后方可施工。工程竣工时，应当向消防机构申报消防验收，未经验收或者经验收不合格的，不得投入使用。公众聚集场所在投入使用前应申报消防安全检查，经消防安全检查合格后方可投入使用。

(2)建筑工程施工现场的消防安全。建筑工程施工现场的消防安全由施工单位负责。实行施工总承包的，由总承包单位负责。分包单位向总承包单位负责，服从总承包单位对施工现场的消防安全管理。对建筑物进行局部改建、扩建和装修的工程，建设单位应当与施工单位在订立的合同中明确各方对施工现场的消防安全责任。

(3)举办各种活动的申报义务。各单位举办大型集会、焰火晚会、灯会等群众性活动，具有火灾危险的，主办单位应当制定灭火和应急疏散预案，落实消防安全措施，并向当地公安消防机构申报，经公安消防机构对活动现场进行消防安全检查合格后，方可举办。大型活动期间，各单位应明确消防安全责任，对举办活动的现场应加强管理，落实消防安全措施。

12.2.2　重点部位管理

各单位应将车站、环控机房、变/配电室、通信机房、消防控制中心、易燃易爆化学危险物品库房等容易发生火灾、火灾容易蔓延、人员和物资集中的部位确定为消防安全重点部位，设置明显的防火标志，并落实责任人实行严格的管理。

12.2.3　防火管理

1. 防火巡查及检查

各单位应对执行消防安全制度和落实消防安全管理措施的情况进行巡查和检查，落实防火巡查、检查人员，填写巡查、检查记录。

检查前，应确定检查人员、部位、内容。检查后，检查人员、被检查部门的负责人应在检查记录上签字，存入单位消防档案。

防火巡查、检查人员应当及时纠正违章行为，妥善处置火灾危险，无法当场处置的，应当立即报告。发现初期火灾应当立即报警并及时扑救。

1)巡查频次

消防安全重点单位应当进行每日防火巡查，巡查人员及其主管人员应在巡查记录上签字，存入单位消防档案。

2)巡查内容

巡查应以车站、机房、配电房等消防安全重点部位为主，包括下列主要内容：

(1)用火、用电有无违章情况。

(2)安全出口、疏散通道是否畅通，安全疏散指示标志、应急照明是否完好。

(3)消防设施、器材是否保持正常工作状态，消防安全标志是否在位、完整。

(4)常闭式防火门是否处于关闭状态，防火卷帘下是否堆放物品影响使用。

(5)消防安全重点部位的人员在岗情况。

(6)其他消防安全情况。

3)定期防火检查

各单位应当至少每月组织一次全面防火检查，节假日放假、保卫任务后应当组织一次。

防火检查应包括下列主要内容：

(1)火灾隐患的整改情况以及防范措施的落实情况。

(2)安全疏散通道、疏散指示标志、应急照明和安全出口情况。

(3)消防车通道、消防水源状况。

(4)灭火器材配置及有效情况。

(5)用火、用电有无违章情况。

(6)重点工种人员以及其他员工消防知识掌握情况。

(7)消防安全重点部位的管理情况。

(8)易燃易爆危险品监管和防火防爆措施的落实情况以及其他重要物资的防火安全情况。

(9)消防(控制室)值班情况和设施运行、记录情况。

(10)防火巡查情况。

(11)消防安全标志的设置情况和完好、有效情况。

(12)其他需要检查的内容。

4)建筑消防设施功能测试检查

(1)各单位应明确各类建筑消防设施日常巡查部位,运营线路日常巡查应当每周至少一次,并按规定填写记录。依法开展每日防火巡查的单位和设有电子巡更系统的单位,应将建筑消防设施日常检查部位纳入巡查。

(2)各单位建筑消防设施的单项检查应当每月至少一次,并按规定填写记录。

(3)建筑消防设施的联动检查应当每半年至少一次,主要对建筑消防设施系统的联动控制功能进行综合检查、评定,并按规定填写记录。设有自动消防系统的各消防安全重点单位的年度联动检查记录,应在每年的 12 月 30 日之前报当地消防机构备案。

(4)自动消防设施应每年由具备专业资质的检测单位检测,检测合格的报告在每年的 12 月 30 日之前报当地消防机构备案。

2. 电气防火管理

电器设备应由具有电工资格的人员负责安装和维修,严格执行安全操作规程。每年应对电气线路和设备进行安全性能检查,必要时应委托专业机构进行电气消防安全检测。

各单位应加强电气防火管理,可采取下列措施:

(1)电气线路改造、增加用电负荷应办理审批手续,不得私拉乱接电器设备。

(2)未经允许,不得在车站、机房、配电房等场所使用电炉等具有火灾危险性的电热器具、高热灯具。

(3)非使用期间应关闭非必要的电器设备。

(4)停、送电时,在确认安全后方可操作。

12. 2. 4   用火管理

各单位应加强用火管理,可采取下列措施:

(1)严格执行动用明火审批制度。

(2)动用电气焊作业时,应清除周围及焊渣滴落区的可燃物,并落实现场监护人和防范措施。

(3)固定用火场所(设施)应落实专人负责。

12. 2. 5   易燃易爆化学危险物品管理

各单位应加强易燃易爆化学危险物品管理,可采取下列措施:

（1）严格落实易燃易爆化学危险物品存放、使用审批制度，明确专人负责。

（2）除基地等需要存放、使用易燃易爆化学危险物品的场所外，车站、机房、配电房等场所禁止存放、使用易燃易爆化学危险物品。

（3）易燃易爆化学危险物品应根据物化特性分类存放，严禁混存。

12.2.6　建筑消防设施、灭火器材管理

各单位应建立建筑消防设施、灭火器材维护保养制度，加强日常管理，保证建筑消防设施、灭火器材完整好用。

设有自动消防设施的场所，应当确定专职人员维护保养。自身没有能力维护保养的，应当委托具有消防设施维护保养能力的组织或单位进行消防设施维护保养，并与受委托组织或单位签订合同，在合同中确定维护保养内容。维护保养应当保留记录。

1. 控制室（调度中心、车站值班室）的管理

（1）控制室应制定消防控制室日常管理制度、值班员职责、接处警操作规程等工作制度。

（2）控制室的设备应当实行每日 24 小时专人值班制度，确保及时发现并准确处置火灾和故障报警。

（3）控制室值班人员应当在岗在位，认真记录控制器日常运行情况，每日检查火灾报警控制器的自检、消音、复位功能以及主备电源切换功能，并按规定填写记录相关内容。

（4）控制室值班人员应当经消防专业考试合格（国家岗位资格证书），持证上岗。

（5）正常状态下，报警联动控制设备应处于自动控制状态。若设置在手动控制状态，应具备在火灾报警探测器报警后，能迅速确认火警并将手动控制转换为自动控制的措施，但严禁将自动灭火系统和联动控制的防火卷帘等防火分隔设施设置在手动控制状态。

2. 灭火器管理

（1）灭火器应加强日常管理和维护，建立维护、管理档案，记明类型、数量、部位、充装记录和维护管理责任人。

（2）灭火器应保持铭牌完整清晰，保险销和铅封完好，应避免日光曝晒、强辐射热等环境影响。

（3）灭火器应放置在不影响疏散、便于取用的指定部位，并摆放稳固，不应被挪作他用、埋压或将灭火器箱锁闭。

3. 消火栓系统管理

（1）消火栓不应被遮挡、圈占、埋压。

（2）消火栓应有明显标志。

（3）消火栓箱不应上锁。

（4）消火栓箱内配器材应配置齐全，系统应保持正常工作状态。

4. 自动喷水灭火系统管理

(1)洒水喷头不应被遮挡、拆除。

(2)报警阀、末端试水装置应有明显标志。

(3)定期进行测试和维护。

(4)系统应保持正常工作状态。

5. 火灾自动报警系统管理

(1)探测器等报警设备不应被遮挡、拆除。

(2)不得擅自关闭系统，维护时应落实安全措施。

(3)应由具备上岗资格的专门人员操作。

(4)定期进行测试和维护。

(5)系统应保持正常工作状态。

12.2.7 安全疏散设施管理

各单位应落实下列安全疏散设施管理措施：

(1)防火门、疏散指示标志、火灾应急照明、火灾应急广播等设施应设置齐全、保持完好有效。

(2)应在明显位置设置安全疏散图示，在常闭防火门上设有警示文字和符号。

(3)保持疏散通道、安全出口畅通，禁止占用疏散通道，不应遮挡、覆盖疏散指示标志。

(4)禁止将安全出口上锁，禁止在安全出口、疏散通道上安装固定栅栏等影响疏散的障碍物。

12.2.8 火灾隐患整改

各单位通过防火巡查、检查发现火灾隐患后，必须采取切实有效的措施进行整改，保障消防安全。

1. 整改责任

各单位对存在的火灾隐患，应当及时予以消除。消防安全责任人为火灾隐患整改第一责任人，应提供人员、场地、资金等资源，由消防安全管理人负责组织人员、落实火灾隐患的整改措施，整改完毕，负责整改的部门或人员应逐级上报至消防安全责任人。未能及时整改火灾隐患的个人或部门，各单位应根据相关奖惩措施对责任人进行惩处。

对消防支队或公安派出所责令改正的火灾隐患，应在规定的期限内改正，写出火灾隐患整改复函，向消防支队或公安派出所申报复查。对于确有正当理由不能在限期内改正完毕的，应在期限届满前向消防支队或公安派出所提出书面延期申请。

2. 应立即整改的火灾隐患

发现下列火灾隐患，应责成有关人员立即改正，并做好记录：

(1)违章使用、存放易燃易爆物品的。

(2)违章使用具有火灾危险性的电热器具、高热灯具等用电器具。

(3)违反规定吸烟及乱扔烟头、火柴的。

(4)违章动用明火、进行电(气)焊的。

(5)安全出口、疏散通道上锁、遮挡、占用影响疏散的。

(6)消火栓、灭火器材被遮挡或挪作他用的。

(7)常闭式防火门关闭不严的。

(8)消防设施管理、值班人员和防火巡查人员脱岗的。

(9)违章关闭消防设施、切断消防电源的。

(10)其他可以立即改正的行为。

3. 限期整改隐患

对不能立即改正的火灾隐患，应制定整改方案，明确整改措施、期限和人员，并向上级主管部门报告。对随时可能引发火灾的隐患或重大火灾隐患，应将危险部位停止使用，并落实整改期间的安全防范措施。

对于涉及较广而不能自身解决的重大火灾隐患，以及各单位确无能力解决的重大火灾隐患，各单位应当提出解决方案并及时向集团公司和公安消防机构报告。

12.3　日常消防工作管理

12.3.1　机电设备的管理

机电设备既是列车运营的主要设备，也是容易引发火灾的设备。列车的正常运营都要依靠车站和列车各种机电设备的正常运转来实现。如机电设备发生故障，列车运营就会受到影响，严重的会造成火灾。因此，对机电设备的管理必须制订和落实严格的巡检及维护保养制度，做到定人、定岗。同时，要严格设备的服役期限，防止超期使用而出现设备老化，带病运转造成火灾事故。

12.3.2　建筑物的安全管理

抓好建筑物的安全管理是防止火灾扩大蔓延的主要手段。一是严格检查设备管线穿越建筑物的孔洞封堵。二是严格管控可燃材料进入设备房，如内装修材料、增加内部分隔物等。三是建筑物的内装修、用途变更等均要按照有关规定办理审批手续。

12.3.3　建筑物消防设施的管理

要确保建筑物消防设施的完整好用，建立严格的管理制度，对设施的日常检查保养要到位，做到定期、定人、定措施。同时，要做好移动式消防器材的维护保养工作，确保其完好的性能。

12.3.4　电气线路的管理

做好电气线路的运行安全是做好消防安全管理工作的一项重要内容。其主要措施除了建立必要的管理制度和做好日常维护保养工作外，还要从硬件上加以落实。一是加强必要的硬件设施建设，如防止小动物的侵入，在有电器设施的设备房窗户上安装金属网罩，封堵孔洞，保护电气线路的穿管等措施。二是控制用电量，超负荷使用是造成火灾的主要原因，使用中，要采取必要的技术措施，如加装漏电过载保护装置并严格按照规定的用电量使用，以保证线路的规定容量，确保安全。三是防止电气线路的老化，必须严格按照设备规定的使用期限，定期更换。

12.3.5　车站易燃易爆化学品管理

轨道交通车站在运营期间禁止使用易燃易爆化学品，禁止在车站内存放易燃易爆化学品。加强对轨道交通运营期间乘客携带易燃易爆化学品进站乘车的查堵工作。杜绝由于易燃易爆化学品进入车站而引发火灾事故。

12.3.6　车站内商业经营及与车站相连商场的安全管理

在车站设置的商业便民服务网点和与车站相连商场的消防安全工作跟地铁车站的消防安全息息相关，要严格审核上述单位安全设置、经营内容、消防设施等，并督促做好消防安全工作。

12.3.7　安全疏散通道的管理

车站的安全疏散通道应当保持畅通，确保紧急状况下的通畅，严禁占用通道空间堆放杂物，甚至设置小型服务网点或临时服务网点。加强管理，做好巡查，对在安全疏散通道内摆摊商贩要进行制止和规劝，防止因人员集聚而堵塞通道。

12.3.8　轨道交通列车消防安全管理

在车辆防火方面应做到：

(1)车辆顶部必须具有防止电弧穿透和阻燃特性。

(2)动车受电弓附近应安装避雷装置。

(3)车辆电气设备的接触器都应配备灭弧罩，一般电路断路器和 HSCB(高速断路器)每个断路器触头应配备相应的灭弧装置，以防飞弧。

(4)车辆整个地板结构具有防火屏障的功能，地板着火屏障时间应达到 45 分钟。

(5)车厢内饰应具有良好的防火性能，采用难燃或不燃材料，如顶板、墙板及门板可采用新技术防火陶瓷涂层铝合金板材。

(6)车厢内座椅、扶手杆和立柱及其他附属件应具有良好的防火性能，必须采用难燃材料。

(7)车辆采暖(含空气预热)系统必须确保防火安全，电加热器的表面最高温度必须受到自动控制并设超温报警装置，电加热器周围结构的材料必须达到不燃或难燃级别。

(8)车辆地板、贯通道应采用难燃材料。

(9)车辆司机室及客室内应备有供司机和乘客使用的足够数量及容量的灭火器，每个客室内应固定设置至少两具灭火器，每个司机室至少设置一具灭火器。灭火器的性能、容量应符合国家标准。

(10)在车辆客室为设置手动紧急报警装置。司机室内设有向客室进行广播的设备及与客室报警开关相连的报警显示。列车与车站、调度控制中心、防灾指挥中心及车辆段间设有无线通信设备。在司机室的前端设有紧急疏散门，作为救援阶梯，届时用于紧急疏散乘客。

附：韩国大邱地铁火灾事故分析。

1. 韩国大邱地铁火灾简介

2003 年 2 月 18 日 9 时 54 分，在大邱市地铁 1 号线上行驶的 1079 号列车开到中央路车站时，乘客金某在车上放火。该列车座椅虽为耐燃的塑料基材，但表面用易燃的丝绒包覆，着火后火势迅速蔓延。车厢内的塑料座椅、顶板和地板在接触火焰后，也随即燃烧起来。9 时 57 分，1080 号列车也驶入中央车站，停在 1079 号列车的一侧，两车间距只有 1.4 m 左右，导致 1080 号列车也被引燃。列车到站后，车门按常规开启，乘客争先恐后地往外逃生，但不久列车电源发生故障，车厢门突然关闭，致使一部分乘客被关在车内，被烟火熏死、烧死。这起火灾造成 192 人死亡，148 人受伤，财产损失 47 亿韩元。

2. 地铁车站内消防设施设置及使用情况

车站内的消防设施设置情况如表 12.1 所示：

表 12.1　站内消防设施设置情况

消防设施	地下一层	地下二层	地下三层
灭火器/具	17	15	8
室内消火栓/只	4	3	8

续表

消防设施	地下一层	地下二层	地下三层
水喷淋头/只	382	536	0
二氧化碳气体灭火器/套	12	10	0
紧急警报装置/个	8	7	0
消防应急广播/个	43	50	68
火灾探测器/个	89	103	18
疏散指示标志灯/盏	25	26	16
疏散指示照明灯/盏	89	119	43
排烟设备/个	96	135	135
放水口/个	4	4	4
无线通信设备、插孔	有	有	有

消防设备在此次火灾中的使用情况如下：

1）灭火器

车站内设置的灭火器都没有使用。

2）室内消火栓

没有使用室内消火栓。根据消防队员的证词，消防队抵达站台准备使用地下3层的消火栓进行灭火时，发现根本没有水。其主要原因是：

（1）室内消火栓和水喷淋系统共用同一水管，由于水喷淋系统动作优先导致消火栓水量不足。

（2）室内消火栓为干式共用连接送水管，因此主要依靠消防队送水。而消防队员首先以抢救受伤人员为主，因此没有来得及送水。

（3）大多数乘客根本不知道消火栓的使用方法。

3）水喷淋系统

中央路车站地下1层、2层每间隔2.8 m安装一个水喷淋头，地下1层103个喷头，地下2层64个喷头动作。事实证明，地下2层由于部分水喷淋头动作，起到了抑制火灾、降低环境温度、降低浓烟扩散的作用。

4）通信系统

地铁列车只能同调度室通过无线通信联系，而列车之间、列车和车站办公室、列车与消防部门之间均无法通过通信联系。此次火灾报警是由乘客通过移动电话向消防部门报警的。而第二列地铁若能够和车站办公室联系使之不进入站台，将大大减少人员伤亡。

5）排烟设备

地铁隧道内没有设置排烟口，烟没有扩散到隧道内，而倾斜的楼梯成为唯一的烟道，烟近似于垂直地上升，使逃生通道浓烟滚滚，增加了人员伤亡。

3. 事故人员伤亡原因分析

纵火犯使用了易燃液体——汽油，使得整节车厢迅速燃起大火，3号车厢起火后，火势转眼间就蔓延到整列6节车厢。随后，对面的列车也驶进车站，火势又迅速蔓延到该列列车6节车厢。两列列车起火燃烧，车站的电力系统立刻自动断电，导致许多地铁列车门根本打不开，加上地铁车窗的玻璃十分坚固，所以许多乘客被困在没有自动灭火装置的车厢里，最终被烧死或因浓烟窒息而死。

　　1)易燃的车厢内装修和复杂的车门解锁装置

　　列车的座椅由聚氨基甲酸酯制造，地板由氯乙烯制造，车门天花板由 FRP 制造。车内装修的涂料也是易燃的。这些材料的燃烧引起毒气(氰化氢、一氧化碳、氯化氢、氨气等)对乘客造成了巨大威胁。再加上乘客没有得到及时逃生的机会，毒气和易燃气体的迅速蔓延造成了巨大的人员伤亡。

　　如果能早点打开车门，伤亡将明显减少。可是车门的解锁装置很复杂，黑暗中也看不清楚，无法手动开门。该列车在设计和制造过程中没有满足危险情况操作性标准，车厢体和内装修没有遵守必须用不燃物制造的规定。原因之一是该车辆制造于 1997 年，而《都市铁路车辆安全规则》于 2000 年施行。

　　2)安全疏散引导系统和排烟系统的缺陷

　　由于安全疏散导向灯和路灯设置不合理，当烟雾和毒气蔓延的时候，这种设施几乎没有作用。导向灯故障让乘客找不到出口，许多乘客在逃生过程中窒息死亡。

　　虽然中央路站设计遵守《消防法》，可是该规范不适用于地下空间，闪烁灯线、声音引导线、荧光瓷砖等需要特别的方式才能奏效。

　　在地下空间内部，烟和热气流向上蔓延，而人的疏散路线也是向上的，即人的疏散路线与烟、热气流自然流动的方向一致。所以，烟和热气应该用排烟系统恰当地给予控制，以利于人员的安全疏散。

　　该地铁站在设计时其通风设备是可以用作火灾时的排烟系统的。但是其负荷量不够，只能保障平时的空气流通，在此次大火当中无所作为。假如有足够负荷量的排烟设备，也许就能减少伤亡人数，而且可以有效地控制火势的蔓延。

　　3)运营人员教育和培训的不足

　　控制中心允许 1080 号列车进入火灾发生的站台是一个复杂问题。虽然控制中心认识到了事故的情况，可是没有采取合适的行动。例如，1080 号列车司机不太了解断电供电系统：三次断电供电后，列车不能再供电。如果司机知道该情况，他可以在最宝贵的时间内尽快地让乘客逃走。1080 号列车本应该快速通过本站，或者迅速地打开车门对乘客进行疏散。而控制中心运营员和列车司机在火灾发生时采取措施不当，再加上站台保安员没有经过足够的专门培训，惨案就不可避免地发生了。

　　由此看来，对突发事件应急处理的培训和教育是必要的。此次事故表明，运营人员若能考虑乘客的安全，沉着疏导，那么将大大地减少人员的伤亡。

4. 事故后的韩国综合安全对策

　　此次灾难性的事故发生后，韩国中央政府于 2004 年 1 月新设了消防防灾厅，并于 2004 年 3 月制定了《灾难及安全管理基本法》。该法规定，灾难包括对国家交通、能源、其他生命线的危险及损害，并规定了灾难的预防、控制、救援等。

　　另外，韩国中央政府和有关部门提出了关于地铁火灾预防和安全的对策。具体内容如下：

1)安全标准和系统的改善

(1)《都市铁路综合计划》下安全管理的改善。

(2)《都市铁路车辆安全规则》加强了对不燃内装修材料、抗热及无毒材料的利用规定。

(3)新制定了《都市铁路设施安全规则》，提出了对喷灌机、灭火机、排烟设备的性能改善要求。

(4)提出了培养国家灾难预防及控制专家的要求和办法。

2)预防、监控系统的改善

(1)编制了《安全预防与监控指南》，对脱轨、碰撞、爆炸、恐怖袭击、火灾等紧急情况下的措施和模拟训练提出了要求。

(2)增加安全管理员人数。

(3)实行周期性的安全检测制度，对地铁站安全建立认证系统。

(4)向乘客宣传、普及和强化在紧急状态下从车厢和地铁站逃生的知识。

3)车厢的改善

(1)规定了铁路车辆应该使用不燃内装饰面材料。

(2)研制了新的紧急报警系统，在发生事故时，禁止其余车辆进入事故现场。

(3)为了将车厢的紧急情况传至控制中心，在车厢里设置了闭路电视摄像机。

(4)提升了车厢的灭火器数量与性能。

(5)设置周期性的管理和维护系统，建立车厢维护数据库。

(6)设置车厢紧急逃生窗口。

4)改善设施

(1)建立紧急疏散通道，或者在现有隧道里建设安全通道。

(2)改善紧急通信系统。

(3)改善排烟设备性能及设置烟屏蔽以控制烟气流动。

(4)使用不燃站台饰面材料。

(5)设置地铁隧道到地面的紧急阶梯和其他逃生通道。

(6)设置直接的给水设备。

(7)改善垂直的通风口。

(8)制定消防设备的替换标准。

(9)改善自动火灾报警系统的性能。

(10)改善紧急导向灯和路标系统性能。

(11)实施相关技术要求的决定，加强设施设计与建设时的消防安全和预防措施。

5. 事故给我国地铁安全的启示

韩国大邱地铁火灾引起了世界各国对地铁安全的高度重视，也给我国的地铁安全带来一些启示。随着经济的发展，在地铁中的犯罪活动增多，而且地铁一旦发生火灾，将给人民的生命和财产带来不可估量的损失，同时给社会带来不安定的影响，因此在地铁建设中，下列问题要引起足够的重视。

（1）完善消防设施。火灾探测报警系统的火灾报警信号不但要传送到地铁调度指挥中心，而且要直接传送到消防部门，以便及时发出火灾报警信号，争取时间灭火。

（2）地铁的水源。一定要满足水喷淋、消火栓等灭火设备的用水量，不同设备的供水管应分开，不应兼用。

（3）地铁列车内应该安装火灾探测器或者图像监视设备。使驾驶员能够清楚地了解各车厢现状，一旦发生险情，进行紧急处理，包括开启门窗、车内广播、指挥避难逃生等。

（4）地铁车厢的座椅应采用阻燃材料。

（5）地铁各车站应设置相应的防火隔离区（避难间），以减少火灾时的人员伤亡。

（6）地铁的通信设施应实现地铁调度指挥中心、消防队、地铁列车的驾驶室、车站办公室之间的可靠通信及驾驶员与各车厢的通信，保证在出现异常情况时能及时通报、处理。

（7）由于地铁的特殊性，一般地铁的车窗采用全封闭式，但是考虑到类似本次火灾情况以及火灾迅速蔓延的可能性，每节车厢应设计个别车窗可控开放，以便灾害发生时为乘客多提供一个逃生的通道。

（8）加强人们的防灾安全意识、紧急逃生知识、消防器材使用的训练。本次事故中，起火车厢的灭火器没有使用，有的车厢的车门紧急开放栓也没有动用，乘客在火灾中茫然不知所措，增加了人员伤亡。

第 13 章　城市轨道交通应急管理

城市轨道交通应急管理是为了降低灾难性事件的危害，基于对造成突发事件的原因、突发事件发生和发展过程以及所产生负面影响的科学分析，有效集成社会各方面的资源，采用现代技术手段和现代管理的方法，对突发事件进行有效地应对、控制和处理的一整套理论、方法和技术体系。应急管理的内容称为"一案三制"。"一案"是指应急预案，"三制"是指应急工作的管理体制、运行机制和法制。应急预案又称应急计划，是针对城市轨道交通可能发生的突发事件和重大事故，为保证迅速、有序、有效地开展应急与救援行动，降低事件(事故)损失而预先制定的计划或方案。应急预案的目标是控制紧急事件的发展并尽可能排除，将事故对人员、财产及环境的损害和影响减小到最低程度。由于城市轨道交通往往采取地下或高架形式，具有封闭性强、运行速度高、起停频繁、客流量大且来源复杂、乘客自助乘车、应急疏散难度大等固有特点，突发事件一旦发生，不仅会造成设备设施的损坏，更可能会造成乘客伤亡。因此，必须做好轨道交通突发事件的应急预案。

13.1　应急管理的工作模式及选择

随着城市轨道交通的快速发展，部分国内外大城市的轨道交通已经基本成网，并形成了各自不同的运营管理模式和系统构成方式，因此所选择的应急管理工作模式也不尽相同，目前，国内外的应急管理大致可划分为以下 4 种工作模式。

(1)集权模式：通过整合政府和社会所有的应急资源，成立专门的应急联动中心，由应急联动中心代表政府全权行使应急联动指挥大权。

(2)授权模式：政府根据应急联动的要求，利用现有的应急指挥基础，通过局部的体制调整，授权应急基础比较好的某一部门带头高效地构建应急联动系统。

(3)代理模式：政府成立统一的接警中心或呼叫中心，并根据应急呼叫的性质，将应急处理任务分配给一个或多个部门去处理并进行反馈的一种过渡模式，是多级应急联动系统建设的第一步。

(4)协同模式：多个不同类型、不同层次的指挥中心和执行机构通过网络组合在一起，实现由政府指挥中心为主导的多部门、多层次的网上动态协作。

其中的集权工作模式是国内外轨道交通应急指挥普遍采用的形式，体现了应急管理的本质要求，是应急管理发展的方向。目前，英国伦敦、法国巴黎、加拿大多伦多、美国纽约地铁都在进行应急指挥中心的建设，并采用单层级集中管理方案。我国的北京、上海也建立了轨道交通指挥中心，但分别采用了二层级集中控制和二层级分散控制。表 13.1所示为城市轨道交通应急管理模式的特点和优缺点比较。

表 13.1　城市轨道交通应急管理模式的特点和优缺点比较

	马德里地铁	北京地铁	上海地铁
管理模式	单一层级集中控制	二层级集中控制	二层级分散控制
特点	只设置一个集中的控制指挥中心，实行整个线网和线路单层级的监控和管理，各区域或线路控制中心设置后备控制中心，平时作为系统维护和监护管理场所，必要时可以作为后备监控中心。	整个线网和线路采用两个层级进行监控和管理，设置整个线网的应急指挥中心，由各线路的控制中心集中控制，并与线网的应急指挥中心合设。	整个线网和线路采用两个层级进行监控和管理，设置整个线网集中的应急指挥中心，各线路的控制中心按照现有方式依旧分散设置。
优缺点	只需要在现有线路控制中心的基础上，做好各线功能和接口的划分。功能和接口相对简单，被国际上广泛采用。	需要在现有控制中心的基础上，做好各线功能和接口划分，做好上下两层级的功能和接口的划分，功能和接口的划分相对较复杂，管理难度和应急事件处理难度相对较小，系统投入和系统规模较大。	不改变现有控制中心的设计，只要做好上下两个层级之间的功能和接口划分。功能和接口划分相对简单，但管理难度和应急处理难度相对较大，系统投入和系统规模相对较小。

13.2　应急预案分类

应急预案按其预案制定的主体、突发事件的严重程度、突发事件类型和应急管理组织机构分为 4 类（表 13.2）。

表 13.2　应急预案分类

项目	分类方案 1	分类方案 2	分类方案 3	分类方案 4
分类原则	按应急预案制定主体分类	按突发事件严重等级分类	按突发事件类型分类	按应急管理组织机构分类
具体分类	专家预案、政府预案、企业预案	Ⅰ级（企业级）、Ⅱ级（县、市/社区级）、Ⅲ级（地区/市级）、Ⅳ级（省级）、Ⅴ级（国家级）	火灾、爆炸、地震、有毒气体泄漏、突发疫情、电梯事故、列车脱轨（包括倾覆）、停电故障、水灾、重大设备故障、客流爆满、恐怖袭击等	综合预案、专项预案、现场预案

13.3　应急预案编制

13.3.1　应急预案的基本结构

根据不同的分类方案，应急预案有多种形式，各类预案各自所处的行政层次和适用的范围不同，其内容在详略程度和侧重点上会有所差别，但都可以采用基于应急任务或功能的"1+4"预案编制结构，即由一个基本预案加上应急功能设置、特殊风险预案、标准操作程序和支持附件构成。

（1）基本预案。基本预案是对应急管理的总体描述。主要阐述被高度抽象出来的共性问题，包括应急的方针、组织体系、应急资源、各应急组织在应急准备和应急行动中的职责、基本应急响应程序以及应急预案的演练、管理等规定。

（2）应急功能设置。应急功能是在各类重大事故应急救援中通常都要采取的一系列基本的应急行动和任务，如指挥和控制、警报、通讯、人群疏散、人群安置和医疗等。针对每一应急功能应确定其负责机构和支持机构，明确在每一功能中的目标、任务、要求、应急准备、操作程序等。应急预案中功能设置数量和类型要因地制宜。为直观地描述应急功能与相关应急机构的关系，可采用应急功能分配矩阵表。

（3）特殊风险管理预案。是基于重大突发公共安全事件风险辨识、评价和分析的基础上，针对每一种类型的特殊风险，明确其相应的主要负责部门、有关支持部门及其相应承担的职责和功能，并为该类风险的专项预案的制定提出特殊要求和指导。

（4）标准操作程序。按照在基本预案中的应急功能设置，各类应急功能的主要负责部门和支持机构须制定相应的标准操作程序，为组织或个人履行应急预案中规定的职责和任务提供详细指导。标准操作程序应保证与应急预案的协调和一致性，其中重要的标准操作程序可作为应急预案的附件或以适当的方式引用。

标准操作程序的描述应简单明了，一般包括目的与适用范围、职责、具体任务说明或操作步骤、负责人员等。标准操作程序本身应尽量采用活动检查表形式，对每一活动留有记录区，供逐项检查核对时使用。已做过核对标记的检查表就成为应急活动记录的一部分。标准操作程序是可以保证在事件突然发生后，即使在没有接到上级指挥命令的情况下，也可在第一时间启动，提高应急响应的速度和质量。

（5）支持附件。主要包括应急救援支持保障系统的描述及有关附图表，包括通讯系统、信息网络系统、警报系统分布及覆盖范围、技术参考（后果预测和评估模型及有关支持软件等）、专家名录、重大危险源登记表及分布图等。

13.3.2　应急预案编制的原则

《左传》有言："居安思危，思则有备，备则无患。"一个切实可行的应急预案可以提高政府保障公共安全和处置突发公共事件的能力，最大程度预防和减少突发公共事件及其造成的损害，保障公众的生命财产安全，维护国家安全和社会稳定，促进经济社会全面协调、可持续发展。因此应急预案的编制要遵循以下原则。

（1）体系完整，操作性强。应急预案必须完整，应包括突发事件处理过程中的各种情况，能够满足轨道交通运营组织各部门在事件处置各阶段的协同工作需要。同时，应急预案还应结合实际，有明确具体的应急处理措施，要具有很强的可操作性。

（2）分类清楚，格式规范。对应急预案进行合理的分类，建立完整的应急预案体系，便于应急预案的管理和查询。为了方便对应急预案的阅读和修订，应急预案要有规范的格式要求。

（3）制度化，法制化。编制突发事件应急预案要以有关法律法规和城市轨道交通行业规范为基础，在各项法律法规的指引下，实现城市轨道交通突发事件的处置工作制度化、法制化。

13.3.3　应急预案编制过程

应急预案编制过程一般分为下面 5 个步骤：

1. 成立预案编制小组

（1）成立预案编制小组可以为应急各方提供协作与交流机会，有利于统一不同观点和意见，从而有效地保证应急预案的准确性、完整性和实用性。

（2）预案编制小组的成员一般应包括单位主管领导、有关部门负责人、技术专家、群众代表、上级政府或应急机构代表等。

（3）预案编制小组的成员确定后，要确定小组领导，明确编制任务、职责分工，制定工作计划，保证整个预案编制工作的组织实施。

2. 危险分析和应急能力评估

（1）危险识别：危险识别的目的是识别可能存在的重大危险因素，分析本地区的地理、气象等自然条件，工业和运输、商贸、公共设施等的具体情况，总结本地区历史上曾经发生的重大事故，来识别出可能发生的自然灾害和重大事故等突发事件。

（2）脆弱性分析：要确定一旦发生危险事故，最容易受到冲击破坏的地区或单位，以及最可能出现波动或激变的环节。

（3）风险评估：根据脆弱性分析的结果，评估突发公共事件发生时造成破坏（或伤害）的可能性，以及可能导致的实际破坏（或伤害）程度。

（4）应急能力评估：依据风险分析的结果，对已有的应急资源和应急能力进行评估，包括城市和企业应急资源的评估，明确应急救援的需求和不足。

3. 编制应急预案

（1）应急预案的编制必须符合风险分析结果、应急资源现状以及有关法律法规的要求，还应充分参阅已有预案，确保预案间相互衔接。因此，要广泛收集编制预案所需的各种资料，包括相关法律法规、既有的应急预案、国内外同类事件、案例分析、本单位相关规章制度等，作为编制参考依据。

（2）应急预案内容应包括以下 6 个核心要素：方针与原则、应急策划、应急准备、应急响应、现场恢复、预案管理与评审改进等。6 个核心要素之间既要具有一定的独立性，又要紧密联系，从应急的方针、策划、准备、响应、恢复到预案的管理与评审改进，形成一个有机联系并持续改进的应急管理体系。

（3）预案要切合实际、真正管用，避免照抄照搬，搞形式主义、做表面文章。要职责清晰、简明扼要、一目了然，明确谁来做、何时做、做什么、怎么做、用什么资源做。要广泛征求、充分尊重群众意见，使预案编制过程成为宣传、教育、动员群众的过程。

4. 应急预案的评审与发布

（1）为确保应急预案的科学性、合理性以及与实际情况的一致性，预案编制单位或管理部门应依据我国有关应急的方针、政策、法律、法规、规章、标准和其他相关应急预案，组织技术专家评审，书面征求有关方面意见，根据评审和征求的有关意见再进行修订。

（2）预案经编制小组集体讨论通过后，由本单位主要负责人签署发布，并按规定报送上级政府有关部门和应急机构备案。

5. 应急预案实施

应急预案经批准发布后，有关应急机构应完成以下几方面工作：
（1）开展应急预案宣传、教育和培训。
（2）定期检查落实应急资源。
（3）组织应急演习和训练。
（4）应急预案实践。

13.3.4　应急预案评价

1. 突发事件应急预案评价方法

突发事件应急预案是否科学、是否具有可行性，还需要对其进行评估。应急预案评估的方法可以分为两种：一种是静态的评估方法，从现有预案的逻辑结构、应对措施的逻辑顺序、应急资源的配置情况等方面来进行评估，但是这种评估并不全面，例如参与应急处理的各部之间的协作配合是否熟练，以及信息分析是否有效等方面无法通过这种评估方法得到结果；另一种是动态的评估方法，即应急预案的演练，通过演练可以发现很多问题，但是成本很高。所以，预案的评估应将两个方面结合起来，可以相互补充，达到较好的评估效果。

2. 突发事件应急预案的评价指标分析

1）预案编制的合理性（B_1）

（1）突发事件设想的针对性（C_{11}）。由于轨道交通的人流密集，一旦发生危险，极易造成群死群伤的严重后果。因此编制预案时应考虑轨道交通的特殊性，提出有针对性的应急预案，并尽量使突发事件假设与实际情况相符合。

（2）救援方案的完备性（C_{12}）。轨道交通突发事件具有多样性、突然性和发展不确定性的特点。编制预案时应使救援方案详尽、全面。

（3）救援组织机构职责的明确性（C_{13}）。铁路应急救援工作涉及的部门繁多，分工复杂。编制预案时应使各部门职责清晰化。

（4）救援人员调配的合理性（C_{14}）。应急预案应将救援人员的相关信息、组织方式编制其中。实现在短时间内召集大量的救援人员，并组织其有序地开展救援工作。

（5）救援部门间的协作性（C_{15}）。各部门的救援工作在时间、空间和内容上都有交叉。编制预案时应使各部门能够相互配合。

（6）相似处置流程的合并性（C_{16}）。当同时发生几起突发事件时，可能重复某些救援工作。编制预案时应确保在某类预案的基础上能够采取其他预案，从而提高对突发事件的处置效率。

(7)并发突发事件处置的切换性(C_{17})。当一类突发事件导致另一突发事件发生时，两种突发事件存在必然联系。编制预案时应使救援处置方案能在原突发事件与并发事件中转换。

(8)预案文字的可读性(C_{18})。编写应急预案时，应使语言通俗易懂。

2)处置突发事件的能力(B_2)

(1)预警报警的有效性(C_{21})。通过启动应急预案进行救援，使预警报警准确、及时，从而减小事故损害和避免次生事故发生。

(2)信息报送流程的清晰性(C_{22})。通过启动应急预案进行救援，要达到信息报送内容简洁、报送时间及时、报送接收部门明确的效果。

(3)应急资源管理的可追踪性(C_{23})。通过启动应急预案进行救援，实现对应急资源的统一、动态、协调管理。

(4)实施步骤的可操作性(C_{24})。应急预案必须满足救援实施步骤切合实际、高效可用。

(5)处置突发事件的快速性(C_{25})。应达到在尽可能短的时间内控制并消除事故的目的。

(6)处置突发事件的有效性(C_{26})。使在一定时间、资源条件的约束下，对突发事件的处置达到最佳效果。

(7)后期处置的全面性(C_{27})。使应急救援结束后的善后处理周全、完善。

(8)保障措施的有效性(C_{28})。应急预案同样指导日常的准备工作，从而保证应急救援的顺畅进行。

(9)预案更新的递增性(C_{29})。应急预案应随着时间的推移以及经验的增长不断修改、完善。

(10)演练的针对性($C_{2\cdot0}$)。根据应急预案进行日常应急演练，使轨道交通的各个应急预案与演练培训相结合，从而提高救援效率。

(11)事故分析的深入性(C_{211})。根据应急预案进行的事故分析，可找出救援过程任何环节的缺陷，吸取经验，指导下一次救援工作。

(12)考评指标的公正性(C_{212})。参考应急预案的分工安排及职责对应急救援部门及人员进行考评，使考评更加公平、公正。

3)经济性(B_3)

(1)应急资源的耗损(C_{31})。在保证对突发事件处置效果的前提下，实施该预案应该尽可能减少应急资源耗损。

(2)应急费用的合理性(C_{32})。在满足救援的前提下，应急费用应做到最省。在预案编制过程中必须考虑应急费用合理性这一指标。

3. 轨道交通应急预案综合评价指标体系

轨道交通应急预案综合评价指标是一个多层次、多指标的层次结构体系，如图 13.1 所示。

评价目标 应急预案评估A

一级指标 预案编制的合理性B₁ 处置突发事件的能力B₂ 经济性B₃

二级指标

突发事件设想的针对性 C_{11}
救援方案的完备性 C_{12}
救援组织机构职责的明确性 C_{13}
救援人员调配的合理性 C_{14}
救援部门间的协作性 C_{15}
相似处置流程的合并性 C_{16}
并发突发事件处置的切换性 C_{17}
预案文字的可读性 C_{18}
预警报警的有效性 C_{21}
信息报送流程的清晰性 C_{22}
应急资源管理的可追踪性 C_{23}
实施步骤的可操作性 C_{24}
处置突发事件的快速性 C_{25}
处置突发事件的有效性 C_{26}
后期处置的全面性 C_{27}
保障措施的有效性 C_{28}
预案更新的递增性 C_{29}
演练的针对性 C_{210}
事故分析的深入性 C_{211}
考评指标的公正性 C_{212}
应急资源的耗损 C_{31}
应急费用的合理性 C_{32}

被评预案 预案A₁ 预案A₂ 预案A₃ …… 预案Aₙ

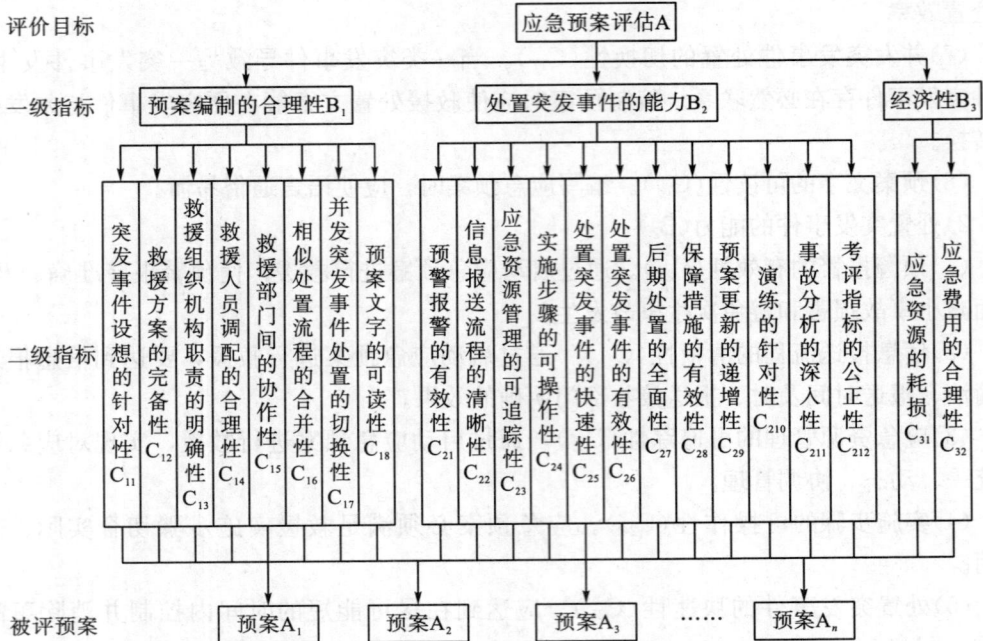

图 13.1 轨道交通应急预案综合评价指标体系

13.4 城市轨道交通突发事件应急处置体系

轨道交通的运营安全和稳定是轨道交通安保工作的重中之重，但由于每个国家、每个城市轨道交通线路的情况不同，以及各线路之间的区别，轨道交通突发事件的应急处置工作大致可以分为两种类型：一是单线路的应急处置预案；二是网络化线路应急处置预案。

13.4.1 单线路应急处置预案

由于轨道交通单线路运营存在管理人员少、运营高峰固定、乘坐人员少的特点，所以针对单线路运营的应急处置，可以按照以下方案进行：

(1)轨道交通公安管理部门应当在现场设指挥小组，由轨道交通公安管理部门领导任总指挥，分管领导任副总指挥，指挥室、治安部门、刑侦部门、交通管理部门、消防部门、属地公安机关主要领导协助指挥。市级公安管理部门领导到场后，由市级公安管理部门领导统一组织指挥，轨道交通公安管理部门领导参加市级公安管理部门现场指挥所工作。

(2)轨道交通公安管理部门指挥室(值班室)派员到现场负责警力调度、处置协调和情报收集、传递等工作，根据事件具体发生位置和事件性质，在事发地设置现场指挥所。

1. 处置措施和警力安排

轨道交通公安管理部门各单位先期处置措施和警力具体安排由各派出所根据值班备勤力量的情况进行安排,指挥中心应当按照就近调警、梯次调警的方式调集警力。

2. 任务分工和警力安排

各有关单位接到出警指令后,按轨道交通公安管理部门核定出警人数,在指定时间内分批迅速赶赴现场,按照以下任务或根据现场指挥员指令开展处置工作:

(1)凡接到在轨道交通区域内发生突发事件报告的,接警单位民警应立即前往事发地并迅速上报情况。

(2)指挥中心接报后,立即向领导和上级部门报告,增派后续支援力量赶赴现场,并通知轨道交通运营部门采取相应措施。部门领导携相关人员迅速赶往现场,建立现场指挥点。

(3)先期处置人员在最短时间内了解案(事)件性质、损害程度等情况,在报告的同时采取疏散、警戒、救援、开辟通道等先期处置措施。

(4)现场指挥点建立后,负责现场处置指挥工作。

(5)后续支援单位到达现场后,根据现场指挥指令实施相关处置措施。

(6)首批人员先期开展事件现场的封锁警戒、控制事态等工作。在列车保持正常通行的情况下,同线派出所为首批增援力量。如列车无法正常通行,则各相邻派出所、邻近业务科队为增援单位。

3. 工作要求

(1)参加增援的各单位在接到轨道交通公安管理部门出警指令后,应迅速集结队伍,并由各单位领导带队,带齐必要的警械装备,迅速赶到指定位置。

(2)必须严格执行请示报告制度,服从命令,听从指挥。

4. 相关问题

1)时间段的划分

(1)白天:上午 8 时 30 分至下午 17 时 30 分(包括双休日、法定节假日)。

(2)晚间:下午 17 时 30 分至次日 8 时 30 分(包括双休日、法定节假日)。

2)有无线和图像通信联络

(1)轨道交通公安管理部门处置各类突发性事件的指挥部门设在轨道交通公安管理部门指挥室(值班室),遇重大案(事)件发生,轨道交通公安管理部门设立现场指挥所,并根据现场情况,就近拉接、借用有线电话,便于和市级公安管理部门沟通。

(2)市级公安管理部门在突发案(事)件现场设立现场指挥所,轨道交通公安管理部门领导参加市级公安管理部门现场指挥工作。轨道交通公安管理部门各参加处置单位带队领导统一使用轨道交通公安管理部门频道,各单位民警之间联络使用其他频道。

(3)必要时,轨道交通公安管理部门启用备用频点,用于通信联络。轨道交通公安管理部门现场指挥所与市级公安管理部门的联络,除使用有线电话外,统一按市级公安管理部门的应急通信编组，使用指定的电台。

（4）特殊情况时，请求市级公安管理部门派出机动图像传输车到现场实施图像信息传输。

13.4.2　网络化线路应急处置预案

网络化线路应急处置预案主要分 4 层：①国家预案是国务院关于轨道交通突发事件的相关处置预案；②某省（市）关于处置轨道交通突发事件的相关预案，是由某省（市）联动中心、地铁抢险救灾指挥部制定的相关预案；③某省（市）公安局相关预案；④公安管理部门、运营管理部门的相关预案。

1. 公安管理部门相关预案通则

公安管理部门相关预案通则是轨道交通公安管理部门为进一步高效、规范、有序地处置轨道交通辖区各类突发性案（事）件，提高轨道交通公安管理部门各级领导及指挥室对突发性案（事）件的应急反应、指挥调度、现场处置等能力而特别制订的通则。

通则规定了对突发性案（事）件处置的基本要求、基本步骤和基本程序，各级指挥人员必须熟悉掌握，按本规定所列措施并结合相应预案执行。

1）接警

接警后，应迅速查清并不间断地核实突发性案（事）件的性质、发生的时间和地点、涉及人员和范围等基本情况，及时上报轨道交通公安管理部门指挥室。属于非重大警情的，应迅即指令就近警力赶赴现场处置；属于重大警情的，应结合具体情形，根据预案先期处置。

（1）调集管辖地派出所警力和有关业务部门到场先期处置，通知相关派出所和其他单位集结警力做好策应，视情况指令增援警力赶赴现场处置。

（2）分别报告相关领导。

（3）调集警力在规定时间内对重点区域进行清查。

（4）调集警力对重点区域实施布控。

（5）向轨道交通有关部门通报有关突发性案（事）件情况。

2）现场处置

（1）指挥室派员随同轨道交通公安管理部门领导赶赴现场，协助轨道交通公安管理部门领导实施统一指挥，协调各有关单位开展处置工作。

（2）开设现场指挥所和机动力量屯兵点。

（3）轨道交通公安管理部门指挥室（指挥中心）使用电台与市级公安管理部门指挥中心保持联系。轨道交通公安管理部门各参战单位使用电台与轨道交通公安管理部门指挥中心及现场指挥所保持联系。

（4）根据现场情况，可以采取相关管制措施。

3）现场管制措施

（1）封闭事发地的轨道交通车站或整条运营线路。

（2）设置临时警戒线，划定警戒区域。

（3）查验现场人员身份证件、盘查嫌疑人员等。

4）责令措施

（1）责令无关人员立即离开现场。

（2）可以通过轨道交通车站广播、喊话等方式发出警告，限令在指定时间内按照指定路线离开现场。

（3）可以强行带离现场，对正在预备犯罪、实施犯罪或非法携带凶器和有重大犯罪嫌疑的人员，可依法采取相应的强制措施。

（4）对无视警告、拒不离去的人群，根据处置原则，强行驱散。

5）现场措施

（1）对聚集、闹事现场应及时调取车站监控录像做好证据收集工作。

（2）掌握引发群体性治安事件的信息。

6）拘留、搜查措施（略）

7）新闻措施

需要向社会公布的有关事项，应当根据市委、市政府领导的意见，由市政府新闻办适时统一发布。

8）善后工作措施

（1）辖区派出所及轨道交通公安管理部门配合有关单位做好现场清理工作。

（2）撤销布控及恢复轨道交通正常运营的指令由轨道交通公安管理部门指挥室下达。

（3）人员伤亡情况由治安部门负责汇总。

（4）财产损失情况由事发地派出所负责汇总。

（5）死亡人员的身份由治安部门会同派出所负责核对。

（6）突发性案（事）件处置情况的书面材料由指挥室（指挥中心）准确、及时编写上报市级公安管理部门。

2. 大客流爆满事件处置预案

为及时处置轨道交通大客流爆满事件，维护正常的运营秩序，确保乘客安全和防止发生意外事件，特制定本预案。

1）组织指挥

由轨道交通公安管理部门指挥中心负责先期处置，并报告轨道交通公安管理部门领导或轨道交通公安管理部门值班领导，由所在地派出所领导负责现场指挥。轨道交通公安管理部门领导到场后由轨道交通公安管理部门领导负责现场指挥。

2）处置程序

轨道交通公安管理部门指挥中心得到轨道交通相关车站出现大客流爆满迹象的信息后，迅速指令就近民警开展处置，并通过监控了解现场情况，如乘客达到八成以上或秩序混乱，且乘客有继续增多趋势，则向轨道交通公安管理部门领导和市级公安管理部门指挥中心报告，启动疏散预案，同时通知轨道交通管理部门共同处置。

3)处置方法

(1)执勤民警、保安队员发现辖区车站出现客流爆满情况后，应会同该车站工作人员共同维持车站秩序，控制车站出入口和检票口，实施限流、分流、关闭部分卷帘门等疏散措施，相关情况及时上报指挥中心。辖区派出所应及时调集力量支援，视情况与车站采取停止售检票、关闭部分出入口的措施。

(2)指挥中心在密切注视客流变动的情况下，调集后续警力支援，并加强与运营总调的联系，根据现场情况要求实施跳站运营、关闭车站等应急措施。发现可能发生挤死挤伤的治安事件的情况时，应及时上报市级公安管理部门。

(3)有关部门在接到轨道交通公安管理部门处警指令后，应立即组织警力赶赴现场，会同受援单位共同维持车站秩序，控制车站出入口和检票口，在最短的时间内将乘客疏散出车站。

4)预防措施和处置要点

(1)大型活动对客流的影响。各派出所要加强辖区及周边区域举办大型活动情况的收集，并有重点地在相关车站增加警力。在有大客流爆满的迹象时，派出所领导要靠前指挥至现场协助车站控制客流，避免发生治安事故。

(2)重大节日对客流的影响。指挥中心和各派出所要对重大节日客流的变化作出预测，提出警力配备的建议，由轨道交通公安管理部门抽调警力先行布岗，协同车站事先规划进出站分流和增加售检票力量等措施，以控制客流、确保安全。

(3)轨道交通运营中出现设备故障、车辆故障对客流的影响。当发生上述事件后，对相关线路的客流换乘的各重点车站，有关派出所应及时派出增援警力，会同车站视情况采取停止售检票、增设退票口、疏散乘客出站、关闭出入口等紧急措施，并充分利用宣传工具进行疏导广播，以取得乘客的理解和支持。

(4)群体性骚乱对客流的影响。一旦发生群体性骚乱和闹事，有关派出所在上报轨道交通公安管理部门指挥中心的同时，要迅速抽调民警赶赴现场，控制局势。将闹事的主要人员迅速带离现场进行审查。对围观人员，要进行宣传和疏导，劝其尽快离开。对不听劝阻的，经请示轨道交通公安管理部门后可强行驱散。遇有重大特殊情况，应及时报告，请示轨道交通公安管理部门领导。刑侦部门、治安部门在接到轨道交通公安管理部门指令后，应派出警力及时赶赴现场，与派出所共同控制局势，开展查证和处置工作。

(5)针对大客流爆满的情况。一般可采取：一广播，二暂停售票，三封检票口，四关闭出入口，五疏散客流(从站台到站厅)的工作措施。上述措施均根据现场实际情况而定。

5)注意事项

(1)各处置单位前往处置时必须带好相应通信器材，以确保通信联络及时畅通。

(2)处置工作中要防止扩大和激化矛盾。

(3)对煽动群众闹事者要注意取证，及时制止并予以带离，以利严厉打击查处。

(4)各出警单位前往处置时需携带必要的警械装备，注意加强自身安全保护。

3. 重大事故处置预案

为及时处置轨道交通车站停电、给排水系统故障及列车脱轨、追尾冲撞等重大事故，特制定本预案。

1）事故定义

(1)车站停电事故是指车站失去主电流且应急照明自动投入运行 15 分钟后，降压变电站仍无法恢复车站照明供电的。

(2)给排水系统故障事故是指轨道交通车站、区间隧道内的给排水设备发生故障，造成消火栓管道断裂跑水或者排水泵损坏，影响运营的。

(3)列车脱轨事故是指轨道交通列车的车轮落下轨面的。列车追尾冲撞事故是指轨道交通列车相互之间或轨道交通列车与设备发生冲撞(包括追尾、正面和侧面)后导致轨道交通列车损坏影响运行的。

2）报告程序

轨道交通发生车站停电、给排水系统故障事故及列车脱轨、冲撞等事故后，各有关单位应及时将事故发生的时间、地点、性质、后果及人员伤亡情况准确向轨道交通公安管理部门报告，其程序如下。

(1)执勤民警发现或接到列车发生撞击、追尾、颠覆事故(件)的报告后，应立即报告轨道交通公安管理部门指挥中心和属地公安机关，并视情况采取疏散救护、保护现场等措施。

(2)派出所领导接到报告后，立即组织民警赶赴现场作先期处置。

(3)轨道交通公安管理部门指挥中心接报后，应立即将情况报轨道交通公安管理部门领导和市级公安管理部门指挥中心及地铁抢险救灾指挥部，并根据领导的指示，发出处警指令，随同轨道交通公安管理部门领导赶赴现场。

(4)轨道交通公安管理部门指挥中心负责和轨道交通管理部门的信息通畅，及时了解事故原因、抢修情况及沿线车站情况，视情况启动大客流爆满处置预案。

3）现场指挥

组成以轨道交通公安管理部门领导或轨道交通公安管理部门总值班领导为组长，指挥室、刑侦部门、治安部门、交通管理部门和事发地派出所领导为成员的事故(件)现场处置领导小组。轨道交通公安管理部门领导未到达现场前，由属地公安机关按本预案先行开展救护、保护现场等处置工作。

4）任务分工

(1)指挥中心负责警力的调度、情况收集、通信联络及后勤保障，负责与轨道交通运营部门的联络沟通及协调。

(2)刑侦部门负责现场勘察、取证、清理现场和遗留物品，调取、保存相关车站监控录像，涉及刑事案件时，确定侦查方向，组织追捕犯罪嫌疑人。

(3)治安部门负责查找或询问证人，向有关人员调查了解事故(件)发生的原因、过程、后果、性质，配合轨道交通运营单位做好事故善后工作。负责协调联系运营部门，及时组织力量抢救伤员，落实救护措施，对事故(件)的成因、性质作出判断，迅速排除故障，尽快恢复列车运营。

(4)交通管理部门负责事发现场及外围的警戒和伤员的抢救，确保现场周边秩序良好。

（5）事发地派出所负责现场保护和先期处置（抢救伤员、询问证人、获取证据、封闭现场）。一般事故（件）的处置由所在地派出所配合车站做好取证、善后工作。

5）注意事项

（1）在接到轨道交通发生事故（件）信息后，各单位要立即做好应急调警和梯次增援准备。

（2）参加处警的单位应由领导带队，以最快速度赶赴现场，要落实专人携带、使用通信器材，确保现场与指挥点的联络。

（3）各出警单位到达指定岗位后，要立即向现场指挥点报告到达时间、人数和所携装备情况。

（4）各出警单位持台人当听到呼叫时，应立即停止呼叫，听到呼叫本单位（岗位）时，应及时应答。

（5）参战单位人员要严格新闻管制措施。

（6）参加处警的人员在组织抢救伤员时，应尽可能保护现场，对确认已死亡的人，在摄录像定位后才可搬离现场，要注意发现伤亡者中的犯罪嫌疑人员。

（7）当市级公安管理部门领导到达现场后，轨道交通公安管理部门各业务单位按本预案的要求协助配合市级公安管理部门相关单位开展工作。

13.4.3 突发事件处置案例

1. 列车故障处置案例

1）事件经过

某日 17 时 37 分，轨道交通 A 号线上行 200305 次列车因故障在 s 站抛锚，运营公司在清客过程中，部分乘客不配合，继续滞留车厢，并有人擅自拉动车厢安全把手，造成列车无法正常拖离运行线路。

17 时 47 分，轨道交通公安管理部门指挥中心接到 A 号线总调所电话报告后，即用电台通知属地 A 派出所前往处置，同时通知 B 派出所列车故障情况，要求加强辖区各车站巡查，注意避免发生因列车故障引起大客流爆满。指挥中心并将有关情况上报市级公安管理部门指挥中心。

17 时 55 分，M 派出所民警赶至现场处置，在清客过程中，仍有 20 余名乘客继续滞留列车。鉴于当时是下班客流高峰时段，A 号线沿线客流已有所增多，指挥中心迅即启动轨道列车故障处置预案，采取以下措施。

（1）与 A 号线总调所联系，提出方案：一是将故障车辆拖至 A 号线 d 站继续清客；二是安排一列备车在 c 站折返，确保 A 号线南段运行不受影响。运营单位当即接受建议，于 18 时 02 分将故障车拖离 s 站。

（2）通知 B 派出所在 d 站做好清客准备。

（3）通知临近的 F 派出所、A 号线 d 站派出所以及轨道交通公安管理部门刑侦部门抽调警力，支援 A 号线 d 站以及北段各车站。

(4)通知 A 号线 H 派出所抽调警力，支援临近的 A 号线南段各车站。18 时 22 分，故障车抵达 A 号线 d 站，18 时 25 分，所有滞留乘客被疏散下车，故障车进入 d 站站区折返线。至此，A 号线运营完全恢复，其中南段线路未受影响，北段线路受影响 14 分钟。

2)处置过程中的经验

(1)反应迅速。轨道交通公安管理部门指挥中心在接到运营单位报警电话后，迅速作出反应，第一时间内通知属地公安机关前往处置，通知沿线派出所加强其他车站的巡逻控制，防止发生意外。

(2)措施有力。在短时间内无法迅速完成清客、A 号线全线运营可能受到较大影响的情况下，指挥中心立刻与总调所联系，果断采取了将故障车辆拖至 A 号线 d 站继续清客和安排一列备车在 c 站折返的措施，确保了 A 号线南段运营未受影响，并在故障车开往 d 站的间歇，调派足够警力，保证在该站能够及时有效清客。

(3)调度得当。在得知部分乘客滞留车厢、不配合清客的情况下，指挥中心估计到处置警力可能不足以及沿线车站可能发生客流爆满的后果，及时抽调了临近各派出所警力前往 A 号线车站支援。另外，调派刑侦部门警力赶赴现场，确保了对有可能故意肇事人员的及时取证，并采取有关强制措施。

2. 扬言爆炸处置案例

某日 14 时 33 分，轨道交通运营调度人员通过专线电话向轨道交通公安管理部门报警称"据工作人员反映，一自称腰间绑有炸弹的青年男子登乘上轨道交通某号线列车"。接报后，轨道交通公安管理部门指挥中心迅速作出反应：请调度中心迅速确定可疑人员登乘车次及具体方位，并查明消息来源；通知 A 号线巡逻民警加强站台区域巡查管控，注意发现可疑情况，做好紧急疏散准备工作；通知刑侦部门、交通管理部门、警犬分队备齐警力集结待命。

14 时 38 分，调度中心信息反馈：消息来源于一"残的"司机，据其约 8 分钟前向工作人员反映，一名自称腰间绑有炸弹的青年男子刚搭乘其"残的"至 F 路，进入轨道交通车站。经推算，该可疑人员可能从 f 路站登乘上行 307 次列车，现列车已近 a 站。获此线索后，轨道交通公安管理部门指挥中心经事件性质判定，报请轨道交通公安管理部门领导同意后，迅即启动爆炸恐怖信息应急处置预案，5 道指令同步发出。

(1)辖区派出所备勤民警赶赴 a 站，会同运营部门以列车故障为由对该次列车进行清客，列车清空后回库检查，将乘客带离站台逐一核查。

(2)运营调度中心做好调整运营模式、跳站封线等紧急准备，并要求司机和沿途车站密切关注该次列车即时动态，随时保持联系并配合开展行动。

(3)相关巡区民警赶赴 f 路站，尽快查找"残的"司机了解情况。警犬分队赶赴 a 站开展嗅爆，刑侦部门派员分赴 a 站配合清客并在 f 路站开展侦察。

(4)B 号线 c 站、A 号线 d 站等与 A 号线一站换乘的车站巡逻民警赴 A 号线相应车站支援巡查，其余各巡区加强巡查，注意发现并及时上报各类异常情况。

(5)考虑到运营调度中心对可疑人员行进方向判定上的疏漏(不排除乘下行线至某市

南站），组织警力增援 A 号线 k 站，其他各线路派出所加强辖区巡逻管控，注意发现可疑人员，并组织好客流疏导。

14 时 45 分，f 路站民警报告未能找到"残的"司机。同时，M 派出所报告，307 次列车已清客成功现返库途中，民警对近两百名滞留乘客进行初步检查，未发现异常情况，但多数乘客不愿配合警方到指定地点接受检查，滞留站台等候列车，且情绪较为对立，首批到位的三名民警进行有效的控制隔离难度较大，请求支援。指挥中心即询刑侦部门、警犬分队方位，均复"在途中，短时间内难以赶到"。鉴于上述情况，为最大限度确保安全，同时避免群体性恐慌危机或对立矛盾，指挥中心对部分指令进行了相应的调整和补充。

（1）f 路站处置民警对青年男子进行重点复查，发现可疑立即带离现场并疏散乘客，无异常则随乘客登乘后次列车，沿途护送巡查至终点站。

（2）运营调度中心与后次列车司机及各途径车站保持即时联系，并做好临时封闭上行站台、宣传解释等相应准备。

（3）警犬分队根据所处地理方位，确定 A 号线上行目标车站，中途取近道赶赴，争取登车嗅爆。

（4）刑侦、交通管理部门增派警力，固定"残的"司机体貌特征，并根据"残的"活动特点，扩大搜索范围，全力查找目标。

（5）某路派出所增派警力赴 A 号线各上行车站配合巡查处置。

指令一经发出，各项工作有序展开，迅速落实到位。

14 时 50 分，交通管理部门（除警犬分队外）、刑侦部门、K 派出所、某站所增援警力部署到位展开工作。

14 时 50 分，后继 308 次列车停靠 a 站，现场民警护送乘客登车出发，随后该次列车途经各车站情况正常。

15 时 13 分，308 次列车至终点站 j 站，列车清客后全面检查无异常。该次列车随后折返下行，M 派出所民警随车返回。

15 时 59 分，该次列车至下行终点站 k 站，各线各站情况正常。

16 时 05 分，指挥中心宣布预案撤销，巡警、刑侦部门继续寻找"残的"司机，各派出所恢复正常巡防模式。至此，事件现场处置工作告一段落。

23 时 35 分，顺利抓获因对现实生活不满而故意散布虚假恐怖信息的"残的"司机王某。

此次事件成功处置，结果令人满意，轨道交通公安管理部门指挥中心的指挥调度起到了关键作用。正是由于指挥中心牢牢把握了轨道交通区域突发事件处置的三个要素，才使得此事件迅速平息，确保了辖区和乘客的安全。该突发事件成功处置的要素有三点。

（1）前瞻性。本次事件虽然发生在 A 号线南段，但轨道交通客流量大、流动性强以及网络化的特点，往往导致"牵一发而动全身"。指挥中心的快速反应、调度指挥、布警增援不仅注重事发线路，同时考虑到整个轨道交通网络的运营安全。对事件的判定以及采取的措施，不仅注重对某一点蓄意破坏的针对性防范，更考虑到对整个网络运营带来的影响。

(2)合理性。本次事件发生在节假日，客流较大，指挥中心作为处置工作的首要环节，在警力调度、措施落实上均较为合理，在清客、检查、增援、隔离、控制等各项指令上平衡好"及时快速"和"警力保障"的关系，确保了整个事件处置过程"清得空"、"查得彻"、"隔得开"、"控得住"。

(3)效率性。本次事件处置过程中，对效率的定性一方面充分把握了确保公共安全的前提和底线，科学谨慎地展开工作；另一方面充分考虑了社会影响，避免了不必要的恐慌。指挥中心根据现场反馈信息和线索甄别情况，灵活果断地指令处置民警随乘客登乘后继列车随行护送而非全线停运，实现了良好的处置效率。同时，通过指令对"残的"司机体貌特征和车型摸排，为随后侦查抓捕工作打下坚实基础。

综上所述，在本次事件处置中，指挥中心接报重大危急警情后，反应迅速，指挥有力，应对灵活，措施有效，确保了事件处置过程平稳有序，达到了确保公共安全、维护正常运营的总体目标和预期效果，为今后相关事件的处置提供了规范运作的依据和可供借鉴的流程。

3. 列车火灾事故处置案例

1）基本情况

某日14时40分，正在运营的X型新型PV03号列车从a站沿A轨行驶至b站后，该车第二节车厢下有烟雾冒出。接到报警后，轨道交通公安管理部门指挥中心反应迅速，指挥有力，应对灵活，措施有效，确保了事故先期处置工作的快速性和有效性，避免了人员伤亡并将财产损失降到最低，轨道交通公安管理部门的先期处置工作也因此得到了现场组织指挥救援工作的领导肯定。

2）处置经过

某日14时46分，轨道交通公安管理部门指挥中心接市级公安管理部门"110"警情：刚停靠b站的X型新型PV03号列车第二节车厢下有烟雾冒出。轨道交通公安管理部门指挥中心立即启动相关紧急疏散预案，在上报轨道交通公安管理部门领导及市级公安管理部门指挥中心的同时，下达各项处置指令。

(1)指令X型列车b站巡区民警迅速赶赴现场对该次列车进行清客并实施警戒措施，同时要求民警进一步了解相关情况，随时上报。

(2)指令B号线b站巡区民警以及辖区相关F派出所派员快速到场增援。

(3)指令轨道交通公安管理部门、消防部门派员赶赴现场。

(4)指令轨道交通公安管理部门、交通管理部门机动组立即携带装备，发动车辆，处于紧急待命状态。

(5)与X型新型列车调度中心始终保持通信联络，并要求X型列车A轨线路停运。

14时48分，b站民警报告：已配合X型列车公司清客完毕，并对列车周边实施警戒，期间无人员伤亡。此外，列车冒烟情况未缓解，但现场尚未发现明火。鉴于X型新型列车及车站的特殊性，轨道交通公安管理部门指挥中心在与X型新型列车调度中心沟通后，果断作出"让该次列车迅速驶离车站至最近的停车点待检"的决定，同时联系市消防指挥中心，确保联动处置。

14 时 50 分，现场民警反馈：列车已驶离 b 站并停靠在距该站约 400 米处的第一停车点（51 号桩柱）待检，期间列车第二节车厢第三扇窗底部已见冒烟并伴有明火。轨道交通公安管理部门指挥中心迅即启动火灾应急处置预案，在报请轨道交通公安管理部门领导率指挥室等相关部门赶赴现场、成立现场指挥部坐镇指挥的同时，三道指令同步发出。

（1）F 派出所负责关闭东检票口，清空 A 轨站台客流，同时加强车站巡逻管控。

（2）交通管理部门机动组迅速到场对列车停车点周边实施全面警戒，并做好救援车辆的现场引导工作。

（3）治安部门、刑侦部门到场做好取证工作，注意发现可疑人员，判断是否有人为破坏迹象。

14 时 51 分起，市消防部门先后派出 7 台消防车到场施救。鉴于列车火势得到控制，且救援位置不影响 X 型列车 B 轨线路运营，现场指挥部同意 X 型列车 B 轨线路进行"单线双向"运营的方案。轨道交通公安管理部门指挥中心立即指令 F 派出所加强 X 型列车 b 站、a 站的秩序维护，确保运营安全。至 15 时 43 分，大火被全部扑灭。除列车两节车厢受损外，未有其他人员、财产损失，同时，X 型新型列车亦未因火灾事故造成全线停运。后经消防部门调查，火灾系由列车蓄电池故障引发。

3）经验启示

X 型新型列车系国家重点项目，加之科技含量高，一直受到国内外的高度关注。此次 X 型新型列车火灾事故由于处置迅速、有效，未造成严重的经济损失和社会影响，其中，轨道交通公安管理部门指挥中心准确判断，合理调度，使事故先期处置工作有序进行，为其后的灭火救援工作赢得先机，不失为一次较为成功的指挥调度案例，其处置特点有以下三点。

（1）迅速反应，凸现一个"快"字。接到报警后，轨道交通公安管理部门指挥中心快速反应，现场警力、周边警力、后续支援警力梯次调度，确保第一时间内就有警力到场处置，5 分钟内就有后续警力到场支援，保证了现场疏散和警戒工作。

（2）判断精确，凸现一个"准"字。轨道交通公安管理部门指挥中心充分吸取了韩国大邱地铁火灾及莫斯科地铁爆炸等事件的经验教训，在对列车清客后，即指令该车驶离站台，停靠至配备消防栓的停车点待检，避免火势在车站内蔓延，也为消防部门的救援提供了最佳时机。此外，在列车冒烟性质尚不明了的情况下，指令巡警机动队携带装备紧急待命，也保证了后续力量的有效支援。

（3）措施有力，凸现一个"稳"字。火灾现场虽由消防部门扑救，但轨道交通公安管理部门的先期处置亦是事件处置成功与否的关键。轨道交通公安管理部门指挥中心在快速调集力量、准确判断的基础上，各项指令下达有条不紊，并通过与现场民警、X 型列车调度部门的及时沟通，迅速作出下一步指令，使现场各警种各司其职又联动配合，为事故的有序处置打下了基础。

4. 车站失电事件处置案例

1）基本情况

某日 10 时许，上海市部分轨道交通车站突然失电，相关线路运营一度中断。接报后，轨道交通公安管理部门指挥中心快速反应，措施果断，并与轨道交通运营部门加强沟通配合。同时，在市级公安管理部门指挥中心的指导下，始终让事件处于可控状态，把影响运营造成的损失降到最低。

2）处置经过

某日 10 时至 10 时 10 分，轨道交通公安管理部门指挥中心先后接到市级公安管理部门"110"和轨道交通运营公司总值班室报警，称轨道交通部分车站突然失电，影响正常运营。轨道交通公安管理部门指挥中心立即启动相关应急预案，上报轨道交通公安管理部门领导及市级公安管理部门指挥中心的同时，迅速下达各项处置指令。

（1）指令 K 派出所、M 派出所、F 派出所分别对各自辖区涉及失电的轨道交通 A 号线 k 站至 q 站 5 个车站、X 号线 a 站至 h 站 5 个车站、B 号线 c 站至 m 站 6 个车站出入口立即采取只出不进、限流、分流等疏散乘客措施，全力确保辖区安全。

（2）指令交通管理部门迅速派员至相关轨道交通车站增援，协助派出所疏散、引导客流，做好警戒工作，并迅速在重点车站出入口外开辟绿色应急通道及应急车辆停放点。

（3）将情况通过电台通报各线民警，要求在做好应急处置工作的同时，注意辖区客流变化情况，加强治安防范工作，有情况及时上报轨道交通公安管理部门指挥中心。

（4）保持与轨道交通运营公司总值班室的联络沟通，尽快了解情况，查找车站失电原因。

10 时 15 分，相关派出所民警报告：已按照相关预案开展工作，对涉及失电的地下车站均已采取关闭部分出入口、停止车站售票等限流措施。目前，相关车站由于失电暂时无法运营，部分列车仍停留在区间隧道内，各线运营受到极大影响。

10 时 22 分，轨道交通运营公司总值班室报告：车站失电原因可能系上级电网波动所致，现 A、B 号线触网已恢复供电，但照明系统包括应急照明仍未恢复。轨道交通公安管理部门指挥中心在与其沟通后，果断做出"区间隧道内列车依次动车，到站清客"的指令，同时报告市级公安管理部门指挥中心，请求涉及失电车站的相关属地轨道交通公安管理部门、消防部门派员携带照明设备分别至相关轨道交通车站增援，协同作战，联动处置。

期间，轨道交通公安管理部门指挥中心接到因车站失电引发的求助报警 10 余起，在向报警人耐心解释的同时，指令民警加强车站客流疏导和治安防控工作。针对部分被困车内身体不适的乘客，轨道交通公安管理部门指挥中心经与市级公安管理部门指挥中心协调，联系市卫生局 120 救护车辆至相关车站出入口等候救援。

10 时 32 分，轨道交通运营公司总值班室报告：X 号线部分车站已恢复供电，相关运营正在逐步恢复中。但 A、B 号线部分失电车站照明系统仍未全部恢复正常，区间隧道内列车已全部进站清客。轨道交通公安管理部门指挥中心即指令各派出所继续对失电车站采取限流措施，并配合运营部门做好解释工作。

10 时 40 分许，轨道交通公安管理部门指挥中心通过车站图像监控系统发现，B 号线各失电车站除其中某一站外，均已恢复供电照明，即与轨道交通运营公司总值班室沟通，要求视情逐步恢复该线正常运营，并调整 A 号线失电车站间的运营间隔，同时电台通报全线民警掌握。

11 时许，B 号线各站供电照明恢复正常。

11 时 20 分，A 号线各失电车站除 q 站外供电照明恢复正常。

11 时 35 分，轨道交通全线车站供电照明恢复正常。后经有关部门调查，车站失电原因系某区超高压变电站内一设备故障所致。

3）经验启示

上海市轨道交通是城市交通网络的大动脉，目前，已占到全市客流总量的 30%。由于其"牵一发而动全身"的特殊性，一点故障就可能引发全线甚至整个网络的瘫痪。此次轨道交通部分车站失电事件由于轨道交通公安管理部门指挥中心会同轨道交通运营部门处置迅速、有效，同时得到市级公安管理部门指挥中心和兄弟单位的大力支持，未造成严重的损失和社会影响。其特点如下。

（1）协同作战，形成合力。事件处置中，在市级公安管理部门指挥中心的统筹安排下，轨道交通公安管理部门指挥中心快速反应，指令果断，会同轨道交通运营部门协力处置，并根据需求向市级公安管理部门指挥中心请求属地轨道交通公安管理部门、消防部门及市卫生局到场协助处置，确保了事件有序处置。

（2）调度合理，确保安全。轨道交通公安管理部门指挥中心根据地下车站失电后无法照明影响处置的情况，及时请求市级公安管理部门指挥中心调集相关部门携带照明设备到场处置。同时，在各车站触网恢复正常时，立即指令轨道交通运营部门依次将区间隧道内的列车逐列开出，至站台后清客，确保运营和乘客的安全。

（3）处置灵活，随机应变。轨道交通公安管理部门指挥中心在处置过程中不等不靠，主动通过车站图像监控系统掌握失电车站情况，并协调运营部门适时调整运营间隔，为尽快恢复正常运营打下基础。

5. 火灾处置案例

1）基本情况

某日（周末）16 时 40 分，轨道交通 B 号线 n 站某购物中心某餐厅内，因烹饪造成火灾。指挥中心第一时间调度就近民警、保安及时处置，16 时 45 分，车站保安队员及工作人员将火扑灭，将影响损失降到最低。

2）处置经过

某日（周末）16 时 40 分，轨道交通 B 号线 n 站某购物中心某餐厅内，厨师王某在烹饪过程中，因油温过高造成油锅燃烧，并蔓延至上方的排油烟机扩大成火灾。该购物中心同地铁 n 站为同一联体建筑，共有营业面积 4 万平方米，而且是市内较出名的定制服装市场，有大量易燃面料堆积，一旦火灾蔓延后果极其严重，故采取了以下措施。

（1）接报后，轨道交通公安管理部门指挥中心第一时间启动火灾预案，调集驻站民警、保安队员携带必要装备赶往现场。同时，轨道交通公安管理部门指挥中心通过信息沟通和监控设备对现场情况进行评估、预判。16 时 45 分，车站保安队员及工作人员及时赶到，使用灭火器和墙式消火栓将火扑灭，但造成较大烟雾，弥漫整个车站和商城。

（2）确定火灾已被控制后，轨道交通公安管理部门迅速根据预案，同轨道交通运营公司总值班室建立密切的电话联络沟通，对现场情况进行了准确评估，确定了继续运营、临时关闭所有商业网点、疏散商城客流的工作措施。同时，安排车站站长、驻站民警、消防专管员对火灾现场周边情况认真排查，防止出现其他险情。

(3)16 时 54 分，轨道交通公安管理部门就近调度的第一批民警到场协助驻站民警在现场周边、商业区、车站运营区设置警戒区域，并开展关闭商铺、疏散商业区工作人员及顾客的工作。同时指挥轨道交通公安管理部门机动力量梯次增援协助派出所在地面、商场、车站采用疏散、引导的方法，将商场内人员清空，对乘客进行引导，向不明情况的乘客进行解释。同时迅速在车站出入口外开辟绿色应急通道及应急车辆停放点，防止事态恶化。

(4)将情况通过电台通报各线民警，做好跨站运营的准备工作，并要求民警注意辖区客流变化情况，加强治安防范工作，有情况及时上报轨道交通公安管理部门指挥中心。

17 时 32 分，通过现场民警汇报和车站图像监控系统发现，车站内烟雾已全部排空，并未发现新的安全隐患，确保了轨道交通 B 号线在高峰时段的运营，防止了运营受阻的连锁反应。

由于处置得当，措施有力，相关车站和整个轨道交通区域秩序良好，未影响轨道交通运营。某消防中队两辆消防车赶赴现场处置但未出水。火灾烧毁餐厅部分厨房用具及装修材料，直接财产损失约人民币 2000 元。

期间，轨道交通公安管理部门指挥中心接到因车站火灾烟雾引发的求助报警 2 起，在向报警人耐心解释的同时，指令民警加强车站客流疏导和治安防控工作。针对部分因吸入烟雾身体不适的乘客，轨道交通公安管理部门指挥中心协调运营，会同消防部门及时进行了处置。

3)经验启示

目前，轨道交通是城市交通网络的大动脉，若存在一点细小的故障就可能引发全线甚至整个网络的瘫痪。此次事故由于轨道交通公安管理部门指挥中心会同轨道交通运营部门处置迅速、有效，未造成严重的损失和社会影响，其特点如下。

(1)指挥有力是事件成功处置的重要环节。轨道交通公安管理部门指挥中心第一时间获悉事件后，迅速指令启动预案，并协调车站工作人员、地区消防部门先期处置，轨道交通公安管理部门民警、保安队员梯次增援。轨道交通公安管理部门指挥中心能够迅速做出反应，梯次调警，并与轨道交通运营部门保持及时联系，按照预案有序、有效地开展工作，确保事态的控制。

(2)措施果断是事件成功处置的关键。事件处置过程中，车站驻站保安和工作人员及时扑灭火灾是关键，公安、运营部门迅速做好了疏散客流准备、停止车站售票、关闭商铺以及在地面设置警戒区域，实施截流、限流等工作措施，做好了火灾情况恶化的准备。同时，在确认火灾已被控制的情况下，及时在车站用广播予以说明，防止乘客出现恐慌情绪，确保了运营、治安秩序正常有序。

(3)加强日常培训、演练是事件成功处置的基础。轨道交通公安管理部门对轨道交通区域内的重点部门和商业网点进行管理，对从业人员进行治安、消防培训，并多次会同运营部门开展处置火灾、爆炸等突发事件的综合演练，提高了民警、保安队员、从业人员处置突发事件的意识和技能。轨道交通公安管理部门还根据演练情况及时对预案进行了梳理、修正，制作了通勤化口诀，有效提高了执勤民警、保安队员执行预案的熟练度，为此次处置工作打下了扎实基础。

13.5 地铁火灾应急预案

13.5.1 地铁火灾的特点

（1）突发性强。地铁线长面广，客流量大，火灾发生的时间和地点具有不确定性，而且发生初期极具隐蔽性，不易发觉，一旦发现，已达到一定的危害范围和程度。因此，不确定性决定了地铁火灾的突发性。

（2）逃生条件差。地铁运营环境的特定性决定了供乘客安全逃生途径的单一性。除安全疏散通道处，既没有供乘客使用的垂直电梯（设计上仅考虑残疾人专用电梯），也没有紧急避难场所，突发火灾事故中，大量乘客同时涌向狭窄的通道及楼梯，另有检票机等障碍物挡道，严重影响乘客快速逃生，并且火灾发生时允许逃生的时间短。针对地铁火灾事故，日本消防部门曾做过实验，日本地铁的车厢虽被确认具有不易燃性，但起火后，快则1.5 min，慢则8 min之后就会出现对人体有害的气体。2~5 min内，车厢内烟雾弥漫就无法看清楚逃生出口，相邻的车厢在5~10 min内也会出现相同情形。试验证明，允许乘客利用的逃生时间只有5 min左右。另外地铁突发火灾时，险恶的灾害环境使乘客容易产生恐慌及焦虑心理，对自救意识较差的乘客而言，从众是多数人的选择，争先恐后拥向出口处时，被踩、挤、压而倒地后，易导致群死群伤。

（3）灭火救援困难。地铁运行的隧道近似于封闭空间，火灾发生后，隧道内烟雾大，能见度低，散热慢，温度较高，同时由于衬砌内含有水分，火灾发生时，衬砌中的水在衬砌内成千倍地膨胀，从而产生巨大的压力，导致隧道衬砌发生崩裂的实际温度大大降低。国外针对钻孔隧道衬砌火灾试验研究表明，混凝土表面温度达到200 ℃时，10~15 min内，混凝土衬砌就会发生爆裂、崩落。另外在特长隧道内，容易产生灭火救援路线与疏散路线、烟气流动路线的交叉，加之救援面和救援途径有限，火灾扑救难度较大。

13.5.2 地铁火灾应急预案制定

1. 灾情设定

在制定地铁火灾应急预案时，首先要进行灾情设定，灾情应根据可能发生的实际情况进行设定，而且灾情设定要有代表性、典型性和可行性。在地铁火灾预案的灾情设定时，应考虑到地铁火灾可能的着火点有地铁车厢内、站台上、站厅内、设备房等部位，着火点在列车上又分为列车的前部、中部和后部。地铁火灾着火时间设置也要进行全面考虑，因为不同的时间涉及的客流量不同。

2. 组织指挥体系设定

　　地铁火灾的扑救需要进行火灾控制、乘客疏散和伤员救治，需要维护交通秩序和社会治安，需要进行恢复和消除火灾造成的各种影响，因此，地铁火灾的扑救工作需要当地政府、地铁运营和管理部门，以及公安、消防、交通、医疗救护、驻军、通信、外事、供电、供水等部门参加，指挥体系也应由以上部门构成，对应的分组如图 13.2 所示。

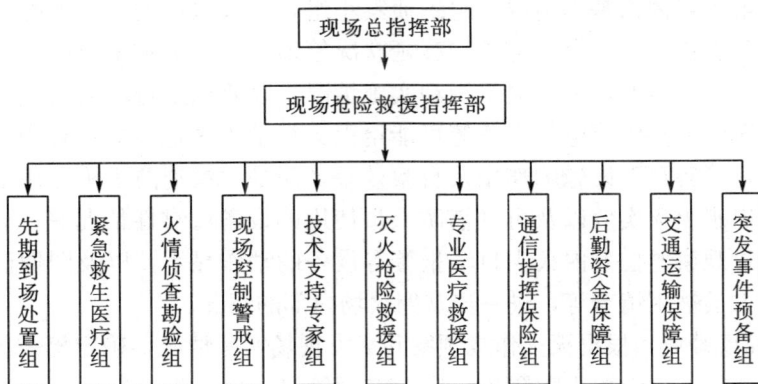

```
                    现场总指挥部
                         |
                   现场抢险救援指挥部
                         |
  ┌────┬────┬────┬────┬────┬────┬────┬────┬────┬────┬────┐
先期  紧急  火情  现场  技术  灭火  专业  通信  后勤  交通  突发
到场  救生  侦查  控制  支持  抢险  医疗  指挥  资金  运输  事件
处置  医疗  勘验  警戒  专家  救援  救援  保险  保障  保障  预备
组    组    组    组    组    组    组    组    组    组    组
```

图 13.2　地铁火灾应急指挥体系构成图

3. 现场处置措施设定

　　组织和实施地铁火灾灭火救援战斗行动，必须紧扣个人防护、现场侦查、组织警戒、有效疏散、人员救助、内攻灭火、现场排烟、伤员救护、后方供水、照明、通信、清理归队等主要环节，灵活运用灭火战术方法，突出战斗行动的有效性和针对性。

　　（1）个人防护。内攻消防人员应穿着隔热服或避火服，并视情况采用喷雾水流掩护。所有参战人员应佩戴隔绝式呼吸器，尽可能使用双气瓶空气呼吸器或 4h 氧气呼吸器，条件允许时使用移动式供气源。

　　（2）人员疏散与伤员救助。利用地铁内部应急广播及时向乘客通报情况，指导疏散方向，提示行动要点。如果运行列车着火，应迅速通报前方车站，站内人员立即组织地下人员撤离，并阻止旅客再次进入站台。待列车进站停靠后，立即疏散车上人员。如遇特殊情况、列车必须在区间隧道停车时，列车驾驶员及工作人员应迅速打开列车侧门和驾驶室紧急疏散门与路基搭接形成通道，并利用列车广播、灯光指示疏散。消防人员应携带强光照明灯进入火灾现场，沿疏散通道铺设救生照明线，放置发光导向指示标志，并利用照明车引入移动照明灯，引导疏散。在可能迷失方向的重点部位派专人接应，指引疏散群众沿正确路线撤离，并防止发生拥挤、抢行、堵塞疏散通道。疏散过程中，可使用喷雾水流降温消烟掩护疏散，并视情破拆清除障碍，如闸机、栅栏等，保持疏散通道畅通。对受火势围困的遇险人员，应使用水枪驱散烟火，掩护救人；对一时无法全部疏散的遇险人员，应为其提供简易面具或湿毛巾；对受伤、中毒或窒息的遇险人员，应采取抬、背、抱等方法进行救助；对窒息、骨折、出血等遇险人员，应立即采取心肺复苏、包扎、固定等急救措施。由于地铁纵深距离长，救人中可采用梯队接力的方法，在着火及充烟区域使用热成像仪等器材搜寻遇险人员。在地面设立救护站，对伤势较轻的伤员进行现场医疗救治。对伤势较重的伤员进行现场急救后，应及时送往医院救治，并做好登记。

(3)现场侦查。现场侦查主要采用外部观察、询问知情人、内部侦查等方法，具体如下：火场指挥员到场后，在外部观察地铁有关出入口的烟气特征和人员疏散情况，对险情作出初步判断。询问地铁工作人员、疏散逃生出的遇险人员以及地铁公司有关技术人员等，迅速了解火场内部基本情况。组织侦察小组，深入火场内部，查明火灾的实际态势。一是准确的着火部位、燃烧范围和蔓延状况等情况，人员被困及疏散状况；二是遇险人员的数量、位置情况，疏散的组织和实施情况，以此确定行动的重点和危险性；三是火场内有无爆炸物品以及电气设备等可能给灭火行动带来危险的各种因素，掌握实施灭火的可能性，了解消防设施的作用及自救效果；四是地铁消防设施启用情况，职工利用室内消火栓出水灭火实效以及可供消防人员使用的设备可靠性情况等；五是进入控制中心侦察，通过观察监控室内火灾自动报警等设备的动作显示，以及图像监控系统显示的火势发展及人员被困情节等，进一步掌握火场内部的情况。

(4)组织现场警戒。根据灭火作战预案和火灾现场实际情况，确定警戒区域。利用警戒器材设置警戒线，将无关人群隔离。实施交通管制，由交警进行外部人员疏导和车辆管制。在警戒区内，合理设置消防人员及车辆集结点、疏散逃生人员集结点、设置现场救护站等。

(5)组织灭火战斗。组织若干战斗小组，每组3~5人，携带防护、通信、照明等器材以及水带、水枪，从上风方向或烟雾较少的地面出入口深入到车站或区间隧道内部，利用车站或隧道消火栓快速出水灭火，并掩护救人。区间隧道着火时，消防人员应分别控制着火点两端站台，并以靠近火点的一端为主攻方向，当从两端接近火源有困难时，可从另一隧道进入，利用联络通道作为进攻通道。为驱赶烟雾，降低温度，掩护救人和灭火工作的进行，应组织开花或喷雾水枪并排推进或交替掩护前进，然后根据着火部位及火势情况，采取堵截、夹攻等战术方法控制火势、消灭火灾。

(6)现场排烟。着火列车停于站台时，事故车站内事故风机应近排邻送，即位于着火列车隧道的事故风机排烟，相邻隧道的事故风机送风，如图13.3所示。着火列车停于区间隧道时，若列车前部着火，应前排后送，即列车行进前方车站的事故风机排烟，后方车站的事故风机向隧道送风，如图13.4所示。若列车后部着火，应后排前送，即列车行进前方车站的事故风机向隧道送风，后方车站的事故风机排烟，如图13.5所示。若列车中部着火，火灾初期，事故风机可不动作，维持原状，有利于人员疏散，后期视情启动事故风机向隧道内送风或排烟。

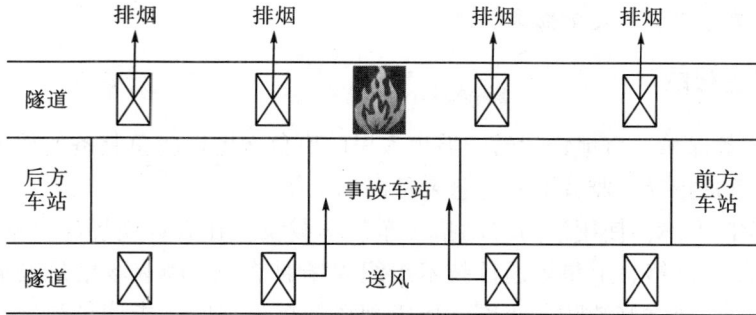

图 13.3　着火列车停于站台排烟方法示意图

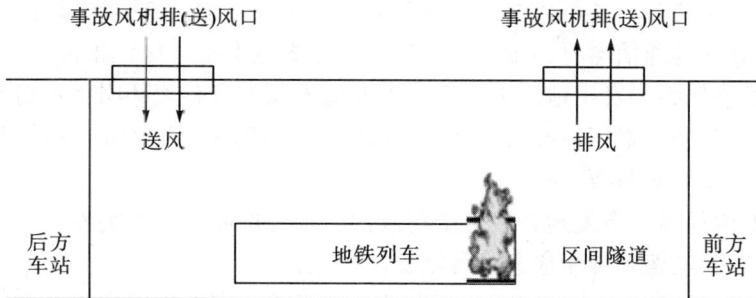

图 13.4　列车前部着火停于区间隧道排烟方法示意图

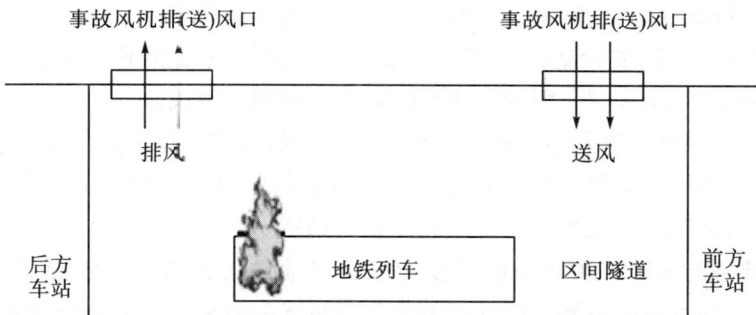

图 13.5　列车后部着火停于区间隧道排烟方法示意图

（7）后方供水。通知供水部门向着火地铁站所在地区的市政给水管网加压。启动车站内消防水泵，向车站及区间隧道内的消防给水管网供水。消防车利用地面水泵接合器向车站室内给水管网补水，但应注意水泵接合器的供水分区。利用消防车铺设大口径水带直接供水，水带应尽可能靠右施放，以免影响人员疏散和灭火行动。

（8）现场照明。浓烟中车站内设计的事故照明作用非常有限，主要依靠使用移动设备照明。在环境温度不超过 250℃ 的情况下，应使用救生照明线，为疏散救人和灭火进攻等战斗行动提供导向作用。使用移动式强光照明灯具，可间隔 5 m 呈线状布置。从实际测试结果来看，这种布置方式有一定的照明作用，但浓烟中照度和范围有限。可使用照明车移动分灯照明。还可由供电部门协助，架设临时供电线路，为火灾事故现场提供照明。

（9）清理归队。搜寻着火及充烟区域是否仍有遇险及遇难人员，着火及充烟区域是否仍有残火或隐蔽火点。组织排水，减少水渍损失。撤除外围警戒，逐步恢复交通。清点人员、装备，做好移交，安全撤离。

4. 现场应急救援保障

（1）救援装备保障。有地铁运营的城市人民政府负责地铁应急装备的保障。领导小组与各相关部门负责指导、监督地铁应急装备保障工作。

（2）应急通信保障。使用消防移动指挥车或车载设备在火灾现场建立移动指挥中心，利用无线、有线、网络、卫星等通信技术组织现场通信，保障火场信息畅通，做到上情下达、下情上报。建立好消防三级网，保障现场指挥员之间、指挥员与战斗员之间、战斗员与战斗员之间通信联络畅通。地铁埋设地下，火灾时，采用无线中继设备恢复通信可能存在盲区，必要时，还可以组织移动通信、简易通信或临时架（铺）设有线通信线路等。同时需做好现场通信器材的维护、更换和电池充电准备，保证正常使用。

（3）交通运输保障。发生地铁火灾后，事发地人民政府有关部门负责对事发现场和相关区域进行交通管制，根据需要开设应急特别通道，确保救灾物资、器材和人员运送及时到位，满足应急处置需要。

（4）医疗卫生保障。事发地各级卫生行政部门，要按照《国家突发公共事件医疗卫生救援应急预案》落实医疗卫生应急的各项保障措施。

（5）治安秩序保障。应急响应时，事发地公安机关负责地铁火灾现场的治安秩序保障工作。

（6）物资、资金保障。省级人民政府和城市人民政府及其有关部门，应建立应急设备、救治药物和医疗器械等储备制度。城市人民政府应当做好事故灾难应急资金准备。领导小组应急处置资金按照《财政应急保障预案》的规定解决。

（7）社会动员保障。事发地人民政府根据需要动员和组织社会力量参与地铁火灾的应急处置。各领导小组协调事发地以外的社会力量参与救援。城市人民政府负责规划与建设能够基本满足地铁火灾发生时人员避难需要的场所。

（8）技术储备与保障。领导小组常设专家组对地铁火灾应急处置提供技术支持和保障。各有关部门和人民政府要组织地铁安全保障技术的研究，开发应急技术和装备。

5. 善后恢复、宣传、培训和演习

公众信息交流工作由城市人民政府和地铁企业负责，主要内容是城市地铁安全运营及应急的基本常识和救助知识等。城市人民政府组织制订宣传内容、方式等，并组织地铁企业实施。培训机构对所有参与城市地铁火灾应急准备与响应的人员进行培训。按照有关规定定期进行地铁火灾处置演习。

13.5.3　广州地铁一号线火灾应急预案

1. 广州地铁一号线基本概况

广州地铁一号线 1999 年 6 月 28 日正式投入商业运营，起讫站分别为西朗和广州东站，连接荔湾区的芳村和天河区的广州火车东站，全线长 18.5 km，共 16 个车站，目前平均日客运量 17.6 万人次，最高日客运量 39.3 万人次，高峰时列车密度为 5 分钟一列车，列车正点率 99.6%。

随着社会的进步、城市的发展以及地铁路网的增加和完善，市民出行选择日益倾向于地铁。同时，地铁沿线众多的大型商业场所，吸引了大量市民观光、购物。地铁作为人流密度大的公共聚集场所，面临突发的各种事故，尤其是火灾，其安全疏散和救援的任务也更加严峻。

2. 地下车站和区间隧道的消防

1）防火等级与防火分区

广州地铁一号线的地下工程及出入口、通风亭的耐火等级为一级。地下车站采用防火分隔物划分防火分区，除车站公共区外，设备管理用房防火分区的最大允许使用面积不超过 1500 m²。

结合物业开发的车站，物业开发区为独立的防火分区，并在每个防火分区设两个独立的、可直达地面的疏散通道。物业开发区按有关规范采取有效的防火措施，自成体系，与车站之间采用防火卷帘门进行防火分隔，使这些区域在发生火灾时不影响车站客流疏散和车站安全。

地铁车站发生火灾时，可通过与物业相连的出口疏散，但物业发生火灾时，地铁车站不能作为其疏散出口。

2）紧急疏散

车站公共区内按客流需要（包括紧急疏散时）设置足够宽度的人行通道，每个站的人行通道不少于三个，并至少有两个能直通地面。站台到站厅的扶梯加楼梯的总宽度，能保证火灾情况下在 6 分钟内把站台上的候车乘客和一列满载列车的乘客以及车站工作人员疏散到上一层。

3）防烟分区

车站公共区充分利用楼板下混凝土梁划分防烟分区，每个防烟分区面积不大于750 m²，梁高度不小于 500 mm，在无条件采用梁分隔时，采用固定式挡烟垂壁。站台公共区的楼梯、扶梯开孔处和站厅的人行通道口采用固定式挡烟垂壁进行防烟分隔。

4）防火墙、防火门

站内每个防火分区之间（包括楼、电梯结构墙体）均设置防火墙，其耐火极限为 4 小时。防火墙上的门采用甲级防火门，门的开启方向朝向疏散方向（即安全区）。

5）建筑装修材料

地铁车站所选用的装修材料是非燃烧材料，凡是裸露的风、水、电管线，在满足使用功能的前提下，可作适当的装修，并视具体要求分别采用防火材料或涂料进行处理。设备管线穿越的楼板及墙体采用防火填缝材料封堵，封堵材料的耐火时间与所在部位及墙体的耐火时间相同。

6）消防水系统及气体灭火系统

（1）消防水系统。每个地下区间隧道沿行车方向左侧各从地下车站引入一根消火栓给水干管，两条给水干管在车站连通，使地铁车站和区间形成环状消防供水管网。消防栓的布置满足任何部位都能有二股水柱同时到达，并且每股水柱流量不小于 5 L/s，同时充实水柱长度不小于 10 m。集散厅层、站台采用 DN65 双出口消火栓箱，间距为 40～50 m，其他地方采用 DN65 单出口消火栓箱，间距为 30 m。区间不设消火栓箱，但预留 DN65 单出口消火栓口，间距为 40～50 m。在进入区间车站站台端部各设两套消防器材箱。

(2)气体灭火系统。全线车站及车辆段内的重要设备室，如通信设备室、信号设备室、变电所的控制室、高压室、低压室、整流变压器室、环控电控室；控制中心内的设备室，如通信设备室、信号设备室、电力监控室、机电设备监控室和主变电站的主变室、控制室、电容器室、开关室、电缆夹层等采用气体自动灭火系统。气体灭火系统的灭火介质为烟烙尽(INERGEN)，灭火方式采用全淹没的组合分配室的系统。

3. 通风空调及防排烟系统

地下车站根据地铁系统的特点划分为三个系统：隧道通风系统(包括区间通风系统和车站隧道通风系统)、车站公共区通风空调系统(简称车站大系统)和车站设备管理用房通风空调系统(简称车站小系统)。

1)隧道通风系统

在火灾情况下，隧道通风系统能迅速排除烟气和向乘客提供必要的新风量，形成一定的迎面风速，诱导乘客安全撤离。当列车在区间运行过程中发生火灾，列车尽量驶向前方车站，在前方车站疏散乘客，利用前方车站隧道排风系统排除烟气和用灭火设备灭火。若列车不能运行到前方车站而停在区间隧道内时，列车司机应根据列车位置组织疏散乘客，同时通过通信系统向控制中心和车站报告列车灾情和多数乘客疏散方向，控制中心根据多数乘客的疏散方向、列车火灾位置和列车所在区间位置，确定相应的隧道通风系统火灾运行模式，并启动相应模式进行火灾通风。

2)车站公共区通风空调系统

车站内发生火灾时，立即停止车站空调水系统，转换车站大系统进入火灾模式(包括站厅火灾模式和站台火灾模式)。

3)车站设备管理用房通风空调系统

车站设备管理用房区域设置的小系统，其防排烟系统主要有以下三类：

(1)气体灭火系统保护范围内的房间。当气体灭火系统的控制盘接收到保护区内两路报警信号时即确认发生火灾时，控制盘首先控制关闭该保护区的送、排风管上的防火阀，然后喷洒灭火气体，待达到设计要求的淹没时间后，消防人员进入保护区内确认已灭火，再将通风系统转换到相应的排除灭火气体模式或正常通风空调系统模式。

(2)建筑面积大于 509 m² 的房间。当火灾自动报警系统接收到某房间确切的火灾信号后，服务于该房间的通风空调系统转换到相应的预定排烟模式，同时房间外的通道排烟系统启动，消防员进入该着火区域利用有关的设备灭火。

(3)建筑面积小于 509 m² 的房间。每个房间送、排风管均设有 70 ℃熔断式防火阀实施防火隔断，火灾时房间外的通道排烟系统启动，消防人员进入该着火区域利用有关的设备灭火。

4. 消防设备供电

与防灾有关的所有电力负荷均为一级负荷，所有的电线电缆均为阻燃型。火灾时仍须运行的设备的电线电缆均为阻燃耐火型，阻燃性能不低于 B 级。所有火灾报警系统的传输线路都穿金属管敷设并涂防火漆。

5. 事故照明

车站蓄电池室内设车站事故照明电源设备，为事故照明和疏散标志照明提供 1 小时工作电源。车站出入口、集散厅、设备管理用房、疏散通道、自动扶梯、通道拐弯处、楼梯口均设有事故照明灯。

6. 疏散指示

疏散标志照明灯由事故照明回路供电。车站出入口、集散厅、站台、设备管理用房、疏散通道、自动扶梯、通道拐弯处、交叉口、楼梯口均设有疏散标志照明灯。

7. 通信广播

设于控制中心的消防控制中心设专用电话向市公安消防指挥中心报告灾情，消防控制中心有有线调度电话总机，可与车站控制室的分机通话。除有线通信系统外，全线设置了无线通信系统，灾害情况下，作为地铁内部固定人员与流动人员之间高效联络的手段，承担防灾调度通信的任务。

8. 火灾自动报警系统（FAS）

FAS 的主要功能是：监视火灾并报警，确认火灾灾情，发出模式指令到机电设备监控系统，启动相应的消防联动设备，并报告控制中心。FAS 在地铁车辆段、主变电站、车站的公共区、设备区和商铺设置了点型的光电式感烟探测器和线型红外光束式感烟探测器。

9. 监控系统（EMCS）

EMCS 的主要功能是：对区间隧道通风设备进行正常模式控制以及灾害模式控制。发生火灾时，接受 FAS 的指令，控制车站通风空调系统即使相关设备转入灾害运行模式下运行。

10. 安全疏散的管理措施

（1）制定各种事故信息传递流程和事故应急处理程序，从制度上保证在灾害情况下，能从容应对。在地铁运营中，事故随时都有可能发生，并且事故的类型是各种各样的。对于新建地铁来说，人员新、线路新、设备新、经验不足，加大了事故应急处理的难度。因此，要确保地铁运营的正常、安全、准点，除了加强对员工进行安全教育、安全培训，严肃劳动纪律和作业纪律，建立安全监督机制以外，制定各种事故信息传递流程和事故应急处理程序是十分必要的，例如《车辆安全管理办法》《对破坏性地震应急预案》《车务应急处理程序》《突发事件应急处理办法》《行车事故管理规则》《应急信息报告程序》等。

(2)定期对各种应急预案进行模拟演练。制定了各种事故信息传递流程和事故应急处理程序还不够，由于事故的多样性和复杂性，以及操作人员的素质、水平、思想等因素，定期对各种应急预案进行模拟演练是十分必要的，目的在于：①检验各部门、各工种人员的协调、配合情况以及快速反应能力和协同作战能力；②检查各部门、各工种，特别是控制中心对事故的应急处理指挥能力；③检查在复杂情况下，如消防车、救护车、抢险车、公安人员等出动后，如何互相联系和配合，让消防人员、医护人员、抢险人员、公安人员熟悉地铁各车站的环境；④通过演练，对制定的各种事故信息传递流程和事故应急处理程序进行逐步修改、补充、完善；⑤增强全员安全生产意识，逐步提高各有关专业、各有关工种人员的应变能力和对事故的综合救援能力，达到锻炼队伍的目的。

13.6 地铁反(防)恐怖袭击应急预案

2006年3月，胡锦涛总书记在中共中央政治局第三十次集体学习时强调，要把安全发展作为一个重要的理念纳入我国社会主义现代化建设的总体战略，这是我们对于科学发展观认识的深化。虽然当时主要是针对事故灾难的防范、治理所作的重要指示，但无论从政治上"是坚持立党为公、执政为民的必然要求，是贯彻科学发展观的必然要求，是实现好、维护好、发展好最广大人民的根本利益的必然要求，也是构建社会主义和谐社会的必然要求。各级党委和政府要牢固树立以人为本的观念，关注安全，关爱生命，进一步认识做好安全生产工作的极端重要性，坚持不懈地把安全生产工作抓细、抓实、抓好"；还是在工作方针上"关键是要全面落实安全第一、预防为主、综合治理的方针，做到思想认识上警钟长鸣、制度保证上严密有效、技术支撑上坚强有力、监督检查上严格细致、事故处理上严肃认真。一是要坚决落实安全生产责任制，完善安全生产管理的体制机制，严格执行安全生产的各项规章制度，确保政府承担起安全生产监管主体的职责，确保企业承担起安全生产责任主体的职责，确保安全生产监督部门承担起安全生产监管的职责，把安全生产的各项要求落到实处。二是要加强安全生产法制建设，加紧完善安全生产法律法规体系，加快建立安全生产法制秩序，加大安全监管监察执法力度，增强政府、企业和全社会的安全生产法制理念，认真查处安全事故，严肃追究有关责任人员的责任。三是要抓好重点行业安全生产专项整治，坚决纠正违反安全生产的行为，切实消除安全隐患。四是要加大安全生产的治本力度，加大政府和企业对安全生产的投入，建立重特大安全事故监测预警系统，加快安全生产科技进步，加强安全生产培训教育，大力建设安全文化，形成有利于安全发展的经济增长方式，为安全发展打下坚实基础"，都同样适用于包括反恐防范的社会安全公共管理。尤其是加紧完善安全生产法律法规体系和加大安全监管监察执法力度，是防范和打击恐怖主义、恐怖活动中贯彻落实中央要求的具体体现。

2007年召开的第三次全国反恐工作会议，在全面总结反恐工作经验的基础上，进一步明确我国反恐工作的基本方针是"情报主导、预防为主、应急为重、安全至上"。

当今世界，从反恐工作的技术水平上看，美国和以色列也许是最先进的，但是，由于其社会制度性质的局限，特别是其采取的双重标准与单纯依仗其武力以暴制暴、事后处置等一系列的错误政策，使反恐工作收效甚微，甚至陷入"愈反愈恐"的怪圈。2009年4月30日，美国国务院在发表的关于全球恐怖主义势力动态的年度报告中称，仅以巴基斯坦为例，恐怖袭击次数 2008 年比 2007 年增加了一倍多，因恐怖袭击而死亡的人数，2007 年为 1340 人，2008 年增加到 2293 人。

在我国社会主义改革过程中，对党和政府表示不满的极端分子也会铤而走险，采取恐怖威胁、投毒、爆炸等方式残害广大民众，危害社会安宁。对此，必须保持高度警惕，居安思危，不断增强忧患意识和责任意识。同时，如何准确把握恐怖主义活动规律，深入了解恐怖分子作案特点和手法，掌握应对恐怖活动的技术和手段，有效阻击和防范恐怖活动，需要我们在学习和实践科学发展观过程中进行深入探索和不断总结，从而不断地提高防范、应对水平。

13.6.1　恐怖活动发展趋势和变化

1. 发展趋势

从 20 世纪 60 年代开始，恐怖主义和恐怖活动开始滋生并逐步蔓延，并成为国际事件。在众多的恐怖活动中，多以袭击民用航空为目标，从起初的袭击商用飞机，发展到乘用班机，目标以美国和以色列为主。而到 70 年代，恐怖袭击出现重大变化，由同时的单一袭击变为多重袭击。1973 年 9 月，恐怖分子在同一时间内袭击了 5 架飞机，充分表明恐怖组织计划的严密性和指挥的统一性。据不完全统计，仅在 1968～1978 年期间，欧洲和以色列的机场遭恐怖分子袭击达 35 次之多。在这段时间内，恐怖袭击还只是劫持和绑架人质。然而到了 20 世纪 80 年代，恐怖活动受到国际大背景的影响，甚至受到极少数国家的默许及暗中资助，恐怖分子开始在航班上使用爆炸装置。

一旦飞机在空中遭受炸弹袭击，全部乘客和机组人员将遭到灭顶之灾，其恶果远远超过在机场劫持人质。由此可见，随着时间的推移，恐怖组织和恐怖分子的队伍不断扩大，恐怖活动所造成的社会影响越来越严重，以致于在世界的某些地方，人们"谈恐色变"，先进快捷的交通工具——飞机似乎成为恐怖分子活动的"天堂"、乘客的"地狱"。

到 20 世纪 90 年代，恐怖活动像瘟疫一般在全世界蔓延，尤其是极端的宗教恐怖组织，他们的活动空间遍及全球。也就是从这时起，恐怖活动不再仅仅针对美国、以色列，而是哪里有恐怖声音，哪里就可能遭受恐怖分子的袭击，俄罗斯、中国、巴基斯坦、印度、英国、西班牙、摩洛哥、伊拉克等，大国、小国均难以幸免。亚洲、欧洲、非洲、拉丁美洲、大洋洲都在恐怖分子袭击的范围之列。

2001 年美国 9·11 事件的发生，充分说明恐怖组织的活动再也不是"小打小闹"，仅这一次恐怖活动就造成 3000 多人死亡或失踪。保险理赔总额高达 4000 亿美元，这一数字超过一个不发达国家的年财政总收入。一次恐怖活动迫使一届政府的倒台已有先例。

2004 年 3 月 11 日，西班牙首都马德里的地铁、城际铁路、公交汽车枢纽站发生恐怖袭击事件，造成至少 191 人死亡、1800 多人受伤。事件发生后，恐怖组织并未马上宣布对这起爆炸事件负责，围绕着"是什么组织所为"这一问题，执政党和在野党发生激烈争论。正当争论最为激烈时，西班牙恐怖组织"埃塔"宣布该事件是他们所为，并详细介绍了置放爆炸装置的位置和事件的过程。为了向人民"谢罪"，执政党不得不宣布解散政府，放弃政权。这一恐怖事件是不幸的。为了详细了解、考察马德里地铁爆炸事件，当年，作者亲自去西班牙爆炸发生地考察研究。这里是市中心的一座集地铁、城际铁路（该国叫一般铁路）和高速铁路（时速 500 km 以上）和室内公交汽车为一体的车站，车站非常庞大，且铁轨从一座高层建筑下穿过，高层建筑里有办公室、宾馆、百货公司、酒店……人流十分拥挤。爆炸发生在一般铁路上，恐怖分子将爆炸装置安装以后，计算了列车进站的准确时间。但当时同轨道上有一列列车挡道，导致安放爆炸装置的列车在离站 200 米处暂停，随即爆炸。如若不是前面列车挡道，后续列车准时进站爆炸，这次恐怖袭击伤亡人数恐怕还要在后面加个"0"，这就是该不幸事件中的大幸。时至今日，马德里市民乃至整个西班牙人民只要谈起 3·11 事件，无不胆战心惊，无不对恐怖组织、对"埃塔"恨之入骨。

从西班牙马德里 3·11 事件中人们可以看到，恐怖主义矛头所指已不仅仅是航空领域，也不仅仅是以造成人员伤亡为目的，其政治意图十分清晰。2005 年 7 月 7 日，这一天本应是英国伦敦喜庆的日子。前一天夜里，在新加坡举行的第 117 届国际奥林匹克委员会会议上，伦敦击败了申办 2012 年第 30 届夏季奥运会的巴黎、纽约、马德里和莫斯科，获得了举办权，成为世界上第一个三次举办奥运会的城市。同时，这一天也是八国峰会（G8）在伦敦召开的日子。对伦敦来说，真可谓双喜临门。为了这些重要的活动，警方调动了全部的保卫力量，加强了各方面的防范措施，整座城市戒备森严。但是，恰恰就是在当天人员流动量最大的上班时间段里，恐怖分子连续制造了三起针对地铁的爆炸事件和一起双层汽车爆炸案，而这起双层汽车爆炸案也是因为在地铁实施爆炸未遂后，转移到双层汽车上实施的爆炸。

据英国伦敦警方介绍，这 4 起爆炸共导致 74 人死亡，700 多人受伤。这一连串爆炸案件的发生，把英国人从喜悦推入悲伤的谷底，可谓"乐极生悲"。爆炸发生后，英国终止了一切申奥成功的庆典活动。伦敦申奥委首席执行官米斯在新加坡接受采访时说，"伦敦是我们的故乡，是我们的城市，现在除了祈祷那些被爆炸夺去生命的人安息和祝愿受到伤害的人们尽早康复外，我们还有什么心情做别的事情呢？"英国媒体惊呼：这次是第二次世界大战后，英国遭受的最严重的打击，是美国 9·11 事件在英国的重演。西方各国受到的精神打击则更大、更严重，因为他们清楚，伦敦是西方的重要堡垒，在安全防范胜似铁桶一般的情况下，恐怖分子仍能得手，而且连环爆炸，打得既准又狠，还有哪一个城市敢称自己是绝对安全的。恐怖组织选择的就是这个时机，要得到的就是这个效果：既造成人员和财产的巨大损失，又给人们的心理造成大规模、难以消除的恐慌，恐怖组织和恐怖势力的最终目的既有对社会的仇视宣泄和政治上的要求，更重要的是向国际社会展示他们的存在和实施恐怖破坏的力量。当伦敦地铁爆炸的硝烟还未散尽、人们心里还处在极度恐惧的时候，就有三个恐怖组织公然宣称对此案负责，出于各种政治、宗教的目的，他们扬言将进一步威胁西方其他国家的地铁。

1977 年的苏联时代，主张亚美尼亚独立于苏联的亚美尼亚秘密军，于当年 11 月在莫斯科的鲍曼地铁车站引爆炸弹，造成 6 人死亡。1991 年，苏联解体后的俄罗斯深陷社会动乱和严重的经济危机，暴力犯罪四处可见。俄罗斯联邦政府对车臣分裂主义势力发动的两次战争使得莫斯科成为恐怖分子袭击的焦点。1996 年 6 月 11 日，恐怖分子携装有炸药的铁桶至莫斯科地铁土拉站引爆，致 4 人死亡，15 人受伤。1997 年 12 月 24 日，恐怖分子在阿德默勒尔地铁车站制造爆炸案。1998 年 1 月 1 日，在特列季雅科夫地铁车站制造爆炸案。2000 年 8 月 8 日，位于莫斯科市中心地铁的普希金车站人行通道遭恐怖分子爆炸袭击，致 13 人死亡、90 多人受伤。2001 年 2 月 6 日，在地铁环线的白俄罗斯车站，一颗手榴弹发生爆炸，15 人被炸伤。

时隔三年，同样是 2 月 6 日，莫斯科地铁车站发生了著名的"黑寡妇事件"，导致 39 人死亡，113 人受伤。"黑寡妇事件"发生不久，为学习吸收俄罗斯等国的反恐经验教训，上海市交通局组织相关人员去莫斯科考察。据莫斯科市交通局安全监督部副部长介绍：事发当天上午 8 时 30 分左右，正是莫斯科的上班高峰时间，一列地铁列车行驶到距离汽车厂站约 300 m 处的隧道内，第二节车厢突然发生爆炸，随即列车燃起大火，地铁隧道内浓烟弥漫。地铁运行指挥部（控制中心）在接到列车司机报案后不久，便与该列列车失去了通信联系。副部长接着说，在爆炸发生前几分钟，曾有一位 30 多岁、身穿黑色大衣的男子对距离事发现场最近的地铁站值班长说："你们要过节了。"与这名男子同行的还有两名 20 多岁、身穿黑色衣服的女子，凶手极有可能就是这两名女子，那名男子也是同一恐怖组织的成员。爆炸发生后，莫斯科市急救站出动了一架直升机、60 辆救护车，俄罗斯卫生部和莫斯科市政府下属的灾害医疗中心出动了 8 个快速反应分队和 3 个心理专家组快速到达现场，在很短的时间内将所有的伤员送到了医院，并对 130 多人进行了现场治疗。据介绍，仅 2000 年一年内，莫斯科地铁部门就接到恐怖电话 182 次，在 82 个地铁车站里发现装有各种危险物品的包裹。

2. 恐怖活动的变化

自 1995 年开始，世界各国大城市的轨道交通已成为恐怖分子袭击的主要目标之一，而一旦轨道交通遭受恐怖袭击，严重时可以导致整个城市地面、地下交通瘫痪。然而轨道交通作为城市交通大动脉，由于其特有的物理结构和人流高度集中的特点，再严密的防范措施也无法与机场的防范措施相比较。

恐怖分子袭击目标由空中（飞机）到地下（轨道交通），却也没有放弃对地面目标的袭击，宾馆、学校、教堂、旅游景点、公共交通车辆……越是人员集中的场所，越能造成严重的政治影响、越能产生巨大的经济损失、越能导致大量人员伤亡的地方，必定是恐怖分子首选的目标。2008 年 11 月 26 日，印度经济中心城市孟买遭受的武装恐怖袭击，说明恐怖分子已经达到了足以打一场现代化战争的能力。当日，10 名恐怖分子从水域潜入"印度的上海"——孟买，在车站、街道、宾馆等人群密集场所疯狂扫射，导致 172 人死亡，近 300 人受伤。尤其是在犹太文化交流中心、泰姬玛哈大酒店、奥贝罗伊三叉戟大酒店三个欧美游客较多的地方绑架劫持人质，恐怖分子居然还与印度军警僵持近 60

小时。在激烈的交火中，孟买反恐特种部队司令和11名警察殉职，15名警察受伤。

据印度、英国、美国媒体2008年11月27日报道，11月26日孟买证券交易所、火车站等13个地方相继发生炸弹爆炸，共造成253人死亡，713人受伤。事后证明，这次事件是由印度一个恐怖组织策划的。这次发生在孟买的恐怖事件，惊现出恐怖组织5个方面的特点。

(1)袭击地点和目标很明确。从目前掌握的情况看，孟买在同一时间遭到袭击的目标有12~16处之多，且是孟买当地乃至全印度的标志性建筑。这些目标既是西方人最集中的场所，也是在国际上具有相当知名度的地点，在这些地方制造恐怖袭击事件的效果突出。

(2)袭击时间经过精心选择。恐怖分子将袭击时间锁定在晚上22时左右，这是喜欢夜生活的西方游客集中娱乐的时间，可谓是恐怖分子袭击的"最佳战机"，而且各处的袭击几乎同步。

(3)袭击方案经过精心策划。恐怖分子最先在孟买火车站开枪扫射，吸引反恐力量，然后伏击赶来的防空部队，并且打死孟买航空部队司令。这说明袭击事件经过精心策划，甚至设想好了反恐部队可能的反应。

(4)恐怖袭击手段狠毒。多处恐怖袭击目击者均表示，恐怖分子要求人质们出示身份证明，比如说护照，然后挑出英国和美国公民当场枪决，而对于包括意大利在内的其他西方人却多数放过。

(5)战略时机选择讲究。这是9·11事件以来全世界发生的最大规模的恐怖事件。在美国大选结束后对反恐形势表示乐观，且世界各国对反恐略有放松的时候，这伙恐怖分子突然出击，令印度和国际社会猝不及防。

美国著名反恐专家、乔治敦大学教授、西点军校打击恐怖主义中心高级研究员、《恐怖主义内幕》作者布鲁斯·霍夫曼指出：孟买袭击事件有可能对恐怖主义将来的形式产生深远的影响。原因有以下几点。

(1)手持自动武器和手雷的武器分子发动的有组织袭击，敲醒了世界各地存在的对恐怖威胁渐渐消散的麻痹情绪。孟买事件中的死亡人数势必再次使人们产生不安，因为恐怖分子有能力迅速且轻易地造成大量民众死亡和伤残，引发世人关注并造成全球性的畏惧和焦虑。

(2)这起恐怖袭击否定了恐怖组织在有组织暴力事件中的作用不断减弱的说法。有人说，当前社会的主要威胁是发起暴力行动能力有限、自行开展选拔和训练工作的恐怖分子组成的非正规军，现在，这一观点也被推翻了。毋庸置疑，孟买恐怖袭击是由统一机构领导下的组织策划和实施的。这一组织负责队伍部署并组织实施袭击。关键一点在于，这起袭击与以往的袭击在方式上存在显著不同。过去都是由一名自杀式炸弹袭击者单独进入酒店大堂，或者火车、公交车上引爆身上的炸弹，或者利用定时遥控引爆器远距离引爆自制的简易炸弹。而孟买袭击案中，由武器装备先进、训练有素的恐怖分子组成的队伍具有严明的纪律，他们在同一时间分散在孟买各地，针对至少10处不同目标实施打击。

(3)孟买袭击案显示了装备和训练优良的恐怖分子有能力使城市陷于瘫痪，让安全部队束手无策，削弱民众对政府和有关部门反应能力的信心，并引起全球关注和媒体报道。印度的金融中心如此轻易就陷入瘫痪的教训，以及应对多起有组织的城市袭击所面临的巨大挑战，有可能在未来厂年成为西方各国中央和地方政府必须关注的问题。

（4）恐怖主义不仅制造死亡和破坏，并且越来越注重经济影响。将各国金融中心的经济神经中枢列为袭击目标，已成为恐怖袭击的又一新形式。从这一点看，恐怖主义已将事件所造成的影响看得与死亡人数一样重要。削弱消费者信心和投资信念，让上班族对日常通勤感到恐惧，限制人们出国旅游，已成为恐怖分子制定策略的主要目的。

（5）当前酒店已越来越成为恐怖分子青睐的目标。使馆或其他政府机构可以用非常严格的通行管制措施进行加固和保卫。而酒店不同，它通常是公共场所，一般都在人群聚集的市区。事实证明，对其加以保护并不是轻而易举的，而且费用很高，并会给游客带来不便。

迄今为止，通常游客只担心在飞行途中可能出现某种恐怖主义行径的危险。一旦到达目的地，旅途中大部分的危险阶段就会过去。经过孟买袭击事件后，这一认识将会改变，游客即使顺利抵达目的地，可能也不会立即感到轻松。

13.6.2　恐怖袭击事件分级及预警

1. 突发事件分类分级

制定突发恐怖事件的分级对反恐应急预案的有效性非常重要，以便按照不同级别事件制定不同的应急反应对策。根据我国对突发事件通常的分级方式，对突发恐怖事件的分级如表 13.3 所示。

表 13.3　地铁恐怖袭击突发事件的分级

级别	性质和可能的损害程度
特别重大突发事件	可能受到感染或直接威胁人数 1000 人以上。发生了特别严重的连锁性灾害，如一级火灾等。社会影响特别恶劣，经济损失特别重大，造成（可能造成）下列情形之一：①死亡 30 人以上；②轨道交通运营中断 12 小时以上；③直接经济损失 1000 万元及以上
特大突发事件	可能受到感染或直接威胁人数 500～1000 人。发生了严重的连锁性灾害，如二级火灾等。造成大面积车辆、设备、设施故障，线路停止运营。发生列车在运营正线上脱轨、撞车、运营中断等，造成（可能造成）下列情形之一：①死亡 10 人以上、30 人以下，或死亡、重伤 20 人以上；②轨道交通运营中断 6～12 小时；③直接经济损失 500 万～1000 万元
重大突发事件	可能受到感染或直接威胁人数 20～500 人。发生了较严重的连锁性灾害，如三级火灾等。造成车辆、设备、设施故障，两个车站以上及其区间断电或停止运营。发生列车在运营正线上脱轨、撞车、运营中断等，造成（可能造成）下列情形之一：①死亡 10 人以下，或死亡、重伤 10 人以上、20 人以下；②轨道交通运营中断 3～6 小时；③直接经济损失 100 万～500 万元
一般突发事件	发生车辆、设备、设施故障，列车在运营正线上脱轨、撞车、运营中断等，地铁运营部门有能力处理和控制的突发事件，造成（可能造成）下列情形之一：①重伤 10 人以下，但暂无人员死亡；②轨道交通运营中断 3 小时以内；③直接经济损失 100 万元以下

2. 突发事件的预警

建立突发恐怖袭击的预警机制是应对恐怖袭击的重要环节。地铁反恐应急预案中应根据不同的预警水平规定相应的反恐应急准备、恐怖事件警戒等对策或措施。国际上较为通行的突发恐怖事件的预警为四级恐怖威胁分级标准。

(1) 第四级 (最小威胁)：所受到的恐怖威胁信息无法证明特定人群或特定地区处于恐怖威胁之中。

(2) 第三级 (可能威胁)：研究判断结果或相关恐怖威胁显示可能发生恐怖袭击事件，但这种恐怖袭击可能没有经过证实。

(3) 第二级 (极可能威胁)：对恐怖威胁的评估表明恐怖袭击是极为可能的，证实恐怖袭击可能造成大规模人员伤亡或财产损失。恐怖袭击威胁的升高标志通常是发现了可引起大规模人员伤亡或财产损失的爆炸等恐怖袭击装置或物品，各种研究判断或监测显示存在类似的装置或物品。

(4) 第一级 (已发生)：已发生造成大规模伤亡和财产损失的恐怖袭击事件。

对突发事件的分级、危险识别及预警，可以制定更加详细的应急对策，有利于突发恐怖事件的应急处置，即当恐怖事件发生时，能够迅速反应、及时有效地控制事件的进一步扩大。

13.6.3　恐怖袭击的应急处置

根据恐怖袭击危险水平 (预警级别)、突发恐怖事件的级别，分别制定相应的应急处置对策与措施。当突发恐怖事件发生时，要坚持做到反应快、报告快、处置快。地铁运营部门应立即启动先期处置应急工作预案，迅速采取有效措施，尽力控制事态发展，以减少人员伤亡和财产损失。根据地铁反恐应急处置的工作分工，通常可在应急指挥领导小组架构下根据安全保卫、灾害救援、交通保障、医疗救护、市政抢险、专家技术、新闻报道、事故调查、后续处置等不同应急反应处置要求设置相应的应急反应机构。

1. 指挥和控制

通常，当发生突发恐怖事件时，地铁运营部门应立即将突发事件的性质和现场情况向有关专业部门报告，立即上报主管部门和市政府，并迅速通知应急指挥中心和各有关单位。地铁系统反恐应急主管部门应对应急预案的启动、应急指挥和控制进行规定，并及时、准确、快速地向省级、部级反恐应急主管部门进行通报。应急处置工作应实行统一指挥，根据恐怖袭击危险水平 (预警级别)、突发恐怖事件的级别确定统一指挥和控制的级别。需要市有关单位实施专业救援的，承担救援的单位要根据救援的需要，听从现场指挥部 (所) 的统一指挥。在应急预案制定时，可以表格等明确方式给出应急处置各阶段的责任部门或单位、参与部门或单位、受影响部门或单位及相应的反应对策和控制措施。各级值班部门要加强情况信息的报送和传递，对恐怖信息、指挥命令、处置措施、影响后果、后续处理等信息的报送和传递作出规定。恐怖事件情况的对外发布应由指定部门统一负责。

2. 信息发布

突发恐怖事件发生时，准确和迅速的信息发布对事态的控制往往是非常关键的。应及时准确地向公众和媒体提供关于恐怖事件和应急处置的相关信息，建立控制谣言传播及其破坏性影响的机制。可考虑建立专门的新闻发布机构或新闻发布人。事件发生之初的信息发布应专门作出规定，以避免引起信息混乱或引起恐慌。通过多种渠道保证公众信息发布的正常和及时，并及时消除各种恐慌，减小恐怖袭击的次生和后续影响。

3. 紧急疏散和现场救护

紧急疏散是应急反应的重要环节，由于地铁系统人员密集的特点，应充分考虑各种恐怖事件发生的可能性以及可能的次生或后续影响，对紧急疏散作出合理有效的安排，加强相关标志的管理工作。根据恐怖事件造成的灾害影响范围和规模，设置现场救护设备和装置。当恐怖事件发生后，首先要清除污染，然后对受害者进行保护及其他必要的救助。充分发动各类群众组织，协助医疗机构等进行现场救护，制定措施使受害者能迅速脱离事件现场，避免直接伤害的持续加重，这有助于应急处置人员进行清除污染、消毒等进一步处置，以及时救助其他受害者。此外，在应急预案中应根据突发恐怖事件的类型和级别，制定卫生与医疗应急保障的对策和要求，包括对污染排除、消毒、受害人和应急处置人员的安全保障、就地救护、临时疏散救护、多种伤害或多种感染的救助等。预案制定时应充分考虑到需要救助的规模和复杂程度，既要考虑到受到感染的人员，更要考虑到可能仅仅是出于对恐怖事件的恐惧而实际上未感染的人员。

4. 灾害恢复及后勤管理与支援

遭受恐怖袭击事件后，应及时采取措施进行恢复，以保证人们最基本的生活需要。灾害恢复对策和要求通常包括对公众的持续保护、受影响区域的修复方案、受影响部分的恢复使用、灾害事件后的改进等。对于突发恐怖事件的应急处置需要许多部门、单位和人员共同参与。同突发自然灾害的应急相比，反恐怖应急需要一些特定的考虑和要求，如需要考虑恐怖事件的预警、恐怖袭击的特征等。通常恐怖袭击的后果并不是马上就显现的，最先的应急处置人员可能面临着非常紧迫的危险，在识别出恐怖袭击的类别之前，这些人员本身就有可能遭受到伤害，恐怖袭击的危害还可能快速扩散到多个地点。针对突发恐怖袭击事件的这些特点，后勤管理与支援的对策和要求通常包括：①后勤管理与支援的目标和原则；②各种后勤支持的范围和程度；③相互支援规定；④后勤管理规定和支持程序。

5. 保障体系

常备不懈、责任到位、分工明确的保障体系，对突发恐怖袭击事件的应急处置是必不可少的。一般包括工程保障和应急保障：工程保障主要指设备、设施和技术措施的保障；应急保障包括人员保障和专业保障。突发恐怖事件地铁应急保障体系如图 13.6 所示。

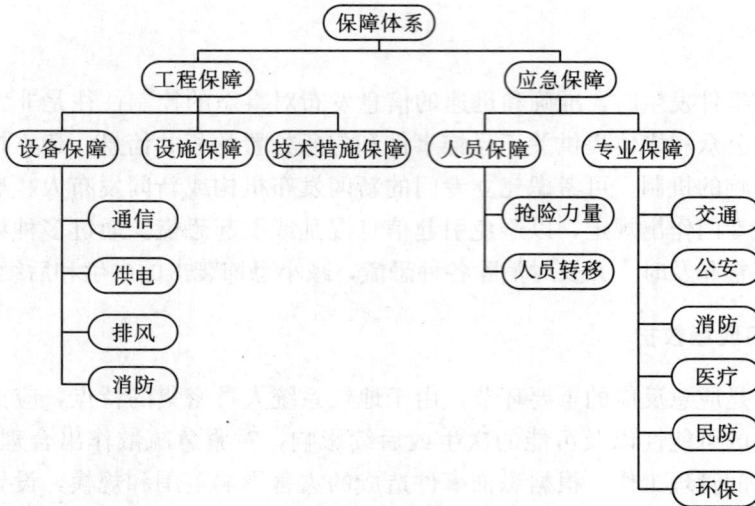

图 13.6　突发恐怖事件地铁应急保障体系示意图

在发生地铁恐怖袭击事件时，运营企业必须确保：

(1)通信系统的畅通便于救灾调度指令的传达。

(2)在供电线路局部受损的情况下，及时调整供电运行方式，保证救灾设备的正常使用。

(3)在车站失电，不能提供正常照明的情况下，随即启动应急照明系统，为救援工作、人员疏散提供照明保障。

(4)及时开启事故通风系统有排烟通风系统及自动喷水灭火系统，以利于人员安全疏散和防止因窒息伤亡。

(5)及时开辟救援通道，确保救援人员与设施能够进入现场，开展紧急救援工作。区间隧道发生恐怖袭击事件时，应根据具体情况及时封闭区间隧道，启用隔断设施(如防火卷帘门)实施隔断，引导人员疏散。

(6)根据恐怖袭击事件的具体情况，及时做好行车、电力、环控调度，配合救援工作，并采取临时行车组织措施。

(7)发生恐怖事件时，抢险队伍在现场指挥部统一调度下，应坚持先人后物的原则，有秩序、有组织地疏散和转移人员，尽最大努力减少伤亡。

(8)市交通部门迅速组织指挥应急车辆到达现场，并在现场开辟临时站点，疏散客流。

(9)市公安局除具体负责现场应急处置外，还要维护现场外的地面交通秩序，及时疏导交通。消防、医疗、民防和环保部门分别按照各自的职责，协助现场救援工作。

主 要 参 考 文 献

[1] 金磊. 中国21世纪安全减灾战略. 郑州:河南大学出版社,1999.

[2] 陈信,袁修平. 人－机－环境系统工程总论. 北京:北京航空航天大学出版社,2000.

[3] 吴宗之,高进东,张兴凯. 工业危险辨识与评价. 北京:气象出版社,2000.

[4] 余也艺. 高速运输系统安全. 北京:中国铁道出版社,1996.

[5] 曹琦. 铁路安全系统工程简明教程. 成都:西南交通大学出版社,1988.

[6] 高等院校安全工程专业教学指导委员会. 安全系统工程. 北京:煤炭工业出版社,2002.

[7] 高等院校安全工程专业教学指导委员会. 安全工程概论. 北京:煤炭工业出版社,2002.

[7] 高等院校安全工程专业教学指导委员会. 安全学原理. 北京:煤炭工业出版社,2002.

[9] 高等院校安全工程专业教学指导委员会. 安全管理学. 北京:煤炭工业出版社,2002.

[10] 罗云,等. 工业安全卫生基本数据手册. 北京:人民邮电出版社,1995.

[11] 何学秋,等. 安全工程学. 北京:中国矿业大学出版社,2000.

[12] 郑希文. 安全生产管理. 北京:冶金工业出版社,1997.

[13] 金磊,徐德蜀,罗云. 中国现代安全管理新编. 北京:人民邮电出版社,1995.

[14] 汪元辉. 安全系统工程. 天津:天津大学出版社,1999.

[15] 赵吉山,肖贵平. 铁路运输安全管理. 北京:中国铁道出版社,1999.

[16] 龚力. 铁路行车安全管理. 北京:中国铁道出版社,1999.

[17] 王渲,等. 现代汽车安全. 北京:人民交通出版社,1998.

[18] 蔡庆华. 中国铁路技术创新工程. 北京:中国铁道出版社,2000.

[19] 黄祥瑞. 可靠性工程. 北京:清华大学出版社,1990.

[20] 郭亚军. 综合评价理论与方法. 北京:科学出版社,2002.

[21] 杜兰卓,谷志杰. 汽车安全检测. 北京:人民交通出版社,2002.

[22] 刘建军. 汽车驾驶员安全行车须知. 北京:新时代出版社,2000.

[23] 徐洪国,何彪. 道路交通事故分析与再现(修订版). 北京:警官教育出版社,2000.

[24] 吴文芝,胡炯泉,李兵. 道路交通管理科学论. 北京:中国人民公安大学出版社,2000.

[25] 陈宝智. 危险源辨识控制及评价. 成都:四川科学技术出版社,1996.

[26] 顾保南. 上海南站的综合交通换乘体系. 城市轨道交通研究,2006,9(8):12—24.

[27] 韩彪. 城市群道路客运组织创新. 北京:人民出版社,2007.

[28] 季令,张国宝. 城市轨道交通运营组织. 北京:中国铁道出版社,2001.

[29] 交通运输部道路司. 世界主要城市公共交通. 北京:人民交通出版社,2010.

[30] 李辰. 交通方式划分的 LOGIT 模型方法. 南京:河海大学,2004.

[31] 李林波,吴兵. 交通方式选择中心理因素影响分析. 山东大学学报,2003,11(3):27—31.

[32] 李雪梅,李学伟. 北京城市轨道交通. 北京:知识产权出版社,2009.

[33] 刘统畏. 城市和城镇群的客运交通系统. 北京:中国建筑工业出版社,1985.

[34] 慕威. 地铁运营安全管理评价体系的构建与评价. 管理观察,2010(10):230—232.

[35] 孙斌栋. 我国特大城市交通发展的空间战略研究. 南京:南京出版社,2009.

[36] 汪玉林,韩笋生. 公共交通引导城市发展. 北京:人民交通出版社,2009.

[37] 王慈光. 运输统计基础. 第2版. 成都:西南交通大学出版社,2010.

[38] 王江. 地铁运营评估. 北京:中国铁道出版社,2008.

[39] 王静. 城市轨道新线接入后全网客流分布及成长规律研究. 北京:北京交通大学,2010(6).

[40] 吴友梅. 基于 TransCAD 的轨道交通与常规公交换乘优化方法研究. 北京:北京交通大学,2006.

[41] 安娜. 满意度测评方法及应用研究. 天津:天津大学管理学院,2006.

[42] 赵时旻. 轨道交通自动售检票系统. 上海:同济大学出版社,2007.

[43] 张琦. 城市轨道交通枢纽乘客与环境交互理论. 北京:北京交通大学,2008.

[44] 李灿. 城市轨道交通枢纽乘客流交通特性分析及建模. 北京:北京交通大学,2008.

[45] 马莉. 城市轨道交通枢纽乘客流交通状态分析与评价. 北京:北京交通大学,2009.

[46] Van N R. Multiuser-class Urban Transit Network Design . Transportation Research Record, 2003 (1835):25—33.

[47] Connolly K, Payne M. Bay Area Rapid Transit's Comprehensive Station Plans: Integrating Capacity, Access, and Land Use Planning at Rail Transit Stations . Transportation Research Record, 2004 (1872):1—9.

[48] Blake J. Hong Kong's Future is Built on Rail . Railway Gazette International, 2004, 160(10):697 —700.

[49] Ramamurthy N V. Mass Transit System (LRT) Planning for Urban Commuters Along a Busiest Corridor . Urban Transport and the Environment in the 21st Century, 2003:697—706.

[50] Duff-Riddell W R. Network Modeling Approach to Transit Network Design . Journal of Urban Planning and Development, 2005, 131(2):972—987.

[51] Lai X R. Research of the GIS based URT Passenger Volume Forecast Method . Traffic and Transportation Studies Proceedings of ICTTS 2002, 2002, 02:1287—1289.

[52] Barry Sadler. Strategic Environmental Assessment at the Policy Level: Recent Progress, Current Status and Future Projects . Ministry of the Environment of Czech Republic, 2005.

[53] Fischer T B. Transport Policy Making and SEA in Liverpool, Amsterdam and Berlin—1997 and 2002 Environmental Impact Assessment Review. In Press, Corrected Pro Available Online, 29 Dec, 2003.

[54] Wu X P, Chen X F. Planning & Evaluation for Urban Mass Transit and Intercity Rail System Orienting Sustainable Development. Proceedings of the International Conference on Applications of Advanced Technologies in Transportation Engineering. 2004.